FINANCIAL ANALYSIS TEXTBOOK:

NEW ACCOUNTING STANDARDS,
NEW THINKING,
NEW INDICATORS

财务分析学教程

新准则、新概念、新指标

张金昌◎著

经济管理出版社

ECONOMY & MANAGEMENT PUBLISHING HOUSE

图书在版编目（CIP）数据

财务分析学教程：新准则、新概念、新指标/张金昌著．—北京：经济管理出版社，2019.12
ISBN 978 - 7 - 5096 - 4364 - 8

Ⅰ．①财…　Ⅱ．①张…　Ⅲ．①会计分析—高等学校—教材　Ⅳ．①F231.2

中国版本图书馆 CIP 数据核字（2019）第 244630 号

组稿编辑：申桂萍
责任编辑：魏晨红
责任印制：黄章平
责任校对：张晓燕

出版发行：经济管理出版社
　　　　　（北京市海淀区北蜂窝 8 号中雅大厦 A 座 11 层　100038）
网　　　址：www. E - mp. com. cn
电　　话：(010) 51915602
印　　刷：三河市延风印装有限公司
经　　销：新华书店
开　　本：787mm×1092mm/16
印　　张：20.5
字　　数：462 千字
版　　次：2019 年 12 月第 1 版　　2019 年 12 月第 1 次印刷
书　　号：ISBN 978 - 7 - 5096 - 4364 - 8
定　　价：78.00 元

目　　录

第一章 概 论

❖ **学习目的**

（1）了解学习财务分析学的意义。
（2）了解财务分析理论的发展趋势。
（3）了解财务分析的目的和内容。
（4）了解财务分析方法的差异。
（5）了解财务分析与其他学科的关系。

在商品货币关系高度发展的今天，能否有效地利用各种经济信息进行分析并得出分析结论，做出正确决策，已是企业乃至个人能否在市场竞争中生存与发展的决定性力量。通俗地讲，财务分析（Financial Analysis）是以货币形式估计和计算的经济活动分析。企业财务分析是以企业财务会计信息和其他各种经济信息为基础，对企业经营成果和财务状况进行的分析，通过分析，评价企业经营现状，发现企业经营问题，提出改进和完善企业经营管理的对策建议。财务分析学已经成为大专院校财经类、金融类、管理类、经济类专业的必修课程，也是文学、理学、工学专业学生的选修课程。

第一节 财务分析学的形成与发展

财务分析学是一门古老而崭新的学科，说其古老是因为从思想起源来说它的历史可以上溯到人类社会初期朴素的经济核算思想，说其崭新是因为这门学科在最近一百年来快速发展，已经形成了一系列新的概念、理论、指标和分析方法体系。

一、财务分析溯源

中华民族是一个善于经营和理财的民族。早在公元前 1066 ~ 前 771 年的西周时期，我国便设有"司会"这一官职，专门主管会计。公元前 600 多年，管仲提出国家与农民三七分利、国家定价的矿产开采思想，包含着一个比较深刻的经营理财思路，即农民多开采者多得益，少开采者少得益；如果承包开采者少，国家可提高价格，如果前来承包采矿者过多，国家可以降低价格（见《管子·轻重乙篇》）。这就是通过经济核算办法，来调动民间力量发展矿产开采业。管仲是我国著名的政治家和思想家，他的经济核算思想充分反映了我国古代开明统治者善于理财的能力。在工业革命以前的很长一段时期内，中国一直是经济最强大的国家，这与中华民族善于理财、善于进行经济分析不无关系。

当然，统治者沉醉于争权夺利、不重视经济发展的时代也频繁出现。中国历史上每个朝代的衰落，都与当时的统治者不重视理财和发展经济有很大关系。以清朝政府统治晚期为例，清朝统治者把办企业看成是一个做官的差事，用人、理财均由官府下文。政府任命官员经营管理企业，而这些官员却对企业经营管理一窍不通，结果这些官府创办的企业（如军事工厂、轮船局等）都因负债累累而被迫关闭。这种不重视理财而重视官衔、官位的遗风，仍然残存于我国部分企业之中。

事实上，财务分析思想或者说经济活动分析思想，从出现剩余产品的交换开始就诞生了。在剩余产品交换过程中，交换双方为了实现等价交换，需要权衡交换物和被交换物的价值，权衡在它们身上所花费的精力和时间，进行劳动时间、使用价值和实物量方面的经济分析。当大家公认的等价交换物——货币出现之后，以货币计量各种商品和劳动的价值并进行交换价值的比较便逐渐扎根于人们日常生产实践和经济生活之中。

工厂的出现和企业的诞生，各种经济组织之间经营活动的发展，使以货币计量的财务核算和财务分析日趋重要。为了核算经营活动的经济效益，成本核算、费用分摊、利润计算逐渐成为比较复杂的工作，随着企业规模的扩大和经营业务的发展，这些分析企业盈利能力的工作变成了专业性较强的日常工作，由专门的人来进行。随着股票融资的诞生、借贷市场的发展以及银行的出现，专门从事企业经营活动和财务状况分析、判断企业还债能力的专业人士开始诞生，使对企业的财务报表分析逐渐变成了一项专业工作。

20 世纪 20 年代经济大萧条出现之后，企业破产数量急剧增加，经营理财变成了决定企业生死的关键因素。在这种情况下，在企业内部从事财务分析工作的人员的地位和作用大大提高，在企业外部从事投资、融资、企业估值和股票分析工作的人士的地位和作用也大幅度提高。特别是这些企业外部分析人士，接触的企业、行业和经营业务比较多，他们逐渐成为总结企业经营理财经验、探讨企业经营方略、形成企业财务分析技术的专业力量。这些专业人士从不同角度对企业的经营活动和财务状况股票进行分析，逐渐形成了比较完整的财务报表分析体系，使财务分析成为一门独立学科。

总体来讲，企业财务报表分析方法的发展经历了以下几个阶段：①财务报表分析的基本内容从对盈利能力、还债能力、营运能力、发展能力的分析发展到对企业资产结构、资金协调、经营风险、现金流量的分析。②财务报表分析的深入分析从量本利分析、成本习性分析、经营绩效分析发展到对利润的敏感性分析、经营收益的预测分析、财务风险的预警分析、经济增加值（EVA）的分析和关键考核指标的分析。③随着股票市场、债权市场、期货市场的发展，股票投资分析、项目经济可行性分析、期货衍生交易分析、金融套利分析、企业价值评估等从财务分析中逐渐分离出来变成许多新的学科。本书主要讨论财务报表分析的基本内容，有关企业财务报表的深入分析（企业内部的管理报表分析）将在《管理会计分析》课程中讨论。

二、财务分析的价值

为了客观、公正、准确地比较和评价企业经营业绩，了解和把握企业过去历史、当前现状，预测企业未来发展趋势，做出有根有据的经济决策，就必须进行财务分析。财务分析已经被广泛地应用到社会经济生活的各个领域。美国四大会计师事务所60%的收入来自与财务分析相关的咨询业务，国内证券公司、评级机构均设有行业分析师来专门从事不同行业企业的财务报表分析工作，证券公司从业人员、银行信贷业务相关人员均需要具备比较扎实的财务报表分析技能，国家经济政策制定者也需要根据企业的实际情况做出恰当的利率、税率等宏观调控政策选择。无论是从国家、企业的角度还是从个人的角度来讲，不掌握财务分析知识均会带来不应有的损失。下面用实例来说明基本财务分析知识缺乏带来的危害。

1. 国家经济决策者，需要掌握财务分析基础知识

不会理财或不进行经常性的财务分析，搞不清企业经营和财务的真实状况，不仅制约着企业的发展，而且也制约着国民经济的健康快速发展。因为，一个国家的经济活动非常重要的一部分是企业的经济活动。国家重大经济决策的出台，也需要进行认真细致的企业财务分析，掌握企业整体的经营和财务状况，根据企业经营的实际情况做出正确的宏观经济决策。不考虑企业经营的实际情况、不考虑企业资金运动的规律性，仅根据宏观经济指标和理论知识做出经济决策，就会带来非常严重的经济后果。

1994年第一季度，我国出现了接近20%的通货膨胀，中央政府决定进行宏观经济调控以抑制通货膨胀。国务院于5月23日在郑州召开了总理现场办公会，要求银行在一个月之内收回所有给企业的拆借资金，拆借资金是指在1993年1月1日开始实行新会计制度，赋予企业融资自主权、投资自主权和银行贷款自主权之后银行和企业之间发生的贷款。这些贷款当时已经投入企业的经营活动之中并高速运转，但决策者要求银行在规定时间必须强制收回贷款，并未考虑企业资金回笼需要时间，也并未照顾企业经营活动和资金运转的周期。这一决策的结果，确实出现了"宏观形势一片大好，经济软着陆非常成功"局面，但也同时出现了"微观形势非常不妙，下岗职工日子难过"的困局。所谓宏观经济形势一片大好，是指通货膨胀率很快从两位数降低到了一位数。所谓微观形势非常不妙，是指大量中小企业因为资金链断裂而关门停产、成千上万职工待业下岗。大量新中国成立以来诞生的公民第一次领略到失业给个人和家庭带来的痛苦。

案例1-1　海南省的"半拉子"工程

1992～1994年，出现了全国各地的企业和银行在海南经济特区开窗口、搞建设的热潮，使海南获得了飞速发展，大有超过深圳、广州之势。当时，地价以前所未有的速度暴涨，最高时曾创下一亩地381万元的天价，甚至每平方米12000元的期房也被抢购一空，许多房地产投资商一时间赚得钵满盆溢。然而，由于经济过热、通货膨胀严重，国家采取了"迅速果断"的信贷紧缩政策，于是海口市出现了416个"半拉子"工程，三亚市出现了120座"烂尾楼"。经济形势的突变，使整个海南省形成了450多万平方米的空置商品房，留下了1600多万平方米的"半拉子"建筑和2万多公顷的闲置土地，造成500多亿元的积压资金、资产空置。海南省从1999年底开始收拾这些"半拉子"工程，历时8年，终于在2008年3月11日将最后一座"烂尾楼"——海南琼海沙洲岛46幢别墅拆除，宣告了海南省"半拉子"工程的结束。

只要我们略懂企业财务分析知识，知道投入企业的资产转化为现金需要一定的时间，就不会出台"一刀切"式的限期收回企业贷款的政策。对于一般企业来说，30%～50%的负债是很常见的，但其账面上可以立即动用的现金一般不会达到30%～50%。既然形成了30%～50%的负债，就说明企业已经将这些负债投入经营活动中变成了企业正在使用的资产，这些资产从原材料采购加工变成可以出售的产品，到将其销售出去收回货款，是需要一个营业周期的，特别是一些资金已经投入到工程建设中，这些工程项目投产形成固定资产，并将投入资金收回是需要更长的时间。要求企业在不足40天的时间内将这些流动资产和固定资产转化为现金，归还给银行显然是不可能的。但银行作为企业资金结算的出纳，按照国家政策要求，一旦企业的资金回笼到账，无论这些资金企业是否急需，都将其扣下用于归还借款，导致大量企业出现了经营资金紧张、经营活动资金链断裂、投资资金断供、建设项目停工的被动局面。虽然到1994年第四季度，国务院意识到了企业资金极度短缺带来的严重问题，并出台了多项救急政策，但大量企业倒闭之后国民经济不景气的局面却一直持续到1998年，从这一年开始，国家通过大量发行国债大搞基础设施建设，才逐渐把国民经济拉回到健康发展的轨道上。

2. 大型企业经营者，需要掌握财务分析技巧

随着企业规模的不断膨胀和企业经营业务的发展，那些依靠自己的精明能干将企业做大的企业家，在经营决策时逐渐会有力不从心之感，他们很难再和过去一样轻松地让企业健康成长。面对庞大的产业和众多的下属企业，他们很难再依靠个人的精明来管理企业，他们经常搞不清楚企业账上有多少资金可以动用，也无法估计下属企业的盈亏。部分企业家连最基本的财务知识都不具备，更不要说通过财务数据了解经营状况、做出正确决策。曾经有一个上市企业的董事长问其财务总监："我们企业的净资产是多少？"财务总监说："4亿元"，董事长马上说我们这个办公大楼是2亿元，当时是用我们自己的钱建的，确实是我们的净资产，那其他2亿元是什么？财务总监不知道如何给这个不懂净资产和资产区别的董事长解释，便顺着董事长的意思说："还有那么多资产您没有算，一算就出来了。"只要学过财务分析知识，就应该知道净资产是资产总额减去负债总额之后的余额，它在数值上等于企业的所有者权益合计，但却不是企业某个具体的资产项目的金额的合计。但这位董事长却认为，用自己的钱盖的房子，所形成的资产就是归自己所有的"净"资产。

案例1-2 规模日益庞大，资金日益紧张

有一家民营企业的资产已经超过10亿元，该企业的老板被评为全国十大优秀青年之一，该企业在外界的口碑也很好，涉足生态农业、房地产、电气照明、珠宝首饰、酒店娱乐五大产业，拥有两辆"凯迪拉克"轿车。其生意看似红红火火、经营业务蒸蒸日上，但老板却感到资金非常紧张、日子一年比一年难过。认真清产核资之后发现，公司从一个酒店起家，发展成为一个多元化产业集团，其五大产业中只有生态农业一个产业盈利，其他四个产业均亏损运转。而老板自己还以为其五个产业全部盈利。从账面上看，他已经将自己投资的1000多万元资本金消耗殆尽，已成为负债超过资产2000万元的企业。也就是说，这个企业的10亿元资产，均来自银行贷款，如果银行知道其已经资不抵债，问题将非常严重。难怪老板觉得资金日益紧张、到处借钱。为什么会发展到这个地步？原来这位

民营企业家，根本看不懂财务报表，也计算不清楚下属各个产业企业的盈亏。在五年前经营一家酒店的时候，他通过查看每天的现金收入和现金支出的流水记录，能够把控每笔收支，也能够计算清楚盈亏，但当他把企业发展成为一个多产业、多企业的集团公司的时候，他再也无法用过去记录现金流水账的方式来计算盈亏、管理企业了。

3. 小型企业的创业者，也需要学习财务分析知识

随着经济全球化、网络化、政务电子化，创办企业变得非常容易，许多人一出校门就成了创业者。但创业者将企业创办成功，让自己成为一名企业家，在市场竞争全球化、"赢家通吃"成为普遍现象的移动互联网时代已经越来越困难。在这种背景下，因创业者缺乏基本的财务分析知识而导致企业出现资金链断裂已经非常普遍。

"北京久久发公司"创业多年而不发，与创业者缺乏基本的财务分析知识直接相关。该公司主要生产和经营电子元器件，注册资本 100 万元。创业之初比较顺利，雇员从 3 人增加到 8 人，第二年销售收入达到 300 万元，实现利润 100 万元。但到创业四周年之际，该公司却只剩下了创业者本人、账面 293 万元的设备和 168 万元的借款，经营业务已基本停止。是什么原因使它到如此境地？原来，该公司在创业第三年春节后，购置了一台价值 300 万元的程控生产设备，其使用资金 150 万元来自企业利润，150 万元来自创业者的朋友的个人借款。这台设备上线之后，企业资金严重紧张，日常经营活动所需资金主要依靠创业者向朋友借款。在第三年，这位创业者几乎每天在借钱和还款中度过，一些客户的订货因为缺乏流动资金而不能实现。资金的短缺导致老客户流失、新业务不能及时开展，最终陷入停业倒闭的地步。

从财务角度来看，该公司的主要问题是新设备占用了大量资金，使真正为企业创造利润的经营活动没有资金保证。从财务角度分析，创业者所犯的错误主要是：①不应当购置价值超过自己资金实力的新设备，设备等固定资产投资所需要的资金，应当使用一年以内不需要偿还的资金。而该公司的设备购置款一半来自一年以内需要偿还的个人借款。②在因购置先进设备而出现资金缺口后，应当想方设法筹集足够的经营资金，以免经营活动受资金短缺影响。但创业者不但没有取得长期资金来源来弥补设备投资的资金缺口，也没有准备经营活动资金，部分设备资金和全部经营资金均依靠短期借款。经营业务的开展被资金短缺所困扰，创业者整天忙于借钱还钱，最后变成了"光杆司令"。如果该公司创业者有基本的财务分析知识，知道长期性资金占用必须要用长期性资金来源来满足，经营活动的资金也需要有长期的资金来源做保证，该公司就不会在没有落实长期资金来源的情况下购买先进设备，也不会出现经营活动资金紧张的情况。

4. 股民也要学习财务分析知识

随着居民个人收入的不断增加，购买股票和基金的"股民"和"基民"也在持续增加。据中国证券结算有限公司统计，截至 2018 年 12 月 31 日，投资者开设的有效证券账户总数已达 1.47 亿元，在上海和深圳证券交易所主板上市的公司数量已达 3623 家。这些投资账户的持有人，要面对 3623 家公司的财务报表进行投资选股，如果看不懂财务报表数据，不能进行有效的财务分析，这种投资选股行为就和"赌博"行为差不多。在我国证券市场开户炒股的股民，大多数就是看不懂财务报表的"投机者"。即使那些能够看懂财务报表的"职业经纪人"或"机构投资者"，也常常被上市公司公告的财务报表所

欺骗。

　　某"职业经纪人"看到某企业公布的年报之后购买了 200 万股该公司的股票，公告显示该公司前三年的净利润每年均在 1 亿元以上，经营活动当年创造的现金净增加额也在 7000 万元以上。之后的几天，该公司的股价也从每股 14 元一路上扬到每股 34 元。但让这位"职业经纪人"做梦也想不到的是，《财经》杂志在一个月之后披露该公司财务数据造假，之后该公司的股价下跌了 70%。

　　回过头来再认真阅读该公司的年度财务报表数据，发现该公司的利润造假已在其过去三年的财务报表中反映出来。该公司最近三年 1 亿元以上的净利润中，有 50% 以上来自虚假应收账款。其虚假应收账款的维持，依靠其他应付款的持续增加，而其他应付款是大股东给公司的借款，已经占到了企业流动资产的 40%。在应收账款持续增加、企业每年 1 亿元以上的净利润主要来自应收账款并且企业流动资产的增加主要来自大股东的借款的时候，该公司的经营活动每年能够创造几千万元的现金是存在问题的。如果企业的经营活动能够创造现金，为什么还要依靠大股东借款来维持企业经营活动呢？

　　仔细阅读该公司的现金流量表数据可以发现，该公司的现金流入、流出科目数据均是正确的，只有一个地方存在问题，即按照经营活动的现金流入流出计算，现金流出明显大于现金流入，重新计算之后发现该公司的经营现金净流量应该是负的 7000 多万元，而报表公告企业的"经营活动现金净流量"却是正的 7000 多万元，原来该公司在公告报表时有意将经营活动现金净流量之前的"－"号给省略了，导致阅读该公司报表的人认为该公司经营状况良好。再看该公司前两年的报表数据，发现该公司前两年的经营活动现金净流量数据前也省略了"－"号，导致投资者误认为该公司实现净利润 1 亿元、经营现金净流量几千万元、经营状况良好。

　　这一事例说明，学习财务分析知识不能只熟悉几个常用财务分析指标，也不能仅观察净利润、经营活动现金净流量等几个关键报表科目，还必须了解和掌握财务报表数据之间的逻辑关系和财务报表数据的经济含义，发现所投资企业财务报表的虚假成分。由于资本市场只看企业利润高低、不看企业经营质量，财务报表造假现象将很难杜绝。要想长期炒股，就需要虚心学习财务报表分析知识，以提高辨别财务报表真假的能力。

第二节　财务分析学与其他学科的关系

　　财务分析学是一门非常实用、具体的学科，学习财务分析知识最好了解和熟悉财务报表及其科目的主要内容，掌握与之相关的学科的理论知识。但即使没有相关学科的专业知识，只要认真学习，也是能够学好并掌握财务分析相关知识的。下面对财务分析学与财务会计学、管理会计学、财务管理学和审计学之间的关系做简单的介绍。

一、财务分析学与财务会计学

　　财务会计学是研究如何通过会计核算程序客观、公正、准确地反映企业生产经营过程的学科，财务分析是研究如何分析企业的生产经营及财务状况的学科。财务会计定期提供企业过去和目前经济活动情况的会计信息，并利用这些会计信息，分析企业的生产经营及财务状况，旨在弄清企业的优势与劣势，为企业的经营决策和财务管理提供依据。

财务会计与财务分析的相同点：二者的前提一致，都遵循会计主体独立、持续经营、货币计量等基本假设；二者都遵循会计核算一般原则。会计核算所遵循的一般原则是指导会计数据处理，会计信息加工、传递和利用的准绳。二者都遵循会计核算一般原则主要有：权责发生制原则、配比原则、谨慎性原则、划分收益性支出与资本性支出原则、历史成本原则、客观性原则、实质重于形式原则、相关性原则、可比性原则、一贯性原则、及时性原则、明晰性原则、重要性原则；它们的目的相近，都是为决策和管理服务。

财务会计与财务分析的不同点：研究对象不同，财务会计研究如何反映企业的生产经营活动成果，财务分析研究企业的经营及财务状况；研究内容不同，财务会计研究的是记账和核算方法、程序，财务分析研究的是以财务报表为主的会计信息。可见，财务会计是财务分析的基础，财务分析是财务会计信息的充分利用。

二、财务分析学与管理会计学

管理会计学是以研究成本、本量利、预算控制、决策责任等为主要内容的从财务会计中分离出来的新学科，通常分为经营决策会计和责任会计两部分。管理会计的目的是寻求对企业财务状况进行有效预测、决策和控制的方法和手段，对企业的财务管理工作起着深化和推动的作用。目前，管理会计已成为企业财务管理的有效工具。管理会计与财务分析的相同点：二者的作用相近，都是为决策服务；对企业来说目标相近，都是为了今后发展。但二者的区别则更加明显：①职能不同，管理会计侧重于预测和决策，财务分析侧重于分析和判断。②服务对象不同，管理会计主要服务于企业内部的决策和控制，财务分析服务于与企业有利益关系的所有当事人。③所受限制不同，管理会计可以不遵守有关的核算原则和法律，其核算方法可以根据企业实际需要确定；财务分析只能建立在有关会计核算制度或法律的基础上，其使用数据报表必须口径一致，遵循共同的原则。

三、财务分析学与财务管理学

财务管理学是研究如何筹集资金、运用资金和有效地管理各项资金的学科。财务管理是企业经营管理的重要内容，财务管理的职能是保证企业生产经营过程的资金需求，实现资金循环和资金的保值增值；财务管理的结果通过财务会计信息反映出来。财务会计提供的会计信息和财务管理产生的财务结果是财务分析的主要依据。通过财务分析，揭示企业生产经营和财务管理的绩效，促进企业提高经营决策和财务管理水平。因此，财务分析反过来又促进财务管理和财务会计工作。

财务管理与财务分析的相同点：①基础相同，财务管理和财务分析都以财务会计信息为基础，离开了客观、公正、准确的财务会计信息，就谈不上有效的财务管理和财务分析。②目的相近，都是为企业经营管理服务。不同点：①研究内容不同，财务管理以筹资、投资与资金管理的具体方法、途径为主；财务分析以经营及财务管理的结果为主。②服务范围不同，财务管理主要为经济组织内部管理服务；财务分析为包括企业内部管理者在内的社会各界服务。

四、财务分析学与审计学

审计学是研究如何审查和评价审计对象的真实性、合法性和合理性的学科。审计的目的是实现独立的经济监督。审计不仅是查账，更包含了实地考察、调查、分析和检验等工作。随着审计实践的发展，目前出现了不同类型、不同目的的审计，如抽样审计、内部控制审计、信息系统审计、经营审计、管理审计、绩效审计、环境审计、离任审计等。审计学已经发展成为一门非常独立的学科。

审计与财务分析的相近点：①研究对象相近，都是以反映企业财务收支和经营管理活动结果的会计信息为对象。②作用相近，都对企业的经营管理有促进作用。但二者有较大的不同：①职能不同，审计主要是监督职能，监督审计对象是否真实、公正、合理地反映了企业的经营活动；财务分析主要是揭示职能，揭示企业生产经营活动的结果。②评价内容不同，审计评价的是财务活动的正确性、合法性；财务分析评价的是企业的经营实力和发展潜力。

第三节　财务分析的目的和类型

随着我国股票、证券、基金等金融市场的迅速发展，财务分析相关工作给企业带来的经济效益也在持续提高。在一些特大型企业中，通过资金的合理利用而实现的利润已经达到利润总额的 10% ~30%。一些企业、银行和证券公司，已经开始用高薪招聘专职的财务分析人员，以持续跟踪、把控企业的经营和还债风险。企业财务报表分析，因分析者的角色不同、与企业的关系不同而有明显的差异。

一、企业财务分析的目的

下面从企业内部经营管理者、企业投资者、企业债权人、与企业有业务关系的其他企业、政府、员工等角度讨论财务分析的目的。

1. 从经营管理者角度

经营管理者对企业的经营成败负主要责任。经营管理者通过定期编制财务报表和进行财务分析，做出借款、投资、扩大生产等方面的经营决策。具体分析内容有：

（1）企业运转是否正常。主要通过对企业的资金结构协调、偿债能力、盈利能力、营运能力以及企业应对风险能力的分析，定期检查企业的经营管理业绩。

（2）企业经营前景如何，是否需要转产、投资或筹资。主要通过对发展能力和发展潜力的分析，帮助企业经理和董事会做出正确的筹资、投资和利润分配的决策。

（3）企业有无资金潜力可挖，如何挖潜。通过对营运能力、扩张能力和发展潜力的分析，对企业的经营管理情况和收支情况进行预测分析和假设分析。

（4）专题分析。监督、检查企业计划、投资、预算方案的执行情况。

案例 1-3 酒店企业财务分析

（1）经营总体情况变化对比。主要从对收入、成本、税金、人工成本、利润等主要指标的分析比较，来反映酒店经营的总体情况。

（2）收入结构分析。主要从写字楼、客服、会展、餐饮等收入来源角度分析。

（3）成本结构比较。一方面是从餐饮、商品、酒吧、其他消耗角度看成本变化；另一方面是从固定成本、变动成本、人工成本角度看成本结构。

（4）固定费用分析。从折旧、大修、能源、长期待摊、年费、不可控等角度分析固定费用的变化。

（5）变动费用分析。从物耗、日常修理、洗涤、销售、财务、其他等方面进行分析。

（6）人工成本分析。从工资、工资相关（五险、福利、住房公积金等）、服装、劳务、其他（包含劳保、倒班宿舍、存档、招聘等）角度进行分析。

（7）营业总利润分析。营业总利润是酒店总收入减去酒店总支出的差额，但也可从净利润开始加上折旧、长期费用摊销、大修、保险、土地费、房产税反过来计算，然后看GOP占固定资产原值和净值的变化，以此说明酒店业务的盈利能力。

（8）客房部分析。一般分析出租率、平均房价、旅客结构、房价变动对收入的影响，必要时还要进行淡季、旺季分析。

（9）酒店经营的规律性分析。主要分析季度、月度、星期、节假日、会议季节变化的规律性，掌握这些因素变化和出租率的关系及房价变动和出租率的关系，计算保本点，筹划利润目标。

（10）餐饮部分析。主要分析用餐人数、平均消费、翻台率等指标，计算餐饮部门的利润和保本点。

（11）能源消耗分析。包括自来水、电、天然气、蒸汽、空调冷冻水、污水处理费等。

（12）税金分析。对各种税金的征收比率和条件进行分析，看能否节税。

2. 从投资者角度

投资者拥有企业收益权和剩余财产分配权，对企业的债务以出资金额为限承担责任。由于投资者在经营期间不得抽走资金，因而承担着企业经营的较大风险。企业与投资者之间是利益共享、风险共担的关系。投资者进行财务分析的目的有：

（1）是否应该对企业投入更多资金。主要通过分析企业净资产、盈利能力和现金流量确定。

（2）是否应该转让股份，抽回投资。主要通过每股收益、每股净资产、股票价格变动等指标分析企业的盈利能力和发展前景。

（3）了解企业的经营成果。主要进行企业的生存能力和竞争能力分析，并比较利润、净资产收益率等经营业绩考核指标。

（4）了解和决定企业是否分红。主要对企业利润的质量、结构进行分析，看企业的可持续发展能力和分配利润的能力。

3. 从债权人角度

债权人包括贷款银行、融资租赁出租方、企业债权持有人等。企业与债权人之间是债权资金的取得和本金及利息的偿还关系。为了按期收回本金和利息，债权人要对企业的财务状况进行分析，具体包括：

（1）企业的基本财务状况，包括企业资产、负债的分布、变化情况。

（2）企业的盈利能力、营运能力、发展能力、还债能力及主要风险。

（3）企业的风险提示、授信风险、授信建议，确定可以给企业发放的贷款规模。

案例 1-4 银行对企业的财务分析

一、资产负债权益分析

1. 资产负债结构分析
（1）流动资产结构分析
（2）长期投资结构分析
（3）固定资产结构分析
（4）无形资产结构分析
（5）流动负债结构分析
（6）长期负债结构分析
（7）所有者权益结构分析

2. 资产负债变化分析
（1）资产科目变化分析
（2）负债科目变化分析
（3）所有者权益科目变动分析

二、利润分析

1. 收入结构分析
（1）营业收入分析
（2）投资收益分析
（3）补贴收入分析
（4）营业外收支分析
（5）收入结构分析结论

2. 利润结构分析
（1）利润总额
（2）营业利润
（3）投资收益
（4）营业外利润
（5）主营业务的盈利能力
（6）利润风险提示

3. 成本费用结构分析
（1）成本构成情况
（2）总成本变化情况
（3）主营业务成本控制情况
（4）销售费用评价
（5）管理费用评价
（6）财务费用变化
（7）成本费用风险提示

三、现金流量分析

1. 现金流入结构分析
2. 现金流出结构分析
3. 现金净流量分析

4. 现金支付能力的评价
（1）经营适应能力分析
（2）现金的偿债能力分析

四、主要财务指标分析

1. 偿债能力分析
（1）偿债能力指标变化
（2）偿债能力与行业比较

2. 盈利能力分析
（1）盈利能力指标变化
（2）盈利能力与行业比较

3. 营运能力分析
（1）营运能力指标变化
（2）营运能力与行业比较

4. 发展能力分析
（1）发展能力指标变化
（2）发展能力与行业比较

五、分析结论及风险提示

六、评级建议和授信测算

4. 从与企业有业务关系的其他企业角度

企业之间由于相互提供产品和劳务而发生商业信用和结算关系，为了合作业务的顺利开展，企业之间也要进行财务分析，具体分析内容如下：

（1）企业财力及生产能力是否充足，能否保证长期供货。

（2）是否应该给其赊账销售。

（3）是否应该继续增加投入，控制原材料供应。

（4）是否应该延长付款期。

5. 从政府及其有关部门和企业职工角度

国家制定宏观经济政策，通常要考虑企业的资金运用、投资行为、产销率、经济效益等情况，税务部门核定税金，企业员工为了了解企业的发展前景，均需要对企业的财务数据进行分析，了解相关情况。

总之，财务分析是依据财务报表信息，对企业等经济组织过去、现在和将来的生产经营及财务状况进行分析评价，为投资者、经营管理者、债权人和社会其他各界的各项经济决策提供依据。财务分析不但是我们认识微观经济主体企业的主要工具，而且是分析宏观经济形势的有效手段。例如，通过对行业投资收益能力、行业资金周转情况等的分析，我们可以了解某一行业的发展状况和普遍存在的问题，为制定产业发展和宏观经济调控政策提供依据。

二、财务分析的内容

我们发现，银行对企业偿债能力和收益能力的分析，投资者对企业发展潜力和管理水平的分析，股民对企业投资收益能力和利润分配情况的分析，都是对企业经营成果和财务状况的分析。企业的生产经营及财务状况，反映了企业的生存能力。企业的生存能力主要包括应变能力、竞争能力、发展潜力和经营风险。应变能力高、竞争能力强、发展潜力大、经营风险小的企业，将会在激烈的市场竞争中生存下去。

企业的应变能力，主要反映在企业支付现金的能力和企业偿还债务的能力上。企业的现金支付能力是指企业用可立即变成现金的资产（如货币资产）来满足企业需要立即支付现金的经营业务的能力。企业的偿债能力是指企业用资产和经营收益，偿还长期、短期企业债务的能力。企业的支付能力和偿债能力是由企业的资金结构、盈利能力和资产的周转速度三个方面的因素决定的。企业的资金结构即企业资产、负债和所有者权益之间的比例关系，是由企业的行业特点、经营特点、经营环境和盈利能力等因素共同决定的。企业的盈利能力是企业投入的经济资源创造利润的能力，是企业经营决策和经营管理各方面工作成果的综合反映。它是由企业所经营产业或服务的获利水平、资产的周转速度、各种成本费用支出水平等因素决定的。企业存货、应收账款等的周转速度，是由企业的经营管理水平决定的。

企业竞争力或者说企业具有的竞争优势，是指企业与竞争对手相比所具有的"对抗"能力。在市场需求有限、资源稀缺、企业异质等环境条件下，企业竞争力是由企业的应变能力、盈利能力、营运能力等方面因素综合决定的。企业的营运能力的高低，一方面表现在企业资产的周转速度快慢和盈利水平的高低上，另一方面表现在利用负债的杠杆效应来扩大经营规模、降低单位成本方面。

企业的发展潜力是由企业的筹资发展潜力、自我发展潜力和挖掘内部潜力的能力决定的。企业的筹资发展潜力主要是由企业的资本结构、资金成本和偿债能力决定的；企业的自我发展潜力主要是由企业资产的盈利能力和盈利潜力决定的；企业挖掘内部潜力的能力主要取决于企业的经营管理水平和实现可持续发展的能力。

企业所面临的风险主要有经营风险和财务风险两个方面。经营风险是指由于产品、价格、销售渠道等决策不当而引起企业销售下降所带来的风险，如引起利润下降或导致亏损的风险。财务风险是指由于企业资金结构不合理或企业资金不平衡而引起的企业资金短缺、不能归还到期债务、导致企业破产的风险。

因此，对企业财务状况和经营成果进行分析，就要对企业的资金结构、资金协调性、现金支付能力、偿债能力、资产周转速度、营运能力、盈利能力、自我发展能力、筹资发展能力、经营风险和财务风险进行分析。这些分析内容构成了本书的各个章节。

案例 1-5　财务报表分析的核心内容

一、实现利润分析	5. 权益增减变化原因	8. 总资产周转天数
1. 利润总额	五、偿债能力分析	9. 固定资产周转天数
2. 营业利润	1. 支付能力	八、发展能力分析
3. 投资收益	2. 流动比率	1. 销售收入增长率
4. 营业外利润	3. 速动比率	2. 净利润增长率
5. 主营业务盈利能力	4. 短期偿债能力变化	3. 资本增长性
6. 利润真实性判断	5. 短期付息能力	4. 可动用资金总额
7. 结论	6. 长期付息能力	5. 挖潜发展能力
二、成本费用分析	7. 负债经营可行性	九、经营协调性分析
1. 成本构成情况	六、盈利能力分析	1. 投融资协调情况
2. 总成本变化及原因	1. 盈利能力基本情况	2. 营运资本变化情况
3. 营业成本控制情况	2. 经营资产盈利能力	3. 现金支付能力
4. 营业费用合理性	3. 对外投资盈利能力	4. 营运资金需求变化
5. 管理费用合理性	4. 资产盈利能力评价	5. 现金支付情况
6. 财务费用变化情况	5. 净资产收益率	6. 整体协调情况
三、资产结构分析	6. 净资产收益变化	十、经营风险分析
1. 资产构成基本情况	7. 总资产报酬率	1. 经营风险
2. 流动资产构成特点	8. 总资产报酬率变化	2. 财务风险
3. 资产的增减变化	9. 成本费用利润率	十一、现金流量分析
4. 资产增减变化原因	七、营运能力分析	1. 现金流入结构分析
5. 资产结构合理性	1. 存货周转天数	2. 现金流出结构分析
6. 资产结构变动情况	2. 存货周转变化原因	3. 现金流动稳定性
四、负债及权益结构	3. 应收账款周转变化	4. 现金流动协调性
1. 负债及权益构成	4. 应付账款周转变化	5. 现金流量的变化
2. 流动负债构成情况	5. 现金周期	6. 现金流量充足性
3. 负债增减变化情况	6. 营业周期	7. 现金流动有效性
4. 权益的增减变化	7. 流动资产周转天数	8. 自由现金流量分析

三、财务分析的类型

从不同的角度出发，可将企业财务分析进行以下分类。

1. 按分析者所能取得的资料范围划分

根据分析者所能取得的资料可将财务分析分为外部分析和内部分析两大类。外部分析是主要依据企业公告的财务报告和报表信息，结合宏观经济数据而进行的分析，包括投资价值分析、经营业绩分析、财务状况分析等；内部分析是企业内部所进行的财务分析。由于企业内部分析者可以得到企业内部更多财务信息，他们可以进行比较深入和具体的财务分析，如本量利分析、销售变动分析、成本控制情况分析等。

2. 按财务分析的目的和作用划分

根据财务分析的目的和作用的不同，可将财务分析分为信用分析、投资分析、经营分析和税务分析。信用分析一般是由金融机构、债权人和企业供货方进行的分析，主要分析企业的偿债能力和支付能力，以确定向企业提供贷款、融资、信用所面临的风险。投资分析是投资人或股东在向企业投资或转让股份之前，为了了解投资的安全性和收益性而进行的分析，主要分析企业的资金结构和投资收益能力。经营分析是经营者或董事会为了进行企业产品、生产结构和发展战略方面的重大调整而进行的分析。税务分析是为了核对或确定企业应纳税额而进行的分析，主要分析企业的收入与支出情况。

3. 按分析频率划分

根据财务分析频率的不同，可将财务分析分为日常经营分析、定期总结分析、预测分析和不定期检查分析。日常经营分析是企业财会部门为了监测和控制生产经营及财务状况而进行的分析，主要分析实际完成与企业目标的偏离情况。定期总结分析是在财务报表按期编制完成之后，对企业当期的生产经营及财务状况进行的全面分析。预测分析是企业经营者、债权人或投资者，为了弄清企业能否完成目标任务或未来发展趋势而进行的分析。不定期检查分析一般是针对某专题、某专业工作或某单位的经营成果和财务状况进行的专门分析。专题可以是存货、应收账款，专业可以是销售部门、供应部门，单位可以是独立核算的车间等。

4. 按分析深度划分

根据财务分析深度的不同，可分为财务分析、管理会计分析和深度数据挖掘分析。财务分析主要依据企业对外公布的财务报表数据如资产负债表、利润表和现金流量表等进行分析。管理会计分析主要是针对企业内部管理报表如收入明细表、成本明细表、费用明细表等进行的详细分析，将这些财务数据和市场销售数据结合起来的分析，又称为企业经营分析或经济活动分析。深度数据挖掘分析是以财务报表或对内管理会计报表为基础，层层递进，步步深入，一直深入到发现引起财务状况和经营成果变动的具体业务活动和具体凭证为止的分析。本书主要讨论财务分析的内容。

案例 1-6 电力企业季度经济活动分析内容

1. 企业概况的整体分析说明

包括对企业资产总值、资产负债率、全社会用电量、供电量、售电量、售电收入、电费回收率、实现利润、人均工业增加值等的总体描述。

2. 电网概况

对所有的分公司、变电所的电网设备的规模、容量进行说明。

3. 经营情况分析

对不同时期用电量、网供电量、地方电量、售电量、线损率、电费上交率、三项费用、平均电价、售电收入、应收电费、电费回收率、资产总值、劳动生产率等进行分析。

4. 电力营销情况

(1) 收入情况分析，如对农业排灌、居民照明、非普工业、农业生产、非居民照明、商业用电、大工业企业的售电量、售电收入、平均电价、上年同期售电收入、影响平均电价等进行分析。

（2）线损情况分析，如对责任部门按综合线损率（计划、完成值）、农村低压线损率（计划、完成）、低压线损异常台区占比（计划、完成）、低压线损波动等进行分析；综合情况（分压线损）分析，如对本季度综合线损率、本季度各月线损率、分层分压线损率等进行分析。

（3）电费收回情况分析，如按应收电费、实收电费、电费回报率等进行相互比较分析，对欠费结构、原因、欠费类别（如城乡居民用户、小商业经营用户及个别单位用户的欠费）等进行分析。

5. 电网运营情况

（1）电网规模分析，如对电压等级按变电站数量、主变数量、主变容量、线路长度等进行明细分析。同时可以对公用变（综合变）数量、公用变（综合变）容量、专用变数量、专用变容量、线路长度等方面进行分析。

（2）负荷情况分析，可对某地区在最高负荷的增长时段进行分析，如对网供最大负荷、网供平均最大负荷、供电最大负荷、供电最大平均负荷按本季、同期、同期比等实际和累计进行明细分析。

（3）生产调度情况分析，主要是对其主要特点和原因进行分析，如预安排停电可对类别即计划检修停电、计划施工停电、临时检修停电、临时施工停电按停电时间、停电时间占比、停电时用用户数、停电时用户数占比、损失电量、损失电量占比等方面进行分析。

（4）对每个分支机构故障停电进行明细分析，如对运行管理不到位、设备老化、施工工艺不良、用户越级跳闸、规划设计不良、动物事故、产品质量、检修质量不良、外力破坏等方面进行分析。

6. 购电情况分析

可对大网供应、地方电厂供应、水电、火电、下属单位购电等进行明细增减比较分析；系统同时可生产相对应的分析结构表和结构图。

7. 用电情况分析

（1）可按照用电类别、行业等划分，如对建筑、其他事业、商业、交通、生活、工业、农业、居民、非工业、普通工业用电等类别进行明细分析。

（2）可以按照区域如按每个供电所售电情况进行明细分析。

（3）对特大客户用电情况进行分析，如可以对受理用户、容量、实际完成、增长情况进行分析。

8. 售电情况分析

可根据本期、同期完成情况及增减量、增长率、本期贡献率、同期贡献率对下属的每个供电所售电完成情况进行对比分析。

9. 收入分析

可对销售收入、售电量、售电单价按本期、上年同期、增长、增长率等进行明细分析；对影响销售收入的各种因素进行明细分析，特别是对电量对收入的影响进行深入分析，比如进行总值、网供电量、省网、购电量、小火电、小水电、售电量、网供电量比重、购电量比重等对收入的影响分析。

10. 成本分析

主要是对主营业务成本、营业外成本情况、其他业务成本情况、电力产品其他费用、可控费用、不可控费用、财务费用、人工成本等进行明细分析；可重点对购电成本进行分析，如分别按本期电量、本期购电单价、电费支出、同期电量、同期购电单价、电费支出、电量增长率等进行明细分析。

11. 利润分析

可按购电成本、固定成本、材料费、工资、福利、折旧、大修费、管理费、财务费用、所得税等利润主要影响因素进行全面分析；也可按损益表的项目进行利润分析，包括对利润总额、营业利润、净利润、所得税、其他业务利润、营业外收支额等项目按本期、上年同期等不同期间的增减变化进行分析。

第四节　财务分析的方法

进行财务分析，要选择科学、恰当的分析方法。常用的财务分析方法主要有以下几种：①指标直接判断法，即基于几个关键财务指标的数值高低做出分析判断，如营业收入、实现利润等经营业绩指标和资产负债率、净资产收益率等核心财务比率指标的值做出高或者低的判断。②比较分析法，即通过和不同时期、不同企业的相同指标数值的比较得出分析结论，如历史比较分析、行业比较分析、同期比较分析等，是目前最常用的分析方法。③加权打分法，即通过多个指标值的加权打分值来综合权衡得出分析评价结论的方法，这种方法在企业外部人员对该企业进行排名、评价时经常使用。④指标分解法，即基于某些关键指标或核心指标，逐层分解，查找指标变化原因，找到问题的关键的一种方法，由于指标层层分解能够落实下去，并有牵住了"牛鼻子"（核心指标）的感觉，因此这种方法一般受到企业内部管理人员的重视。

一、指标直接判断法

指标直接判断法是依据指标值的高低直接进行判断、得出结论的分析方法，如资产负债率90%过高、货币资金为零不可行等。直接判断通常依据绝对值和相对值，绝对值是财务报表揭示的实际数值，如营业收入1000万元，就属于营业收入指标的绝对值；相对值是将两个相互关联的项目相除得出一个在不同企业或不同时期之间可以比较的相对值，例如负债总额和资产总额相除得出资产负债率50%，就是相对值。相对值包括占比和比率两种。占比指标如其他应收款占收入的比例、短期借款与收入的比等，通常是一个较小的绝对值和一个较大的绝对值进行比较之后得出的比值，用来说明这两个项目之间的数量关系。比率是将两个能够说明一定问题的指标相除所得出的结果，如利润和收入之比的利润率指标、利润和资产之比的报酬率指标、负债和资产之比的债务率指标等。由于通过两个指标相除剔除了规模因素的差异，因此比率指标在不同行业的企业之间、在同一行业的不同企业之间是可以比较的，是财务分析中应用最广泛的一类指标。

1. 用绝对值指标判断

当我们看到企业财务报表时，首先看到的是企业通过会计核算所取得的各个科目的绝对值，如该企业的收入是多少、利润是多少、资产总额是多少等。这时，有一些基本的经验和方法可以遵循。一般来说，货币资金不能为零，如果为零企业就相当于停业；同时货币资金不能太少，如果太少企业就无法运转；货币资金也不能太多，特别是长期持续太多货币资金，企业的经营活动又平稳、健康开展，就说明企业现金有大量闲置；应收账款越少越好，自己的资金被别人占用或使用总不是一件非常安全的事情。如果应收账款持续多期居高不下，风险就会大大增加；存货越低越好，追求零存货已经是现代化生产和现代企业最理想的境界。但对于一些制造业企业和商业企业来说，在生产或销售环节总会需要一些存货，没有这些存货经营业务就很难开展下去；营业收入越高越好，如果高收入伴随着高利润，且再伴随着较高的货币资金余额，则是一种比较理想的状态。指标直接判断法我们在后面介绍相关科目的时候将会详细介绍。

2. 用占比指标判断

占比是两个指标相除的一种特殊形式，通常是一个较小的绝对值和一个较大的绝对值进行比较之后得出的比值，一般用来说明这个较大的项目的构成、结构或较小项目对较大项目的贡献。如流动资产占总资产的比、存货占流动资产的比就是占比指标。我们发现，以下占比指标在财务分析中比较重要：①应收账款占营业收入的比。一般来说占比在5%以下比较理想，占比超过20%就显得不太合理了。②存货占营业收入的比。一般来说工业企业的存货占收入的比例，在发达国家低于15%比较正常合理，在中国低于20%比较理想，在发达国家超过30%就不太合理了，在中国超过40%就不太合理了。③销售费用占收入的比。大多数重工业企业销售费用占营业收入的比例在3%以下，但大多数轻工业企业特别是日用消费品企业，销售费用占营业收入的5%~8%甚至超过10%。④管理费用占收入的比。一般工业企业为1%~3%，服务业企业为5%~8%甚至10%，在个别劳动密集型企业，管理费用甚至能够占到营业收入的12%~15%。一些指标在判断企业是否出现经营异常或企业是否处于经营形势不断恶化阶段非常有用，这些指标包括货币资金占收入的比例、短期借款占收入的比例、其他应收款占收入的比例、其他应付款占收入的比例、在建工程占收入的比例等。

3. 用比率指标判断

比率指标是财务分析中应用最广泛的一类指标。国务院国有资产监督管理委员会提出了盈利能力、资产质量、经营风险、经营增长四个针对企业的考核指标，一般商业银行从还债能力、盈利能力、营运能力、发展能力四个方面对企业的财务状况进行考察。在通常情况下，企业常常是一些指标非常强而另外一些指标非常弱，如实行薄利多销经营模式的企业和实行厚利少销经营模式的企业，常常会出现一些指标低于公认的合理值而另外一些指标会高于公认的合理值的情况，并且这些情况既合理也正常。一个比较好的办法是从一个指标出发进行判断，再结合其他指标来佐证自己的判断，最后再得出分析结论。例如，当一个企业的资产负债率为90%时，初步感觉是偏高了，但还是需要进一步结合其他指标来下结论。如果这个企业的资产周转速度是一年两次、销售利润率可以达到30%，那么经过一个正常的经营周期后，该企业的资产负债率会迅速下降到50%左右，说明当前90%的资产负债率是可以接受的，是没有还债风险的。相反，如果该企业的盈利水平低、资金周转慢，则资金很难快速收回，负债很难如期偿还，可以得出负债过高的结论。

二、比较分析法

在进行指标值直接判断的时候，实际上也是通过指标值的对比来得出分析结论的，只不过在依据指标值直接得出结论时我们所使用的对比标准或参照系，是我们已经形成的一种习惯性认识或判断标准，只是没有将这些判断标准明确地揭示出来，默认大家均对其认可。比较分析法，就是将每个指标的计算结果和不同时期、不同行业或者其他企业的相同指标的计算结果进行比较，得出分析结论的一种方法。与指标直接判断法相比，比较分析法使用其他数据作为判断依据，结论更加容易让人信服。比较分析法通常有历史比较（也称纵向比较）、同行比较（也称横向比较）和预算比较三种方法。与自身历史比较，说明是进步了还是退步了；与同业比较，说明自身的优势和差距；与预算比较，说明任务的完成情况。

1. 纵向比较法

纵向比较法就是沿着时间序列，以企业自身现在数据和历史数据进行比较，得出分析结论的一种方法。纵向比较的目的：①总结历史经验、掌握经营管理的规律性。②诊断当前现状、解决实际问题、提出对策建议。③对未来发展趋势进行预测。纵向比较法，从比较数值来看，有绝对值的纵向变化比较、增加额的纵向变化比较、增长率的纵向变化比较和占比的纵向变化比较等不同类型；从比较方法来看，有环比和基期比两种方法。环比就是本期和上期比较，计算本期相对于上期的变化额、变化率。基期比就是本期与固定的某个时期比较，看本期相对于固定的某个基准时期的变化额、变化率等。

变化分析主要查看本期和上期的变化，从变化中解释现象，查找原因。但要想了解变化的总趋势，则需要进行多期变化趋势比较分析，即以某一个时期为起点或基点，连续观察多个时期数据，看发展变化趋势如何。趋势分析有绝对值变化趋势、占比变化趋势、增长率变化趋势等多种分析，也有基于历史数据的趋势预测分析。从变化率角度分析变化趋势要比从绝对值角度分析变化趋势更加明显和富有价值，这一方面是因为从绝对值来看每期均在增长，但增长率不同在增长的结果和质量上会有很大的差异；另一方面是因为在多期均为增长的情况下，增长率的下降还是提高（即增幅上升还是回落）也会揭示出不同的发展趋势和发展问题。

2. 横向比较法

横向比较法是在不同主体之间进行比较，通常有企业之间的比较、部门之间的比较、企业与行业水平的比较等。纵向比较可以看出企业的发展变化趋势，横向比较可以看出企业所处的发展变化水平和在同行业中的相对位置。企业之间进行比较，从绝对值来看，主要是进行经营规模和经济实力的比较，如资产总额、营业收入总额等，反映了企业的经营规模和业务流量。从相对值来看，主要是进行财务结构、成本结构和盈利水平的比较，如进行营业成本占比、存货占比等的比较，说明不同企业之间的成本结构或资产结构情况。从绝对值比较来看，可以进行相同时期不同企业之间的比较，也可以进行不同时期企业之间的比较，前者主要用来寻找和界定差距，后者主要用来寻找和界定差距形成的原因。

如果我们进行多个企业之间的比较，如在一个集团公司下进行下属 10 多个企业之间的比较，从绝对值来看，如从下属单位营业收入的实际数据来比较，可以确定金额最大者、金额最小者、贡献最大的前三名、贡献最小的后三名、最大企业占整体的比例、前三名对集团整体的贡献等信息；从相对值来看，如从营业收入增长率的比较来看，可以得出增长最快的企业、增长最慢的企业、增长最多的企业、增长最少的企业、对集团增长率贡献最大的企业、影响集团公司发展的企业、下降速度最快的企业等非常有用的信息。

与行业值比较，同样存在与行业绝对值比较、与行业财务指标比较、与行业主要经济技术指标比较等比较方法。例如，将企业的增长率和行业的增长率进行比较，如进行销售收入增长率的比较，可以看出企业的增长是否跟上了行业发展的步伐，是快于同业水平还是慢于同业水平；将企业的财务比率指标与行业的财务比率指标比较，如进行资产负债率的比较，可以看出企业该指标在行业中是处于领先位置还是落后位置。进行行业比较一般有与行业平均值比较、与行业优秀值比较、与行业良好值比较、与行业较低值比较、与行业较差值比较、与行业最好水平比较等不同类型。

与行业绝对值比较，目前市场上能够找到的绝对值数据有、国家统计局公布的《中国统计年鉴》或由各个行业主管政府部门或行业协会组织编辑的各经济统计年鉴所提供的年度数据；上市企业公布的汇总数据，如中国经营报企业竞争力评价每年使用的数据就是上市企业每年公布的数据；国家海关的进出口统计数据，国家统计局每月进行规模以上企业经济数据的直接调查，获得月度直调数据。但这个数据目前一直没有公开出版或公布。

与行业相对值比较，目前主要的数据来源是国资委每年出版的《企业绩效评价指标标准值》（一般由经济科学出版社在每年6月出版），然后是通过上市企业报表数据计算取得的行业指标数据。但这两种数据的缺点是前者仅是从国有企业上报的数据中产生的行业标准值数据，后者仅是从上市企业公告的财务数据中计算的数据。另外就是各个部门从自己掌握的数据中形成行业比较的标准值。如国内四大商业银行均有上万家客户，可以将这些客户的数据汇总起来，计算并确定行业的财务指标的比较标准值。

通过指标之间的横向比较，通常可以得出一些更加能够令人信服的结论。但是，在横向比较时比较指标或比较对象选择错误也会出现误导或判断失误。例如，对皮尔·卡丹和阿迪达斯两个服装企业进行比较时，如果仅仅进行这两个企业之间绝对值的比较，如进行实现利润和营业收入的比较，确实可以说明各自的经营规模和经营业绩。但是，如果进行两个企业之间销售利润率或资产周转速度的比较，认为谁优谁劣则常常会得出错误的或给人误导的结论。因为皮尔·卡丹是高端高档服装销售的经营战略，其销售利润率要远远高于阿迪达斯，但其周转速度比较慢；而阿迪达斯采用的是大众化薄利多销的经营模式，其销售利润率较低但其资产周转速度要快于皮尔·卡丹。如果简单进行这两个企业之间相关指标的比较，认为谁优于谁就很容易得出错误的结论。

3. 与标杆企业比较

由于企业之间的差异比较大，不同企业之间常常因经营模式不同而出现财务指标的不可比。为了解决这个问题，目前企业之间比较流行的一种方法是与标杆企业比较（简称对标法，如国内对标、国际对标等），也就是企业选择一个可比的、比较成功或优秀的企业，作为自己的标杆企业与其进行各个方面的比较。这种企业之间的对标活动，并不局限于财务指标，而是进行企业之间各个方面的对标，如经营战略、客户满意度等。

4. 预算比较分析

现在国内外大多数企业实行了预算管理，在每年的 11 月至第二年的 1 月编制和确定下一年度的经营预算，确定一系列经济技术指标和财务指标，作为企业各个部门进行经营业绩考核的依据。在这种情况下，进行预算情况和实际完成情况的比较，就显得比历史比较和横向比较更加重要。因为预算是否完成直接涉及企业对各个单位、部门和个人的考核结论，涉及企业各个部门和个人的切身利益。因此，实现预算管理的单位内部的财务分析，主要围绕预算指标的完成情况来展开。

预算比较分析主要是要说明当期预算的完成情况和完成年度预算的情况。当期预算完成情况比较，是将当期实际数据和当期的预算（计划）数据进行比较，看预算是否完成。完成年度预算情况比较，是将从年初开始到当月的累计实际数据，与年度整个预算数据进行比较，看完成年度预算的进度或百分比。

在进行预算完成情况比较的时候，我们习惯于同时进行和上年同期实际数据的比较，如在进行 4 月预算完成情况的比较时，首先看 4 月本身的预算是否完成，其次看 1~4 月累计完成年度预算的百分比，然后再看当年 4 月实际完成数和上年 4 月实际完成数（上年同期）相比较的结果，看是同比增长还是同比下降。

进行预算比较分析的一项重要内容就是查找和解释预算和实际的差距，通常称为预算执行情况差异分析。差异分析除了进行预算指标和预算分解之后的各个明细指标的实际和预算的差额比较和分析之外，通常还要用到因素替代分析方法，也就是在假设其他影响因素不变的情况下，计算某个因素变化对整体的影响程度的一种方法，通过计算各个因素的影响程度，来解释完成或未完成预算的原因。

比较分析法最大的问题是可比性问题。与历史比，确实能够看出企业发展的轨迹，但企业总会出现一些新情况、新问题，需要特殊考虑。与同行业比，确实能够发现企业在行业中所处的位置，是领先还是落后，但同一行业的企业之间，因经营模式、发展阶段、发展战略、管理模式的不同，在财务数据上会有较大的差距。

随着技术的发展，我们发现过去大家非常重视的流动资产中某个项目占流动资产合计的比例、资产某个项目占总资产合计的比例等指标，在企业不同时期之间和不同企业之间可比性均在下降，如过去大家认为钢铁企业的原材料占流动资产的 40% 是比较合理的，但现在随着钢铁生产环节管理水平的提高和运输速度的加快、原材料运输在时间上和质量上的保证，要求原材料占流动资产 40% 已经非常不合理了。并且采用不同来源渠道原材料的企业之间，这个比例的合理水平差距是很大的，它们之间没有太大的可比性。例如，主要依靠进口铁矿石的宝钢和主要依靠自己生产的铁矿石的攀钢之间，原材料占流动资产的比例就缺乏可比性。

在经济全球化、网络化、知识化时代，企业的生存依靠的是核心竞争力，而核心竞争力通常是不能复制或模仿的，这就给企业之间在财务数据和指标上的差异提供了客观依据。进行企业之间比较，也需要注意企业之间这种巨大的、合理的差异。从企业自身来说，如果已经实行了预算管理，那么与预算比，考察预算指标的完成情况，可能是最直接、对企业更具有管理价值的分析方法。但是，当企业的实际情况和预算情况发生较大的变化、企业的外部市场环境与企业预算时的预测差距较大的时候，与预算进行比较也会变得意义不大或毫无意义。在这个时候，企业又要回过头来看看行业中其他企业的情况，看看行业大势和企业的状况，才有可能对企业的实际情况做出比较客观的评价和判断。

由此可见，进行指标对比分析，在不同环境、不同时期、不同经营阶段需要采取不同的分析比较方法。对于垄断性行业、公共服务性行业、日用消费品行业，其经营形势和宏观市场环境的变化并不明显，使用历史比较法比较合适；对于在同业之间市场竞争并不激烈、企业之间差异性不大的企业，进行同行之间比较具有参考价值。但对于身处竞争激烈的市场、技术更新换代频繁、同业之间靠差异化才能获得生存机会的企业，在进行历史变化比较的同时，需要更加重视与预算目标的比较以及与企业发展要求的比较。在这种情况下，对企业进行具体问题具体分析式的分析评价更有意义。

三、加权打分法

由于财务指标常常是从不同角度反映企业的经营成果和财务状况，如果一定要对企业的财务状况进行排序，就会出现选择排序指标的困难。因为不同的指标只能代表某个方面，不能代表全部情况。为了实现企业之间财务状况和经营成果的综合比较，并就不同企业的财务状况得出高下之分的评价结果，通常采用多指标加权打分的方法来进行，这种方法也被称为综合分析法。最传统的，或者说历史最悠久的方法是沃尔比重评分法和阿特曼评分法。

1928 年，亚历山大·沃尔（Alexander Wole）在出版的《信用晴雨表研究》和《财务报表比率分析》中提出了信用能力指数的概念，他选择了 7 个财务比率即流动比率、产权比率、固定资产比率、存货周转率、应收账款周转率、固定资产周转率和自有资金周转率，分别给定各指标以 25 分、25 分、15 分、10 分、10 分、10 分、5 分的比重，然后确定标准比率（以行业平均数为基础），将实际比率与标准比率相比，得出相对比率，将此相对比率与各指标比重相乘，再得出总评分。

由于沃尔比重评分法主要是从企业还债能力角度进行评价，对企业的盈利能力有所忽视，一些研究人员提出了使用收益性、流动性和增长性三类共 10 个指标来评价的改进办法。三个方面的权重分别为 45、35 和 20，其中收益性指标选择销售利润率、总资产报酬率、资本收益率三个指标，其权重分别是 20、20、15；流动性指标选择产权比率、流动比率、应收账款周转率、存货周转率四个指标，其权重分别为 10、10、10、5；增长性指标选择销售增长率、净利增长率、资产增长率三个指标，其权重均为 5。由这 10 个指标组成一个综合评价标准。标准比率既可以使用行业评价标准值，也可以使用企业自己认为合理的标准值。计算公式是：实际分数 = 实际值 ÷ 标准值 × 权重。这一改进使企业内部和企业之间使用沃尔比重评分法进行财务绩效评价和比较变得更加全面、客观。

使用沃尔比重评分法应当注意的问题是：①遇到指标值为负时得零分。②遇到单个指标异常时应适当调整分值或指标值。③可以对标准值设定上限和下限来控制单个指标的得分。沃尔比重评分法最主要的贡献就是它将互不关联的财务指标按照权重予以综合联动，使综合评价成为可能。

四、指标分解法

1919 年，美国杜邦公司提出将企业净资产收益率逐级分解为多项财务比率乘积，使企业经营效率和财务状况的比率指标按其内在联系有机地结合起来，形成一个比较完整的指标分析体系。指标之间的分解关系如下：

净资产收益率（权益净利率）＝净利润÷所有者权益合计

＝（净利润÷资产总额）×（资产总额÷所有者权益合计）

＝（净利润÷营业收入）×（营业收入÷资产总额）×（1＋负债合计÷所有者权益合计）

＝［（营业收入－营业成本－营业税金－销售费用－管理费用－财务费用＋投资收益＋

其他业务利润＋营业外收入－营业外支出＋公允价值损益－所得税）÷营业收入］×

［营业收入÷（货币资金＋应收账款＋存货＋其他应收款＋预付货款＋其他流动资产＋

债权投资＋股权投资＋投资性房地产＋在建工程＋固定资产＋无形资产＋其他非流动资产）］×

［1＋（短期借款＋应付账款＋应付职工薪酬＋应交税金＋应付股利＋其他应付款＋

其他流动负债＋一年内到期的长期负债＋长期负债＋上述股东损益）÷

（实收资本＋资本公积金＋盈余公积金＋未分配利润）］

从上面公式的层层分解中可以看出，在第一个层次，净资产收益率是由资产净利率和权益乘数（资产是所有者权益的多少倍）决定的，资产利润率越高，权益乘数越高，净资产收益率越高。在第二个层次，净资产收益率又是由销售净利率、资产周转率和权益乘数三个因素决定的，也就是说销售利润率越高，资产周转越快，净资产收益率越高。在第三个层次，净资产收益率与企业资产负债表和利润表的每一个科目关联了起来，即资产负债表和利润表任何一个科目数据的变化，均会引起净资产收益率的变化。反过来说，净资产收益率的任何变化，均可以找到引起其变动的具体原因。这就是杜邦分析的威力所在，它通过一个指标的层层分解，把整个企业的经营成果和财务状况指标全部揭示出来，将它们之间的关系全部揭示出来。

如果在第三个层次，我们将净资产收益率的公式变为：

净资产收益率＝销售净利率×［1÷（流动资产周转率＋非流动资产周转率）］×

［1÷（1－资产负债率）］

则可以看出，净资产收益率与销售利润率、资产周转率、资产负债率的变化直接相关。资产周转率和资产负债率均变成了杠杆系数，变成了乘数效应。

第五节　财务分析的步骤

财务分析一般要经过以下步骤：确定分析目标、确定分析思路和方法、收集数据信息并整理相关资料、分析现状、撰写分析报告。

一、确定分析目标

分析目标因分析内容的不同而不同。例如，在企业经营形势恶化情况下的财务分析，一方面需要了解和掌握恶化的具体表现，另一方面需要寻找导致经营形势恶化的具体原因，并提出对策建议；在企业快速扩张时期对企业经营可持续性进行的分析，是要掌握企业的优势和弱点、了解外部市场发展情况，并对未来市场前景和竞争情况做出预测，以确定企业持续快速增长的可能性和面临的风险；而日常的定期经济活动分析则要从多个角度如财务情况、经营情况、预算执行情况等进行分析，以便及时发现异常情况和目标偏离情况，及时采取纠偏措施。从普遍意义上来讲，财务分析的目标主要有以下三个方面：

（1）揭示企业生产经营的规律性。企业的经营活动，遵循一定的规律。不同的行业，由于其产品或销售模式不同，对资金的占用和需求会有不同的要求。如商业零售企业，日常现金收支量大，商品周转频繁，正常开展经营业务每天会形成大量的现金积累。而设备制造企业每笔业务资金需求量大，资金周转慢，占用资金多，常常需要企业准备足够的营运资金。财务分析就是要通过对有关报表数据的分析，掌握资金运动的规律性，做到心中有数。如一个营业额为1亿元的服装公司，它的存货、流动资产、固定资产之间的合理比例应该是多少？通过财务分析要对这些问题做到心中有数。

（2）明确企业的经营管理现状和存在问题。企业生产经营的规律性，具体反映在财务分析指标的各项数值中。通过指标数值的比较，可以发现经营管理中出现的问题，找出差距，为经营决策服务。例如，资产负债率为85%，说明企业的资金只有15%是所有者的资金。企业现金支付能力[①]为负，说明企业面临支付危机，必须进行短期融资活动。通过财务分析，可以及时诊断企业的"健康"状况，为企业的决策和日常管理服务。

（3）弄清企业的优势和劣势，为企业相关的决策提供支持。企业的优势和劣势，反映在企业偿债能力、盈利能力、发展潜力等各项指标上。一个服装企业、一个家电企业，或者同一行业而规模不同的企业，即使它们的年营业额和年末存货都分别是1亿元和2000万元，但它们所揭示的财务状况、经营成果以及企业所具有的优势和劣势却很不相同。通过分析有关指标，可认清企业的优势和劣势，制定经营管理策略和发展战略。同时，通过有关指标的分析，还可弄清竞争对手的优势和劣势，以便采取有效的竞争策略。

二、确定分析思路和方法

明确分析目标之后，要根据分析量的大小、分析问题的难度，来确定分析思路、制定分析方案。我们发现，企业常常因为财务分析人员的水平不同、其所处的上下级部门或决策人员对财务分析的要求不同，以及企业当时面临的具体而现实的问题的不同而在分析思路上有很大的差异。例如，一个集团控股企业的财务分析，主要围绕各单位收入、利润等经营业绩考核目标的实现情况来展开；一个具体的运营实体如制造厂、电厂等，通常从成本费用消耗、销售数量和价格变动、毛利等展开分析；而某个业务发展情况的专题分析，常常是从业务具体经营情况开始，然后再进行收入、成本和经济效益分析。如青岛啤酒公司月度财务分析内容主要包括经营概况和说明、关键考核指标完成情况预警、销售数量分析、利润分析、产品的边际贡献分析、生产成本分析、单位消耗分析、费用分析、资产负债表分析、物资采购价格分析、盈亏平衡点分析、产能利用率分析、因素变动的敏感性分析。

企业内部经营管理者对企业的财务分析因分析目的和分析角度的不同，可以采取不同的思路和方法。企业外部投资者对企业的财务分析也因目的不同而会采取不同的思路和方法。美国著名股市投资家巴菲特主要从投资持有的角度对企业进行财务分析，他首先关注的是企业在行业中的位置，希望该企业在行业中是竞争优势比较明显的明星企业。其次关

---

① 该指标及其计算将在第七章进行详细介绍。

注的是这个企业的盈利能力能否持续和可否预测。他主要选择能够长期经营、对未来发展可以明确预期的公司。美国哈佛商学院财务报表分析教程建议的财务分析框架，包括战略分析、会计分析、财务分析和前景预测四部分，战略分析主要是对企业内外部环境、经营业务和企业优缺点的分析，以明确企业的关键成功因素和未来风险；会计分析主要是分析会计政策、金融市场环境、税务法律环境和会计信息质量，以明确企业经营业务盈亏的核算与计量方法；财务分析主要是利用财务指标和现金流量评价企业经营业绩，以确定企业的投资价值；前景预测是在企业竞争环境和战略选择基础上对企业的未来前景和企业价值进行估计，最终目的是发现企业的盈利模式和未来风险，使企业能够在成功的战略指导下健康成长。在分析思路确定后，要列出分析项目，安排工作进度，确定完成内容、完成标准与完成时间。

三、收集数据信息并整理相关资料

分析方案确定后，根据分析任务，收集分析所需数据资料。我们前面已经指出，企业的各项经济活动，都与内外部环境的变化相关联。会计信息只反映企业经济活动在某一时期的结果，并不反映经济活动发生、发展变化的过程。会计信息能部分地反映造成当前结果的原因，但不能全面揭示形成原因。因此需要分析者收集相关资料信息。一般信息收集内容包括：宏观经济形势信息；行业情况信息；企业内部数据等，如企业市场占有率、企业的销售政策与措施、产品的品种、有关预测数据等。信息收集可通过查找资料、专题调研、座谈会或有关会议等多种渠道来完成。

在信息收集结束后，要核对和明确所收集信息的真实性。作为企业内部人士的财务分析，如发现资料、数据不真实、不全面时，可进一步查对，寻求真实情况。但企业外部投资者期望获得企业真实的财务信息相对比较困难。从目前我国上市企业公开披露的信息来看，有相当一部分企业的财务报告信息存在明显的不实或欺诈成分，而会计师事务所也常常出具无保留意见的审计报告，导致一般投资者很难判断财务信息的质量。一般而论，凡是有下列情况之一者，说明企业提供信息有可能不真实、不全面或不准确：

（1）企业提供的年度或上市公告书内容不全或空话套话过多。

（2）企业提供的解释说明材料内容不全或有故意隐瞒。

（3）企业提供的资产负债表、利润表、现金流量表三个报表项目有遗漏。

（4）通过两种或多种数据分析途径，得出的分析结论自相矛盾。

（5）通过计算报表科目数据，发现某一科目的数值出现差错或遗漏。

按照国家有关法律规定，经过会计师事务所审计之后企业向社会公告的财务报表数据应该是真实的、可靠的，在公告的时候企业董事长和财务负责人要声明财务报表信息真实可靠并愿意承担法律责任。在这种情况下，一个企业仍然向社会公众公开提供不真实或虚假的财务报表，则必定是苦心经营的。如果发现报表中重要数据不真实或有重大出入，则应坚决放弃对该企业的投资。因为，一个企业如果不诚实经营、不正视存在的问题，反而弄虚作假，其未来的经营成果和财务状况也肯定不会理想。

四、分析现状

根据分析目标和内容，评价所收集的资料，寻找数据间的因果关系；联系企业客观环境情况，解释形成现状的原因，揭示经营成绩和失误，暴露存在问题；提出分析意见，探讨改进办法与途径。在这一分析过程中，要用到我们所介绍的主要分析理论和方法。由于企业经济活动的复杂性和企业外部环境的多变性，我们在做出财务分析结论时，要遵循一定的原则。这些原则，一般都是实践经验的总结。

（1）尽可能全面地收集所需资料，掌握真实情况。财务分析的依据是所掌握的信息资料。由于财务分析目标的相关性，要求我们在进行分析前，既要掌握分析目标所需指标的资料，又要了解相关指标的因果情况；既要收集企业内部的报表资料，又要掌握企业环境的变化情况；既要有客观数据资料，又要有文字意见资料。只有充分地占有信息资料，才能做出正确的分析结论。因为一个新情况、新信息的出现，有可能改变分析结论。

（2）指标对比，综合判断。企业的经济业务是相互制约和相互促进的，指标数值也具有相对性。同一指标数值，在不同的情况下反映不同的问题。要通过指标对比、指标综合来分析问题并揭露矛盾。例如，企业拥有大量银行存款，这可能是企业销售量剧增的结果，也可能是企业无事可做、不善于利用资金的反映。要通过综合分析判断，得出分析结论。

（3）点面结合，抓住重点。在进行财务分析时，往往一两个指标不能说明问题，既要对指标本身的数值进行分析解释，又要对该指标数值对其他方面所产生的影响做出解释。要通过一个指标的变化，追溯到其他指标的变化。既要见树木又要见森林，不能就指标论指标。例如，企业资金结构的恶化，要同企业实现利润情况、企业资金增减情况结合分析，看是否导致企业财务状况的恶化。要通过分析，抓住关键和本质。

（4）定性分析与定量分析相结合。任何事物都是质与量的统一，财务分析也要定性与定量相结合。由于现代企业面临复杂而多变的外部环境，而这些外部环境有时很难定量，但环境的变化却对企业的产业发展、投资目标的实现以及企业的销售情况产生重要影响。因此，在定量分析的同时，要做出定性判断，在定性判断的基础上，再进一步进行定量分析和判断。

（5）静态与动态相结合。企业的生产经营过程是一个动态的发展过程。我们所收集到的信息资料，特别是财务报表资料，一般是过去情况的反映。在新的形势下，同样的投入，可能会有不同的产出。因此，要时刻注意数值的时间性，在弄清过去情况的基础上，分析在当前情况下的可能结果。要联系企业和投资者、决策者的实际情况，静态和动态相结合，然后对指标值的含义做出判断，以便为决策服务。不结合具体的发展变化情况，就不可能提出建设性的分析意见。

五、撰写分析报告

财务分析报告是对企业经营状况、资金运作的综合概括和高度反映。但是，在实际财务分析工作中，真正为企业带来价值的财务分析报告并不多见，究其原因，主要有以下几点：

（1）眼界过窄，就财务论财务，与企业管理脱节。财务分析报告的阅读对象主要是公司领导，即公司的管理层，所以写好一份高质务实的财务分析报告的前提是财务分析人员要尽可能多地与领导沟通，捕获他们"真正想了解的信息"。只有跳出财务自身的思维惯性，避免就财务论财务，真正从企业管理的角度出发分析具体财务问题和数据，做出的分析报告才可能真正为企业的管理服务。

（2）闭门造车，就数据论数据，与实际业务脱节。财务指标是由各种数据表达的，但这些数据往往只是反映了该企业有关指标的表面现象，而每一个表面现象背后都寓示着生动的资产增减、费用发生、负债偿还等，所以撰写财务分析报告前，一定要对数据背后的业务背景进行调查了解，只有通过对业务的了解和明察，并具备对财务数据敏感性的职业判断，才可判断经济业务发生的合理性、合规性，切实揭示业务过程中存在的问题，由此写出来的分析报告才能真正为业务部门提供有用的决策信息。

（3）缺乏对问题的深入分析，不能提出合理、可行的解决办法。撰写财务分析报告的根本目的不应仅停留在反映问题、揭示问题上，而是要通过对问题的深入分析，提出合理、可行的解决办法，真正担负起"财务参谋"的重要角色。但在实践中，许多财务分析报告还停留在发现问题这一初级层面上，不能提出解决方案，这是制约分析报告有用性的主要原因。

（4）单指标孤立分析，资产类指标和利润类指标相割裂，忽视指标间的互动联系对企业整体的作用。企业财务人员在进行财务分析时，往往陷入一种单指标分析误区，即使是使用多个指标进行判断，也只是将单个指标数值的计算结果简单地进行加权计算，而没有将各个指标数值之间的因果关系有机地联系起来。在实践中往往表现为将资产类指标（即指资金结构、协调、偿债能力等财务状况指标）与利润类指标（盈利性指标）割裂开来，并过分重视利润类指标而忽视资产类指标。而实际上，企业盈利能力和企业的财务状况是相互制约、相互促进的，一个资金结构极不合理、长短期资金来源和使用极不协调的企业，不可能有较高的盈利能力。例如，企业为了保证有充足的支付能力，就需要持有足够的货币资金，而货币资金过多滞留于支付环节或持有时间过长，就产生企业投入生产经营过程的资金不充足的问题；生产经营投入资金不足，则企业的经济效益就会受到影响。因为资金投入生产经营活动，是资金循环和创造利润的前提。所以，企业的资金结构、资金协调和偿债能力等，在一定程度上决定了企业的盈利能力。忽视财务指标间这种内在的因果联系，试图以单个指标对企业的某个方面进行判断和评价的做法是错误的。所以，在进行财务分析时，只有将多种指标结合起来，凭借其内在的关系，进行一环扣一环、层层深入、递进式分析判断，才能得出更加符合企业实际的、准确的分析结论。

（5）陷入静态分析、经验型判断误区。一个财务指标数值可能是由多种因素造成的，一种财务状况也可能是由多种情况导致的。例如，某产品出现亏损，经验型的判断认为这是企业经营管理不善的结果，但实际情况却有许多其他的可能：

可能情况一：这是企业实施扩大市场份额战略而出现的正常情况，虽然实施该战略导致此产品出现暂时亏损局面，但却有可能为将来的发展提供更广阔的利润空间。

可能情况二：这是企业进行资产结构调整而难以避免的暂时情况，是企业为了使资产结构向更健康的方向发展，牺牲当前利益、寻求长远利益的一种举措。

可能情况三：这是企业为应付急剧恶化的市场环境，进行产品结构调整而出现的结果，只要该产品能回收所有的可变成本并创造一定的现金流入，此种经营方式就有暂时存在的价值，这是企业牺牲局部利益、保全整体利益的一种举措。

上述例子已向我们展示了，即使是产品亏损这一相对简单的问题也可能有很多种原因。所以企业财务人员在分析具体问题时，注意不要陷入经验型、静态判断的误区，要用发展的、动态的、全局的眼光来分析指标的变化，洞察财务状况变动的本来面目。

（6）缺乏对比较基础的准确理解，将行业比较简单化、绝对化，忽视企业自身经营特点。同业比较是企业综合财务分析中经常使用的一种分析方法，但实际上，行业数据只反映了行业内企业的平均情况，具体企业之间因其产品品种、经营战略和理财原则的不同，使得财务数据和指标间的差别很大，在这种情况下，用行业平均值或最好值对一个具体企业进行评判时所得到的结论的准确性就大打折扣。例如，A、B两企业主营业务都为女装，A企业奉行薄利多销的经营理念，而B企业却执行厚利少销的经营原则，最终两者的经营成果（利润）可能非常接近，但财务指标（毛利率和周转率）却相去甚远。所以，行业比较要避免简单化、绝对化，要考虑到企业自身的经营特点，除非能找到与企业自身非常匹配的同业标准作参考，否则将这种方法运用到企业实际时一定要慎重。

要想写出一份高质量的财务分析报告，除了要做好日常基础分析工作外，更重要的是要能真正站在企业管理者的角度，从解决实际问题出发，突破传统财务分析思维定式，真正做到对各种分析方法活学活用，只有这样，分析结论才不会过于片面和武断，分析报告才能真正起到"财务参谋"的作用。

【本章小结】

财务分析就是对企业经营和财务状况所进行的分析，学习和掌握财务分析知识，无论是从个人投资发展、企业经营管理，还是从国家经济政策制定、发展国民经济等角度来讲，都是非常重要的，也是有现实意义的。财务分析的内容，因财务分析的目的不同而有很大差异，但均是围绕企业的资产结构、盈利能力、营业能力、发展能力、偿债能力等关系到企业竞争、生存和发展的基本问题所进行的，均是为了做出科学、正确的经济决策和管理决策。学习财务分析知识，最好是在学习完财务会计、财务管理、管理会计等专业基础知识之后进行，但没有这些专业知识的人只要努力也能够学好财务分析课程。常见的财务分析方法有指标直接判断法、纵横向比较法、加权打分法、指标分解法等，这些方法各有优缺点。学习财务分析方法的目的是了解常用财务分析方法的优缺点，掌握财务分析的局限性，为不断提高财务分析水平服务。

【本章习题】

名词解释

财务分析　经营成果　财务状况　资金结构　偿债能力　盈利能力　发展潜力　自我发展能力　经营风险　财务风险　信用分析　投资分析　经营决策分析　管理会计分析经营分析　财务会计　管理会计　审计学　绝对值指标　相对值指标　占比指标　比率指标　纵向比较　横向比较　变化分析　趋势分析　行业比较　标杆测定　对标　预算比较　沃尔比重评分法　杜邦分析

简答题

（1）简述学习财务分析知识的重要性。

（2）什么是经营成果？什么是财务状况？

（3）企业经营管理者进行财务分析，主要分析哪些内容？

（4）简述财务分析学和财务管理学之间的不同及其联系。

（5）试列举绝对值上升会导致企业经营及财务状况改善的指标。

（6）试列举绝对值下降会导致企业经营及财务状况改善的指标。

（7）财务分析中常用的占比指标主要有哪些类型？

（8）请列出十个以上常用比率指标，并写出其计算公式。

（9）试述纵向比较分析和横向比较分析的优缺点。

（10）试述预算比较分析的优缺点。

（11）沃尔比重评分法主要使用哪些指标？你认为还可以减少或增加哪些指标？

（12）试举出两个以上分解净资产收益率的杜邦分析体系。

第二章　财务分析的依据

❖ **学习目的**

（1）了解企业所处的外部环境对企业经营活动的影响。
（2）掌握企业经营活动的基本类型。
（3）了解企业的成长周期和经营周期。
（4）了解企业资金的循环和周转过程。
（5）了解财务报表数据与经营业务活动的关系。
（6）初步掌握财务报表的结构和编制基础。

企业在市场竞争环境中生存，进行财务分析不能脱离企业的外部市场环境。企业外部环境的变化均会影响企业的经营活动，均会反映在企业的财务报表上。企业财务报表是企业经营活动结果的综合反映，它已是国际通用商业语言。进行企业财务分析，需要结合企业的外部环境，了解企业的经营活动，基于企业的财务报表数据，做出系统的、有根有据的分析结论。

第一节　企业的外部环境

随着经济全球化、网络化、电子化，企业经营活动变化的频率不断加快，对资金的结算和配置的要求不断提高，金融机构作为企业资金余缺的调节器和蓄水池，对企业经营的影响日益显著，下面我们就从了解金融机构及其对企业的影响开始分析企业的外部环境。

一、金融机构

随着我国经济向市场化、金融化发展，我国的金融机构日趋复杂，从过去单一的银行机构向证券公司、保险公司、信托投资公司和基金管理公司等多种机构发展。外资金融机构也相继进入中国金融市场。随着企业独立市场主体地位的确立，政府对企业活动的干预主要通过调节金融市场实现，各种金融机构已成为执行国家各种经济调控政策（包括信贷政策、产业政策、投融资政策）的主要载体。这些政策的变化直接影响着企业的经营活动和资金流动。

1. 中央银行

中央银行是国家货币金融政策的制定者和执行者，其主要职能有：①制定金融工作的方针、政策和基本制度并负责执行和监督。②掌握货币发行、调节市场货币流通量。③统一管理人民币汇价和存贷款利率。④代理国家财政金库，代理发行政府债券。⑤审批金融机构的设置和撤并。⑥领导和管理金融机构的业务工作。⑦管理金融市场。⑧编制国家综合信贷计划，集中管理信贷资金规模。⑨代表政府从事外汇储备、黄金储备和国际金融活动。中央银行实行总行、分行、支行三级管理体制。

中央银行通过以下途径对企业的经营活动产生影响：①存贷款利率的调整，直接影响企业取得资金的成本。②公开市场活动，通过出售或购买外汇、发行票据或国债，直接调节着市场中资金的余缺，影响着企业取得资金的难易程度，影响着市场物价的总体水平。③通过直接窗口指导，即通过命令或下发文件的方式，要求银行停止或发放某种类型的贷款，控制贷款规模的增长幅度，直接干预银行对企业资金的投放。目前，中央银行的某些职能通过中国银行监督管理委员会来行使和执行。

案例 2-1　利率的频繁调整制造了金融泡沫

作为美国中央银行的美联储，为了遏制网络泡沫破灭和"9·11"恐怖袭击带来的冲击，从 2000 年 7 月开始连续 36 个月进行了 13 次减息，基准利率从 2000 年 7 月的 6.54% 降到了 2003 年 7 月的 1.01%，然后又维持 12 个月 1.0% 的低利率至 2004 年 6 月，如表 2-1 所示。住房抵押贷款利率随之大幅下调，30 年固定抵押贷款利率从 2000 年底的 8.1% 降到了 2003 年的 5.8%，一年可调息抵押贷款利率从 2001 年底的 7.0% 降到了 2003 年的 3.8%。超低成本的融资环境，为房贷规模扩张和金融机构进行资产证券化创新提供了良好机遇。2005 年，美国成品房销售量突破 700 万套，单套销售价格突破 20 万美元，均创造了历史最高纪录。长期低利率降低了交易成本，促进了市场交易的过度扩张，促使消费贷款和按揭贷款扩张，形成了各种资产泡沫。

表 2-1　美联储通过调整利率制造泡沫并又将其捅破

下降阶段	变动情况（基点）	变动后利率（%）	上升阶段	变动情况（基点）	变动后利率（%）
2000 年 5 月 16 日	+50	6.50	2004 年 6 月 30 日	+25	1.25
2001 年 1 月 3 日	-50	6.00	2004 年 8 月 10 日	+25	1.50
2001 年 1 月 31 日	-50	5.50	2004 年 9 月 21 日	+25	1.75
2001 年 3 月 20 日	-50	5.00	2004 年 11 月 10 日	+25	2.00
2001 年 4 月 18 日	-50	4.50	2004 年 12 月 14 日	+25	2.25
2001 年 5 月 15 日	-50	4.00	2005 年 2 月 2 日	+25	2.50
2001 年 6 月 27 日	-25	3.75	2005 年 3 月 22 日	+25	2.75
2001 年 8 月 21 日	-25	3.50	2005 年 5 月 3 日	+25	3.00
2001 年 9 月 17 日	-50	3.00	2005 年 7 月 1 日	+25	3.25%

下降阶段	变动情况（基点）	变动后利率（%）	上升阶段	变动情况（基点）	变动后利率（%）
2001 年 10 月 2 日	-50	2.50	2005 年 8 月 10 日	+25	3.50
2001 年 11 月 6 日	-50	2.00	2005 年 9 月 21 日	+25	3.75
2001 年 12 月 12 日	-25	1.75	2005 年 11 月 1 日	+25	4.00
2002 年 11 月 6 日	-50	1.25	2005 年 12 月 13 日	+25	4.25
2003 年 6 月 25 日	-25	1.00	2006 年 1 月 31 日	+25	4.50
			2006 年 5 月 11 日	+25	5.00
			2006 年 6 月 30 日	+25	5.25

为了防止通货膨胀和经济过热，美联储从 2004 年 6 月开始又启动了连续 36 个月 17 次的加息进程，至 2006 年 7 月基准利率从 1% 上升到了 5.26%，并且又维持 5.25% 的高利率一年之久。利率的提高又使还款成本不断增加，而按揭贷款利率一般要高出基准利率的 3% ~ 5%。利率提高增加的还款成本和按揭贷款免息期结束增加的还款压力（贷款人在前 1 ~ 3 年可以获得免息或减息优惠，优惠期过后月还款金额会上升 30% ~ 50%）叠加在一起，导致大量收入较低的贷款人处于无力还款状态。利率的上升促使经济减速，经济减速促使房地产价格下跌，房地产价格下跌又使银行出售按揭贷款所抵押的房产变得困难，直到次贷危机全面爆发。2007 年 3 月 13 日，美国第二大次级抵押贷款公司美国新世纪金融公司（New Century Finance）宣布亏损、4 月 2 日正式申请破产保护，可以说，美联储多次人为地、频繁地减息和加息，在促使金融资产快速膨胀的同时又将其击破，是导致 2007 年美国次贷危机和 2008 年金融危机的直接推动力量。

2. 商业银行

商业银行以吸收公众存款、发放贷款以及办理票据贴现等为主要经营业务，以获取利润为主要经营目的。商业银行是把资金作为商品，根据效益性、安全性和流动性的原则从事资金买卖的银行，因此也是竞争性银行。居民存取款、工商企业贷款主要通过商业银行进行。目前，我国有中国工商银行、中国农业银行、中国银行、中国建设银行四大国有商业银行，以及中国邮政储蓄银行、中国交通银行、中信银行、中国光大银行、华夏银行、中国民生银行、广东发展银行、深圳发展银行、招商银行、兴业银行、浦东发展银行、渤海银行等股份制商业银行。过去服务于城市集体经济的城市信用社、服务于广大农民的农村信用联社已分别改名为城市商业银行和农村商业银行。

商业银行通过以下途径对企业的经营活动产生影响：①作为企业资金往来的出纳，负责企业资金的归集和结算。②作为企业资金余缺的调节器，吸收企业存款或向企业发放贷款。③帮助企业进行银行账户管理、企业年金管理或帮助企业进行投资理财活动。

案例 2 - 2 银行和企业的关系

银行和企业的关系是相互促进或相互促退的关系。当企业经营形势好转，能够按期偿还银行贷款，银行能够正常获得本金和利息时，企业和银行之间是相互促进、良性循环的关系。当企业经营形势恶化、无力偿还贷款时，企业和银行之间就转化为相互促退、恶性循环的关系。特别是当银行因企业的经营形势恶化而强行收回贷款或停止给企业增加贷款时，这种银企之间的恶性循环趋势非常明显。如果银行强行收回贷款，企业在资金缺乏情况下进一步衰败，最终银行资金也很难收回。如果银行不采取资金保全措施、不强行收回贷款，企业继续维持运转，在这种情况下，一种可能是企业扭转了经营颓势，获得发展，偿还了债务，支付了利息，这是银行和企业均期望的情况，最终实现了银企良性循环；另一种可能是企业仍然没有摆脱衰败的命运，最终拖累银行，使银行资金损失，银行和企业的经营状况双双恶化。由此可见，银行向企业发放贷款之后，银行和企业之间，实际上是某种程度上的"命运共同体"，其关系是"一荣俱荣、一损俱损"。银行是经营风险的企业，银行通过贷款获得的利润，一般不会超过其贷款本金的5%。也就是说，银行损失一笔贷款的本金，需要相同规模的20笔贷款的本金和利息的成功收回才能弥补。因此，为了规避风险，现在世界各国的商业银行已经变成了"锦上添花"的工具，而不是"雪中送炭"的救星。换句话说，现在的商业银行已经变成了帮助富人赚更多钱的工具，而根本不是帮助穷人摆脱困境的助手。那些希望获得银行青睐的企业，还是需要提高自己的经营能力和盈利水平。

3. 政策性银行

政策性银行是为了执行国家某项政策而设立的银行，它们不以营利为目的，主要根据国家政策和计划来开展信贷业务。1994年，我国组建了三大政策性银行，分别是国家开发银行、中国进出口银行、中国农业发展银行。国家开发银行是以支持国家重大建设项目为目的而成立的银行，它向国家重点项目提供低息优惠贷款，向金融机构开放专项债券融资以执行国家政策，同时还提供一定数量的扶贫贷款。中国进出口银行是为了支持大型进出口项目而成立的银行，它向国家计划内的进出口项目提供信贷，以支持这些项目的顺利进行。中国农业发展银行是专门从事农业政策性信贷业务的银行，其宗旨是支持我国农业发展，其贷款对象为资金周转慢、经济效益比较低的农业或支农企业或项目，其资金主要依靠发行金融债券和向中国人民银行申请再贷款解决，其贷款通常是低息优惠贷款，贷款的投向和投量根据国家政策确定。

4. 外资银行

外资银行是指外国银行在我国设立的分行和办事处，目前主要开展外商投资企业的外汇结算和信贷业务。随着金融业务逐渐地对外开放，外资银行将和中资银行一起从事金融业务、参与市场竞争。

5. 非银行金融机构

银行以存款、放款业务为主；而非银行金融机构是以保险、委托存放款、证券、租赁等业务为主的金融机构，主要包括保险公司、信托投资公司、证券公司、财务公司、融资租赁公司等。保险公司主要承担各种保险业务。信托投资公司主要承担委托存款、贷款业务和基金各类业务。证券公司主要承担代理投资者买卖证券、期货的业务。财务公司目前从事存款、贷款业务和投资业务。融资租赁公司目前主要从事以租赁设备的方式引进外资的业务。

二、金融市场

金融市场也称资本市场，可分为短期资本市场和长期资本市场。短期资本市场是对期限在一年以内的各种资金融通活动的总称。在短期资本市场上所筹集的资金主要用于平衡资金余缺、弥补头寸不足（头寸是指资金的临时多余或短缺），因期限短、风险小，也称其为货币市场。长期资本市场是对长期资金进行的筹集、分配和融通的活动，从长期资本市场上筹集的资金主要用于固定资产的投资，通常是作为资本金加以运用，因此也称其为资本市场。金融市场按照交易品种划分为以下几类：

1. 同业拆借市场

同业拆借市场是除中央银行之外的金融机构之间进行短期资金融通的市场，这种交易活动一般没有固定的场所，主要通过电子手段成交。期限按日计算，有1日、2日、5日等，一般不超过1个月，最长期限为120日，最短的甚至只有半日。拆借的利息叫"拆息"，其利率由交易双方自定，通常高于银行的筹资成本。拆息变动频繁，灵敏地反映资金供求状况。同业拆借每笔交易的数额较大，以适应银行经营活动的需要。日拆一般无抵押品，单凭银行间的信誉，到2018年底同业拆借市场规模为139.3万亿元。

案例2-3 资金市场流动性突然短缺

《中国证券报》2013年6月21日报道，在央行保持央票发行、紧缩态度坚决的背景下，当日隔夜、7天回购加权平均利率双双创出历史新高。当日隔夜及7天质押式回购加权利率分别报11.74%和11.62%，双双创出历史新高，较前一交易日分别大涨3.87%、3.36%。隔夜回购利率最高成交水平达到30%、7天回购利率最高达到28%。在大量机构恐慌性拆入资金的背景下，20日银行间质押式回购成交总量一举突破8000亿元，达8117.64亿元，为历史上所少见。当日少数机构甚至还进行了9个月、1年期限的资金拆借，同样为市场所罕见。面对近期越拉越紧的资金面，央行似乎依旧不为所动。来自招商银行、申银万国等机构的观点认为，央行推动商业银行强力收缩表外业务、盘活货币存量、带动社会融资总规模去杠杆的政策意图已经十分明显。对于当前的资金紧张情况仍然希望市场自发调节，而不愿意出手干预，从而达到管理层此次强迫金融机构去杠杆的调控意图，并全面修正机构对于未来货币政策走向的预期。一些市场人士指出，下周为6月的最后一个工作周，年中机构考核、理财资金到期、企业分红等不利因素将出现叠加影响。在不考虑外部因素的情况下，下周的资金面预计还会紧于当前，资金面最严峻时刻可能还没有到来。如果下周资金市场波动继续加大，央行或适时动用逆回购等工具进行短期援救。

2. 票据贴现市场

票据贴现是指银行以及专门从事贴现业务的承兑公司和贴现公司以购买未到期银行承兑汇票或商业承兑汇票的方式向企业发放的贷款。票据经商业银行承兑成现金之后，商业银行可向中国人民银行办理再贴现，即再从中国人民银行兑换成现金。因此，企业如果把信用（应收应付）关系用票据的形式加以明确，就可以通过贴现方式提前兑换成现金。

在银行信贷结构中，票据业务和传统贷款业务比例一般在 3 : 7 左右，贴现利率一般高于贷款利率 2% ~ 3%，因此票据贴现业务近年来发展很快，其规模在一些银行已经超过传统贷款业务。

3. 大额可转让定期存单

大额可转让定期存单是利率较高、可转让的定期存款单据。大额存单对个人发行部分，其面额不得低于 500 元；对单位发行部分，其面额不得低于 5 万元。大额可转让存单的期限有 1 个月、3 个月、6 个月、9 个月和 12 个月五个档次。它与整存整取定期储蓄基本相同，不同的是，大额可转让存单可以转让，但不可提前支取，也不分段计息，到期一次还本付息，不计逾期息。企业可通过大额可转让定期存单换取比通常到期存款更高的利息。

4. 国债市场

国债市场即国库券市场。国库券是国家发行的、个人或机构认购的、以财政资信担保偿还的欠款单据。我国于 1981 年开始了国库券的发行，1985 年开始允许个人国库券转让，2018 年末我国国债余额为 156908.35 亿元，国债余额占 GDP 的比例（也称债务率）达到 17.43%。企业通过国债交易，可以调节资金余缺，国家通过国债的发行和回购，可以调节市场上货币的流通量。

5. 中央银行公开市场业务

中央银行公开市场业务是中央银行通过买卖各种债券来调节社会上资金流通量的市场。中央银行向商业银行发行的具有固定面值和利率的债券，期限目前有 7 天、14 天、28 天、91 天、182 天和 365 天六个档次，是中央银行调节市场上货币流通量的途径之一。中央银行通过国库券的回购和出售业务也可以调节社会上资金的流通量。通过观察中央银行公开业务的动向，可以在一定程度上判断市场上资金的余缺。

6. 证券市场

证券市场是各种有价证券的市场，可细分为证券发行市场和证券交易市场。证券发行市场也称一级市场，是发行和出售新证券的场所，它反映社会资本总额增加的情况；而证券交易市场又称二级市场，是买卖已发行证券的场所，它反映证券所有权的转移情况。证券市场可分为债券市场、股票市场、基金市场和期货市场。

（1）债券市场。债券是发行者为了筹集资金向债券购买者出具的、保证到期向债券持有人偿还本金和利息的凭证。包括政府债券（国库券、国家重点建设债券、保值公债、财政债券、特种国债等）、金融债券、企业债券等。政府债券、金融债券目前主要由中央银行发行，面向商业银行、非银行金融机构及一些特许的机构投资人。企业债券通常由投资银行或信托投资公司发行，面向一般居民和一般机构投资人。

（2）股票市场。股票市场是发行、交易股票的市场。股票是股份公司发给出资者的所有权证明。股票持有者据此拥有重大决策权、股利分配权和剩余财产的索取权。我国股票目前分为 A 股、B 股、H 股、N 股和 S 股五种。A 股是以人民币计价和发行并在国内上市交易的股票；B 股是在国内发行和上市的、供境外法人和自然人购买的、以人民币计价以美元报价的股票；H 股是中国公司在香港发行、挂牌上市的股票；N 股是中国企业在纽约发行、上市的股票；S 股是中国企业在新加坡交易所挂牌上市的企业股票。国内目前股票挂牌交易的场所有上海证券交易所和深圳证券交易所两个。

案例 2 - 4　2008 年中国股市坠入谷底的原因

中国上证综合指数从 2007 年 10 月 19 日的最高位 6124 点，下跌到 2008 年 1 月 28 日的 1664 点，经历了历史上罕见的大跌。引起股市大跌的原因，主流意见是"大小非"解禁，即上市企业高管持有的过去非流通的股份和企业法人股东持有的非流通股份逐渐开始解除禁售，在股市上抛售抽走大量资金所致。据海通证券统计，2009 年解禁股将较 2008 年翻两倍，2009 年解禁的 A 股是 6847.81 亿股，而 2008 年仅为 1622.02 亿股；2009 年月平均解禁股数量是 2008 年的 2.9 倍，解禁股的数量将从 2008 年的月均 135.17 亿股增至 2009 年的月均 393.35 亿股。但是，中国社会科学院王国刚研究员认为，2007 年 10 月之后国家连续地、过快地实行了适度从紧的货币政策和财政政策是导致股市下跌的主要原因：①2007 年 11 月和 12 月决定不再新增贷款数额，并按季度管控贷款规模；②不断提高存贷款利率，在先期已连续 5 次提高存贷款利率的基础上，2007 年 12 月 21 日再次提高 1 年期存贷款基准利率 0.27 个百分点；③继续提高法定存款准备金率，在先期已连续 8 次提高法定存款准备金率的基础上，2007 年 11 月 26 日到 2008 年 6 月 25 日，又连续 8 次提高法定存款准备金率，使其达到 17.5% 的高度；④加快人民币升值步伐，2008 年上半年，人民币与美元的比值上升了近 7%；⑤延缓财政支出，2008 年 1~6 月，财政收入达到 4 万亿元，但同期财政支出仅为 2.8 万亿元，盈余数额高达 1.2 万亿元；⑥2007 年 11 月以后在外贸领域先后出台了三项紧缩措施：一是对 1000 多种出口产品或者取消或者降低了出口退税，二是对 1000 多种出口产品实行了出口关税，三是对几百种出口产品实行了出口配额管理制度；⑦紧缩房地产市场，先后出台了四项重要措施：一是土地出让金实行一次全额缴付，二是对第二套购房按揭贷款首付提高到 40%，三是收紧给开发商的贷款，四是加大了经济适用房和两限房的投资建设力度；⑧随着 2008 年 1 月 1 日新《劳动合同法》的全面执行，企业人工成本明显增加。

（3）基金市场。基金市场是发行和交易封闭型共同基金的市场。共同基金是一种信托投资制度，是通过发行基金券将众多的、不确定的社会闲置资金募集起来，形成一定规模的信托资产，交由专门机构的专业人员按照资产有效组合的原理进行分散投资，获得收益后由投资者按出资比例分享的一种投资工具。封闭型共同基金是公司发行的可以在证券市场上交易的基金。基金市场上基金的走势与股票市场上股票的走势基本相同。

（4）期货市场。期货市场是进行期货交易的市场。期货交易是与现货交易相区别的概念，现货交易是一手交钱一手交货的交易。期货交易是当前签订交易合同并支付一定数量的保证金，到未来某一日期进行实物交割的交易。期货市场主要有发现价格、规避风险和套期保值的作用。我国目前开业的期货交易市场主要有：郑州期货交易市场，以棉、糖、小麦为主；上海期货交易市场，以铝、铜、油、橡胶为主；大连期货交易市场，以大豆、玉米、豆油为主。企业可以通过签订期货合约，规避价格变动的风险，实现套期保值。

案例 2 - 5　疯狂的 "327" 国债期货交易

"327" 是 "92（3）国债 6 月交收" 国债期货合约的代号，对应 1992 年发行 1995 年 6 月到期兑付的 3 年期国库券，该券发行总量是 240 亿元人民币。

通过 "327" 国债期货交易真实案例，可以从一个侧面看出当前期货市场上交易商品的价格已经不是由商品的真实供求关系决定，而是由参与市场交易的主体投入到市场进行价格操纵的资金实力决定，这种决定表面上看仍然是市场供求力量决定交易价格，实际上已经变成了由对赌双方对未来价格预期所投入的赌注决定。1995 年 2 月 "327 合约" 的价格一直在 147.80～148.30 元徘徊。当时，有市场传闻财政部可能要提高 "327" 国债的利率，到时会以 148 元的面值兑付。而万国证券总经理管金生认为可能性不大。于是多空双方在 148 元附近大规模建仓。23 日提高 "327" 国债利率的传言得到证实，百元面值的 "327" 国债将按 148.50 元兑付。23 日一开盘，中经开率领的多方借利好用 80 万口将前一天 148.21 元的收盘价一举攻到 148.50 元，接着又以 120 万口攻到 149.10 元，又用 100 万口攻到 150 元，步步紧逼。而一直在 "327" 品种上与万国联手做空的辽国发突然倒戈，改做多头。"327" 国债在 1 分钟内竟上涨了 2 元，10 分钟后共上涨了 3.77 元。"327" 国债每上涨 1 元，万国证券就要赔进十几亿元。按照它的持仓量和价位，一旦到期交割它将要拿出 60 亿元资金。毫无疑问，万国证券没有这个实力。万国证券总经理管金生铤而走险，在 16 时 22 分 13 秒突然发难，先以 50 万口把价位从 151.30 元轰到 150 元，然后用几十万口的量级把价位打到 148 元，最后以一个 730 万口的巨大卖单狂炸尾市，把价位打到 147.50 元。在最后 8 分钟内，万国证券共砸出 1056 万口卖单，面值达 2112 亿元国债，而所有的 "327" 国债只有 240 亿元。当日上交所国债期货共成交 8539 亿元，其中 80% 的交易属于上海万国抛空的 "327" 品种。这个行动令整个市场都目瞪口呆，若以收盘时的价格来计算，这一天做多的机构，包括像 "辽国发" 这样空翻多的机构都将血本无归，而万国证券不仅能够摆脱掉危机，而且还可以赚到 42 亿元。

可以说，那天所有国债期货的入市者在 "天堂" 和 "地狱" 间走了一回。23 日夜里 11 时，上海证券交易所总经理尉文渊下令宣布 23 日 16 时 22 分 13 秒之后的所有 "327" 品种的交易异常，是无效的，该部分不计入当日结算价、成交量和持仓量的范围，经过此调整当日国债成交额为 5400 亿元，当日 "327" 品种的收盘价为违规前最后签订的一笔交易价格 151.30 元，按照这一价格平仓，万国证券亏损 16 亿元。5 月 17 日，中国证监会发出《关于暂停全国范围内国债期货交易试点的紧急通知》，中国第一个金融期货品种宣告夭折，管金生被判处有期徒刑 17 年。

资料来源：董华春：《伤逝——悼我国国债期货 "327 事件"》，《金融法苑》2001 年 4 月总第 42 期。

三、生产资料市场

企业能否实现其投资活动，取决于生产资料市场、劳动力市场和技术市场。如果企业能够接受生产资料、劳动力和技术市场的价格，则企业能够完成其投资活动，并将按预期开展各项经营业务；反之，投资活动中断。

生产资料市场包括设备市场、原材料市场、房地产市场等。生产资料市场可分为垄断性市场和竞争性市场。垄断性市场又可分为自然垄断市场和政府垄断市场两种。由于资源、技术等硬件的限制而形成的市场为自然垄断市场。政府控制生产或价格的市场为政府垄断市场。竞争性市场随市场供求的变化而变化。

企业的生产资料市场如属自然垄断性市场，则企业对生产资料价格的预测比较容易，企业只能在接受还是不接受市场价格之间做出选择，因此企业因生产资料市场变化而不能实现企业经营目标的可能性较低。在这种市场，企业能否成功经营不在于对原材料市场的预期，而在于对销售市场的预期和企业适应变化的能力。当企业面对政府垄断市场时，政府的政策变化将直接影响着企业的经营成果。因此，要区别政策变化前和变化后两种情况进行分析。如果企业的生产资料来自于竞争性市场，则企业的经营决策和管理水平至关重要，企业要有相应的应变能力（经营弹性）来适应市场的变化。

案例 2-6 钢材价格的暴涨与暴跌

某年第三季度，中国钢材市场经历了"炎夏"和"寒冬"两个季节，钢材价格在不断创出历史新高之后又跌回至十几年前的水平，以 20mm 螺纹钢价格为例，当年 5 月 30 日的市场价格降为 5900 元/吨，但到 10 月 8 日价格降为 3200 元/吨。钢材出口也经历了大起大落，当年 8 月出口 709 万吨，10 月出口 462 万吨，下跌了 40%。随着价格的大起大落，企业也经历悲喜两重天。在当年 5 月，交易商还说"轧机就是印钞机！"但到 10 月，交易商又称"割肉抛售，快要吐血了！"一些小钢厂已经关门待业。人们不禁要问，钢材的价格到底由什么决定，是生产和消费这对决定市场供求的力量决定，还是期货市场上对钢材价格的预期决定，抑或是由"做市场"的投机行为决定？如果一个生产企业的原材料价格如此大起大落，企业投资者、所有者又如何考核经营管理者的经营业绩？

四、劳动力市场

劳动力市场可细分为非技术性劳动力市场和技术性劳动力市场。技术性劳动力市场又可分为工程技术性劳动力市场和经营管理性劳动力市场。如果企业主要以招聘非技术性劳动力为主，则劳动力供应充足，对企业生产经营影响不大。如果企业主要以招聘技术性劳动力特别是工程技术性劳动力为主，则企业生产经营业绩将受到劳动力素质和技术水平的较大影响。因为技术性劳动力的培养周期长，对市场需求有一个适应过程。全社会劳动者工资水平的变化，对企业的人员招聘和经营成果有直接影响。因此，在分析劳动力市场时也要注意工资水平。

案例 2-7 北京市的"五险一金"水平

北京市的"五险"单位和个人的承担比例是：养老保险单位承担 19%，个人承担 8%；医疗保险单位承担 10%，个人承担 2%；失业保险单位承担 0.8%，个人承担 0.2%；生育保险 0.8% 全由单位承担；工伤保险 0.2%～1.9%（各工种不等）也是全由单位承担，个人不承担。"住房公积金"为职工和单位均按照工资的 5% ~12% 缴存。北京五险占工资的 41% ~42.7%，一金占工资的 10% ~24%，合计占工资的 51% ~66.7%。全国其他各城市有所差别，但基本上离这个水平不远。美国养老保险为工资的 12.4%，医疗保险雇主和雇员各缴纳 6.2%，失业保险因企业不同而不同。德国养老保险企业缴纳 20% 以内（至 2020 年底），医疗保险为 14.3%（为平均数，各个保险公司有差异，职工和雇主各承担一半），失业保险为 3.5%。日本的养老保险为 14.642%，企业、个人各承担一半；医疗保险为 3% ~9%，取决于险种，企业、个人各承担一半；失业保险个人承担 0.6% ~0.7%，企业承担 0.9% ~1.1%；工伤保险为 0.45% ~11.8%（不同工种有差异）。

五、技术市场

在科学技术发展迅猛的今天，技术市场的发展变化，对企业的生产经营活动有着较大的影响。特别是在像我国这样一个企业技术水平差异较大的国家，技术的变化通过产品质量、服务速度、生产成本等潜在地或隐蔽地影响或决定着企业的经营业绩。如果企业的产品和服务与技术发展关系紧密，则对技术市场发展变化的关注非常重要。在这种企业，技术水平可能决定企业的竞争实力和竞争档次。在经营业务与技术发展关系不太直接的企业，现代化的管理手段和管理技术将显示出其竞争与发展优势。

案例 2-8　科技和经济两张皮

在当前市场经济条件下，经济界和科技界各自在自己的两个相对封闭的系统内运转，形成两条平行线，没有形成一个结合点、交会点。主要原因是成果创造者缺乏资金、动力和能力去实现科研成果的商品化，成果需求者却因为成果转化过程中的各种不确定性而不愿意投资，导致科技、经济两个系统相互封闭式运转。国家每一个五年计划，都要大搞科研基础平台建设，老的平台还没有好好利用，新的平台就又建立了，每五年大干一次，浪费严重。这就好比国家到处建剧院，但却不好好准备剧本，不搞好演员的发展与传承。科研机构的研究开发活动，存在着单纯的技术导向倾向，注重技术参数、指标的先进性，但对市场需求和规律把握不足，其成果往往不具有市场化能力。企业的研究开发活动，又缺少重大技术创新和理论支持，缺乏足够的前瞻性和长期性，出现了明显的"科技和经济两张皮"，被李国杰院士形象地称为"光磨刀不杀鸡"的科研。

六、消费品市场

销售市场是指企业提供的产品或劳务的需求市场。主要分为消费品市场和生产资料市场。生产资料市场的发展变化，取决于最终消费品市场。一个产品的发展变化，一般包括四个阶段：试销被顾客接受阶段、销售量逐渐增加的成长阶段、市场占有面逐渐扩大的成熟阶段和销售量逐渐降低市场萎缩的衰退阶段。分析企业产品所处的销售阶段，有利于得出较客观的市场分析结论。

最终消费品市场的发展变化，决定着产业结构的调整。当消费结构和生产结构发生变化时，产业结构和产业发展前景同样发生变化。例如，在汽车逐渐成为大众消费品的时代，在全国各地进行铁路县县通、公路村村通的建设时期，钢铁工业、建材特别是水泥工业将是朝阳产业；在电脑、手机、可穿戴设备逐渐成为大众消费品时代，微电子产业、芯片等高科技产业将是朝阳工业。企业所处的产业，对企业的产品结构、资金结构和发展前途有着较大的影响。因此，在分析销售市场的同时，应对企业所在产业的发展进行分析。

第二节　企业的经营类型和经营周期

一国经济的发展是否充满活力，要看该国企业的发展是否充满生机。企业不但是一国经济进步的主导力量，而且是一国科技进步的主导力量。企业如同社会前进的催化剂和助力器，推动着社会不断地、快速地前进。无论是想要保持优势地位的发达国家，还是想要改变贫穷、落后、被掠夺地位的发展中国家，均需要依靠企业的经营活动来谋求发展。进行企业财务分析，首先要对企业的经营活动进行分析。

一、企业经营活动类型

企业的经营活动，按照性质可以分为三大类：第一类是生产型经营活动，主要是创造物质财富、能够带来社会资产的实际增长的活动，目前的工业企业、制造业企业、信息产品的生产企业均是从事这一类型经营活动的企业；第二类是服务型经营活动，主要是从事将生产者和生产者、生产者和消费者连接起来的一系列服务的经营活动，从事这类活动的企业包括商业企业和服务业企业；第三类是衍生型经营活动，是不直接从事生产或服务活动，但却进行与生产和服务相关的合同、合约、契约的交易的经营活动，这类企业包括股票交易所、证券交易所、期货交易所等，一些实业企业下属的金融公司、银行保险公司创立的投资银行业务部门也涉足这类经营活动。

1. 生产型经营活动

生产型经营活动主要是指生产和制造各种商品的活动，包括消费品的生产、设备制造、房地产开发、软件的开发、信息产品的生产等活动。从事这类活动的企业可称为经营实业的企业。

"发展实业，振兴中华"，是中国自鸦片战争以来数代人的梦想，以曾国藩、李鸿章、张之洞等为首的洋务派，以"师夷长技以自强"的理念，于 1862 年开始陆续创办了一批军工企业和民用工业品企业，期望通过发展实业救亡图存，但却以北洋水师在 1894 ~ 1895 年甲午中日战争的失败而宣告失败。甲午中日战争之后，以张謇为代表的一批有识之士，再次发出了实业救国的呐喊："救国为目前之急……譬之树然，教育犹花，海陆军犹果，而其根本则在实业"（《张季子九录·政闻录·对于储金救国之感言》）①。张謇怀抱"实业富乡，实业兴邦""苟欲兴工必先兴学""道路交通为文明发达之母"等富有远

---

① 张謇（1853 ~ 1926 年），中国近代著名的实业家、教育家，他的"父实业、母教育"的主张和实践，为我国近代民族工业的兴起和教育事业的发展做出了宝贵贡献。

见的先进理念，于 1896 年亲自创办了大生纱厂，于 1902 年自筹资金建设我国第一个师范学校——通州师范学校，一生创办了 20 多个企业，370 多所学校。但是做实业，从事生产型经营活动，是一件非常艰辛和困难的事情，应当得到全社会的鼓励和支持。张謇 1896 年创办的大生纱厂 4 年多的时间才投产使用，在 1904 年投产之后又花了 4 年多时间才真正使该厂步入正常发展轨道。

即使是在现代信息社会，要想真正从无到有创办一个实业，也并非一件容易的事情。当代最伟大的发明之一——国际互联网，从诞生到广泛使用也经历了多年的艰辛发展。1969 年，美国国防部推出的名为 ARPANET（即"阿帕网"）的网络，宣告了互联网的诞生。1974 年，IP（Internet 协议）和 TCP（传输控制协议）问世（合称 TCP/IP 协议），彻底解决了电脑之间相互联通的技术问题，但直到 1986 年才由美国国家科学基金会（NSF）投资建立起 Internet 的雏形——超级计算中心，并通过 56Kbps 的通信线路将美国普林斯顿大学、匹兹堡大学、加州大学圣地亚哥分校、伊利诺伊大学和康纳尔大学五所大学连接起来。从 20 世纪 90 年代开始的 Internet 商业化过程，也经历了 10 多年的时间才被消费者广泛接受。世界上最大的软件公司美国微软，一个让电脑走进千家万户的企业，真正认识到 Internet 的价值也是在 1997 年之后的事情。1995 年，我国第一家在互联网上提供信息产品服务的企业——瀛海威公司诞生，但经过 3 年快速发展却于 1998 年互联网业务将要腾飞之际陷入经营困境，并因为股东意见不合而最终于 2004 年关门。

尽管发展实业，从事实际生产型、创造型经营活动非常艰辛，需要付出巨大的牺牲和努力，但 2008 年美国金融危机的爆发，以及中国股市从 6000 多点跌至 2000 多点、2015 年中国股市从 5178.19 点跌至 2850.71 点，不断提醒人们，发展实业才是增加财富、富国强民的根本出路。因为，每一次股票的大幅度下跌，都会使一大批人的财富灰飞烟灭。

案例 2-9　2015 年的中国股灾

2015 年的股市波动不是一场金融危机，而是纯粹由资金推动上涨和资金平仓下跌带来的证券市场幅度较为剧烈的"异常波动"。第一，相比 2008 年金融危机，中国股市异常波动未产生大规模不良资产，金融机构没有交叉持有大量有毒资产，因而没必要对金融机构进行托救；相比 1997 年亚洲金融危机，中国经济体量足够大，资本账户尚未全面开放，没有发生大规模投机资本流动带来的压力。第二，股指波动时间和程度与历次金融危机相比存在一定差距。1929 年美国经济危机前，市场经历了近 8 年的牛市，道琼斯工业指数翻了 5 倍多；1987 年经济危机前，牛市维持了 5 年，上涨 2 倍多；1990 年中国台湾股灾前 5 年累计涨幅高达 10 倍多；亚洲金融危机前的中国香港股市上涨 7 年，涨幅达到 6.6 倍。而 2015 年股灾前的上证综指由 2024 点涨至 5166 点，历时仅 1 年，涨幅为 155%。第三，波动不具有金融危机的典型表现特征。典型的金融危机，一般包括本币急速贬值、资本市场崩溃、众多金融机构陷入困境、金融市场大幅波动、对实体经济造成不同程度损害等。而我国 2015 年股市异常波动，纯属技术性资金推动的波动，证券市场波动风险没有显著外溢到银行、保险、外汇等其他金融市场，各类金融机构包括证券公司、银行、保险、基金、信托等总体上没有因流动性枯竭发生大的问题，没有对实体经济造成太大损害。第四，我国经济基本面没有显著恶化。历次金融危机的爆发，多多少少都与实体经济出现问题有关。1929 年美国股灾爆发前，其实体经济已经出现明显下滑迹象。1997 年亚洲金融危机更是如此，东南亚各国股市的繁荣，主要原因是美国经济低迷和国际热钱流入，与自身经济发展并不匹配。而 2015 年上半年，虽然中国经济仍处于下行通道，但 GDP 实际增速为 7% 左右，规模以上工业增加值同比增长 6.3%，固定资产投资同比增长 11.4%，社会消费品零售总额同比增长 10.4%。宏观经济总体上呈现出底部企稳迹象，股市异常波动前宏观经济也没有出现大的问题。上市公司盈利能力也没有显著恶化。第五，股市波动主要围绕中小股票展开，具有明显的投机特征。此次股市波动，主要是中小股票的涨跌幅、估值变化较大；以银行股为代表的大盘蓝筹股相对变化较小。从 2014 年 6 月 13 日到 2015 年 6 月 12 日，中小板指数上涨 152%，创业板指数上涨 182%，而上证 50 指数和 16 只银行股只分别上涨了 123% 和 95%；在 2015 年 6 月 15 日至 7 月 8 日股指集中下跌期间，中小板指、创业板指、沪深 300、上证 50、银行股分别下跌 38%、39%、31%、22%、11%。此外，此前一年时间内，中小板、创业板股票平均市盈率分别由 37 倍、60 倍猛增到 93 倍、151 倍，异常波动发生后的三周时间内，又迅速降至 51 倍、83 倍。相对而言，沪深 300 股票平均市盈率由 8.3 倍增至 19 倍，后降至 14 倍，银行股估值波动更小，由 4.8 倍增至 8.1 倍，后仅微降至 7.8 倍。从交易量结构也能看到这一点。我国蓝筹股（银行股、非银金融股以及中石油、中石化等少数绩优股）在香港市场不到 5 倍市盈率，与全球市场相比，我国股市的投资机会是较好的。但是，中小板加创业板市值在整个市场占比为 4%，而交易量则占 27%；相反，蓝筹股在整个市场的市值占比为 27%，交易量占比仅为 4%。

　　2015 年的股灾，首先是一场流动性的危机。全市场不到 3000 家上市公司，最严重的一天共有 1717 家公司跌停，1000 多家公司停牌，市场处于"跌死"状态，流动性岌岌可危。市场上股票卖不出去，基金公司没有赎回的资金来源，面临崩盘风险。市场上许多对应股票的信托集合计划或者投资计划都涉及银行理财资金，如果继续下跌，资金继续斩仓，信托公司将无法归还银行的理财资金、面临崩盘。股票市场处于没有流动性状态，投资者开始从债券市场进行抛售，利率体系面临被冲垮风险。若任由流动性危机蔓延下去，整个金融体系都将受到冲击。其次是一场杠杆性的危机。股市异常波动前，在"金融创新"的大背景下，股票市场几乎达到了"全民杠杆"的程度。尽管场内融资融券最高达到 2.3 万亿元的规模，但由于管理有序，没有对市场产生太大冲击。相反，各类型场外杠杆占据了危机中杠杆的绝大部分。行情最危急时，跌停的 1717 家公司主要是中证 500、创业板、中小板和上证的小票，这些小票对应着高杠杆资金和风险。股市大跌期间，1：8 和 1：5 的杠杆已被全部"杀死"平仓，证金公司准备救市时，已经"杀"到 1：3 和 1：2，逼近场内融资融券业务的平仓线，如果再任由市场下跌，场内杠杆资金就将大面积被动斩仓，后果不堪设想。再次是一场散户化的危机。我国股市参与者中，个体投资者占 70% 的比例，各个年龄阶段的投资者都参与到了杠杆股市的追涨杀跌过程中。因此，2015 年股市异常波动是直接面向所有投资者，挽救金融机构解决不了市场下滑和平仓、"爆仓"问题。出于对投资者利益的保护以及整体市场健康的维护，只有直接入市才能止跌。最后是一场投机性的危机。与全球市场相比，我国股市的投资机会都是相对较好的，但是有一个惊人的数据显示，中小板加创业板市值不足 7 万亿元，占中国股票市场的市值比例为 4%，而交易量的比重占到总市值的 27%。相反，蓝筹股，即银行股、非银金融股以及中石油、中石化等少数绩优股在整个市场的市值占比为27%，交易量占比仅为4%，显示中国股市投机性过重。程序化交易的"威力"呈现在股市异常波动时期，对市场情绪的冲击像洪水一样汹涌。一个值得注意的事实是，在异常波动期间，每天上午10点半和下午2点半是平仓追保最后期限，如果客户没有按时交付保证金，平仓盘将像决堤一样汹涌。救市需要防止股指再下跌，此时可行的方法唯有资金入市、全力托市。救市过程中曾经出现过巨额抛单，其中一只股票一单就抛出了80亿元卖单。如果没有流动性支持，证金公司很难应付市场上的巨量卖盘，即便如此，它们仍要想方设法尽最大可能稳住股票价格，同时也是尽最大力量恢复市场信心，缓解情绪危机。

资料来源：聂庆平：《2015年股市异常波动的原因、性质及应对》，《经济导刊》2017年第6期。

2. 服务型经营活动

服务型经营活动又可分为生产性服务活动和消费性服务活动两类。提供生产性服务活动的企业主要提供产品的售前、售中、售后以及产品生命周期不同阶段的服务活动，以方便生产者和顾客之间建立业务关系，让双方满意，目前的物流企业、配送公司等均是从事这一类型经营活动的企业；提供消费性服务活动的企业主要是向消费者提供各种服务，包括购物、吃饭、住宿、娱乐、学习、借贷等服务活动，如商场、饭店、学校、银行等均从事这类活动。作为新一代网上销售企业代表的卓越网，由金山软件和联想电脑出资组建，从每天100张订单发展到1万张订单，再从每天1万张订单发展到10多万张订单，经历飞速发展，但正是因为后续支持、管理等工作跟不上发展的步伐而最终于成立后的第四年以7500万美元的价格出售给了美国的亚马逊公司，这也从一个侧面折射出从事商业经营，即使是网上采购和销售活动，也并非轻而易举。

案例 2-10　网上销售也很艰辛

做互联网企业，特别是在网上开店销售产品，既不用投资建设和组织生产，又不用在各地开设门面，按理说比做传统的商业企业要容易很多，但其实不然，卓越董事长雷军曾对《中国企业家》杂志记者讲述了卓越网成长的烦恼。雷军如是说，卓越起步的时候，每天处理100张的网上订单感觉很容易。从每天100张订单到500张订单，就发现库房不够用，东西也送不出去，所有员工都被赶到库房里做包装。从100张订单到1000张订单是一个质变，从1000张到1万张又是一个质变。卓越日接1万张订单还能够勉强应付，但发展到10万张订单就极其痛苦了。每天10万张订单，只北京的库房就要3万平方米，相当于6个标准足球场大小。把货架摆满，一个货架1500元，需要3000万元。给仓库放满货架，装上货，再装备流水线，最少1000万美元。在北京、上海、广州三地库存，大体需要5个物流和配送中心。试用了很多家配送公司，有的老板太功利，一发现活累钱少就收手；有的出了意外，仓库起火；有的管理不善，配送员带着货款潜逃。风险各不同，但终归一点，独立的配送体系极不成熟。所以，到最后卓越只能自己搞物流和配送，否则4~20小时到货的服务质量无法保障，这是网上订购具有吸引力的关键。但仅把全国性的物流中心建好还需要3~5年，至少需要3000万美元。并且，除物流之外，还有信息系统建设。于是，一卖了之。卓越网变成了美国亚马逊的子公司之一。人们不禁要问，为什么外国公司就能够解决配送问题而中国企业不能？中国民营企业什么时候才能拥有大工业、大商业的经营能力？

3. 衍生型经营活动

衍生型经营活动是在第一类生产型经营活动和第二类服务型经营活动的基础上，派生出来的新型经营业务活动，与第一、第二类经营活动不同的地方是它不直接从事促进生产或服务的实现的工作，但却通过对生产或服务交易相关的合同的买卖，来间接影响和促进生产和服务业务的发展。衍生型经营活动主要包括在实物买卖合同基础上发展起来的商品期货交易、期权交易、商品掉期合约交易等，在实际股权投资、资本市场基础上发展起来的股票交易、债券交易，股票期货交易、债券期货交易，股票指数期权合约等；在实际借贷业务基础上发展起来的金融衍生产品交易，如利率期货、汇率期货、利率掉期合约、货币掉期合约等。

从事衍生型经营活动，实际上经营的是对股票、外汇、商品等价格的一种估计和预测，应该说和炒股一样，是人人均可操练的经营业务。统计数据表明，那些专业机构或专业人士，在股票市场上的平均收益并不比一般股民或股市大盘强多少。换句话说，目前还没有出现料事如神、百发百中的专业人士，在从事衍生型经营业务的企业或个人之间，目前谁都有可能一夜暴富，也有可能一夜血本无归。近年来衍生型经营活动的发展，或者说建立在对实际交易合同的包装、买卖和虚拟交易基础之上的虚拟经济的发展，已经对实体经营企业带来了非常严重的负面影响。

案例 2-11 2008 年的美国金融危机与衍生产品

美国金融危机是从次贷产品违约开始的，大家常常把关注重点放在了次贷问题。但消费者不能按期偿还贷款给银行带来的实际损失，远远小于与次贷相关的银行金融衍生违约的损失。以花旗银行财务报表公开的数据为例，2007 年无力偿还贷款给银行带来的损失为 12.19 亿美元，其中个人 7.07 亿美元、企业 5.12 亿美元。但与房贷相关的金融衍生产品所暴露的风险为 546 亿美元，其中 ABS 和 CDO 429 亿美元、结构化产品 117 亿美元，当年计提违约损失 172 亿美元。这是导致其 2007 年第四季度以及 2008 年亏损的最主要原因。已经倒闭的雷曼兄弟公司，2007 年 11 月 30 日金融衍生产品的账面价值仅仅为 368 亿美元，但其合同金额为 7379 亿美元，是其实际资产的 20 多倍。被美国政府接管的房利美和房地美，截至 2007 年 12 月 31 日的金融衍生产品合约总金额分别为 9218 亿美元和 1.3 万亿美元。如果说与次贷相关的衍生产品的规模是 60 万亿美元的话，那么与利率、汇率等相关的金融衍生产品的规模将是房贷衍生产品规模的 10 倍以上。时任美联储主席伯南克曾经说，美国国际保险公司是一个典型的赌博公司。事实上，花旗银行和美国银行衍生产品交易的规模，远远大于房利美和房地美，也远远大于国际保险公司。

花旗银行 2007 年底的财务报表揭示，其交易性金融资产的账面价值是 5389 亿美元（2008 年已经降低为 3800 亿美元），但在其基础之上形成的金融衍生产品涉及的合同总金额则是 357085.87 亿美元（主要是违约掉期合同），也就是花旗银行资产负债表上反映的金融衍生产品的账面价值（相当于期货交易投入的保证金），仅是金融衍生产品的合同金额（相当于期货交易的合同总金额）的 1/66，也就是 1 美元的金融衍生产品资产形成了 66 美元的衍生产品合同，放大了 66 倍。而与房屋贷款相关的金融衍生产品的合同金额为 36747.93 亿美元，也仅是花旗银行全部金融衍生产品合同金额的 10.29%。剩余的 90% 金融衍生产品是：利率违约掉期合约和风险管理合约金额为 262446.12 亿美元，占 73%；汇率违约掉期合约和风险管理合约金额为 52790.58 亿美元，占 15%；其他为权益衍生产品合约和商品期货合约。花旗银行的金融衍生产品合同交易规模，已经达到"大到不能倒闭""大到政府无力接管""只能依靠市场好转慢慢消化"的地步。美国银行的情况与花旗银行类似，其 2007 年底的金融资产合计为 346 亿美元，涉及衍生产品交易合约为 25 万亿美元，是其账面金融资产的 72.2 倍。让这两家银行的任何一家银行破产，都会带来核爆炸级别的金融大地震。这也是前美联储主席格林斯潘说，"目前的危机是 100 年来没有见过的危机"的根本原因。

一个国家依靠什么类型经营活动的企业来使其繁荣富强，在美国发生金融危机之后，已变成了一个非常重要的问题。在当今世界，发展中国家目前主要依靠生产型经营活动来创造财富，发达国家以服务型经营活动为主来创造财富，而美国、英国等老牌发达国家则主要通过衍生型经营活动获得财富。中国仍然处于以生产型经营为主的发展阶段，仍然要依靠生产型经营活动来创造财富。尽管发展实业、从事生产型、创造性经营活动非常艰辛，需要付出很大的牺牲和努力，但是持续发生的金融危机和不断出现的股灾，一直提醒人们，发展实业才是增加财富、富国强民的根本出路。掌握生产型经营活动的规律性，促进生产型经营活动健康发展，应当是中国人在相当长一段时期共同努力的方向。

二、企业的经营周期

从财务上讲，企业的经营周期是从货币资金投入开始至收回货币资金的整个过程，也是企业用货币资金购买原材料，生产成为产品之后将其销售，然后再收取货款的循环过程。在企业的经营活动中，经营周期要比纯财务周期复杂。企业的经营活动一般分为研发、生产和销售三个阶段，由此也形成三个不同类型的经营活动周期。研发周期是产品从构思开始到投放市场前的整个构成，包括产品功能范围确定，目标客户和市场范围确定，新产品或新服务开发，试生产、试运行和修改完善，投放市场的整个过程。生产周期是从采购原材料开始，组织加工制造，包装运输配送到售后服务的整个过程。销售周期是从产品进入市场开始到退出市场，包括观念引入、试销、销售成长、流行、成熟到衰退的整个过程。

企业的经营周期受企业成长周期的影响和制约，也受企业之间相互分工与协助的影响。随着分工与协作的发展，现在有一些企业专门从事研发工作，有一些企业专门从事加工生产工作，还有一些企业专门从事销售工作。但无论企业专业化于哪个方面，企业自身也存在着一个成长周期。企业的成长周期和经营周期，共同决定了企业经营的规律和特点，决定了企业财务报表上的数据。下面就分别了解一下企业的生命周期和经营周期。

（一）企业的生命周期

企业的生命周期是企业从成立到成长、成熟、衰退直至死亡的整个过程。处于生命周期不同阶段的企业，面临着不同的环境和问题，并陆续经历"定位危机""资金危机"

"管理危机""决策危机""品牌危机""转型危机""市场危机"等的挑战和洗礼。

1. 初创期

企业初创时，常常按照预定的目标和方向发展，但随着时间推进，企业有可能定位准确、经营有效、管理有方，完成既定目标和任务，迅速度过初创期和孕育期，进入成长阶段，也有可能因为市场环境变化、产品研发进展缓慢、经营管理失误等而一直未能进入正轨，陷入停滞不前、摇摆不定的艰难境地，在这个阶段企业最大的顾虑是经营方向是否正确。

企业能否创业成功固然与企业的经营管理有直接的关系，但更重要的是企业所处的经营环境和与其相适应的经营方向。在 20 世纪 80 年代，中国创业者的成功率一度达到 70% 以上，在那个物品短缺、百废待兴的时代创业容易成功，曾经有一句话"造导弹的收入不如卖茶叶蛋的"，也就是说摆地摊卖茶叶蛋也能够获得巨大成功。到 20 世纪 90 年代，市场经济已发展到一个比较成熟的阶段，没有一定的专业、一定的独门绝技或独特优势，创业就很难成功。进入 21 世纪后，中国经济已发生了翻天覆地的变化，许多行业已经被大企业垄断，能够供大家创业的机会主要集中在需要更多劳动力的服务业、高新技术企业和新兴行业。在这个阶段，实力雄厚或身怀独门绝技的个人和企业创业容易成功，实力较差、做一般人都能够做到的经营业务的个人和企业创业成功的可能性较小。而大学生创业成功的可能性更低一些。但也有一些行业的创业者，顺应了时代的步伐或市场的脉搏，获得了创业成功。当然，创业成功的概率也与经济周期有关。当宏观经济处于上升通道时创业的成功率要高一些，当宏观经济运行处于下行通道时创业成功率要低一些。总体来看，企业能否度过初创阶段进入成熟阶段，定位是一个核心问题，经营业务定位、进入时间定位、经营方式定位均会发挥非常关键的作用，定位失误创业就会异常艰辛。另外，经济实力也非常重要，实力强的创业企业经过几次挫折坚持下去就成功了，但实力较差的创业者连坚持下去的力量都没有。

2. 成长期

企业度过初创期进入成长阶段时，也需要克服很多困难。第一个困难就是资金缺乏。一般来说，企业在创建时期的资金投入，均是按照先投资建设后生产经营的原则考虑的，通常建设期资金准备比较充分，而对经营期需要的资金考虑较少。但业务的开展通常需要一个过程，市场的成熟和企业品牌的认同也需要一个过程，均需要一定的资金投入才能实现这个成长过程。处于成长期的企业经营历史不长，收入也很不稳定，从银行筹资会有很大困难。而投资人因为没有得到回报在进一步追加投资方面也会犹豫不决，企业常常会出现资金困难问题。尽管国家出台了一系列扶持创业企业、中小企业的政策，但大多数企业很难得到这种政策优惠。银行或创业投资公司，一般不会扶持缺少资金的中小企业，它们通常扶持不缺资金、已经获得一定程度发展的中小企业。只有政府部门直接审批的中小企业扶持资金（一般是无偿资助）才能够真正起到扶持作用。但这种政府的扶持资金的取得，一般也要求企业有相同数额的自有资金。而那些账面已经没有多少现金的创业公司，很难获得这种扶持资金。

随着业务的发展，企业规模不断扩大，企业职工人数不断增长，成长阶段遇到的第二个困难就是人员的膨胀和企业有效管理。企业如何进行有效的管理，矛盾的焦点是如何处理企业的利益分配和员工的工作效率。企业取得的收入，要在企业长期发展和现有企业员工的利益、股东的利益之间寻求平衡，一方面要使企业发展的成果让员工来分享，另一方面要使获得稳定收入的员工能够高效率地工作，而这实现起来常常很不容易。随着人员增加、机构膨胀常常会出现管理效率的降低。企业取得的收入在市场投入和研发投入之间也要寻求平衡，确保企业未来长期的竞争优势需要在研发方面投入，扩大市场销售、获得现有市场的快速发展需要在销售方面投入，这一矛盾处理起来也非常不容易，经常会出现研发投入过大、市场投入收效不大"顾此失彼"的情况。这些问题均可以称为"管理问题。"

成长阶段遇到的第三个困难就是在市场竞争中出现的决策失误。处于成长期的企业一般会遇到许多新情况、新问题，常常处于"摸着石头过河"、没有历史经验可循的状态中，容易出现决策失误。因为，要决策的事情非常多，第一是业务发展方向和市场开拓重点的决策，企业的经营业务有一定程度的发展之后，会出现许多新的需求和发展商机，企业很容易被众多机会所迷惑，形成精力分散、多头出击的局面。第二是授权和分权的决策，由于人员数量和经营规模的扩张，企业管理效率下降，是否授权、如何授权、授权之后如何进行各个授权主体之间的分工与协作，均需要做出决策。第三是市场开拓方面的决策，一项产品或业务的发展也有自己的周期，在市场不同发展阶段需要采取不同的决策，如当期是以培育市场、观念引入的宣传推广活动为主，还是以引导购买、引导市场流行的销售推广活动为主，不同的决策要求不同的执行方案、资金投入。如果面对市场竞争，还要决定是降价竞争还是质量竞争、品牌竞争，这些决策均是非常关键并决定企业能否顺利成长的决策，这些决策的执行均会出现"一着不慎，全盘皆输"的局面。

3. 成熟期

企业发展到一定阶段，要么走向衰退，退出市场；要么走向成功，迈入成熟期。成熟期通常是指收入相对稳定、队伍相对稳定、市场相对稳定，企业已经有了较大的知名度和美誉度的阶段。进入成熟期的企业，一般其业务的快速增长和发展会持续 5~10 年，甚至更长的时间。成熟期遇到的主要问题是：①市场扩张问题；②业务转型和企业转型问题；③不断赋予发展动力和活力的问题；④不断剔除机体中腐烂的肿瘤问题。由于市场发展比较成熟，这个时候进行市场扩张，不断将业务范围扩大，充分利用规模优势是非常重要的。如果在这个方面失误，就会被竞争对手超越。而在业务扩张过程中能否成功的关键因素，是企业产品与服务在客户心目中的满意程度，即企业品牌的美誉度。换句话说，是企业产品和服务在外部声誉上、内在本质上被客户认可和接受的程度。在这个阶段，一些会做市场宣传、市场拓展的企业有可能赢得优势，甚至会出现类似"劣币驱逐良币"[①]、质次价低的产品将质量优良价格较高的产品驱逐出市场的情况。

在某个产品或服务趋于成熟或饱和之后，发展就会遇到困难，这时候需要企业迅速找到新的收入和利润增长点，顺利向新的业务和新的产品转型，以维持和扩大自己的市场地位和市场份额。转型的最大难题是现有企业组织机构和人员如何适应新业务和新产品的需要，也就是如何让企业中的组织、人员、人员的知识结构、销售模式和向客户提供的服务适应新业务、新产品发展需要的问题，也就是转型危机的问题。转型期间容易出现的失误或失败是：①时间选择不成熟，超前或拖后转型均难以成功。②采取的措施不得力、不到

---

① 市场流通中流传较广、流通较快的劣质货币逐渐替代了质地优良、含金量较高的优质货币。

位，出现了各个业务环节的脱节或不适应，如市场宣传和提供产品脱节、宣传推广重点和人员基本素质脱节等，容易导致收效不大或转型积极性丧失。③转型之后的业绩考核困难、考核目标任务的制定和落实不能很好地结合实际情况。

企业稳定发展的时间一长，就会出现一系列毛病，通常称为"大企业病"：①机构臃肿，市场反应速度慢，决策周期长。②人浮于事，甚至一些偷奸耍滑、油嘴滑舌的人把持重要岗位。③执行力差，决策不落实、制度不落实，推诿扯皮在企业内部盛行。在这个时候，能否大刀阔斧地推行一种强势管理，减轻、消除或根治"大企业病"是关键，通常一些企业是通过组建战略单元、划小核算单位的办法解决；一些企业是通过树立一种良好的企业文化的办法解决；一些企业是通过大幅度的裁员或者重新竞争上岗的办法解决。因此，成熟企业问题的核心是决策问题和控制问题，是领导力和执行力的问题。

4. 衰退期

谁都不期望自己的企业或自己工作的企业进入衰退期，但创业失败、成长失败、控制失败、决策失败均有可能使一个企业进入衰退状态。企业在没有这些管理失误和决策失败的情况下也会因为技术更新换代或企业外部市场的突然变化而进入衰退期。进入衰退期的企业，常常会重新遇到资金缺乏、人才缺乏、市场不稳定等问题。一些企业能够通过重新定位、更换经营者获得复苏和发展，一些企业能够通过收缩战线、集中力量做好一部分事情而焕发生机，一些企业会因为进行市场转型、产品转型或者经营模式转型获得新生。但进入衰退期之后的企业，常常很容易出现管理层意见不统一、股东之间对企业未来发展方向长期争论、人事调整和更换不及时不到位、战略调整的执行力度不够等问题，这些均有可能使企业从衰退走向死亡。

了解企业的生命周期，有助于我们更好地理解企业，理解企业的发展历程，理解企业财务报表的形成过程，以便于我们在进行财务分析时能够站在企业发展变化的整个周期过程之中考虑，从而准确判断经营形势和存在的经营管理问题。

（二）企业的经营周期

企业的成长过程存在一定的周期性，企业的经营业务开展也存在一定的客观周期，不考虑经营业务的正常周期，对企业提出过分的、超前的或不切合实际的要求，均会使企业的经营业务失败。下面以一些行业为例来说明企业经营业务的周期性，以便我们在进行财务分析时，充分考虑这些客观规律，提出恰当的决策意见。

（1）汽车的经营周期。汽车的研发周期平均在3年左右，目前最短的是丰田汽车，16~18个月可研发出一辆新汽车。汽车的生产周期在1~3年，市场导入周期也在1~3年。也就是说一个完整的汽车经营周期从研发到市场成熟，需要5~8年。一辆汽车的生产需要众多零配件厂商的配套生产，涉及众多厂商生产的配套和售后维修服务网点的建设。因此，一辆新型汽车从研发到成功销售，有一段较长的路程要走。

（2）软件的经营周期。一套新软件产品从研发到成熟的周期大概也需要5~7年。2005年，软件界曾经流行一句名言：". net is no thing"，说的就是美国微软公司从第一次宣布推出. net 软件的日期之后，连续五年公布产品推出日期又被连续五年取消的无奈，一次次新产品发布时间的拖延和取消，说明推出一套全新软件产品并不是一件1~2年就可以完成的事情，而是需要3~5年的研究开发过程。一般来说，提出和完成软件开发需求需要1~2年，从开发正式开始到推出产品需要2~3年，从投入市场销售到产品成熟又需要1~3年，从小范围销售到大量流行又需要 2~3 年。在这每一个过程中，均存在可能的变数。

（3）药品的研发周期。一种新药品从研发到投入市场需要经历合成提取、生物筛选、临床前药理毒理试验、制剂稳定性、生物利用度试验和三期临床试验等阶段，其研发周期一般需要 5~10 年。调查显示，一种新药品从临床研发到通过 FDA 审批在 2000~2002 年平均需要 9.4 年，在 2012~2014 年平均需要 8.5 年。在这一漫长的过程中，失败的风险也是很大的。据统计，美国企业研制的新药品只有不到 5% 能够进入临床前研究，只有 2% 能够进入临床试验阶段，即使进入临床试验的药物也有 80% 会被淘汰。新药品开发费用中的 98% 几乎均用在"失败"的产品之上。美国制药企业的研发费用平均占销售收入的 20.8%，目前中国制药企业的研发投入约占销售收入的 5%。

（4）工程建设周期。一个建设项目通常要经历构想、可行性研究、评估、决策、设计、施工到竣工验收、投入生产的整个过程才能实现，一般分为前期工作、建设实施和竣工验收三个阶段。前期工作阶段主要包括项目建议书提出、可行性研究、初步设计和开工报告等工作；建设实施阶段主要包括施工准备、土建施工、设备安装、管道施工等工程建设工作；并且只有在竣工验收合格后才能正式投产运行。一栋商品楼从规划到销售一般需要 3~5 年，一些大的工程项目如水电项目、道路桥梁建设项目，仅立项论证和可行性研究，通常就需要好多年。20 世纪最大的基础设施建设工程"三峡工程"论证就花费了半个世纪，从 1993 年正式开工建设到 2008 年全部完工也经历了 16 年工程建设期。

（5）银行贷款周期。银行向企业发放贷款也要经历一系列的流程，主要包括贷款申请、贷前调查、评级授信、贷款审批、贷款发放、贷后监控等，整个流程下来一般也需要 3~5 个月。为了缩短信贷周期，银行对一些优质客户常常每年一次性给予一个综合授信额度，只有其贷款规模在这个额度之内，才可以简化流程、省略环节。企业归还银行贷款，也需要一个周期，从资金投入企业经营周转到收回现金，一般也需要 1 年甚至 1 年以上的时间。

（6）饭店的经营周期。在饭店刚开业阶段，消费者并不了解其品牌和服务质量，需要一段时间的品牌建设，在这个阶段业务增长缓慢，如果不是位置特别好，大多数饭店会经历 6~12 个月的亏损或微利阶段。随着品牌的建立和回头客的增多，饭店业务量迅速扩大，综合成本不断下降，盈利水平不断上升，饭店价值便逐渐出现，整个过程大概也需要半年时间。在经过一年半到两年的发展之后，如果饭店管理稳定或客流量稳定，则会进入平稳发展阶段。如果饭店开业一两年仍然没有起色，或者饭店特色不鲜明没有树立起品牌、饭店管理较差服务质量不太稳定、周围环境发生较大变化客流大幅度减少，这些因素均会比较容易导致饭店经营失败。但是，许多第一次开饭店的人还没有支撑到盈利阶段，就决定关门了。

第三节　企业的资金运动和财务报表

企业的经营活动，在引起物资、人员、信息、技术流动的同时，还伴随着资金的运动，甚至可以说，在以货币为基本核算单位的市场经济条件下，企业资金的运动是企业物资、人才、信息、技术等其他要素流动的基础和条件。没有资金运动，就没有经营活动。财务报表就是刻画企业资金运动状况和结果的报表，因此它是开展财务分析工作的基本依据。

一、企业的资金运动

企业的经营活动是一个不断投入各项经济资源，生产出所期望的产品或服务的过程，也是一个企业资金的筹集、使用、耗费、回收和分配过程。一个新成立的企业，投资者和债权人投入企业的初始资产大多是现金。当企业尚未开展经营业务的时候，这些资产一般以现金和银行存款的形式存在。当开始经营活动之后，企业通过购置或租用办公场地、建设生产线、购买原材料和招聘人员等活动，使企业的现金资产陆续转化为固定资产、存货、生产成本、库存商品等。企业再通过销售活动，将库存商品转化为现金，并最终收回企业在各个经营环节所投入的资金，就形成了一个生产经营全过程，如图2-1所示。

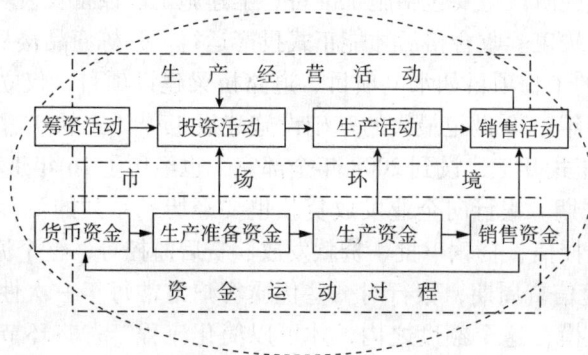

图2-1 企业资金运动过程

从企业资金占用环节或生产所处阶段考虑，可将企业资金分为生产准备资金、生产资金、销售资金和货币资金。生产准备资金包括企业的研发资金、原材料采购资金、生产组织准备资金等，生产资金包括固定资产投资资金、生产加工占用资金，销售资金包括企业赊账销售占用的资金和企业库存商品占用的资金，货币资金是企业还没有投入到生产经营活动仍然在企业银行账户上存放的现金或企业已经取得的销售回款。企业资金从货币资金开始，经过生产、销售，又回到货币资金，这样周而复始不断循环的过程就是资金的周转。这一周转过程所花费时间的长短，称为周转期，如图2-2所示。

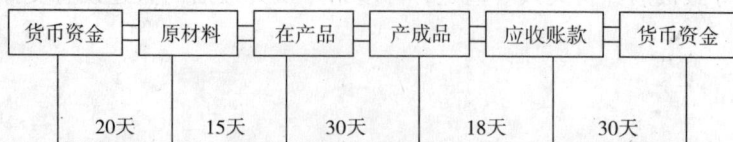

图2-2 资金的周转天数

资金运动和周转的快慢是企业经营活力的反映，企业资金的循环和周转也是资金增值的条件。企业资金在运动过程中，既可能增值、保持原有数额，也可能减少。当企业周转回笼资金大于原始投入资金的时候企业就会产生利润，当周转回笼资金小于原始投入资金的时候便会出现亏损。企业资金的变动情况和资金周转的盈亏情况，主要通过定期编制的财务报表数据反映出来。

二、企业的财务报表

企业资金可以从两个方面来观察：一方面是它从哪里来，另一方面是它做什么用。企业的资金一般来自两个方面：一是出资人投入的资金，叫所有者权益；二是债权人投入的资金，叫负债。这些资金的使用，就形成了企业资产。资产负债表就是揭示企业在某一个时点资产、负债和所有者权益情况的报表。企业资产包括现金、存货、应收账款、固定资产等，归企业所拥有的、能以货币形式计量的各种经济资源均属于企业资产，一般分为流动资产和非流动资产两大类。企业负债是企业所承担的、能以货币计量的、需以资产或者劳务形式偿还的债务，如短期借款、应付职工薪酬、应交税费等。企业的所有者权益包括企业投资人投入企业的注册资本（一般称为股本或实收资本），企业在经营过程中所积累的资本公积金、盈余公积金和已实现但未分配的利润。

企业经营一段时间之后，是带来了利润还是产生了亏损，通常通过利润表来揭示。利润表就是用来刻画企业在一个特定时期的收入、成本、费用，揭示企业盈亏情况的报表。收入是企业在销售商品和提供劳务中实现的营业收入。当企业在发出商品、提供劳务的同时收取价款或者取得索取价款的凭证，就可以确认为企业收入。费用是企业在生产经营过程中所发生的各项耗费，一般按照实际发生额计提和核算。利润是企业收入和支出之差，是企业在一定时期内收支相抵之后的净盈余，是企业经营管理业绩的综合反映。

企业编制的财务报表还包括现金流量表、所有者权益变动表和报表附注。现金流量表是揭示企业在一定期间现金取得和流出情况的报表。所有者权益变动表是反映归企业所有者的实收资本、资本公积金、未分配利润等项目变动的报表。报表附注是用来详细解释和说明资产负债表、利润表中一些重要项目的辅助表。

三、企业初创时的资产负债表和利润表

企业在初创时期，需要到国家工商管理部门登记注册，将所有者的出资注入到企业作为企业的注册资本，才能申请和领取营业执照，开始合法经营。工商注册完成之后企业的资产负债表比较简单。如北京新时代创业有限公司完成注册之后的资产负债表只有注册资本100万元、货币资金100万元两个项目。在成立公司过程中，支付工商注册费若干、验资报告费若干以及筹办期间的一些开支若干，我们假设这些费用合计起来共1万元，则企业在开业当月，在未从事其他任何经营业务活动的情况下，其利润表如表2-2所示。

表2-2　企业初创时的利润表

企会02表

企业名称：北京新时代创业有限公司　　　　　2018年1月　　　　　　　　　　单位：元

项　目	本期实际	本年累计
一、营业收入		
减：营业成本		
管理费用	10000	10000

续表

项　目	本期实际	本年累计
……		
二、营业利润	－10000	－10000
……		
三、利润总额	－10000	－10000
减：所得税费用		
四、净利润	－10000	－10000

财务负责人：　　　　　　　　　填报人：　　　　　　　　　填报日期：

　　这时，企业的货币资金减少 1 万元，变为 99 万元；负债为零；注册资本在所有者权益下的实收资本中反映，仍然为 100 万元；企业的亏损 1 万元在所有者权益下的未分配利润中反映。企业的资产总额 = 负债 + 权益总额 = 99（万元）。开办当月月末的资产负债表如表 2 - 3 所示。

表 2 - 3　企业初创时的资产负债表

企会 01 表

企业名称：北京新时代创业有限公司　　2018 年 1 月 31 日

单位：元

资产	期末余额	期初余额	负债和权益	期末余额	期初余额
流动资产：			流动负债：		
货币资金	990000		……		
……					
流动资产合计	990000		流动负债合计		
非流动资产：			非流动负债：		
……			……		
……			所有者权益：		
			实收资本	1000000	
			……		
			未分配利润	－10000	
非流动资产合计			所有者权益合计	990000	
资产总计	990000		负债和权益总计	990000	

财务负责人：　　　　　　　　　填报人：　　　　　　　　　填报日期：

四、开展经营业务之后的资产负债表和利润表

　　企业在开展经营业务后，就会发生一系列经营活动，引起财务报表数据的变化，如在开业后第 2 个月"新时代公司"发生了以下业务：①租赁写字楼支付 12 万元租金（3 个月押金 1 个月租金）。②购买办公桌椅 2 万元，购买办公用品 3 万元。③人员招聘广告费

2000 元。④市场宣传广告费 5000 元。⑤出差联络客户费用 1 万元。当月没有收入，应付员工工资 5000 元（下月 5 日支付）。这时，在企业的资产负债表中，货币资金共减少 18.7 万元，余额变成 80.3 万元，办公桌椅形成固定资产 2 万元，办公用品形成存货 3 万元，押金计入其他应收款为 9 万元。实收资本仍然是 100 万元不变。企业的资产项目合计变成 94.3 万元，与期初 99 万元相比减少了 4.7 万元。其中，3 万元支付了房租，1 万元支付了出差联络费，7000 元支付了广告费，这些均作为当月费用计算。其中，广告、出差等作为销售费用合计为 1.7 万元，办公室租金作为管理费用合计为 3 万元，工资支出 5000 元作为营业费用，合计支出总额为 5.2 万元。当月的收支情况如表 2-4 所示。

表 2-4 开展经营业务之后的利润表

企会 02 表

企业名称：北京新时代创业有限公司　　　　　　2018 年 2 月　　　　　　　　单位：元

项　目	本期实际	本年累计
一、营业收入		
减：营业成本	5000	5000
销售费用	17000	17000
管理费用	30000	40000
……		
二、营业利润	−52000	−62000
……		
三、利润总额	−52000	−62000
减：所得税费用		
四、净利润	−52000	−62000

财务负责人：　　　　　　　　　填报人：　　　　　　　　　填报日期：

收入减去支出等于利润，当月实际亏损 5.2 万元。这部分亏损或盈利均在资产负债表中的所有者权益项下的"未分配利润"项目中反映。本月亏损 5.2 万元，与上月 1 万元亏损合计起来为 6.2 万元亏损。这时，企业的资产负债表中的总资产为 94.3 万元，流动负债之下增加了应付职工薪酬 5000 元，所有者权益项下实收资本仍然是 100 万元，未分配利润合计为 −6.2 万元，权益合计变成 93.8 万元，加上应付职工薪酬 5000 元，负债和所有者合计 94.3 万元。总资产等于负债和权益合计，资产负债表如表 2-5 所示。

表 2-5 开展经营业务之后的资产负债表

企会 01 表

企业名称：北京新时代创业有限公司　　　2018 年 2 月 28 日　　　　　　　单位：元

资产	期末余额	期初余额	负债和权益	期末余额	期初余额
流动资产：			流动负债：		
货币资金	803000	990000	……		
其他应收款	90000		应付职工薪酬	5000	

续表

资产	期末余额	期初余额	负债和权益	期末余额	期初余额
存货	30000				
……					
流动资产合计	923000	990000	流动负债合计	5000	
非流动资产:			非流动负债:		
固定资产	20000		……		
……			所有者权益:		
			实收资本	1000000	1000000
			……		
			未分配利润	-62000	-10000
非流动资产合计	20000		所有者权益合计	938000	990000
资产总计	943000	990000	负债和权益总计	943000	990000

财务负责人:　　　　　　　　　　填报人:　　　　　　　　　　填报日期:

五、取得营业收入之后的资产负债表和利润表

在 2018 年 3 月,企业发生了原材料采购,采购了 5 万元的印刷用纸,到货后 3 个月内付款,则在资产负债表中的流动资产下的存货会增加 5 万元,同时流动负债项下增加应付账款 5 万元。当企业将采购的纸张经过委托加工以 10 万元的价格销售,对方货到后 3 个月付款,则存货会减少 5 万元,应收账款会增加 10 万元,同时营业收入会增加 10 万元。与销售收入匹配的产品消耗成本为 5 万元,支付委托加工费 2 万元,当月应付工资 5000 元,营业成本为 7.5 万元。支付电话等办公费用 5000 元计入管理费用。企业取得收入之后,缴纳与收入相关的税金,如 13% 的增值税（实际上还要缴纳城市维护建设税、教育附加税等）,下月 7 日前缴纳,增加应缴税费 1.7 万元,这样企业的实现利润为 0.7 万元（收入 10 万元 - 原材料消耗 5 万元 - 加工费 2 万元 - 办公费 0.5 万元 - 工资 0.5 万元 - 税金 1.3 万元）。如表 2-6 所示。

表 2-6　取得营业收入之后的利润表

企会 02 表

企业名称:北京新时代创业有限公司　　　　2018 年 3 月　　　　　　　　单位:元

项　目	本期实际	本年累计
一、营业收入	100000	100000
减:营业成本	75000	80000
税金及附加	13000	13000
销售费用		17000
管理费用	5000	45000

续表

项　目	本期实际	本年累计
二、营业利润	7000	−55000
……		
三、利润总额	7000	−55000
减：所得税费用		
四、净利润	7000	−55000

财务负责人：　　　　　　　　填报人：　　　　　　　　填报日期：

变化之后，货币资金减少 3 万元（付上月工资 5000 元，本月加工费 2 万元，本月办公费 0.5 万元），变为 77.3 万元，存货增加 5 万元减少 5 万元实际仍然是 3 万元，未分配利润因当月盈利 0.7 万元而从上月的 −6.2 万元变为 −5.5 万元。如表 2 − 7 所示。

表 2 − 7　取得营业收入之后的资产负债表

企会 01 表

企业名称：北京新时代创业有限公司　　2018 年 3 月 31 日　　　　单位：元

资产	期末余额	期初余额	负债和权益	期末余额	期初余额
流动资产：			流动负债：		
货币资金	773000	803000	短期借款		
其他应收款	90000	90000	应付职工薪酬	5000	5000
应收账款	100000	100000	应付账款	50000	
存货	30000	30000	应交税费	13000	
流动资产合计	993000	923000	流动负债合计	68000	5000
非流动资产：			非流动负债：		
固定资产	20000	20000			
			负债合计	68000	5000
			所有者权益：		
			实收资本	1000000	1000000
			未分配利润	−55000	−62000
非流动资产合计	20000	20000	所有者权益合计	945000	938000
资产总计	1013000	943000	负债和权益总计	1013000	943000

财务负责人：　　　　　　　　填报人：　　　　　　　　填报日期：

从上面例子可以看出，企业资产负债表和利润表是企业生产、管理、销售、人事等方面工作成果的综合反映，它与企业出资人、供应商、客户、员工等与企业有经济关系的当事人的经济往来活动直接相关。通过财务报表数据，可以了解和判断企业的经营及财务状况，掌握企业业务开展的基本情况，了解企业成本费用结构和盈利能力，为进行企业财务分析工作打下基础。

六、现金流量表

现金流量表是揭示企业在一定时期现金流入、流出和余额的报表。现金流量表通常由三部分组成，一部分是经营活动创造的现金流入和支出的现金，一部分是投资活动带来的现金流入和支付的现金，一部分是筹资活动吸收的现金和支付的现金。每一部分均包含现金流入项目、现金流出项目和现金流入流出合计结果项目"现金净流量"。

在上例中，公司创立出资人注入100万元的注册资本，这个公司便"吸收投资收到现金"100万元。公司注册、开业支出1万元现金，计入"支付其他与经营活动有关的现金"。则开办当月的现金流量表如表2-8所示。

表2-8　企业初创时的现金流量表

企会02表

企业名称：北京新时代创业有限公司　　　　2018年1月　　　　　　单位：元

项　目	本期余额	上期余额
一、经营活动产生的现金流量：		
……		
经营活动现金流入小计		
支付其他与经营活动有关的现金	10000	
经营活动现金流出小计	10000	
经营活动现金净流量	-10000	
二、投资活动产生的现金流量：		
……		
投资活动现金流入小计		
……		
投资活动现金流出小计		
投资活动现金净流量		
三、筹资活动产生的现金流量：		
吸收投资收到的现金	1000000	
筹资活动现金流入小计	1000000	
……		
筹资活动现金流出小计		
筹资活动现金净流量	1000000	
四、现金及现金等价物净增加额	990000	
五、期末现金及现金等价物余额	990000	

财务负责人：　　　　　　　填报人：　　　　　　　填报日期：

在开业的第2个月：①支付房屋租金12万元。②购买办公桌椅等固定资产支付2万元。③购买办公用品支付3万元。④招聘广告费支付2000元。⑤市场宣传广告支付5000元。⑥差旅费支付1万元。当月没有收入，也未向员工支付工资，与现金流动相关的主要是上述六项。其中，支付房租属于"支付其他与经营活动有关的现金"，购买桌椅属于"购建固定资产、无形资产所支付的现金"，购买办公用品属于"购买商品、接受劳务所支付的现金"，支付的广告费、差旅费等属于"支付的其他与经营活动有关的现金"。现金流量表如表 2 - 9 所示。

表 2 - 9 企业开展经营业务之后的现金流量表

企会 02 表

企业名称：北京新时代创业有限公司　　　2018 年 2 月　　　　　　　　　　　单位：元

项　目	本期余额	上期余额
一、经营活动产生的现金流量：		
……		
经营活动现金流入小计		
购买商品、接受劳务所支付的现金	30000	
支付的其他与经营活动有关的现金	137000	10000
经营活动现金流出小计	167000	10000
经营活动现金净流量	－ 167000	－ 10000
二、投资活动产生的现金流量：		
……		
投资活动现金流入小计		
购建固定资产、无形资产所支付的现金	20000	
投资活动现金流出小计	20000	
投资活动现金净流量	－ 20000	
三、筹资活动产生的现金流量：		
吸收投资收到的现金		1000000
筹资活动现金流入小计		1000000
……		
筹资活动现金流出小计		
筹资活动现金净流量		1000000
四、现金及现金等价物净增加额	－ 187000	990000
加：期初现金及现金等价物余额	990000	
五、期末现金及现金等价物余额	803000	990000

财务负责人：　　　　　　　　　填报人：　　　　　　　　　填报日期：

从上面现金流量的计算结果可以发现，现金流量表中的"期末现金及现金等价物余额"刚好等于资产负债表中的"货币资金"期末余额。

同样，将第 3 个月的现金流入和流出情况进行整理，发现主要有以下涉及现金流入流出的项目：①支付工资 5000 元，计入"支付职工及为职工支付的现金"。②支付委托加工费 2 万元，计入"购买商品、接受劳务所支付的现金"。③支付办公费 5000 元，计入"支付其他与经营活动有关的现金"。这些项目均是经营活动的现金流出，合计 3 万元。

当月发生了原材料采购，但未支付现金；发生了销售但未收到现金；计算了增值税但未支付，因此这些业务尽管发生了，但不涉及现金流入和流出，在当月的现金流量表中不会反映，只是在发生现金流入和流出的当月反映。因此，当月现金净减少3万元，期末现金及现金等价物余额变为77.3万元，如表2-10所示。

表2-10 取得营业收入之后的现金流量表

企会02表

企业名称：北京新时代创业有限公司　　　　　2018年3月　　　　　单位：元

项 目	本期余额	上期余额
一、经营活动产生的现金流量：		
……		
经营活动现金流入小计		
购买商品、接受劳务所支付的现金	20000	30000
支付职工及为职工支付的现金	5000	
支付其他与经营活动有关的现金	5000	137000
经营活动现金流出小计	30000	167000
经营活动现金净流量	−30000	−167000
二、投资活动产生的现金流量：		
……		
投资活动现金流入小计		
购建固定资产、无形资产所支付的现金		20000
投资活动现金流出小计		20000
投资活动现金净流量		−20000
三、筹资活动产生的现金流量：		
吸收投资收到的现金		
筹资活动现金流入小计		
……		
筹资活动现金流出小计		
筹资活动现金净流量		
四、现金及现金等价物净增加额	−30000	−187000
加：期初现金及现金等价物余额	803000	990000
五、期末现金及现金等价物余额	773000	803000

财务负责人：　　　　　　　　填报人：　　　　　　　　填报日期：

从表2-10发现，尽管企业第3个月经营活动发生了较大的变化，采购了5万元的原材料，经过加工后取得了10万元销售收入，同时给国家应缴1.3万元的税金，但由于这些经营活动的现金流入或流出均不是当月发生，因此在现金流量表中并不反映。

从该月的期末现金及现金等价物余额可以看出，当月现金流量表中的余额和资产负债表中货币资金的余额仍然是一致的。这说明资产负债表、现金流量表之间有内在的、必然的联系。利润表和资产负债表之间，也通过未分配利润这个项目相互联系起来。

【本章习题】

名词解释

中央银行　商业银行　非银行金融机构　同业拆借市场　票据贴现市场　央行公开市场业务　债券市场　股票市场　基金市场　期货市场　生产资料市场　产权市场　生产型经营活动　服务型经营活动　衍生型经营活动　企业成长周期　企业经营周期　财务报表资产负债表　利润表　现金流量表

简答题

（1）中央银行是通过什么手段来调节市场上流通资金余缺的？

（2）如何看待银行和企业的关系？

（3）企业如何利用和发挥金融市场的作用，规避金融市场的风险？

（4）简述企业原材料价格的暴涨和暴跌对企业经营业绩和财务状况的影响。

（5）企业缴纳的社会保险费主要有哪些种类？

（6）试述企业经营活动的类型。

（7）简述企业的成长阶段及其各个阶段最容易出现的问题。

（8）试估计你所从事或熟悉的经营业务或产品从初创到成熟大概需要多长时间。

（9）企业经营活动主要经历哪四个阶段？

（10）企业资金的周转大概经历哪几个环节？

（11）分别描述企业在初创期、营业期资产负债表和利润表的基本结构。

（12）试述编制会计报表的四个基本会计假设。

第三章 资产负债表和利润表

❖ **学习目的**

(1) 掌握财务报表的编制基础。

(2) 了解资产的主要构成项目及其含义。

(3) 了解负债和权益的主要构成项目及其含义。

(4) 了解利润表的主要构成项目及其含义。

企业的财务报表是企业生产、经营、销售、人事、资金管理等方面工作成果的综合反映，也是当前能够全面揭示企业经营和财务状况的唯一、通用国际语言。进行企业经营及财务状况分析，自然主要以财务报表为依据。财务报表主要包括资产负债表、利润表、现金流量表、所有者权益变动表和其他有关附表。本章重点解读资产负债表和利润表。

第一节 财务报表的编制基础

企业资金运动在不间断进行，为了准确核算和反映企业资金运动的过程和结果，要求各企业、各单位共同遵守统一的会计核算办法和原则，以使会计核算得到的财务报表数据在各个单位之间可比。这些基本核算办法和核算原则，主要体现在一系列《企业会计准则》之中。有了这些会计准则，基于同样会计准则形成的会计报表数据就可以在不同企业，甚至不同国家的企业之间进行比较。

一、会计主体

财务报表首先是某个会计主体的报表，会计主体是会计确认、计量和报告的实体，它既可以是企业，也可以是银行。凡是具有经济业务、可以或需要进行会计核算的单位、部门或组织，都可以作为会计主体。会计核算是站在会计主体的立场上反映每一笔经济业务。如 A 公司向 B 公司销售货物 60 万元（不含增值税），如果我们站在 A 公司的立场上，在 A 公司的会计报表上就应反映出存货减少了 60 万元，销售收入增加了 60 万元。如果以 B 公司作为会计主体，在 B 公司的会计账上，则反映出银行存款减少了 60 万元，存货增加 60 万元。这说明，同一笔业务，在不同的主体所核算的会计信息和会计结果是不同的。

不同的会计主体应单独编制自己的会计报表。财务分析主要是站在会计主体的角度，对会计主体的信息所进行的分析。

案例 3 - 1　不同会计主体的差异

同一笔业务在不同的会计主体，反映出的会计信息是不同的。如甲企业向乙企业销售产品 100 万元，三个月之后付款，则在甲企业反映为销售收入增加 100 万元，应收账款增加 100 万元，同时还要记录库存产品的减少情况，如果这些销售出去的产品的账面价值为 60 万元，则说明存货（产成品）减少 60 万元，营业成本增加 60 万元。而在乙企业则反映为存货增加 100 万元，应付账款增加 100 万元。以上核算没有考虑在销售环节缴纳增值税的情况，如果要缴纳 6% 的增值税，则 100 万元销售收入要分为应缴增值税 5.66 万元和营业收入 94.34 万元。

二、持续经营

财务报表是某一个企业持续经营期间的报表。持续经营是企业按照当前的规模和状态继续经营，不会停业，也不会大规模削减业务的状态。企业会计金额的确认、价值计量和报告均以企业持续、正常经营为基础。如果企业不能持续经营，则会计核算所形成的相关数据的价值就有可能发生较大变化，相关报表就不能客观地反映企业的财务状况、经营成果和现金流量，就会误导财务报表信息阅读者并误导其经营决策。

三、会计分期

企业的生产经营活动是一个不间断的、连续的过程，我们不可能等到企业各项经营业务全部结束时再进行核算和编制财务报表。为了定期反映和分析企业的经营成果和财务状况，我们需要将企业的生产经营划分为经营区间，如以 1 月 1 日为起点，以 12 月 31 日为终点，这就是会计分期。企业的财务报表是企业某个特定会计分期期间的财务数据的报表，通常按照日历分为月度、季度、年度的报表。按照会计期间，将企业的资产划分为流动资产和非流动资产，将企业的负债划分为流动负债和非流动负债。流动资产就是在一个年度的会计期间或者超过一个年度的一个营业周期之内可以变成现金的资产，流动负债是在一个会计年度或者超过一个年度的一个营业周期之内需要偿还的负债。企业的收入、成本、利润也是按照会计期间来确认和计量的。

四、货币计量

会计核算以货币为基本计量单位并假设币值相对稳定，这样会计核算得到的数据和财务分析得出的结论才有比较和评价的依据，如果币值不稳，货币在一个月之内贬值 50%，则不同时期会计核算得到的数据是难以直接进行比较的。在币值稳定条件下，以货币计量会计主体的经营和财务状况，确认企业的经营成果，也是比较容易的。但是，在企业中，有一些经营成果是不能用货币形式计量的，也不反映在财务报表中。如人员素质、产品质量等，也是非常重要的揭示企业价值的信息，但在财务报表中并不反映。进行企业财务分析，一方面应注意币值的差异，如果不同时期的币值差异过大就需要进行特殊处理，编制通货膨胀报表；另一方面需要注意表外非财务情况的变化，尽可能准确地评价企业的经营业绩。

案例 3-2　俄罗斯 1992～1996 年的通货膨胀

1992 年冬，俄罗斯执行激进的改革路线，采用"休克疗法"（其基本内容是自由化、私有化、全盘西化），结果导致 1992～1996 年通货膨胀率分别为 2500%、1000%、300%、131%、21.8%，国内生产总值五年累计下降 46%，工业总产值下降 54%，农业总产值下降 40%。国民生产总值下降幅度之大，超过苏联卫国战争时期下降的 25% 和美国 1929～1933 年大危机时期下降的 30%，总体经济水平倒退将近 20 年。为什么通货膨胀会带来如此巨大的危害？因为当你还没有开始生产的时候忽然发现原材料已经升值十倍、百倍，实现保值增值的最好办法就是停产待售，等待原材料价格继续上涨而使你的财富不断增加。那些没有财富或将钱存在银行的人则倒了大霉。以 1992 年为例，通货膨胀让当时存入银行的 2500 万元变成了 1 万元，相反却使你持有的 1 万元的物质财富变成了 2500 万元。因此，1992 年私有化、全民持有原国有企业股票之后，将手中的企业股票出售换成现金存入银行的人，变成了穷光蛋；而那些通过银行贷款大量收购企业股票的人，最后变成了企业的主人，垄断了俄罗斯经济，成了世界级大富豪。

五、会计核算

会计核算是将企业日常大量的经济业务记录下来，分类、汇总，编制完成财务报表的整个过程。会计核算工作主要包括填制和审核凭证、设置账户、复式记账、登记账簿、成本计算、财产清查、编制财务报表等。会计凭证是记录经济业务，明确经济责任的书面证明；账户是为了核算不同经济业务和内容的增减变化情况而开立的项目名称；复式记账是将一笔经济业务，以相等金额按照来自哪里和用在哪里，计入两个或两个以上相关项目，用来刻画经济业务中资金的运动过程和结果，复式记账法有增减记账法和借贷记账法，我国会计准则规定各类企业一律使用借贷记账法；成本计算是指对生产经营所发生的各种费用，按照一定核算原则进行归集和分配，以计算经营业务的成本；财产清查是盘点实物、核对账目，保证账实相符（账面金额和实际物品价值相一致）；财务报表是在以上各项工作的基础上，按照规定的报表项目和格式，对账簿记录中各个项目的余额加以汇总，生成财务报表。财务报表是会计核算工作的最终成果。

六、基本会计准则

会计准则是会计核算工作的规范。它主要对企业经济业务的具体会计处理做出规定，以指导和规范企业的会计核算工作，保证会计信息真实可靠。会计准则的执行，影响到会计数据的质量和金额。基本会计准则有：①可靠性原则，要求企业应当以实际发生的交易或者事项为依据进行确认、计量和报告；②相关性原则，要求企业提供的会计信息应当与投资者等财务报告使用者的经济决策相关；③可理解性原则，企业提供的会计信息应当清晰明了，便于理解和使用；④可比性原则，企业提供的会计信息应当相互可比，包括同一企业不同时期可比和不同企业相同会计期间可比；⑤实质重于形式原则，企业应当按照交易或者事项的经济实质进行会计确认、计量和报告；⑥重要性原则，企业提供的会计信息应当反映企业财务状况、经营成果和现金流量有关的所有重要交易或者事项；⑦谨慎性原则，企业对交易或者事项进行确认、计量和报告应保持应有的谨慎，不应高估资产或者收益、低估负债或者费用；⑧及时性原则，企业对于已经发生的交易或者事项，应当及时进行确认、计量和报告，不得提前或者延后。

案例3-3 权责发生制和收付实现制的差异

如果你销售1000万元的商品，对方三个月之后付钱给你，按照权责发生制，你在销售的当月就应当按照收入处理，缴纳增值税并计算利润，缴纳利润所得税，尽管你现在还一分钱都没有收到。但是如果按照收付实现制，你本月不做收入处理，只有在你收到这1000万元销售收入现金付款的当月，才作为收入处理，缴纳税金。可见，按照权责发生制在赊账销售情况下计算收入，不仅涉及现金还没有收到的问题，还涉及在核算或开发票当月增值税、所得税等缴纳的问题。再举一个例子，你1月租了一间办公用房，对方要求你支付一年的租金120万元，按照权责发生制，这部分租金支出你每月只能将10万元列入成本，并计算利润。而按照收付实现制，你可以在1月将其全部列入成本，计算利润。采用不同的核算制度，会计核算的结果显然不同，报表数据也差距较大。当然，如果1000万元的销售收入是现金收入，或者每月支付10万元的现金作为房租，二者就不存在差异。

七、具体会计准则

除了基本会计准则之外，会计主管机构还颁布了大量具体的会计准则，以规范具体会计科目如何确认和计量，这些具体准则主要有：第1号存货；第2号长期股权投资；第3号投资性房地产；第4号固定资产；第5号生物资产；第6号无形资产；第7号非货币性资产交换；第8号资产减值；第9号职工薪酬；第10号企业年金基金；第11号股份支付；第12号债务重组；第13号或有事项；第14号收入；第15号建造合同；第16号政府补助；第17号借款费用；第18号所得税；第19号外币折算；第20号企业合并；第21号租赁；第22号金融工具确认和计量；第23号金融资产转移；第24号套期会计；第25号原保险合同；第26号再保险合同；第27号石油天然气开采；第28号会计政策、会计估计变更和差错更正；第29号资产负债表日后事项；第30号财务报表列报；第31号现金流量表；第32号中期财务报告；第33号合并财务报表；第34号每股收益；第35号分部报告；第36号关联方披露；第37号金融工具列报；第38号首次执行企业会计准则；第39号公允价值计量；第40号合营安排；第41号在其他主体中权益的披露；第42号持有待售的非流动资产、处置组和终止经营。

各个国家都有自己的会计准则和会计制度，德国、挪威等国家以国际会计准则为基础，澳大利亚等少数国家执行美国的会计准则，法国、加拿大等执行的是与国际会计准则和美国有较大差异的自成一体的会计准则。我国的会计准则是美国会计准则和国际会计准则的混合体，在从市场交易的角度要求披露会计信息方面明显超前于国际会计准则，在某些会计准则如公允价值准则等方面走在了美国前面。法国会计准则规定的会计科目较多，也比较详细，主要包含了企业管理者所需要的会计信息，而国际会计准则和美国会计准则均是围绕投资人的要求来编制和披露会计信息的。最近，国际会计准则委员会和美国会计准则委员会联合提出了新的国际会计准则框架，建议用财务状况表替代资产负债表，用综合损益表替代利润表，对这两张报表本书均会讨论。新框架大幅度吸收了法国会计准则的基本内容，增加了管理者要求的会计信息，使报表的应用价值大幅度提高。

第二节　资产负债表中的资产

资产负债表是反映企业在某一特定日期资产、负债和所有者权益情况的报表。按照《企业会计准则第 30 号——财务报表列报》的规定，在资产负债表中，资产是根据变成现金的难易程度排列的，排在最上面或者最前面的是最容易变成现金的资产，排在最下面或最后面的是变现难度最大的资产，或者说，企业资产从上到下，其流动性逐渐减弱。流动资产是一年内可以变成现金的资产，而非流动资产是一年内不能变成现金的资产。因此，流动资产排在非流动资产前面。在流动资产中，货币资金排在最前面，因为它本身就是可以立即用来支付的现金。应收账款和存货相比较，应收账款已经销售出去，已经变成以货币形式存在的资产，而存货还没有销售出去，因此排在应收账款之后。

一、流动资产构成项目

流动资产（Current Assets）包括货币资金、交易性金融工具、衍生金融资产、应收票据及应收账款、预付账款、应收利息、应收股利、其他应收款、存货、合同资产、持有待售资产、一年内到期的非流动资产、其他流动资产等内容。

1. 货币资金（Cash）

通俗地讲，货币资金就是企业持有的可以支配的现金，规范的定义是以货币形态存在的、被普遍接受的、可立即用作支付手段的企业资金，货币资金一般包括企业的库存现金、银行存款和其他货币资金（外埠存款、银行汇票存款、银行本票存款、存出投资款、信用卡存款和信用证保证金存款等）。

2. 交易性金融资产（Trading Account Assets）

以公允价值计量且其变动计入当期损益的金融资产。例如，企业短期内（通常指一年内）以获取价差为目的持有的股票、基金、可转换债券等，过去称其为短期投资（Short – term Investment）。满足以下条件之一均可看作交易性金融资产：一是为近期出售而持有的有价证券，包括债券投资和权益工具投资；二是能够以公允价值计量的衍生金融工具；三是以公允价值计量且其价格变动计入当期损益的金融资产，包括作为金融资产管理的投资组合的一部分权益。

公允价值（Fair Value）是指市场参与者在计量日发生的有序交易中，出售一项资产所能收到或者转移一项负债所需支付的价格。

3. 衍生金融工具（Derivatives）

也叫衍生金融资产、衍生金融产品，是在支付少量保证金或权利金之后所签订的在未来某个时期兑现的有关商品价格、股票价格、利率、汇率等交易的合约，其价格随着市场对这些交易对象价格的未来预期的变化而变化。因此，衍生金融工具的类别、账面价值、公允价值、到期日、持有日等信息非常重要，以公允价值计量金融衍生工具则意味着该科目的余额随着市场交易价格的变化而变化。

常见的衍生金融工具包括：①期货合约（Futures Contracts）。期货合约是指由期货交易所统一制定的、规定在将来某一特定时间和地点交割一定数量和质量实物商品或金融商品的标准化合约。②期权合约（Options Contracts）。期权合约是指合同的买方支付一定金额的款项后即可获得的一种选择权合同。证券市场上推出的认股权证，属于看涨期权，认沽权证则属于看跌期权。③远期合同（Forward Contracts）。远期合同是指合同双方约定在未来某一日期以约定价值，由买方向卖方购买某一数量的标的项目的合同。④互换合同（Swap Contracts）。互换合同是指合同双方在未来某一期间内交换一系列现金流量的合同。按合同标的项目不同，互换可以分为利率互换、货币互换、商品互换、权益互换等。其中，利率互换和货币互换比较常见。

案例 3-4　股指期货衍生交易毁掉巴林银行

1995 年 2 月 27 日，经营了 233 年的英国老牌皇家银行——巴林银行宣布倒闭，它倒在年仅 28 岁的利森手下。利森是巴林银行新加坡分行的经理。1995 年 1 月，日本经济呈现复苏势头，利森看好日本股市，分别在东京和大阪等地买进大量日经指数期货合同，希望在日经指数上升时赚取大额利润。在已购进价值 70 亿美元的日经指数期货后，利森又在日本债券和短期利率期货市场上做价值约 200 亿美元的空头交易。天有不测风云，1995 年 1 月 17 日突发的日本阪神地震打击了日本股市的回升势头，股价持续下跌到了 18500 点以下，在此点位下，每下降 1 点，就损失 200 万美元。利森投资日经指数期货失利，加之在债券和利率市场上的损失，使巴林银行合计损失达 14 亿美元，这几乎是巴林银行当时的所有资产，这个英国老牌皇家银行就此倒闭。利森个人判断失误导致整个巴林银行倒闭，说明金融衍生工具成倍放大投资回报率的同时成倍放大投资风险。这是金融衍生工具的"杠杆"特性决定的。

投资组合（Portfolio）是由投资人或金融机构所持有或管理的股票、债券、衍生金融产品等组成的集合，一般作为金融产品在市场上出售，可分为收入型、增长型、混合型（收入型和增长型进行混合）、货币市场型、国际型及指数化型、避税型等多种类型的投资组合产品。

4. 应收票据（Notes Receivable）

应收票据是指企业因赊销产品、提供劳务而收到的尚未到期兑现的远期票据，上面载有付款日期、付款地点、付款金额和付款人等信息，付款期一般在 1 个月以上 6 个月以内，可流通、可自由转让，一般有商业承兑汇票和银行承兑汇票两种。其他的银行票据如支票、本票、汇票等，都是作为货币资金来核算，而不作为票据来计算。

商业承兑汇票（Commercial Acceptance Bill）是由付款人签发并承兑或由收款人签发由付款人承兑的票据。

银行承兑汇票（Bank Acceptance Draft）是由在承兑银行开立存款账户的存款人出票，向开户银行申请并经银行审查同意并保证在指定日期无条件支付确定的金额给收款人或持票人的票据。银行承兑汇票按票面金额向承兑申请人收取万分之五的手续费。承兑期限最长不超过6个月。

案例 3-5 1.3 亿元的票据欺诈

广东珠海某公司于某年1月、4月分别开出金额为5000万元和8000万元的两张商业承兑汇票，并由农业银行河南南阳市方城县支行出具担保函，4月中国建设银行珠海分行拱北丽景支行将这两张商业承兑汇票拿到中国工商银行华信支行转贴现提取1.3亿元现金，并承诺8月底该票据到期后再向华信支行回购。在扣除转贴现利息后，中国建设银行丽景支行获得了全部资金。然而，9月两张票据到期后，中国建设银行丽景支行并未实现回购承诺，中国工商银行华信支行向其催款也无功而返。随即，华信支行内部工作人员向中国工商银行总行举报。经公安机关查明，原来，该公司董事长谢某为解决资金问题，伙同他人勾结中国建设银行广东珠海市分行丽景支行行长黄某、中国工商银行河南省分行营业部经纬支行副行长杨某、华信支行工作人员张某，私刻中国建设银行丽景支行公章等票据回购所需印鉴，虚构产品交易合同，虚开增值税专用发票，凭空填制多张商业承兑汇票，先后两次以中国建设银行丽景支行名义与中国工商银行华信支行签订商业承兑汇票回购合同，骗取该行资金共1.3亿元，用于投资、挥霍和行贿。经公安部门全力追缴，尚有6000余万元赃款未能追回。为什么银行愿意对票据进行贴现，因为票据的贴现率通常要高于向人民银行的再贴现率30~80个基点，银行将票据贴现之后再贴现，可以得到贴现利差盈余。

5. 应收账款（Accounts Receivable）

应收账款是企业因销售产品或提供劳务而应当向购买产品或接受劳务单位收取的款项。企业为了增强市场竞争力或占有客户资源，常常通过允许需求方延期付款（赊销）的方式，向需求方提供产品或劳务，要求其在一定时期内偿还货款。如果应收账款到期不能收回，就有可能变成坏账，给企业带来损失。

6. 预付账款（Advance Payments）

预付账款是指企业在外购原材料或半成品时，在货物入库之前先支付的购货款项，一般是在企业所需的原材料或半成品在市场上很紧俏，且对方商业信誉良好的情况下发生的。预付账款带来的风险是买方无法确保卖方会在约定的时间内发运合同规定的货物，因此需要事先有合同约定。新会计准则要求企业将过去在待摊费用记录的内容反映在本科目下核算。

7. 应收利息（Interest Receivable）

应收利息是已到付息期但尚未收到或领取的利息，通常包括债券投资等已到付息日但尚未领取的利息和银行定期存款等在会计期末计算的应归属于本会计期间的利息。

8. 应收股利（Dividend Receivable）

应收股利是指企业因股权投资应当收取而实际并未收到的现金股利或利润分红，包括企业购入股票实际支付的款项中所包括的已宣告发放但尚未领取的现金股利，企业因对外投资应分得的现金股利或利润等，但不包括应收的以股票形式支付的股利。

9. 其他应收款（Other Receivables）

其他应收款是指除应收票据、应收账款、预付账款以外的各种企业应收款、暂付款项，主要包括应收的各种赔款、罚款；应收出租包装物租金；应向职工收取的各种垫付款项，如为职工垫付的水电费、为职工垫付但不应由企业承担的医药费、房租费等；向企业各职能科室、车间等拨出的备用金；存出保证金，如租入包装物支付的押金；预付账款转入（指已不符合预付账款性质的预付账款）等。

案例 3-6 其他应收款中的秘密

其他应收款主要有三大秘密：一是利用其他应收款虚列费用，大部分长年挂账的其他应收款是企业不合法的费用支出，以及企业为虚增利润，把一些成本费用不计入当期损益，而是作为其他应收款挂账；二是利用其他应收款为其他单位套取现金，企业利用其他应收款账户为其他企业套取现金，其他应收款科目成为企业出借出租账户的保护伞；三是利用其他应收款账户来隐瞒收入，降低利润，以达到少交税或不交税的目的。此外，企业利用其他应收款作为现金科目的补差科目。一些企业在现金盘点时发现的现金长款或现金短款，不及时按规定进行账务处理，而是挂在其他应收款账户上，作为以后盘点现金时发现现金短款、现金长款的备抵款项。

10. 存货（Inventory）

存货是指企业在日常活动中持有以备出售的产成品或商品、处在生产过程中的在产品、在生产过程或提供劳务过程中耗用的材料和物料等，包括原材料、在产品、库存商品、周转材料等，周转材料包括委托加工物资、发出材料、包装物、低值易耗品。

11. 合同资产（Contract Assets）

合同资产是指企业已向客户转让商品而有权收取对价的权利，且该权利取决于时间流逝之外的其他因素。如企业向客户销售两项可明确区分的商品，企业因已交付其中一项商品而有权收取款项，但收取该款项还取决于企业交付的另一项商品，企业应当将该收款权利作为合同资产。合同资产除承担信用风险之外，还可能承担其他风险，如履约风险等。

12. 持有待售资产（Held-for-sale Assets）

持有待售资产包括持有待售的非流动资产和已经归入处置组中等待出售的各项资产，它反映企业持有待售的非流动资产和持有待售的处置组中资产的账面余额。其特点是在当前状况下即可立即出售或者企业已经就一项出售计划作出决议且获得确定的购买承诺，预计出售将在一年内完成。

13. 一年内到期的非流动资产（Non-currect Assets Maturing with One Year）

一年内到期的非流动资产反映长期应收款、持有至到期投资、长期待摊费用等资产中将于一年内到期或摊销完毕的部分。

14. 其他流动资产（Other Current Assets）

其他流动资产是指不能列入以上各项但性质属于流动资产的各项资产。

二、非流动资产构成项目

非流动资产是一年以内不能变成现金的资产。按照《企业会计准则第 30 号——财务报表列报》的规定，非流动资产包括债权投资、其他债权投资、长期应收款、长期股权投资、其他权益工具投资、投资性房地产、固定资产、在建工程、工程物资、固定资产清理、生产性生物资产、油气资产、无形资产、开发支出、商誉、长期待摊费用、递延所得税资产、其他非流动资产。

1. 债权投资（Available – for – sale Debt Securities）

债权投资是指以摊余成本计量的金融资产。摊余成本是指投资成本减去利息后的金额。该金融资产投资以取得现金流为目的。该项投资在特定日期产生的现金流量，仅为对本金和以未偿付本金金额为基础的利息的支付，如国债、企业债券、金融债券等投资。

2. 其他债权投资（Other Available – for – sale Debt Investments）

以公允价值计量且其变动计入其他综合收益的长期债权投资。其交易目的既以收取合同现金流量为目标又以出售金融资产为目标。如超过 1 年以上（含 1 年）的委托贷款，应在"长期债权投资"科目下设置"其他债权投资"明细科目进行核算，同时在其之下还应当设置"本金"和"应计利息"两个三级明细科目进行明细核算。公司进行其他债权投资时，按实际支付的价款，借记"长期债权投资——其他债权投资（本金）"科目，贷记"银行存款"科目。每期结账时，按其他债权投资应计的利息，借记"长期债权投资——其他债权投资（应计利息）"科目，贷记"投资收益"科目。该项目下确认的是债权类的投资，属于企业资产。

3. 长期应收款（Long – term Receivables）

长期应收款是企业融资租赁产生的应收款项和采用递延方式分期收款、实质上具有融资性质的销售商品和提供劳务等经营活动产生的应收款项。但事实上，一些母子公司之间的借款，也挂在这个科目上。例如，中国远洋公告的长期应收款余额为 8.68 亿元，较年初增加 5.66 亿元，称其主要是所属中远太平洋对中远码头（南沙）有限公司的股东借款。

4. 长期股权投资（Long – term Equity Investment）

长期股权投资是指通过投资取得被投资单位的股份，目的是长期持有以期达到控制被投资单位，或对被投资单位施加重大影响，或为了与被投资单位建立密切关系，以分散经营风险。股权投资通常具有投资大、投资期限长、风险大以及能为企业带来较大利益等特点。

5. 其他权益工具投资（Other Equity Securities）

以公允价值计量且其变动计入其他综合收益的金融资产，包括其他权益工具投资和其他债权投资。其他权益工具投资是企业发行的除普通股以外的归类为非交易性权益工具的金融资产。要注意与"其他权益工具"科目的区别，其他权益工具是所有者权益类科目，其他权益工具投资是资产类科目。该项目下确认的权益类金融资产投资，一经计入，不得撤销，后续其公允价值的变动计入其他综合收益，除持有期间收到现金股利计入投资收益外，处置股权产生的损益和原计入其他综合收益的金额均转入留存收益，不能转入投资收益。因此，它不能影响企业利润。

6. 投资性房地产（Investment in Real Estate）

随着房地产业的快速发展，有关房地产和物业投资逐渐成为部分企业的一种重要投资手段，新会计准则要求将以投资为目的的房地产和企业经营需要的房地产区别开来，单独列示。投资性房地产是为赚取租金或资本增值而持有的房地产，包括已出租的土地使用权、持有并准备增值后转让的土地使用权和已出租的建筑物。投资性房地产不应包括企业为生产商品、提供劳务或者经营管理而持有的自用房地产和作为存货销售的房地产。投资性房地产取得时按照成本计量入账，在报表日可以按照成本模式计量，也可按照公允价值计量。成本模式计量需要和固定资产一样按月计提折旧或摊销。按照公允价值计量，必须确认公允价值能够在房地产市场持续、可靠地取得，使用公允价值计量不需计提折旧或摊销，公允价值变动计入当期损益。

案例 3-7 昆明百货大楼投资性房地产计量方法变更的公告

本公司部分持有物业用于经营性租赁方式出租，属于投资性房地产。为真实反映本公司资产现实价值，本公司第五届董事会第四十五次会议审议决定将投资性房地产后续计量模式由成本计价模式变更为公允价值计价模式。截至本年 3 月 31 日，公司用于出租的投资性房地产项目账面价值为：百大新天地项目 12775.40 万元；昆明走廊项目 3099.51 万元；新纪元广场 B 座 604.19 万元；百大国际花园幼儿园 354.39 万元，合计 16833.49 万元。本次会计政策变更前对投资性房地产采用成本模式进行后续计量，按年限平均法计提折旧，预计使用年限为 35 年、预计净残值率为 5%。本次会计政策变更后采用公允价值模式进行后续计量，不对其计提折旧或进行摊销，并以资产负债表日投资性房地产的公允价值为基础调整其账面价值，公允价值与原账面价值之间的差额计入当期损益。根据中和正信会计师事务所有限公司出具的《价值咨询意见书》，本公司相关投资性房地产项目的公允价值是：新纪元广场地下一层至地上五层间的商铺 4692 万元；百大金地商业中心地下二层至地上九层的商铺 57295.6 万元；昆明走廊已出租的商铺 4567.3 万元；百大国际花园幼儿园 502.9 万元，合计 67057.8 万元。本次变更对公司所有者权益的影响：股本不变，为 13440 万元；资本公积由 174.8 万元变为 3405.3 万元，增加 3230.5 万元；盈余公积由 1048.1 万元变为 3732.1 万元，增加 2684 万元；未分配利润由 -5410.8 万元变为 26266 万元，增加 31676.8 万元。所有者权益合计由 19273.7 万元变为 56941.9 万元，增加 37668.2 万元。本次变更对净利润的影响：上年变更前净利润为 9695 万元，变更后为 43900 万元；当年 1~3 月变更前净利润为 985 万元，变更后为 1073 万元。

7. 固定资产（Fixed Assets）

固定资产是为生产商品、提供劳务、出租或经营管理而持有，使用寿命超过一年的生产资料，包括房屋、建筑物、机器、机械、运输工具以及其他与生产经营有关的设备、器具和工具等。其特点是使用期限超过一年，并且在使用期间基本保持实物形态不变。固定资产一般被分为生产用固定资产、非生产用固定资产、租出固定资产、未使用固定资产、不需用固定资产、融资租赁固定资产、接受捐赠固定资产等。使用期限不超过一年的劳动资料，或使用过程中容易损坏的劳动资料，应当按照低值易耗品处理。固定资产在使用过程中因损耗而转移到产品中去的那部分价值，称为折旧。折旧实际上是按照平均年限法、工作量法、年限总和法等方法，将固定资产价值按月分摊到企业的成本之中，这部分成本从收入中计提留作日后固定资产更新之用。

8. 在建工程（Construction – In – Progress）

在建工程是指企业在新建、改建、扩建固定资产，或进行固定资产的技术改造、设备更新和大修理等过程之中，尚未完工结转的工程支出。在建工程反映企业期末各项未完工程的实际支出，包括交付安装的设备的价值，建筑安装过程耗用的工程物资、材料、工资和费用支出、预付出包工程的价款、已经建筑安装完毕但尚未交付使用的工程等的可收回金额。企业与固定资产有关的后续支出，包括固定资产日常修理费、大修理费用、更新改造支出、房屋的装修费用等，满足固定资产确认条件的，未交工前也计入在建工程，不满足固定资产条件的，计入"管理费用"。

9. 工程物资（Engineering Materials）

工程物资是指用于固定资产建造的专用材料、设备、器具等，以取得时的实际成本入账，包括为工程准备的材料、尚未交付需要安装的设备的实际价款，以及预付大型设备款和基本建设期间根据项目概算购入为生产准备的工具及器具的实际支出等。工程物资领用之后就进入在建工程核算。

10. 固定资产清理（Liquidation of Fixed Assets）

企业因出售、拆除、整理、报废、毁损、对外投资、非货币资金交换、债务重组等原因转出的固定资产价值以及在清理过程中发生的费用，均计入固定资产清理。本科目余额，反映尚未清理完毕固定资产的价值以及清理净收入（清理收入减去清理费用），固定资产清理完毕之后的净损失或净收益，在营业外支出或营业外收入中反映。

11. 生产性生物资产（Productive Biological Asset）

生产性生物资产是指为产出农产品、提供劳务或出租等目的而持有的生物资产，包括经济林、薪炭林、产畜和役畜等。生产性生物资产收获的农产品成本，按照产出或采收过程中发生的材料费、人工费和应分摊的间接费用等必要支出计算确定，并采用加权平均法、个别计价法、蓄积量比例法、轮伐期年限法等方法，将其账面价值结转为农产品成本。

案例 3-8 生物资产的种类和计量

按照《企业会计准则第 5 号——生物资产》的规定，生物资产包括生产性生物资产、消耗性生物资产和公益性生物资产三类。消耗性生物资产是指为出售而持有的或在将来收获为农产品的生物资产，包括生长中的大田作物、蔬菜、用材林以及存栏待售的牲畜等。公益性生物资产是指以防护、环境保护为主要目的的生物资产，包括防风固沙林、水土保持林和水源涵养林等。生产性生物资产和消耗性生物资产年度终了应当进行减值测试，可以计提减值准备，消耗性生物资产计提的减值在未发生时可以冲回，生产性生物资产不得冲回。公益性生物资产不得计提减值准备。生物资产应当按照购置或生产成本入账，当生物资产的公允价值可以持续可靠取得时，也可以按照公允价值计量。

12. 油气资产（Oil Assets）

油气资产是指油气开采活动（包括矿区权益取得、勘探、开发和生产阶段）形成的资产，通常是开采活动各项开支资本化之后形成的资产。矿区权益是指企业取得的在矿区内勘探、开发和生产油气的权利，油气勘探是指为了识别勘探区域或探明油气储量而进行的地质调查、地球物理勘探、钻探活动以及其他相关活动，油气开发是指为了取得探明矿区中的油气而建造或更新油井及相关设施的活动，油气生产是指将油气从油气藏提取到地表以及在矿区内收集、拉运、处理、现场储存和矿区管理等活动。

13. 无形资产（Intangible Assets）

无形资产是指企业拥有或者控制的没有实物形态的可辨认的非货币资金，国际会计准则认为应当包括计算机软件、专利权、版权、电影片、客户名单、抵押服务权、捕捞许可证、进口配额、特许权、客户或供应商的关系、客户的信赖、市场份额和销售权等，但我国会计准则并没有明确举例。无形资产在满足以下两个条件时，企业才能加以确认：①该资产产生的经济利益很可能流入企业；②该资产的成本能够可靠地计量。无形资产按照使用寿命逐月摊销，对于不能确认寿命的无形资产，通过减值测试法将其减值计入当期损益，不进行摊销处理。企业应当每年对使用寿命进行重新评估。

14. 开发支出（Development Expenditure）

企业内部研究开发项目的支出，应当区分研究阶段支出与开发阶段支出。研究是指为获取并理解新的科学或技术知识而进行的独创性的有计划调研。开发是指在进行商业性生产或使用前，将研究成果或其他知识应用于某项计划或设计，以生产出新的或具有实质性改进的材料、装置、产品等。研究阶段支出不能作为资产处理，应当直接计入当期损益。开发阶段的支出符合以下条件时可计入本科目：完成该无形资产具有技术可行性；企业有使用或出售意图；未来有经济利益；有足够的技术、资源支持完成开发，并有能力使用或出售；相关支出能够可靠计量。将企业的开发支出资本化（即"开发支出"作为企业非流动资产计算）对开发投入较大的行业如 IT 行业、医药行业、精密仪器行业的企业的盈利情况会带来较大影响，例如京东方 2006 年度财务会计报告若遵循旧会计准则其净利润为 2.06 亿元，若按照新准则其净利润则上升至 3.54 亿元，差异 1.48 亿元，其中最主要的差异是"研发费用资本化"1.64 亿元，占其净利润的 80%。

15. 商誉（Goodwill）

对于非同一控制主体控制下的企业合并，按照公允价值确认所取得的资产和负债之差与购买方确认的净资产公允价值（实际支付的购买成本）的差额，计入购买方的商誉。如果购买成本小于被购买方的净资产公允价值的差额，则在购买日合并资产负债表时计入资本公积和未分配利润，即首先调减资本公积，资本公积不足时调减未分配利润。因企业合并所形成的商誉具有不可辨认性，其使用寿命也具有不确定性，因此不符合无形资产的定义，每年不进行摊销，但进行减值测试，即要比较购买的相关资产或者资产组合的账面价值（包括所分摊的商誉的账面价值部分）与其可收回金额，从而判断商誉是否发生减值，如发生减值的，则应当确认商誉的减值损失。

案例 3 - 9 商誉和无形资产

新准则将无形资产定义为可以辨认的、没有实物形态的、非货币性质的资产。可辨认是指能够分离或与资产负债一起可以出售、转移、出售许可或交换，或者合同或法律赋予的可以分离或转移的权利。企业合并中产生的商誉代表了预期的未来超额经济利益，它可能产生于购入的可辨认资产之间的协同作用，也可能产生于购买者在整项购买中所支付的并购价格大于其账面净资产价值而形成资产评估增值，不符合可辨认性和可控制性，因此不作为无形资产看待。企业自创的商誉，如企业通过自身努力塑造的品牌、企业建立的报刊名称等，因其成本不能可靠计量，不易确定市场价值，出于谨慎性原则和历史成本原则考虑，也不作为商誉确认。对于同一主体控制下的企业间合并，如企业集团内部的企业合并，被购买方的资产、负债按照原账面价值确认，不按照公允价值进行调整，也不形成商誉。因为，同一主体控制下的企业合并，不一定是购买方和被购买方完全出于自愿的交易行为，合并对价也不是双方讨价还价的结果，不代表公允价值。

16. 长期待摊费用（Long - term Unamortized Expenses）

长期待摊费用是指企业已经支出，但摊销期限在 1 年以上（不含 1 年）的各项费用，包括开办费、租入固定资产的改良支出以及摊销期在 1 年以上的固定资产大修理支出、股票发行费等。开办费指企业从批准筹建之日起，到开始生产、经营（包括试生产、试营业）之日止的期间（即筹建期间）发生的费用支出。租入固定资产的改良支出是指由于生产经营上的需要，对经营性租入固定资产进行改良工程所发生的支出。股票发行费是指与股票发行直接有关的费用（股票按面值发行时发生的费用，或股票溢价不足以支付的费用），一般包括股票承销费、注册会计师费（包括审计、验资、盈利预测等费用）、评估费、律师费、公关及广告费、印刷费及其他直接费用等。

企业在筹建期间发生的费用，除购置和建造固定资产以外，应先在长期待摊费用中归集，待企业开始生产经营时一次计入开始生产经营当期的损益。租入固定资产的改良支出应当在租赁期限与预计可使用年限两者孰短的期限内平均摊销。股票发行费从发行股票的溢价中不够抵销或者无溢价的，作为长期待摊费用，在不超过 2 年的期限内平均摊销，计入管理费用。

17. 递延所得税资产（Deferred Tax Asset）

递延所得税资产是企业会计规定计量资产和负债，与所得税税法规定计量资产和负债之间所形成的一种税赋差异。资产按照会计准则核算的账面价值比税法核算的账面价值小时或者负债按照会计准则核算的账面价值比税法核算的账面价值大时，就应该将差额部分所形成的所得税费用，计入递延所得税资产。

案例 3 - 10 递延所得税资产

某企业按照会计准则提取固定资产折旧 1000 万元，计算固定资产减值 500 万元，这样与折旧或减值相关的成本费用合计为 1500 万元，但是税法不承认计提减值的成本费用，也就是说这500万元仍然要作为利润缴纳所得税，所缴纳的所得税金额，按照25%税率计算应该是125万元，就是递延所得税资产，实际上是已经作为所得税缴纳的费用支出。只有当减值实际发生时，才可以作为成本计算并计算抵减相应的税款，也就是在资产转让减值真实发生时，企业实际固定资产损失500万元时，才可从应该缴纳的所得税中扣回。

18. 其他非流动资产（Other Non - Current Assets）

其他非流动资产指不属于以上各个项目的非流动资产。

第三节　负债和所有者权益

在资产负债表中，企业的负债是按还款的紧迫程度排列的。排在最前面的如短期借款、应付票据，是要求企业在短期内归还，归还时间、数量要求非常明确，可延展性较小，偿还紧迫程度最高的负债。流动负债（Current Liabilities）是企业承担的应在一年或者超过一年的一个营业周期内偿还的债务，非流动负债是指偿还期在一年或者超过一年的一个营业周期以上的债务，所有者权益是归企业出资人所有的不需要偿还的资金来源。因此，流动负债排在非流动负债之前，非流动负债排在所有者权益之前。

一、流动负债的主要项目

流动负债是企业的生产经营活动开展起来所形成的负债，一般包括短期借款、交易性金融负债、衍生金融负债、应付票据、应付账款、预收款项、应付职工薪酬、应交税费、其他应付款、持有待售负债、一年内到期的非流动负债、其他流动负债12项内容。

1. 短期借款（Short - term Borrowings）

短期借款是企业为了弥补流动资金的不足，向银行或其他金融机构、其他单位或个人借入的期限在一年以下的各种借款，包括：①生产周转借款；②流动资金借款；③结算借款；④卖方信贷；⑤临时借款；⑥票据贴现借款。

2. 交易性金融负债（Trading Account Liabilities）

企业为短期融资发行的、计划于短期内赎回的证券，以及企业因购买金融衍生工具按照公允价值计算所形成的负债。

案例3-11　由金融衍生产品形成的负债或亏损

根据《中国经营报》记者李乐报道，以下企业在金融衍生产品交易中形成负债或潜在亏损预期为：①中信泰富（0267. HK）。购买的澳元累计期权（Accumulator）损失达155亿港元。②碧桂园（2007. HK）。衍生品亏损约18亿元人民币。③东方航空（600115. SH）。因原油价格变动致其航油期权亏损2.71亿元人民币。④中国国航（601111. SH）。三季度原油套保公允价值 -9.61亿元人民币。⑤中国中铁（601390. SH）。结构性存款汇兑损失19.39亿元人民币。⑥中国远洋（601919. SH）。远期运费协议（FFA）浮亏39.5亿元人民币。⑦中国铁建（601186. SH）。结构性存款外汇损失3.2亿元人民币（外汇结构性存款是指在普通外汇存款的基础上嵌入某种金融衍生工具，通过与利率、汇率、指数等的波动挂钩或与某实体的信用情况挂钩从而使存款人在承受一定风险的基础上获得较高收益的银行理财产品）。

3. 衍生金融负债（Derivative Liabilities）

企业所持有的衍生金融工具，在资产负债表报告当日，其核算的公允价值为正数时为衍生金融资产，为负数时为衍生金融负债，衍生金融负债就是企业持有的衍生金融工具的价值为负数时企业所承担的现金支付义务的总和。

4. 应付票据（Notes Payable）

应付票据是需要企业以票据载明金额支付给持票人的票据，包括企业在购买商品、房地产、劳务等时因赊购交易而开出的商业承兑票据，以及向银行借款时开出的银行承兑票据。

5. 应付账款（Accounts Payable）

应付账款通常是企业购进商品或接受外界提供劳务而未付的欠款。

6. 预收款项（Advance Receipts）

预收款项是企业在提供商品或劳务之前按照销售合同预先收取的款项，它要求企业在短期内不以现金而以提供商品或劳务来抵偿。

7. 应付职工薪酬（Accrued Payroll）

应付职工薪酬是指企业为获得职工提供的服务而给予各种形式的报酬以及其他相关支出，包括职工工资、奖金、津贴和补贴；职工福利费；医疗保险费、养老保险费、失业保险费、工伤保险费和生育保险费等社会保险费；住房公积金；工会经费和职工教育经费；非货币性福利；因解除与职工的劳动关系给予的补偿；其他与获得职工提供的服务相关的支出。

8. 应交税费（Taxes Payable）

应交税费是企业应交但未交的各种税费，包括增值税、消费税、营业税、所得税、资源税、土地增值税、城市维护建设税、房产税、土地使用税、车船税、教育费附加、矿产资源补偿费等。企业代扣代缴的个人所得税等，也通过该科目核算。在利润表中，"营业税金及附加"科目的核算内容为企业经营活动发生的营业税、消费税、城市维护建设税、资源税和教育费附加等相关税费。但除与投资性房地产相关的房产税、土地使用税在"营业税金及附加"科目核算外，企业缴纳的房产税、车船税、土地使用税、印花税在"管理费用"科目核算。企业缴纳的所得税在"所得税费用"科目核算。由于营业收入中不包含增值税，因此企业缴纳的增值税在利润表中并没有反映，也就是说增值税缴纳的多少与利润表中的利润没有直接关系。

9. 其他应付款（Other Payables）

其他应付款是指企业在商品交易业务以外发生的应付和暂收款项，如应付经营租入固定资产和包装物的租金、存入保证金、应付保险费、应付统筹退休金、应付上级单位或所属单位的款项以及其他临时存放企业但需要返还的款项等。企业经常发生的应付供应单位的货款是在"应付账款"和"应付票据"科目中核算。

10. 持有待售负债（Debtsecurities Available – for – sale Debts）

持有待售负债是指资产负债表日处置组中与划分为持有待售类别的资产直接相关的负债的期末账面价值。

11. 一年内到期的非流动负债（Non – current Liabilities Due Within One Year）

一年内到期的非流动负债是指企业的各种非流动负债在一年之内到期的金额，包括一年内到期的长期借款、长期应付款和应付债券。

12. 其他流动负债（Other Liabilities）

其他流动负债指不属于以上各个项目的流动负债。

二、非流动负债的主要项目

非流动负债是企业不打算在一年内偿还的、期望在一年以上的时间继续使用的负债，一般包括长期借款、应付债券、长期应付款、预计负债、递延收益、递延所得税负债、其他非流动负债 7 项内容。

1. 长期借款（Long – term Debt）

长期借款是指企业向金融机构和其他单位借入的偿还期限在一年或超过一年的一个营业周期以上的款项。长期借款按照借款用途的不同可以分为基本建设借款、技术改造借款和流动资金借款三类；按照偿还方式不同可以分为定期一次性偿还的长期借款和分期偿还的长期借款两类。企业的长期借款一般来自于银行、财务公司、投资公司等金融机构，这些机构一般要求企业提供长期借款偿还的财产保证或担保。

2. 应付债券（Accrued Bonds）

应付债券是指企业为筹集资金而对外发行的期限在一年以上的长期借款性质的款项，企业承诺在约定的时期内还本付息，因此是企业的一种长期负债。应付债券按照发行方式分为记名债券、无记名债券、可转换债券、可收兑债券、息票债券等。按照偿还方式分为一次性偿还债券、分期偿还债券、通知偿还债券。

案例 3 – 12　可转换债券及其价格调整

安徽某公司于某年 9 月 24 日发行每张面值为 100 元的可转换为股票的 5 年期债券 400 万张，筹集资金 4 亿元，债券年利率分别为第一年 1.5%，第二年 1.8%，第三年 2.1%，第四年 2.3%，第五年 2.5%。自第二年 3 月 24 日起至最后一年 9 月 24 日止，可转债持有人在股票交易时间内，随时可申请将其转换成流通 A 股，初始转股价格为 50.88 元。如因送红股、公积金转增股本、增发新股或配股、派息等情况（不包括因可转债转股增加的股本）使股东权益发生变化时，按下述公式进行转股价格的调整：

送红股或转增股本：$P1 = P0/(1 + n)$；

增发新股或配股：$P1 = (P0 + Ak)/(1 + k)$；

派息：$P1 = P0 - D$；

上述三项同时进行：$P1 = (P0 + Ak - D)/(1 + n + k)$。

其中：$P0$ 为初始转股价，$P1$ 为调整后的转股价，n 为送股或转增股本率，k 为增发新股或配股率，A 为增发新股价或配股价，D 为每股派发现金股利额。

重要条款：①向下调整：在进入转股期后，如果连续20个交易日中任意10个交易日公司股价收盘价低于当期转股价格的85%，公司董事会可提议向下修正转股价格。修正后的转股价格应不低于上述股东大会召开日前20个交易日公司股票交易均价和前1个交易日的均价。②提前赎回：在进入可转股期后，如果公司股价连续30个交易日中至少20个交易日高于当期转股价格的130%（含130%），本公司有权赎回未转股的可转债。当赎回条件首次满足时，本公司有权按可转债面值103%（含当期利息）的赎回价格赎回全部或部分未转股的可转债。③回售条款：在进入转股期后，如果公司股票收盘价连续30个交易日低于当期转股价格的70%，可转债持有人有权将其持有的可转债全部或部分按面值的105%（含当期利息）回售给公司。持有人在回售条件首次满足后可以行使回售权，若首次不实施回售，该计息年度内将不再行使回售权。④附加回售条款：在本可转债的存续期内，如果本次发行所募集资金的使用与本公司在募集说明书中的承诺相比出现重大变化，持有人有权向本公司回售其持有的部分或全部可转债。附加回售价格为可转债面值的105%（含当期利息）。

该公司可转换为股票的债券进入可债转股时期之后，股价随大盘持续下跌，符合回售条款。如果按照回售条款从债券持有人手中回购债券，则该公司需支付4.2亿元的现金。为了缓解回售压力，第二年7月11日该公司发布公告，下调转股价格。股东大会召开日为当年7月10日，前20个交易日公司股票交易均价为27.53元，股东大会召开日前1个交易日7月9日的交易均价为30.09元，下调后的转股价格为30.09元/股。此后，股价仍然随大盘下跌，8月28日收盘价下跌至15.22元，又接近回售条件，9月16日该公司召开第三次临时股东大会，再一次将转股价格调整为15.75元/股。两次下调转股价的目的均是为了缓解巨大的回售付现压力。

3. 长期应付款（Long Term Payables）

长期应付款是长期借款和应付长期债券以外的各项长期负债，包括应付引进设备款、应付融资租入固定资产的租赁费等。应付引进设备款是根据企业与外商签订来料加工、来料装配和中小型补偿贸易合同，而引进国外设备所形成的应付款，通常企业以加工装配收入和出口产品所得收入归还。融资租入固定资产形成的应付款，是指企业采用融资租赁方式租入固定资产发生的应付租赁费。融资租入的固定资产，在租赁有效期限内，虽然资产的所有权尚未归企业所有，但租赁资产上的所有风险以及利益均已转移给了企业，因此，企业将租入的固定资产和应当支付的租金分别作为企业的一项资产和一项负债核算。

4. 预计负债（Contingent Liabilities）

预计负债是因企业或有事项可能要发生而产生的负债，包括对外提供担保、未决诉讼、重组可能发生的负债，因产品质量问题可能发生的负债，因企业承诺承担投资亏损可能发生的负债，可能发生是指发生概率在50%以上90%以内，负债是指企业需要以现金方式偿付。

5. 递延收益（Deferred Income）

递延收益是指企业尚待确认的收入或收益，也即暂时未确认的收益，包括尚待确认的劳务收入和未实现融资收益等，它在以后期间内分期确认为收入或收益。

6. 递延所得税负债（Deferred Tax Liability）

递延所得税负债是指根据应税暂时性差异计算的未来期间应付所得税的金额。只有当资产的账面价值大于计税基础，或者负债的账面价值小于计税基础的时候，才产生应纳税暂时性差异——确认递延所得税负债。

案例 3-13　递延所得税负债

某企业购买 1000 万元的金融资产，按照公允价值计算时年底金融资产应该调整为 1200 万元，也就是产生了 200 万元的公允价值损益（利润），但由于该收益仅仅是账面价值的调整，并未实际发生，税法规定不能作为利润处理。这个时候，就会出现会计核算的计税利润比税法核算的计税利润基数多 200 万元，由此会计计算的所得税比税法计税的所得税费用（税率 25%）多 50 万元，该部分所得税费用可作为递延所得税负债入账，在以后该项金融资产实际发生增值使企业多得到 200 万元现金时再行缴纳。

7. 其他非流动负债（Other Non-current Liabilities）

其他非流动负债指不属于以上各个项目的非流动负债。

三、所有者权益的主要项目

所有者权益是将企业资产偿还负债之后，归企业所有者的部分，一般由投资者投入企业的实收资本（或股本）和企业在生产经营过程中形成的其他权益工具、资本公积、库存股、其他综合收益、盈余公积和未分配利润组成。

1. 实收资本（Common Stockholder's Equity）

实收资本是指投资者按照企业章程，或合同、协议的约定，实际投入企业的资本。一般企业实收资本包括：①投资者以现金投入的资本，应当以实际收到或者存入企业开户银行的金额作为实收资本入账。实际收到或者存入企业开户银行的金额超过其在该企业注册资本中所占份额的部分，计入资本公积。②投资者以非现金资产投入的资本，应按投资各方确认的价值作为实收资本入账。为首次发行股票而接受投资者投入的无形资产，应按该项无形资产在投资方的账面价值入账。③投资者投入的外币，合同没有约定汇率的，按收到出资额当日的汇率折合；合同约定汇率的，按合同约定的汇率折合，因汇率不同产生的折合差额，作为资本公积处理。④中外合作经营企业依照有关法律、法规的规定，在合作期间归还投资者投资的，对已归还的投资应当单独核算，并在资产负债表中作为实收资本的减项单独反映。

股份有限公司的股本包括：①公司的股本应当在核定的股本总额及核定的股份总额的范围内发行股票取得。公司发行的股票，应按其面值作为股本，超过面值发行取得的收入，其超过面值的部分，作为股本溢价，计入资本公积。②境外上市公司以及在境内发行外资股的公司，按确定的人民币股票面值和核定的股份总额的乘积计算的金额，作为股本入账，按收到股款当日的汇率折合的人民币金额与按人民币计算的股票面值总额的差额，作为资本公积处理。

2. 其他权益工具（Other Stockholder's Equity）

其他权益工具是指企业发行的除普通股以外，按照金融负债和权益工具区分原则分类为权益工具的其他权益工具（如优先股、永续债）。

3. 资本公积（Capital Reserve or Additional Paid – in Capital）

资本公积是所有权归属于投资者，但不能构成"股本"或"实收资本"的资金部分，主要包括股本溢价、接受捐赠实物资产、投入资本汇兑损益、法定财产重估增值以及投资准备金等。资本公积主要包括：①资本（或股本）溢价。是指企业投资者投入的资金超过其在注册资本中所占份额的部分。②接受非现金资产捐赠准备。是指企业因接受非现金资产捐赠而增加的资本公积。③接受现金捐赠。是指企业因接受现金捐赠而增加的资本公积。④股权投资准备。是指企业对被投资单位的长期股权投资采用权益法核算时，因被投资单位接受捐赠等原因增加的资本公积，企业按其持股比例计算而增加的资本公积。⑤拨款转入。是指企业收到国家拨入的专门用于技术改造、技术研究等的拨款项目完成后，按规定转入资本公积的部分。企业应按转入金额入账。⑥外币资本折算差额，是指企业接受外币投资因所采用的汇率不同而产生的资本折算差额。⑦其他资本公积，是指除上述各项资本公积以外所形成的资本公积，以及从资本公积各准备项目转入的余额。债权人豁免的债务也在本项目核算。资本公积各准备项目不能转增资本（或股本）。

4. 库存股（Treasury Stock）

库存股指已公开发行但发行公司通过购入、赠予或其他方式重新获得可再行出售或注销的股票。

5. 其他综合收益（Other Comprehensive Income）

其他综合收益是指企业根据其他会计准则规定未在当期损益中确认的各项利得和损失。其他综合收益分为两类：

（1）以后会计期间不能重分类进损益的其他综合收益项目，主要包括：①重新计量设定受益计划净负债或净资产导致的变动。②按照权益法核算因被投资单位重新计量设定受益计划净负债或净资产变动导致的权益变动，投资企业按持股比例计算确认的该部分其他综合收益。③在初始确认时，企业可以将非交易性权益工具指定为以公允价值计量且其变动计入其他综合收益的金融资产，该资产终止确认时原计入其他综合收益的公允价值变动损益应转入留存收益。

（2）以后会计期间在满足规定条件时将重分类进损益的其他综合收益项目，主要包括：①其他债券投资公允价值变动损益计入其他综合收益，处置时将其他综合收益转入当期损益。②对金融资产重分类按规定可以将原计入其他综合收益的利得或损失转入当期损益。③按权益法核算的被投资单位可重分类进损益的其他综合收益变动中所享有的份额。④存货或自用房地产转换为公允价值模式计量的投资性房地产，在转换日公允价值大于账面价值部分计入其他综合收益；待该投资性房地产处置时，将该部分转入当期损益。⑤现金流量套期工具产生的利得或损失属于有效套期的部分。⑥外币财务报表折算差额。

6. 盈余公积（Surplus Reserves）

盈余公积是企业在弥补亏损之后，按当年税后利润的一定比例提取的可分配净利润，可以用于弥补亏损、转增资本（或股本）。符合规定条件的企业，也可以用盈余公积分派现金股利。一般企业的盈余公积包括：①法定盈余公积。是指企业按照规定的 10% 的比例从净利润中提取的盈余公积。②任意盈余公积。是指企业按照股东大会或类似机构批准的比例从税后利润中提取的盈余公积。③法定公益金。是指企业按照规定的比例从净利润中提取的用于职工集体福利设施的公益金，法定公益金用于职工集体福利时，应当将其转入任意盈余公积。但住房分配制度改革以后，按照财政部的有关规定，企业已经不得再为职工住房筹集资金，公益金失去了原有用途。因此，新《公司法》删除了企业必须提取法定公益金的规定。

外商投资企业的盈余公积包括：①储备基金。是指按照法律、行政法规规定从净利润中提取的、经批准用于弥补亏损和增加资本的储备基金。②企业发展基金。是指按照法律、行政法规规定从净利润中提取的、用于企业生产发展和经批准用于增加资本的企业发展基金。③利润归还投资。是指中外合作经营企业按照规定在合作期间以利润归还投资者的投资。

7. 未分配利润（Undistributed Earnings or Retained Earnings）

未分配利润是企业实现利润在扣除所得税、提取资本公积金和盈余公积金、分配利润之后的余额利润，它在以后年度可继续进行分配，在未进行分配之前，属于所有者权益的组成部分。从数量上来看，未分配利润是期初未分配利润加上本期实现的净利润，减去提取的各种盈余公积和分出的利润后的余额。

某企业的资产负债表如表 3-1 所示。

表 3-1　资产负债表

编制单位：某企业　　　　　　　　2018 年 12 月 31 日　　　　　　　　单位：万元

资产	期末余额	年初余额	负债和所有者权益	期末余额	年初余额
流动资产：			流动负债：		
货币资金	2773118.97	1408093.66	短期借款	118009.21	224509.60
交易性金融资产			交易性金融负债	31424.75	
衍生金融资产	51266.12	1374.46	衍生金融负债		
应收票据及应收账款	1596774.80	1237685.70	应付票据及应付账款	1889820.32	1379097.29
预付款项	86464.08	30583.55	预收款项	499440.09	20316.55
其他应收账款	68208.94	14294.14	合同负债		
存货	707610.18	341775.71	应付职工薪酬	112225.35	51730.80
合同资产			应交税费	72253.66	43619.68
持有待售资产			其他应付款	292418.41	33236.22
一年内到期的非流动资产			持有待售负债		
其他流动资产	107699.17	269503.10	一年内到期的非流动负债	92902.40	36494.46
流动资产合计	5391142.26	3303310.31	其他流动负债		
非流动资产：			流动负债合计	3108494.19	1789004.60
债权投资			非流动负债：		
其他债权投资	151652.11	196129.10	长期借款	349076.78	212909.53
长期应收款			应付债券		

续表

资产	期末余额	年初余额	负债和所有者权益	期末余额	年初余额
长期股权投资	96519.82	79102.72	其中：优先股		
其他权益工具投资			永续债		
其他非流动金融资产			租赁负债		
			长期应付款	94341.45	89504.52
投资性房地产			预计负债	251238.27	178900.73
固定资产	1157466.58	821949.66	递延收益	61104.20	41946.09
在建工程	162383.82	297436.40	递延所得税负债	4098.45	6899.21
生产性生物资产			其他非流动负债		
油气资产			非流动负债合计	759859.15	530160.08
使用权资产			负债合计	3868353.34	2319164.68
无形资产	134617.12	140876.02			
开发支出			所有者权益		
商誉	10041.93	10041.93	实收资本	219501.74	195519.33
长期待摊费用	30582.85	13931.05	其他权益工具		
递延所得税资产	124073.77	51004.52	其中：优先股		
其他非流动资产	129890.13	52506.88	永续债		
非流动资产合计	1997228.13	1662978.28	资本公积	2137291.87	1535458.78
			减：库存股	79370.11	
			其他综合收益	-33683.92	24850.00
			专项储备		
			盈余公积	98587.84	63825.37
			未分配利润	951500.66	650490.48
			少数股东权益	226188.97	176979.95
			所有者权益合计	3520017.05	2647123.91
资产合计	7388370.39	4966288.59	负债和所有者权益总计	7388370.39	4966288.59

第四节 利润表

　　企业开展经营业务要创造利润。如果一个企业不能创造利润，连年亏本，总有一天会将出资人投入企业的资本全部亏损干净，最终会发展到员工工资发放困难，企业被迫关门歇业或倒闭的地步。在这个时候，与企业相关的利益各方，均会承担损失。因此，实现盈利是企业经营的最基本目标。企业经营活动的盈亏情况，主要通过利润表揭示。利润表的基本结构是收入减去成本等于利润，利润表主要反映的是企业在某一经营期间（如年度、季度、月度）营业收入、营业成本、各项费用和实现利润的情况。

一、营业收入

营业收入是企业在生产经营活动中，因销售产品或提供劳务而取得的各项收入，是企业取得现金和利润的源泉，也是企业补偿各项成本费用支出的资金来源。企业可以从商品销售、提供劳务和让渡资产三个方面的经营活动中取得收入。但利润表上所反映的营业收入，主要来自企业销售产品或提供服务所取得的收入。让渡资产取得的收入一般反映在投资收益或营业外收入中。

案例 3－14　赣粤高速（600269）的收入构成

根据披露的前三季度的路产收入数据测算，该公司全部路产当年通行费收入约为22.85亿元，同比增长3.8%左右。其中，昌九高速同比增长约8.6%，昌樟高速（含昌傅和温厚）和九景高速同比分别增长约4.4%和6.8%，昌泰高速同比减少约2.44%。公司营业收入由主营业务收入和其他业务收入构成，其中主营业务收入由路产收入、工程收入、房地产销售收入和经营租赁收入构成，其他业务收入则主要由出租收入构成。在公司全部营业收入中，房地产销售收入具有较大波动性；当年该项收入估计不超过500万元，房地产销售收入约占主营收入的0.2%。工程施工收入和经营租赁收入基本稳定；上年该项收入占全部收入的4.6%，约为1.12亿元。上年公司营业收入中路产收入、房地产销售收入和工程施工收入分别占全部主营收入的90%、4.57%和4.79%。

二、营业成本和税金及附加

企业取得收入需要投入各种成本费用，在会计上把各种费用投入分为两部分：一部分是营业成本，一部分是期间费用，即销售费用（Marketing Expensese）、管理费用（Administrative Expenses）和财务费用（Financial Expenses）。营业成本是公司为产生营业收入需要直接支出的成本和费用，其中主要包括原材料成本和固定资产折旧费用、燃料动力费用和人工费用等。营业成本一般占企业成本费用总额的比例较大，是财务分析重点关注的对象。营业成本变化受市场价格波动的影响也很大，如钢铁企业因铁矿石价格变化会带来营业成本的较大变化，石化企业因石油价格的变化也使营业成本发生较大波动，这些因素均会对利润产生较大影响。因此，了解企业的原材料构成和原材料价格变动情况，有助于正确理解营业成本的构成和变动情况。

税金及附加（Business Tax and Surcharges）是企业经营活动应负担的相关税费，包括消费税、城市维护建设税、教育费附加、资源税、房产税、城镇土地使用税、车船税、印花税等。增值税在企业取得销售收入时缴纳，但企业的营业收入统计中不含增值税，也就是说，企业利润表中的营业收入，是扣除增值税之后的收入。

案例 3－15　酒店企业缴纳的税金一览

在北京经营酒店，需要缴纳的税金有：城市维护建设税（7%）、教育费附加（3%）、地方教育费附加（2%），以上三项是以企业缴纳的增值税、消费税为基础按比例缴纳。城镇土地使用税（按面积和土地等级计税，每平方米每年缴纳1.5元至30元不等）、印花税（按签约金额纳税，也称盖章税）；增值税：客房收入（6%）、会议展览服务（6%）、酒吧收入（6%）、保龄球收入（6%）、游戏机收入（6%）、娱乐场所收入（6%）、体育收入（6%）、食品收入（13%）、有形动产租金收入（13%）、不动产租金收入（9%）、交通收入（10%）、卖品部收入（13%）、蔬菜水果收入（13%）等。

三、期间费用

（1）销售费用。是指企业在销售商品过程中发生的各种费用，包括企业销售商品过程中发生的运输费、装卸费、包装费、保险费、展览费和广告费，以及为销售本企业商品而专设的销售机构（含销售网点、售后服务网点等）的职工工资及福利费、类似工资性质的费用、业务费等。商品流通企业在购买商品过程中发生的进货费用也包括在内。

（2）管理费用。是指企业为组织和管理企业生产经营所发生的费用，包括企业的董事会和行政管理部门在企业的经营管理中发生的，或者应当由企业统一负担的公司经费（包括行政管理部门职工工资及福利费、修理费、物料消耗、低值易耗品摊销、办公费和差旅费等）、工会经费、董事会费、聘请中介机构费、咨询费（含顾问费）、诉讼费、业务招待费、技术转让费、矿产资源补偿费、职工教育经费、排污费、存货盘亏或盘盈（不包括存货损失）、计提的坏账准备和存货跌价准备等。

其中，原计入管理费用的"研究与开发费、无形资产摊销"现在需要在利润表中的"研发费用"项目中填列。

（3）财务费用。是指企业为筹集生产经营所需资金等而发生的可以费用化的融资支出。包括应当作为期间费用的利息支出（减利息收入）、汇兑损失（减汇兑收益）以及融资相关的手续费等。利息支出和汇兑损失应在"利息费用"项目中填列。利息收入和汇兑收益应在"利息收入"项目中填列。工程项目建设期间的借款所支付的利息计入工程建设投入，不计入财务费用。

四、资产价值变动收益

资产价值变动收益通常表现在以下四个会计科目的核算结果中：

（1）资产减值损失（Asset Impairment Loss）。是企业根据《资产减值准则》等计提各项资产减值准备时形成的或有损失。如计提的坏账准备、存货跌价准备和固定资产减值准备等。《资产减值准则》改变了固定资产、无形资产等的减值准备计提后可以转回的做法，资产减值损失一经确认，在以后会计期间不得转回，消除了一些企业通过计提准备来调节利润的可能，限制了利润的人为波动。

（2）信用减值损失（Loss of Credit Impairment）。是企业按照《金融工具确认和计量准则》的要求计提的各项金融工具信用减值准备所确认的信用损失。

（3）资产处置收益（Net Income on Disposition Fixed Assets）。是企业出售划分为持有待售的非流动资产（除金融工具、长期股权投资和投资性房地产外）或处置组（除子公司和业务外）时确认的处置利得或损失；处置未划分为持有待售的固定资产、在建工程、生产性生物资产及无形资产而产生的处置利得或损失；债务重组中因处置非流动资产

（除金融工具、长期股权投资和投资性房地产外）产生的利得或损失和非货币性资产交换中换出非流动资产（除金融工具、长期股权投资和投资性房地产外）产生的利得或损失。

（4）公允价值变动损益（Fair Value Gains and Losses）。是期末资产账面价值与其公允价值之间的差额。根据新会计准则的有关规定，交易性金融资产的期末账面价值便是其在该时点上的公允价值，与前次账面价值之间的差异，即公允价值变动金额需要计入当期损益。另外，投资性房地产、债务重组、非货币交换、金融工具等采用公允价值计量模式的资产期末账面价值与公允价值的差额都要计入该项目，该项目反映了资产在持有期间因公允价值变动而产生的损益。我国新发布的42项会计具体准则中有17项不同程度地运用了公允价值计量属性，公允价值计量对企业资产和负债价值的影响范围之大显而易见，因此有必要在利润表中单独列示公允价值变动损益。

案例 3 - 16　公允价值计量与美国金融危机

2008 年在美国爆发的金融危机与美国《公允价值会计准则》的贯彻执行有一定关系。2006 年 9 月 19 日，美国《财务会计准则公告》第 157 号 "公允价值计量" 经过 5 年多的讨论终于发布，要求会计主体以公允价值披露和计算其资产、负债和权益，公允价值是指 "在计量日市场参与者之间的有序交易中，出售一项资产收到或转让一项债务付出的价格"。这一准则实施之后，在市场大跌或市场定价功能严重扭曲的情况下，导致金融机构过分对资产按市价减计，造成亏损和资本充足率下降，评级机构降低信用等级，进而促使金融机构抛售企业股票、债券等资产，从而使市场陷入交易价格下跌—资产减计—核减资本金—恐慌性抛售—价格进一步下跌—银行金融机构破产的恶性循环之中，这一循环对加重金融危机起到了推波助澜的作用。危机期间，60 名国会议员联名写信给美国证监会（SEC），要求暂停使用公允价值计量。美国证监会针对非活跃与非理性市场情况下采用公允价值的会计处理方式发布了指导意见，允许公司借助内部估值模型和假定条件来确定金融资产的公允价值。这一规定没有要求停止公允价值计价，但在事实上已经允许企业可以自己决定是否采用市场价格来重新计量企业的资产、负债和权益。这一政策出台，对遏制金融危机进一步蔓延做出了很大贡献。

五、投资收益

投资收益（Investment Income）是企业对外投资所取得的回报，包括对外投资所分得的股利和收到的债券利息，以及投资到期收回的或到期前转让债权所得款高于账面价值的差额等。严格来说，企业的投资收益由三部分组成：①分得的利润；②投资资产转让时实际收到的款项和账面投资资产的差额；③企业持有被投资单位股份的账面价值的增加额（即被投资单位所有者权益增加额按照投资比例归企业所有的部分）。新的会计制度规定，如果被投资单位是企业的子公司，或者企业持有被投资单位很少的股份而且没有影响且这些股权也没有市场价格，就应当通过计算分得利润的办法（即成本法）核算企业的投资收益。如被投资单位宣告分派 100 万元的现金股利，投资企业的持股比例为 30%，则投资收益应计 30 万元。合营企业和联营企业的投资收益应当按照权益法核算。另外，企业投资性房地产取得的租金收入和处置损益，企业处置交易性金融资产、交易性金融负债等实现的损益，企业债权投资和买入返售金融资产在持有期间取得的投资收益和处置损益，证券公司自营证券所取得的买卖价差收入，均在投资收益科目中核算。投资活动也可能遭受损失，如投资到期收回的或到期前转让所得款低于账面价值的差额，即为投资损失。投资收益减去投资损失则为投资净收益。利润表上反映的投资收益是投资净收益。

六、营业利润

在执行新准则前，营业利润是营业收入减去营业成本、营业税金和三项费用，再加上其他业务利润之后的结果，能够比较准确地反映企业经营业务的盈利水平。执行新准则后，营业利润还包含了资产减值损失、信用减值损失、其他收益（旧准则计入营业外收入或营业外支出）、投资收益、资产处置损益（旧准则计入营业外收入或营业外支出）的变化和公允价值的变化，其中资产减值损失、信用减值损失和公允价值变动，均不会带来企业现金的实际流入和流出，投资收益的变化是否带来现金的流入或流出取决于投资收益的核算方法。用权益法核算得到的投资收益也不会引起企业现金的变化。

七、营业外收入和支出

企业除了正常的经营活动、投资活动之外，还可能发生一些与经营活动无关的或者是偶然出现的活动，这些活动引起了企业现金的流入或流出，通常称为营业外活动。营业外活动引起的现金流入称为营业外收入，引起的现金流出称为营业外支出。不引起现金流入流出的营业外活动，不进行会计处理。

（1）营业外收入（Income from Discontinued Operations）是企业发生的除营业利润以外的收益，主要包括以下项目：①固定资产盘盈，是指企业在财产清查盘点中发现的账外固定资产的估计原值减去估计折旧后的净值。②罚款收入。指对方违反国家有关行政管理法规，按照规定支付给本企业的罚款，但不包括银行的罚息。③因债权人原因确实无法支付的应付款项，主要是指因债权人单位变更登记或撤销等而无法支付的应付款项等。④与企业日常活动无关的政府补助。⑤捐赠利得（企业接受股东或股东的子公司直接或间接的捐赠，经济实质属于股东对企业的资本性投入的除外）。⑥非货币性交易中发生非货币性交易收益（与关联方交易除外）。

（2）营业外支出（Loss from Continuing Operations）是企业发生的除营业利润以外的支出，主要包括以下项目：①固定资产盘亏，是指在财产清查盘点中，因固定资产实有数低于账面数而发生的固定资产净值损失。②罚款支出，是指企业因违反法律或未履行经济合同、协议而支付的赔偿金、违约金、罚息、罚款支出、滞纳金等以及因违法经营而发生的被没收财物损失。③非常损失，通常指自然灾害造成的各项资产净损失如地震等，还包括由此造成的停工损失和善后清理费用。④捐赠支出，是指企业对外捐赠的各种财产的价值。⑤债务重组损失，是指按照债务重组会计处理的有关规定应计入营业外支出的债务重组损失。

八、利润总额和净利润

营业利润加上营业外收入，再减去营业外支出，就是利润总额。利润总额减去应该缴纳的所得税（目前按照实现利润的 25% 征收，其他企业所得税税收优惠详见《企业所得税法》规定），就是净利润。利润总额是企业一定时间经营成果的最终反映，是企业当期盈亏情况的判断依据，也是企业经营业绩的最终评价标准，因此在财务分析和评价中占有非常重要的位置。净利润是企业真正创造的可以归企业支配和使用的利润，因此也是评价企业资产回报能力、资产增值能力的一个很重要的指标。净利润中与持续经营相关的净利润和与终止经营相关的净利润应分别列报。

九、其他综合收益

其他综合收益（Other Comprehensive Income，OCI）是指企业根据会计准则规定未在当期损益中确认的各项利得和损失。在计算利润表中的其他综合收益时，应当扣除所得税影响，即是税后净额；在计算合并利润表中的其他综合收益时，除了扣除所得税影响以外，还需要分别计算归属于母公司所有者的其他综合收益和归属于少数股东的其他综合收益。除利润表和合并利润表需要做上述调整外，企业还应当在财务报表附注中详细披露其他综合收益各项目及其所得税影响，以及原计入其他综合收益、当期转入损益的金额等信息。

其他综合收益的税后净额需按不能重分类进损益的其他综合收益和将重分类进损益的其他综合收益分别填列。

不能重分类进损益的其他综合收益包括：重新计量设定受益计划的变动额、权益法下不能转损益的其他综合收益、其他权益工具投资公允价值变动、企业自身信用风险公允价值变动等。

将重分类进损益的其他综合收益包括：权益法下可转损益的其他综合收益、其他债券投资公允价值变动、金融资产重分类计入其他综合收益的金额、其他债券投资信用减值准备、现金流量套期储备外币财务报表折算差额等。

十、每股收益

每股收益包括基本每股收益（Basic Earnings Per Share）和稀释每股收益（Diluted Earnings Per Share）。基本每股收益又称每股税后利润、每股盈余，是指税后利润与股本总数的比率，反映企业每股股票给股东所带来的净利润，因此是分析企业股票价值的重要指标，通常股民根据每股收益将上市企业分为"绩优股"和"垃圾股"。

基本每股收益 = 归属于普通股股东的当期净利润/发行在外普通股的加权平均数

发行在外普通股的加权平均数 = 期初发行在外普通股股数 + 当期新发行普通股股数 × 已发行时间/报告期时间 − 当期回购普通股股数 × 已回购时间/报告期时间

稀释每股收益是以基本每股收益为基础，假设企业所有发行在外的稀释性潜在普通股均已转换为普通股，从而分别调整归属于普通股股东的当期净利润以及发行在外普通股的加权平均数计算而得的每股收益。

注意：新准则确定的利润表，更加强调资产负债表的重要性，强调在准确计算资产和负债的基础上再计算利润，即在利润表中增加了"资产减值损失""公允价值变动损益""资产处置损益"等项目，在确认和反映资产和负债价值变动的基础上，再计算出营业利润、净利润等指标。某企业的利润表如表3-2所示。

表 3 - 2　利润表

企会 02 表

| 编制单位：某企业 | 20××年××月××日 | 单位：元 |

项 目	本期金额	上期金额
一、营业收入	2961126.54	1999686.08
减：营业成本	2189328.45	1274018.71
税金及附加	17118.39	9590.05
销售费用	137886.84	79576.61
管理费用	159065.96	295648.83
研发费用		
财务费用	-27973.32	4216.97
其中：利息费用	31291.71	14153.23
利息收入	59265.03	9936.26
资产减值损失	97491.22	24474.40
信用减值损失		
加：其他收益	50777.53	44442.16
投资收益（损失以"-"号填列）	18439.75	134430.53
其中：对联营企业和合营企业的投资收益	-426.40	-4997.68
净敞口套期收益（损失以"-"号填列）		
公允价值变动损益（损失以"-"号填列）	-31424.75	
资产处置收益（损失以"-"号填列）	-9153.90	-7831.15
二、营业利润（损失以"-"号填列）	416847.63	483202.05
加：营业外收入	6230.33	1865.55
减：营业外支出	2596.63	257.58
三、利润总额（损失以"-"号填列）	420481.33	484810.02
减：所得税费用	46891.68	65404.36
四、净利润（损失以"-"号填列）	373589.65	419405.66
（一）持续经营净利润（损失以"-"号填列）	373589.65	419405.66
（二）终止经营净利润（损失以"-"号填列）		
五、其他综合收益的税后净额		
（一）不能重分类进损益的其他综合收益		
1. 重新计量设定受益计划的变动额		
2. 权益法下不能转损益的其他综合收益		
3. 其他权益工具投资公允价值变动		
4. 企业自身信用风险公允价值变动		
……		
（二）将重分类进损益的其他综合收益		
1. 权益法下可转损益的其他综合收益		

续表

项 目	本期金额	上期金额
2. 其他债券投资公允价值变动		
3. 金融资产重分类计入其他综合收益的金额		
4. 其他债券投资信用减值准备		
5. 现金流量套期储备		
6. 外币财务报表折算差额		
……		
六、综合收益总额	315055.73	444098.97
七、每股收益		
（一）基本每股收益	1.6412	2.0084
（二）稀释每股收益	1.6407	

【本章小结】

资产负债表和利润表数据是对一个会计主体，在其持续经营过程中所形成的资产、负债、权益、收入、成本和利润情况的统计，这些统计数据的取得是以一定的会计核算原则和准则为基础的。资产项目被区分为流动资产和非流动资产，负债项目被区分为流动负债和非流动负债，权益被区分为实收资本、资本公积和未分配利润等。收入主要包括营业收入、投资收益、营业外收支净额等，成本被区分为营业成本、营业费用、管理费用、财务费用等，利润包括营业利润、利润总额和净利润等。不同的分类方法会形成不同的概念和不同的财务数据。通过本章基本概念的学习，要通过概念看到其所反映和揭示的经济实物的本质含义，了解企业这些会计项目所统计的财务数据的基本内涵。

【本章习题】

名词解释

会计主体 会计区间 持续经营 币值稳定 会计核算 货币资金 交易性金融资产 公允价值 权益工具 投资组合 应收账款 存货 预付账款 其他应收款 可供出售金融资产 持有至到期投资 长期应收款 长期股权投资 投资性房地产 固定资产 在建工程 固定资产清理 无形资产 研发开支 商誉 递延所得税资产 短期借款 交易性金融负债 应付票据 应付账款 预收款项 应付职工薪酬 应交税金 应付利息 应付股利 其他应付款 长期借款 应付债券 长期应付款 专项应付款 预计负债 递延所得税负债 实收资本 资本公积 盈余公积 未分配利润 营业收入 营业成本 营业税金 营业费用 管理费用 财务费用 资产减值损失 公允价值损益 投资收益 营业利润 营业外收入 营业外支出 利润总额 净利润 每股收益

简答题

（1）试述会计基本假设的主要内容。

（2）基本会计准则主要有哪些？

（3）举例说明什么是交易性金融资产。

（4）应收票据有哪些种类？它们之间的区别是什么？

（5）非流动资产主要有哪些项目？如何将它们进行分类？

（6）流动负债包括哪些项目？

（7）非流动负债包括哪些项目？

（8）资本公积金通常由哪几个来源组成？

（9）利润表由哪些项目组成？

（10）如何区分营业费用和管理费用？

（11）营业税金和所得税费用的区别在哪里？

（12）资产减值准备是企业实际发生的现金损失吗？

（13）公允价值变动损益是否能引起企业现金的变化？

（14）营业外收入一般包括哪些内容？

（15）营业外支出一般包含哪些内容？

第四章 财务状况与经营成果

❖ **学习目的**

(1) 掌握财务状况判断的基本方法。

(2) 了解财务状况和经营成果之间的关系。

(3) 了解收入确认的基本方法。

(4) 了解经营成果的主要构成。

(5) 掌握新会计准则编报利润的优缺点。

(6) 掌握企业利润分配的先后顺序。

(7) 了解企业财务状况变动表。

企业的财务状况主要通过资产负债表反映，企业的经营成果主要通过利润表反映，对企业财务状况的分析就是对资产负债表的分析，对企业经营成果的分析就是对利润表的分析。但是，企业的财务状况和经营成果之间，是相互影响和相互制约的。经营业绩好会改善企业的财务状况，经营成果差会恶化企业的财务状况。同样，企业财务状况的改善有利于企业经营业绩的提高，财务状况的恶化会带来经营业绩的下降。本章我们主要从财务状况和经营成果相互结合的角度，对企业的财务状况和经营成果进行初步分析，有关财务状况和经营成果更深入的分析，将在以后各章陆续展开。

第一节 财务状况初步分析

通常说一个企业财务状况良好，是指这个企业资金比较充裕，经营资金回笼正常，企业经营活动能够顺利开展。如果说一个企业财务状况很好，通常是说这个企业不但能够按期偿还债务、支付货款，而且有充足的资金开展各种经营活动，手头资金比较宽裕。一个企业财务状况较差，是指这个企业资金比较紧张，正常运转经常遇到资金支付困难，正常经营和还债均会存在一定的资金问题。进行企业财务状况和经营成果的初步分析，可从以下八个方面入手：

1. 看企业资产总额，了解企业经营规模

如果使用照相机给企业拍一张照片，那么我们所能看到的企业的各种实体的东西，就组成了企业的资产，就揭示了企业的基本财务状况。资产是由企业过去交易所形成的并由企业拥有或者控制的经济资源，这些资源预期会给企业带来经济利益。简单的理解就是企业所拥有的财产、债权或其他可以支配的权利。资产负债表上的资产总额，就是以货币形式计量的企业所拥有的各种经济资源的总数，因此是一个企业资源规模、经营实力和企业未来盈利可能性大小的象征。

2. 看负债总额和所有者权益合计，了解企业的负债水平

如果我们看到企业资产总额为 1000 亿元，结果却发现这 1000 亿元中 999 亿元来自负债，也就是说企业的负债合计是 999 亿元，那么这个企业尽管经营规模庞大、财力雄厚，但资产是非常不稳定的，因为资产绝大多数来自企业的债权人。知道了企业的负债总额，也就知道了企业的所有者权益，因为所有者权益是企业资产总额和负债总额之差。[①] 负债总额表明企业资产中有多少是归债权人所有的资产。所有者权益合计的数值，说明企业资产中有多少归所有者。一个负债总额占资产总额比例很低的企业，其所有者权益合计占资产总额比例就会很高。归所有者的这部分资金，企业可以踏踏实实地使用，不存在到期问题和归还问题。因此，所有者权益较高的企业，意味着资金来源比较稳定，企业财务状况的根基比较好。在所有者权益中有一部分是未分配利润，它是企业尚未分配的利润，反映企业最近几年的盈利情况和利润留存情况。

3. 看企业的流动资产合计和流动负债合计，了解企业资产的流动性

企业资产一般分为流动资产和非流动资产两部分，企业能够用于支付、销售和偿还债权人资金的资产主要是流动资产，因为它是企业预计可以在正常经营过程中使用、销售或以其他方式变成现金的资产。而非流动资产是在一年内不能变成现金的资产，包括厂房、设备等固定资产、长期性投资和无形资产等。与企业资产相对应，企业的负债分为流动负债和非流动负债，流动负债是需要企业在一年以内偿还的负债，非流动负债是一年之后需要偿还的负债。将企业的流动资产合计和流动负债合计进行比较，可以看出企业一年以内需要偿还的流动负债，是否有一年以内可以变成现金的流动资产来保证；用流动资产合计减去流动负债合计，可以得出企业除了流动负债资金之外，投入企业经营活动周转的资金即营运资本是多少。营运资本是揭示企业经营活动资金余缺的一个重要指标，它犹如企业有机体中的血液通过现金支付活动在企业各个部分之间流动和变换，企业资金余缺程度、资金紧张或富裕程度的变化，首先通过营运资本的变化反映出来。

4. 看企业营业收入，了解企业经营业务开展情况和资产变现情况

企业流动资产能否变成现金，变成现金的速度快慢，主要通过企业取得的营业收入数量反映出来。严格地讲，营业收入就是企业在销售商品、向他人提供劳务或者让渡企业资产使用权所取得的资金流入的合计，简单地说，就是企业将资产销售或使用之后所取得的收入合计。企业的流动资产，只有很少一部分是现金，大部分被投入企业的经营环节之中，将其销售会带来收入。企业支付各种成本费用支出，偿还流动负债，主要依靠企业所创造的营业收入。营业收入的多少，是企业资产总体营运规模的反映，也是企业资产是否

---

① 在现行会计制度下，企业的资产除了归债权人之外，就归所有者。从法律角度来讲，企业最终是归所有者的，但在企业存续期间，企业的财产事实上是由经营者支配的。企业员工仅是企业的劳动者。

正在发挥效力或作用的体现，因此也是决定企业财务状况变化的一个很重要的指标。将企业营业收入和资产总额进行比较，一方面可以看出企业资产变现的难易程度和变现速度的快慢，另一方面可以看出决定企业财务状况的主要力量是企业现有的资产还是未来创造的收入。收入是资产的数倍，说明资产的变现速度快，决定企业财务状况的是收入和盈利水平；资产是收入的数倍，说明资产的变现速度慢，决定企业财务状况的仍然是企业现有资产的结构和企业负债的结构。

5. 看企业营业利润和净利润，了解企业经营结果

企业的营业收入很高，是资产的数倍，但如果企业营业成本很高或更高，则企业真正可以支配的资金并不多，企业营业收入中多少能够真正供企业支配和使用，主要看企业的营业利润和净利润。营业利润是扣除企业在取得收入过程中的各种成本费用消耗之后的净收入，反映了企业经营业务的盈利水平。但真正能够供企业使用的，是企业的净利润，也就是企业支付了各种支出、缴纳了所得税之后剩余的资金。净利润是企业经过一个经营周期的经营活动之后，按照严格的会计制度计算出来的，能够真正带来企业资产和资金的净增加，因此是企业经过一个经营周期的经营之后，导致财务状况改善还是恶化的一个综合反映指标。净利润增加或较多，企业的财务状况就会改善，净利润减少或较少，企业的财务状况就会恶化。净利润为负数，也就是企业经过一个经营周期出现了经营亏损，导致资产减少，财务状况恶化。当然，有一些情况也可能带来亏损，如企业处理账面不良资产，但这个时候企业的财务状况是否恶化，还需要结合企业资产质量状况的变化来判断。也就是说，在企业努力提高资产质量情况下的亏损，有时候是合理的。但无论在什么情况下，亏损就意味着企业资产的减少，就意味着财务状况的恶化，只不过企业在处置不良资产之后，企业是揭去了过去财务状况良好的面纱，把企业真实的资产状况和财务状况反映了出来。

6. 看企业经营活动现金净流量，了解企业资金回笼情况

账面上看到的净利润很高，但是否真正带来了企业财务状况的改善，是否真正变成现金支付能力的增加和企业资金的宽裕，还要看企业的现金流量表中经营活动的现金净流量，看企业的经营活动是否给企业真正带来了现金的增加。当企业的经营活动现金净流量大于净利润时，表明企业的净利润是实实在在的真金白银，企业的财务状况改善。当企业经营活动的现金净流量小于净利润，并且二者差距较大的时候，则表示净利润只是账面利润，并没有带来企业财务状况的改善。企业财务状况的变化情况，还是需要依靠资产负债表的数据来考察和回答。在这个时候，可以再比较企业的营业收入和企业经营活动现金流入合计，看这两个数值的差距，如果经营活动现金流入大于营业收入，则表示企业的财务状况、资金状况有所改善；反之企业的财务状况则并没有得到改善。

7. 看企业货币资金，了解企业账上现金情况及其变化

企业净利润的增加，企业经营活动现金净流量的增加，或者说企业财务状况的改善和经营成果的提高，最终均会通过企业货币资金的增加反映出来。在企业经营状况很好、财务状况明显改善的情况下，如果企业资产负债表中的货币资金并没有显著增加，甚至还出现了下降，则需要进一步查看企业通过实现利润和经营活动创造的现金净流量的增加所带来的资金被占用在哪些环节或领域。首先要看的是负债规模是否下降，

如果下降表明企业用创造的现金偿还了债务，财务状况得到了改善。如果负债规模没有下降，则要看企业非流动资产是否增加，也就是看企业是否已经将资金应用到长期性的资产投资之中，这个时候仅仅表示企业的资产实力增强，但财务状况能否改善还要看资产投资的效果。如果非流动资产没有增加，则需要看应收账款、存货等其他流动资产是否增加，如果增加则说明企业充实了流动资金，在一定程度上改善了财务状况，但也增加了资产能否最终变成现金的风险。观察企业财务状况的变化，了解企业资金变化的来龙去脉，最好的办法就是编制财务状况变动表，通过该表来反映和揭示财务状况的变动情况。

8. 看其他应收款和其他应付款规模，了解企业资金被不合理占用的情况

企业报表上出现少量的或一定数量的其他应收款和其他应付款是正常的，但如果这两个科目金额较大，如其他应收款超过了应收账款，其他应付款超过了应付账款，则表明企业的经营资金有相当一部分被不合理占用，或者说被无效占用，将会对企业财务状况和经营成果带来不利的影响。一般来说，当企业其他应收款超过营业收入的一半，或者其他应付款超过营业收入的一半时，说明企业的资产质量或收入质量存在一定的问题。总之，企业的财务状况并不能简单用常用指标来判断，需要各个指标关联起来综合分析判断，需要剔除这些因素的影响之后再来察看。

案例 4 - 1 财务状况与经营成果分析

财务状况分析：A 股份有限公司（报表见本书最后附表）某年底的资产总额为 11.23 亿元，比上一年底的 5.49 亿元增长了 1 倍多，说明其经营规模和实力有大幅度的增加。从其资产构成来看，其固定资产从 1.09 亿元增长到 2.33 亿元，流动资产从 4 亿元增长到 8 亿元。从资金来源情况来看，在 11.23 亿元的资产总额中，负债合计为 5.46 亿元，所有者权益合计为 5.77 亿元，说明所有者提供的资金占资产总额的一半以上，企业负债压力较轻，负债风险较低。从变化情况来看，该企业的负债从 2.39 亿元增加到 5.46 亿元，权益从 3.1 亿元增加到 5.77 亿元，说明负债增长速度快于权益增长速度。而该公司所有者权益的增加，其中有 1 亿元来自未分配利润的增加，也就是利润的增加为其权益的增加做出了较大贡献。从流动资金情况来看，该公司流动资产合计远远大于流动负债合计，二者差额本年度为 2.67 亿元，比上一年底增加了 1 亿多元，说明企业投入到经营业务活动的资金即营运资本大幅度增加。该公司账面货币资金本年底为 1.54 亿元，比上年底增加 1 亿多元，表明增加的营运资本已经转换为货币资金，企业的财务状况大幅度改善。

经营成果分析：该公司本年度的营业收入为 22 亿元，说明其总资产一年可以周转 2 次，企业资产周转情况对企业的经营成果和财务状况有重要影响。该公司本年度的营业利润为 2.2 亿元，营业利润率为 10%，利润总额为 2.38 亿元。从变化情况看，营业收入从 12 亿元增长到 22 亿元，营业利润从 7390 万元增长到 2.2 亿元，说明营业成本增长速度慢于营业收入，导致营业利润出现了较大幅度的增长，使营业利润率从 6% 提高到 10%。经营成果明显提高。

第二节　经营成果的确认

　　企业的经营成果通常由实现利润的多少来表示。利润是收入减成本之后的结果，因此要准确评价和确认企业的经营成果，就需要准确地评价和判断企业的收入和成本。企业收入和成本费用的变化，均会带来企业资产的变化，企业取得收入会带来资产的增加，企业支出成本费用会带来企业资产的减少，资产的数量变化与企业的经营成果直接相关。资产数量在发生变化的同时，资产的价值和价格也在不断地发生变化。新会计准则规定，在利润表中增加"资产减值损失""信用减值损失""公允价值变动损益"和"资产处置收益"四个科目，以揭示企业资产价格变动对企业经营成果的影响。因此，对企业经营成果的认识，可以通过以下几个角度来进一步深化。

一、收入的确认

　　收入是看得见、摸得着、实实在在的企业经营业绩。《企业会计准则》规定："收入是指企业在日常活动中形成的、会导致所有者权益增加的、与所有者投入资本无关的经济利益的总流入。"新准则下收入确认的时点由"风险报酬转移"改为"控制权转移"；设定了统一的收入确认计量的"五步法模型"，取消了"建造合同"准则。五步法模型的基本思路如下：第一步，识别与客户订立的合同；第二步，识别合同中的单项履行义务；第三步，确定交易价格；第四步，将交易价格分摊至各单项履行义务；第五步，履行每一单项履约义务时确认收入。

　　在大多数情况下，只有企业营业收入持续增长，才是提升企业利润最根本的办法。企业对外投资所分得的利润、企业收到的政府补贴或捐赠等也是收入的组成部分，但它们分别由投资收益、其他收益等科目单独在利润表中揭示和反映。营业收入是企业取得市场地位和利润最基础的经营成果，对企业经营成果的最终确认和对企业利润的核算，首先要核算清楚企业的营业收入。

　　1. 转让商品或提供劳务收入的确认

　　新会计准则规定，在满足以下几种情况时企业可以确认销售商品的收入：

　　（1）合同各方已批准该合同并承诺将履行各自义务。

　　（2）该合同明确了合同各方与所转让商品相关的权利和义务。

　　（3）该合同有明确的与所转让商品相关的支付条款。

　　（4）该合同具有商业实质，即履行该合同将改变企业未来现金流量的风险、时间分布或金额。

　　（5）企业因向客户转让商品而有权取得的对价很可能收回。

　　也就是说，如果企业已经确认为营业收入，反映在利润表中，则这些收入应当满足以上条件，如果企业未满足以上条件便确认了营业收入，则存在收入虚假或收入质量问题。

案例 4-2　有保留意见的审计报告来之不易[①]

某会计师事务所对某公司进行财务审计之后出具了拒绝发表意见的审计报告，说明该公司当年财务报表存在严重问题。该公司因此也解聘了该会计师事务所，新聘任的会计师事务所出具了有保留意见的审计报告，但并未揭示其存在虚增收入的情况。第二年，新聘会计师事务所又出具了无保留意见的审计报告，说明该公司财务报表真实可靠。第三年，在学者郎咸平揭示该公司报表造假的压力下，新聘会计师事务所在第四年对该公司第三年的财务报表出具了如下有保留意见的审计报告："贵公司本年度已确认的主营业务收入共计人民币843640万元，包括对中国境内两家客户的产品销售收入人民币57600万元，其中人民币42700万元发生于当年12月。以上其中一家新客户当年12月确认了人民币29700万元产品销售收入。我们未能从这两家客户取得直接的回函确认，我们也未能确认与这一新客户的交易的真实性。该年度对这两家客户的全部产品销售收入中，截至当年12月31日和审计报告日尚未收款的金额分别为人民币57600万元和55600万元。因此，我们未能取得足够证据以证实这些收入的真实性，或当年12月31日止公司及合并的主营业务收入和应收账款是否存在重大差错。贵公司当年度已确认了销售退回超过人民币20000万元。贵公司管理层认为截至当年12月31日没有必要对销售退回计提准备。我们未能取得足够的资料及解释以确定当年12月31日是否不需对销售退回计提准备。"可见，依靠会计师事务所的审计意见来确认企业是否存在收入和利润造假非常不易。

2. 让渡资产取得收入的确认

让渡资产使用权而发生的收入包括因他人使用本企业现金所收取的利息收入和因他人使用本企业资产而收取的使用费收入。利息收入和使用费收入，应当在以下条件均满足时予以确认：①与交易相关的经济利益能够流入企业；②收入的金额能够可靠地计量。在满足以上条件后，利息收入应按让渡现金使用权的时间和适用利率计算确定；使用费收入应按有关合同或协议规定的收费时间和方法计算确定。

案例 4-3　通过转让土地使用权虚增收入

土地使用权作为一种无形资产，其转让收入在一些主业不理想的上市企业发挥重要作用，但一些企业在确认条件不具备的情况下确认收入，导致收入和利润虚增。例如，某上市公司通过转让土地使用权共虚构收入累计12261万元，占三年累计营业收入的49%；虚构其他业务利润528万元，虚增税前利润4662万元，占三年税前利润总额的62%。第一年，该公司在未开具发票和收到款项，亦未转让土地使用权的情况下，将约定的以上转让金确认为营业收入，使收入虚增7965.9万元，税前利润虚增2165万元。第二年，该公

---

① 2001年证监会颁布"补充审计16号文"，要求上市公司IPO（首次公开发行股票）及再融资时，财务报告除国内会计师事务所进行法定审计外，还必须由国际会计师事务所进行"补充审计"，这使国际四大会计师事务所获得了前所未有的发展机会。正是在这种背景下，国内大公司、大银行的审计业务逐渐被国际四大会计师事务所垄断。

司与数家企业签订了 150 亩土地转让协议，金额合计 4295 万元。协议约定，受让方需在半年内付清全部价款，才能得到土地使用权证。该公司同样在未开具发票和收到款项、土地使用权亦未转移的情况下，将以上转让金确定为当年收入，使收入虚增 4295 万元。

3. 建造合同收入的确认

建造合同是指为建造一项资产或者在设计、技术、功能、最终用途等方面密切相关的数项资产而订立的合同。建造合同主要有固定造价合同和成本加成合同两种类型。固定造价合同是指按照固定的合同价或固定单价确定工程价款的建造合同；成本加成合同是指以合同允许或其他方式议定的成本为基础，加上该成本的一定比例或定额费用确定工程价款的建造合同。

建造工程合同收入包括合同中规定的初始收入和因合同变更、索赔、奖励等形成的收入。

合同变更是指客户为改变合同规定的作业内容而提出的调整。应进行如下会计处理：

（1）合同变更增加了可明确区分的商品及合同价款，且新增合同价款反映了新增商品单独售价的，应当将该合同变更部分作为一份单独的合同进行会计处理。

（2）合同变更不属于（1）规定的情形，且在合同变更日已转让的商品或已提供的服务与未转让的商品或未提供的服务之间可明确区分的，应当视为原合同终止，同时，将原合同未履约部分与合同变更部分合并为新合同进行会计处理。

（3）合同变更不属于（1）规定的情形，且在合同变更日已转让的商品与未转让的商品之间不可明确区分的，应当将该合同变更部分作为原合同的组成部分进行会计处理，由此产生的对已确认收入的影响，应当在合同变更日调整当期收入。

索赔款是指因客户或第三方的原因造成的、由建造承包商向客户或第三方收取的、用以补偿不包括在合同造价中的成本的款项。奖励款是指工程达到或超过规定的标准时，客户同意支付给建造承包商的额外款项。企业应当按照期望值或可能发生金额确定索赔款和奖励款的最佳估计数。

建造承包商的建造工程合同在新准则下符合在某一时段内履行履约义务的条件，收入及费用应按以下原则确认和计量：

对于在某一时段内履行的履约义务，企业应当在该段时间内按照履约进度确认收入，但是，履约进度不能合理确定的除外。企业应当考虑商品的性质，采用产出法或投入法确定恰当的履约进度。其中，产出法是根据已转移给客户的商品对于客户的价值确定履约进度；投入法是根据企业为履行履约义务的投入确定履约进度。对于类似情况下的类似履约义务，企业应当采用相同的方法确定履约进度。

当履约进度不能合理确定时，企业已经发生的成本预计能够得到补偿的，应当按照已经发生的成本金额确认收入，直到履约进度能够合理确定为止。

4. 房地产开发企业收入的确认

房地产开发企业自行开发商品房对外销售收入，按照销售商品收入的确认原则执行；如果符合在某一时段内履行履约义务的条件，并且有不可撤销的合同时，也可在时期内履行履约义务收入确认的原则，按照完工百分比法确认房地产开发业务的收入。

案例 4-4　房地产收入确认存在较大的人为操纵空间

由于收入确认的时间存在较大弹性，导致房地产企业在收入确认和利润计算上存在较大的伸缩空间。如有的开发企业在签订购房合同时确认收入，有的则在业主交纳房款后确认收入，有的则在向业主交付住房钥匙时才确认收入。税务部门一般是按照企业是否实际收到房产销售款项来确认收入。某税务局对 165 家房地产企业进行了税务抽查，发现存在问题的企业有 107 家，占调查企业的 64.85%，查补金额 10023 万元。审计发现主要存在以下问题：在销售商品房时，没有按相关规定向购房人开具发票，擅自延期申报和缴税，隐瞒销售收入；不及时按配比原则进行会计核算，以假发票虚列成本；税前预提大量贷款利息，年终没有支付不作纳税调整；预收房款和以房抵工程款、贷款及股份等不申报纳税；合作建房发生了转让无形资产和销售不动产，没有申报纳税。国家财政部当年也对 39 家房地产企业进行了检查，共查出资产不实 93 亿元，收入不实 84 亿元，利润不实 33 亿元，39 家房地产企业会计报表反映的平均销售利润率仅为 12.22%，而实际利润率高达 26.79%。

5. 收入的计量

收入的计量是指在收入得以确认的前提下，以什么金额进行记账，也是收入金额确认的问题。根据客观实际的原则，销售收入一般按照实际交易时的价格计量。商品销售收入的计量原则如下：

（1）应当按照分摊至各单项履约义务的交易价格计量收入。

（2）应当根据合同条款，并结合以往的习惯做法确定交易价格。在确定交易价格时，企业应当考虑可变对价、合同中存在的重大融资成分、非现金对价、应付客户对价等因素的影响。

6. 收入确认时应注意的问题

以上是按照会计准则的规定来确认企业的收入，确认结果作为会计上的营业收入反映在企业利润表上。但是在企业纳税时，纳税收入应当按照税法要求对会计收入进行调整和计算。简单来说，税法确认收入仍然以收付实现制为基本原则，具体来说，税法的要求主要体现在以下几点：

（1）收入确认的时间。按现行税法规定：直接收款销售以收到销货款或取得索取销货款凭据，并将提货单交给买方的当天为收入确认时间；赊销和分期收款销货方式均以合同约定的收款日期为收入确认时间；而订货销售和分期预收货款销售，待交付货物时才能确认收入实现。

（2）特殊情况下的收入确认。企业商品存在质量、品种、规格等方面不符合合同要求，又未根据正当保证条款予以弥补，此时企业应递延到已按购货方要求进行弥补时确认收入；在代销商品方式下，委托方需在受托方售出商品并取得受托方提供的代销清单时确认收入；企业在未完成售出商品安装或检验工作，且是销售合同的重要组成部分的情况下，只有在完成安装或检验合格后才能确认收入；销售合同中规定了因特定原因买方有权退货的条款，而又不能确定退货的可能性时，只有当购货方正式接受商品且退货期已满时才能确认收入。

（3）确认方法的选择。在收入确认的方法上，新会计准则废弃了完成合同法，要求采用完工百分比法，但要注意在资产负债表日企业不能可靠地估计所提供劳务的交易结果时，则不能按完工百分比法确认收入。这时企业应正确预计已经收回或将要收回的款项能弥补多少已经发生的成本，并按以下办法处理：①如果已经发生的劳务成本预计能够得到补偿，应按已经发生的劳务成本金额确认收入；②如果已经发生的劳务成本预计不能全部得到补偿，应按能够得到补偿的劳务金额确认收入；③如果预计已经发生的劳务成本全部不能得到补偿，则不应确认收入。

二、成本费用的确认

现行会计制度规定，收入、费用的核算以权责发生制为主，即凡属本期的收入和费用，不论款项是否已经收付，均作为本期收入和费用处理；凡不属于本期的收入或费用即使其款项已经在本期收到或付出，也不作为本期的收入和费用处理。在成本核算时，要遵循收入与成本配比原则、稳健性原则、重要性原则和划分本期经营性支出和资本性支出的原则。收入与成本配比原则要求计入当期的成本与计入当期的收入相配合、相关联。稳健性原则强调企业可以不预计将可能发生的收益，但可承认可能发生的损失，这一原则主要通过提取坏账准备、固定资产以历史成本入价等办法来体现。重要性原则是指在会计核算时，那些相对重要的事件、业务应作为重点核算对象，力求精确；而那些对企业影响不大的项目、业务可以从简核算。经营性支出是指该项支出仅与本期收益的取得有关，如果该项支出还与以后其他时期的收益有关，则应当作为资本性支出，先将其作为资产记录，在以后各期逐步以摊销的方式计入成本费用。

企业应当合理划分期间费用和成本的界限。成本是指企业为生产产品、提供劳务而发生的各种耗费，它能够和收入进行匹配划分和核算；期间费用是在会计核算期间内所发生的与销售商品或提供劳务不直接关联的各种支出，通常包括销售费用、管理费用、财务费用等。企业应当将与当期已销产品或已提供劳务直接相关的直接材料、直接人工、制造费用等转入当期成本；应当将会计期间所发生的销售费用、管理费用等期间费用直接计入当期损益。商品流通企业应将当期已销商品的进价转入当期的成本。

产品制造成本包括消耗在产品中的直接材料、直接工资、其他直接支出和各生产单位为组织和管理生产所发生的各项费用。企业的期间费用包括营业费用、管理费用和财务费用。期间费用应当直接计入当期损益，并在利润表中分别列示。

案例 4-5 电力企业多计成本

电力企业由于收入稳定，并且绝大多数是现金收入，一些企业通过多计成本，留置资金供企业使用。例如，某地方税务局审计公告披露，某电力公司所属的发电厂违反国家规定，累计提取了3965.8万元的"地方电力建设基金"计入生产成本，这部分资金以"能源基金"名义直接交给该电力公司使用。另一电力公司对其以前年度职工房改房进行清理和处理，产生处置净损失3913733.12元，调减期初未分配利润3913733.12元。公司所属单位成本费用计量错误，导致少计成本费用2808059.56元，多计以前年度成本费用

2170596.86 元。

三、利润的确认

利润是收入与成本之差。收入减去成本有资金剩余，则企业经营取得了一定成果；收入减成本没有剩余，并且还不足，则说明企业经营并没有带来预期成果。新会计准则确定的企业利润，包括以下几方面内容：

1. 经营利润

经营利润主要是指企业营业收入减去营业成本、税金及附加、销售费用、管理费用和财务费用之后的差额，用公式表示为：

经营利润＝营业收入－营业成本－税金及附加－销售费用－管理费用－财务费用

经营利润指标反映投入企业内部的经营资产所创造的利润，是企业内部经营管理的资产的经营成果。

2. 投资收益

投资收益反映的是对外投资所得到的红利或对外投资所形成的净资产的净增加或减少，是企业对外投资业务所形成的资产所创造的利润，是企业对外投资的经营成果。

3. 其他收益

其他收益反映的是企业取得政府补助，以及其他与日常活动相关且计入其他收益的项目。

4. 资产利得或损失

资产利得或损失主要是资产价格变动给企业带来的收益或损失，在利润表上主要通过"资产减值损失""信用减值损失""公允价值变动收益""资产处置损益"四个科目反映出来，用公式表示为：

资产利得＝公允价值变动收益＋资产处置损益－资产减值损失－信用减值损失

资产减值损失和信用减值损失是对企业各项资产的账面价值，与企业各项资产的市场价格比较，确认市场价值低于账面价值时，将二者的差额计入"资产减值损失"或"信用减值损失"，相应地在资产负债表中反映的资产价值中将这部分减值扣除。资产处置损益是指在非流动资产变卖等处置过程中，处置取得的收入大于或小于该项资产账面价值的部分，因此也是资产价格变动的收益或损失。公允价值变动损益主要是企业为了获取价差所投资的那部分资产的账面价值与市场实际价格的差额，这部分资产的账面价值本身就变为该项资产的市场公允价值，因此公允价值变动损益反映的是不同会计核算时点的市场价格的差额。这四个科目合计，构成了企业资产的市场评估价值变动对企业资产价值的影响，给企业经营成果带来的损益，为正表示资产利得，为负表示资产价值损失。

5. 营业利润

新的利润表将经营利润、投资收益、资产价值变动（包含非流动资产处置损益）合并称为营业利润，用公式表示为：

营业利润＝经营利润＋投资收益＋其他收益＋资产利得

新的营业利润概念中包含了企业内部经营业务的经营成果，也包含了企业对外资产的经营成果和取得的政府补助，还包含了企业资产价值变动的成果，因此，其能够更加全面和准确地反映企业经营活动的成果。它不仅包括企业日常经营业务活动的成果，而且也包含企业投资活动和融资活动的成果。这一计算范围和口径的变化，改变了过去"营业活动"的概念，过去讲的营业活动，主要是指企业内部的日常经营业务活动，不包括投资活动和融资活动；而现在的"营业利润"包含了投资活动、融资活动的成果。

6. 用资产负债表观核算利润的优缺点

新会计准则要求，在计算经营成果时，要考虑企业资产和负债市场价格的变动，即要对企业的资产和负债进行价值估计，要求将企业资产和负债价值或价格的波动，通过"资产减值损失""公允价值变动损益"和"信用减值损失"三个科目，直接反映到企业的利润表中，反映到企业的利润计算过程之中，使企业的营业利润和净利润中，已经包含了企业资产、负债的市场价格变化的结果。同时，在营业外收入的计算中，新的利润表也增加了"资产处置损益"科目，单独列示资产处置时的实际价值和账面价值的差额，以揭示资产处置损益对企业利润的影响。利润表的这种变化，在理论界称为"基于资产负债表"的利润核算和计量，即在核定企业资产和负债的价值（公允价值）的基础上核算企业的利润。这就是新准则下利润表所反映的企业经营成果。

利润表项目的变化，强调了从出资人角度，特别是从股票市场和产权市场对企业进行交易的角度来揭示企业的经营成果，说明企业财务会计报表由过去的给企业经营者、管理者提供会计信息向给企业所有者、企业股票持有者提供会计信息的方向转变，因此属于《企业财务会计准则》的一次重大调整。利润表项目的变化，反映出我国《企业财务会计准则》的深刻变化。这种转变带来的好处是：

（1）不仅计算了企业经营活动的盈利，而且还计算了企业资产和负债的市场价值波动之后的资产利得，使账面利润变成了市场评估或价值确认之后的利润。由于公允价值变动损益、减值测试等均是由企业根据资产在报告期末的市场公允价值来确定，因此这种利润是企业会计人员评估确认的、包含了对企业资产和负债按照市场价格进行"重新评估"并考虑其对利润的影响之后的利润。

（2）资产、负债和利润的市场价值的评估，自然带来企业的所有者权益的市场价值的评估，这说明在企业的所有者权益合计数据中已经包含了市场变化对企业价值的评估结果，这使企业净资产的账面金额更加接近于市场评估价值，使企业的账面价值净资产变成了经过市场价值估计之后的净资产。

（3）企业的资产总额和负债总额数据，也反映其市场估计价值，而不是账面价值、历史成本价值或账面原值。

（4）由于对企业的资产、负债、利润、权益等在报告日期均按照"市场交易价格与账面价值孰低"的公允价值计量原则进行重新估计和计量，这就使企业的财务报表能够更加准确地反映企业的实际市场价值，更确切地说是企业的市场交易评估价值，经过这种方式核算和处理的、用会计语言表示的企业，更有利于投资者进行企业股票价格的市场买卖和交易决策。

但利润表的这种变化，将实际上不进行市场交易的企业资产、负债的市场价格反映到资产负债表和利润表之中，并和进行市场交易和买卖的企业资产、负债以及所取得的利润合在一起通过报表数据反映，也带来了以下不利影响：

（1）通过财务报表无法知道企业资产和负债取得时的历史成本，因为资产、负债已经是以市场价格进行减值测试和以公允价值计量。这便产生了不同的会计人员使用不同的市场价格或评估方法，会对企业资产、负债等得出不同的评价数据，使企业的财务报表数据中包含了一定的主观判断成分。

（2）不能直接看出企业经营业务所取得的成果（利润），因为新的营业利润已经包含了价值评估的结果，致使日常经营活动的经营成果和市场价值评估形成的经营结果掺和在一起，给报表使用者对企业日常经营活动所取得的成果的判断带来一定的困难。主要困难是缺乏企业经营利润数据。

（3）将企业看作一个随时准备出售或清盘的市场交易的商品，并要求企业的资产、负债、权益和利润均按照这个基本观点进行核算和计量，一旦与企业资产、负债相关的市场价格出现不合理波动，或者与企业相关的市场传言、市场信息失真，导致与企业相关的资产价格出现大的非理性波动，企业的资产负债表、利润表数据也均会跟着市场传言、市场价格的波动而非理性地波动，致使市场传言、市场信息对企业的资产、负债、权益和利润的影响，和企业的实际经营决策、实际经营管理混杂在一起、掺和在一起，将会给企业的投资、融资、资产评估、经营决策带来非常不利的影响。企业是一个持续经营的、由不同人组成的有机主体，企业的变化涉及众多人的利益和生活，仅从企业股票交易者的角度，将企业作为一个简单的可交易的商品来看待和计量是不恰当的。

（4）更加令会计人员头痛的一件事情是，以市场价值评估方式计算的资产、负债和利润，并不能作为企业计税的依据，在企业缴纳税金、计算计税利润时，还需要保留有关计算过程和数据，还需要重新调整计算企业的收入、成本和利润，以便和税务部门按照历史成本原则重新计算企业的资产、利润等数据，无形中给财务人员和税务人员增加了工作量。

四、利润的分配

企业的实现利润并不是全部留给企业，归企业使用，只有利润分配之后留于企业的未分配利润，才能真正供企业使用，才能真正带来财务状况的改善。下面将讨论有关利润分配的法律规定和向投资者分派红利的利弊。

1. 利润分配的顺序

我国《公司法》和《企业所得税法》规定，企业在上缴所得税后，利润按如下顺序分配：

（1）被没收的财物损失，违反税法规定而应支付的滞纳金和罚款。

（2）弥补上年度亏损。企业发生的亏损可以用下一年度实现的利润弥补，不足时可以在五年内用税前利润弥补。延续五年后还未弥补的亏损，用税后利润弥补。

例如，某企业两年前发生亏损100万元，一年前发生亏损50万元，预计本年度盈利30万元，未来五年每年盈利20万元，则其弥补亏损的年限和计算方法为：两年前100万元的亏损应该从一年前开始计算，可以弥补至本年和未来三年，本年利润30万元，未来三年利润合计60万元，累计利润可以弥补90万元的，五年期满时亏损余额10万元不能再在税前弥补。前一年的50万元亏损只能由未来第四年的盈利20万元弥补，其余30万元因弥补年限已过以后年度不再弥补。

（3）提取法定公积金。法定公积金按税后利润的10%提取，用作弥补亏损，扩大公司生产经营和转作资本金。《公司法》规定，法定公积金累计额为注册资本的50%以上时，可不提取。法定公积金转为资本时，所留存的公积金不得少于25%。

（4）提取公益金。用于企业职工的集体福利支出，如修建职工宿舍、食堂、澡堂、医疗保健设施等。修订后的《公司法》不再规定公司提取法定公益金。

（5）可供分配的利润减去提取的法定盈余公积等后，为可供投资者分配的利润。

2. 投资者分派红利的顺序

可供投资者分配的利润，按下列顺序分配：

（1）应付优先股股利，是指企业按照利润分配方案分配给优先股股东的现金股利。

（2）提取任意盈余公积，是指企业按规定提取的任意盈余公积。

（3）应付普通股股利，是指企业按照利润分配方案分配给普通股股东的现金股利。企业分配给投资者的利润，也在本项目核算。

（4）转作资本（或股本）的普通股股利，是指企业按照利润分配方案以分派股票股利的形式转作的资本（或股本）。企业以利润转增的资本，也在本项目核算。

（5）可供投资者分配的利润，经过上述分配后，为未分配利润（或未弥补亏损）。未分配利润可留待以后年度进行分配。企业如发生亏损，可以按规定由以后年度利润进行弥补。利润分配之后未分配的利润（或未弥补的亏损），在资产负债表的所有者权益项目中的"未分配利润"科目单独反映。

企业实现利润的分配情况是通过企业的利润分配表来反映的。利润分配表主要由上缴所得税、法定盈余公积（或提取的储备基金、企业发展基金、职工奖励及福利基金）、分配的优先股股利、提取的任意盈余公积、分配的普通股股利、转作资本（或股本）的普通股股利，以及年初未分配利润（或未弥补亏损）、期末未分配利润（或未弥补亏损）等组成。企业利润分配表如表4-1所示。

表4-1 利润分配表

企会02表

货币单位：

编制单位： 年 月

项 目	行次	上年实际数	本期实际数
一、净利润	1		
加：年初未分配利润	2		
其他调整因素	3		
二、可供分配的利润	4		
减：提取法定盈余公积	5		
提取职工奖励及福利基金	6		
提取储备基金	7		
提取企业发展基金	8		
利润归还投资	9		
补充流动资本	10		
利润归还借款	11		
单项留用利润	12		

项　　目	行次	上年实际数	本期实际数
三、可供所有者分配的利润	13		
减：应付优先股股利	14		
提取任意盈余公积	15		
应付普通股股利	16		
转作资本（或股本）的普通股股利	17		
四、未分配利润	19		
其中：应由以后年度税前利润弥补的亏损（以"＋"号填列）	20		

3. 股利政策

企业实现利润，首先要缴纳企业所得税；其次要弥补以前年度的经营亏损，提取必要的准备金；最后才能向股东分配红利。向国家缴纳的企业所得税和分配给股东的红利，均会使现金流出企业，使企业的资产和所有者权益减少。只有未分配的利润，才会使企业的所有者权益增加，才能变成企业可以动用的资产，并可改善企业的财务状况。因此，股利分配政策是影响企业财务状况的一个很重要的因素。按照股利的制定依据和方法，可以将股利分配政策划分为以下几种：

（1）剩余股利政策。剩余股利政策就是在公司有良好的投资机会时，根据一定的目标资本结构，测算出投资所需的权益资本，先从盈余当中留用，然后将剩余的盈余作为股利予以分配。采用剩余股利政策时，遵循以下步骤：①设定目标资本结构，即确定权益资本与债务资本的比率；②确定目标资本结构下投资所需的股东权益数额；③最大限度地使用保留盈余来满足投资方案所需的权益资本数额；④投资方案所需权益资本已经满足后若有剩余，再作为股利发放给股东。采用剩余股利政策的根本理由在于保持理想的资本结构，使综合资金成本最低。

（2）固定或持续增长的股利政策。这种股利政策是将每年发放的股利固定在一个水平并在较长的时期内不变，只有当公司认为未来盈余将会显著地、不可逆转地增长时，才会提高年度的股利发放额。采用本政策的理由在于：①稳定的股利向市场传递公司正常发展的信息，有利于树立公司良好的形象，增强投资者对公司的信心，稳定股票的价格。②有利于投资者安排股利收入和支出。③稳定的股利政策可能会不符合剩余股利理论，但为了将股利维持在稳定的水平上，即使推迟某些投资方案或暂时偏离目标资本结构，也可能要比降低股利或降低股利增长率更为有利。该股利政策的缺点在于股利支付与盈余脱节，同时不能像剩余股利政策那样保持较低的资金成本。

（3）固定股利支付率政策。该政策是公司确定一个股利占盈余的比率，长期按此比率支付股利的政策。采用本政策的理由是，这样做能使股利与公司盈余紧密地配合，以体现多盈多分、少盈少分、无盈不分的原则。但是，这种政策下各年的股利变动较大，极易给公众造成公司不稳定的感觉，对稳定股票价格不利。

（4）低正常股利加额外股利政策。该股利政策是公司一般情况下每年只支付一个固定的、数额较低的股利；在盈余较多的年份，再根据实际情况向股东发放额外股利。但额外股利并不固定化，不意味着公司永久地提高了规定的股利率。采用该政策的理由是：具有较大灵活性；使一些依靠股利度日的股东每年至少可以得到虽然较低但比较稳定的股利收入，从而吸引住这部分股东。

（5）不分配股利政策。指不论公司年末是否有净利，都不向股东支付股利的一种股利政策。采用该政策的理由是：公司将盈余全部留存到企业内部而不进行分配，有利于公司净资产的稳定增长和扩大再生产的顺利进行。该股利政策的缺点是：①由于公司长期不分配股利，致使投资者的投资没有回报，对其信心是巨大的打击。②公司采用不分配股利政策，可以采用各种手段操纵利润，掩盖真实业绩。

第三节　财务状况与经营成果的关系

资产负债表从企业在某一时点资产、负债和所有者权益的价值量角度揭示了企业的财务状况，利润表从收入、成本、费用相互抵销之后的结果角度揭示了企业的经营成果。资产负债表揭示企业在某个时点静态的财务状况，利润表揭示企业经过一个经营期之后的经营结果，可以说是企业财务状况动态变化的一种结果。经营成果的改善会带来财务状况的优化，经营成果的减少会导致财务状况的恶化。

一、收入、成本费用与财务状况

企业无论购买什么资产、花费多少成本费用，其目的均是取得收入，取得收入之后会使企业发生以下变化：①销售商品或提供劳务取得收入，可以引起企业资产类型的改变，并在正常情况下应该带来企业资产的增加。例如现款销售可以使存货转化为现金，同时使企业的货币资金增加存货减少，赊账销售使企业存货减少应收账款增加，提供劳务取得现金收入等。当然企业如果进行"吐血大甩卖"或"低于进货价或成本价倾销"，在使企业资产由实物形式转化为货币形式的同时，有可能带来企业资产的减少。②通过负债的减少取得营业收入。例如企业通过提供商品或劳务，完成预付货款客户的购买要求，使企业存货减少的同时也使预付款项（负债）减少，企业用资产偿还债务也属于资产销售的一种变通形式。③由于企业的所有者权益等于资产减去负债，企业取得收入引起资产增加或负债减少的同时，自然会引起企业所有者权益的变动，带来企业经营实力的提高或降低。由此可见，取得收入对一个企业来讲是多么重要：第一，企业资产增加的希望也就在于取得收入；第二，企业减少负债的途径之一也是取得有关收入，用收入来偿还负债；第三，企业的所有者权益的增加也需要依靠收入的增加。在大多数情况下，只有企业营业收入持续增长，才能带来利润的提高。

企业为了取得收入，一般均需要投入一定的资金，形成一定的成本费用，没有成本费用开支而取得收入的情况非常少见（政府补贴是一种例外情况）。成本费用的产生，一方面有可能减少企业的资产，如支付各种费用开支；另一方面有可能增加企业的负债，如形成应付职工工资等。因此，压缩成本费用开支水平，降低成本费用消耗，一方面可以节约企业的资金、增加企业的资产，另一方面可以降低企业的负债、增加企业的利润，改善企业财务状况。相反，企业成本费用的恶性膨胀，会减少资产，减少企业利润，恶化企业财务状况。因此，企业成本费用的变化，对企业的经营成果和财务状况有很大影响。

二、经营成果与财务状况

企业的经营成果最终通过实现利润的多少来反映。如果一个企业由亏损变为盈利，它的财务状况会逐步好转，盈利越多，企业实力越强。如果一个企业由盈利转为亏损，它的财务状况会逐步恶化，亏损越大，企业实力越差。企业要实现较佳的财务状况，必须最大限度地创利；企业要实现较多的盈利，就应当维持良好的财务状况。由于企业的收入会引起资产的增加或负债的减少，企业的成本费用支出会引起企业资产的减少或负债的增加，因此企业利润也可以通过资产负债表的变化来核算。即企业当期实现利润可以通过以下公式来计算：

实现利润 =（期末资产合计 – 期末负债合计）–（期初资产合计 – 期初负债合计）

只要正确核算企业的资产和负债，刻画企业不同时点静态的财务状况，就可以不通过收入和成本的核算，计算出企业在一个经营期间的盈亏情况。对于收入、成本、费用会计凭证记录不真实、不全面的企业来说，也只有通过清产核资的办法，即清查企业期初资产负债实际数额和企业期末资产负债实际数额，然后用资产减去负债分别计算出期初净资产和期末净资产，再计算出期末和期初净资产之差，就是经营期间的利润。也就是说，企业的财务状况，最终仍然反映和体现了企业的经营成果，用公式表示为：

期末资产 = 期初负债 + 期初所有者权益 + 净利润

上式表明，当企业发生亏损时，在利润表中表现为净利润为负，在资产负债表中表现为企业资产的减少和期末所有者权益的减少（净利润在所有者权益项下的未分配利润中反映），企业总资产减少的部分等于企业的亏损额，企业财务状况因之恶化，如图4-1所示。

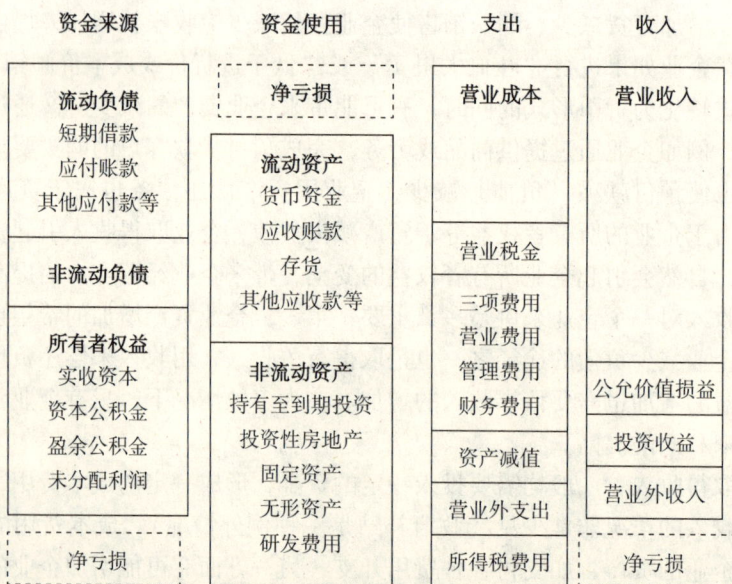

图4-1　财务状况和经营成果的关系（亏损）

当企业盈利时，净利润增加，所有者权益增加，企业总资产也相应增加。盈利所增加的资金，一方面使企业的资产增加，另一方面使企业的所有者权益增加，因此改善了企业财务状况，如图4-2所示。如果用总资产减去总负债，企业盈利或亏损多少就导致企业净资产增加或减少多少。

资金来源	资金使用	支出	收入
流动负债 短期借款 应付账款 其他应付款等	**流动资产** 货币资金 应收账款 存货 其他应收款等	**营业成本**	**营业收入**
非流动负债	**非流动资产** 持有至到期投资 投资性房地产 固定资产 无形资产 研发费用	营业税金 三项费用 营业费用 管理费用 财务费用 资产减值 营业外支出 所得税费用	公允价值损益 投资收益 营业外收入
所有者权益 实收资本 资本公积金 盈余公积金 未分配利润			
净利润：增加企业资产、增加所有者权益			

图4-2　财务状况和经营成果的关系（盈利）

经营成果对企业财务状况的影响，主要通过资产负债表上的未分配利润科目的变化来体现。企业实现利润，会使企业的未分配利润、所有者权益增加，会增加企业的经营实力，改善企业的财务状况。企业产生亏损，会使企业的未分配利润为负数，会减少企业的所有者权益，降低企业的资产数量，恶化企业的财务状况。

未分配利润科目，也揭示企业利润分配的情况。一方面向投资者发放红利会减少企业的可动用资金数量，减少企业的资产，减少企业的所有者权益，因此会恶化企业的财务状况，从另一方面来看，向投资者发放红利会引起企业股票价格的上升，会提高企业资产在市场上的评估价值，提高企业所有者权益在市场上的交易价值，因此又会提高企业资产的质量，改善企业被市场评估和认可的财务状况。一方面不向投资者分配红利会保留企业的支付能力，保留企业的资金实力，提高企业的所有者权益数量，改善企业的财务状况。但是从另一方面来看，不支付股利的企业通常是财务状况恶化或不理想的企业，是企业资金实力不足或虚弱的一种表现，或者说企业需要进一步投资才能取得预期效益的企业。因此利润分配也会对企业财务状况产生较大影响。

总之，企业的经营成果与财务状况是相互依存、相互影响、相互制约、相互促进的关系。但在商业信用关系高度发展的今天，经营成果和财务状况的变化也常常存在不一致的情况。如果一个企业的销售收入主要来自应收账款，在这种情况下，尽管本期利润有大幅度的增加，但由于没有现金的流入，没有企业可动用资金的实际增加，企业的资金情况将会非常紧张，企业的财务状况将会恶化。同样，如果一个企业当期亏损，使企业的资金减少，理论上导致了企业的财务状况恶化，但是如果在这种情况下，企业发行了股票或者债券，筹集了大笔资金，则该企业的资金就会非常宽裕，企业的支付能力就会得到很大改善，企业的财务状况就会好转。因此，企业财务状况变化，实现利润仅是一个影响因素，还需要查看企业的投资情况、筹资情况、利润分配情况以及企业的应收账款、存货、应付账款等的变动情况。为了全面刻画企业经营成果和财务状况的相互关系、全面揭示企业财务状况变化的原因和结果，就需要使用财务状况变动表。

【本章小结】

狭义的财务状况仅指企业资产负债表所反映的企业某个时点的资金占用和来源情况，广义的财务状况除了反映企业的资金来源和占有情况外，还反映企业的盈利状况。财务状况实际上是企业经营情况的一种表现和反映，是企业经营成果在不同时点的一种状态和反映。财务状况好的企业容易取得好的经营成果，财务状况差的企业有可能导致经营成果的下降，二者相互促进、相互制约和相互依赖。企业利润分配活动也会对企业的财务状况有很大影响。

【本章习题】

名词解释

收入确认　完工百分比法　让渡资产　现金折扣　销售折让　销售退回　建造合同
权责发生制　稳健性原则　成本与收入匹配原则　经营性支出　资本性支出　期间费用
产品制造成本　经营利润　资产利得　资产负债表观　弥补上年亏损　优先股股利　股利
政策　剩余股利政策　固定股利政策

简答题

（1）如何从总体上了解企业的财务状况？

（2）转让商品或提供劳务的收入确认的基本原则是什么？

（3）如何确认建造工程合同收入？

（4）成本确认应当遵循哪些原则？

（5）企业利润主要由哪几部分组成？

（6）试述用资产负债表观确认利润的优缺点。

（7）试述经营成果和财务状况之间的关系。

（8）利润分配如何影响企业的财务状况？

（9）简述利润分配的顺序。

（10）简述投资者分派红利的顺序。

第五章　资产结构分析

❖ **学习目的**

(1) 掌握资产构成分析的主要方法。

(2) 了解资产结构分析的主要指标。

(3) 了解不同行业资产结构的特点。

投入到企业的资金从两个方面反映出来：一是"它是什么"，即企业资金的存在形式和实物形态，这就构成了企业的资产，它包括货币资金、应收款项、企业购买的实物资产等；二是"它从哪里来"，即企业资金的来源渠道或归属关系，这就形成了企业的负债和所有者权益。本章重点分析企业资产的构成和结构。

第一节　资产构成

从变成现金的难易程度看，企业资产分为流动资产和非流动资产两类。流动资产通常是指可以在一年或者超过一年的一个营业周期内变现或耗用的资产；不属于流动资产范围的企业资产如固定资产、无形资产、投资性房地产等均称非流动资产，是指在一年以上或者超过一年的一个营业周期以上才能够被合理地消耗、出售或者转化成现金的资产。

一、流动资产

流动资产包括现金、银行存款、交易性金融资产、应收账款、预付款、存货、其他应收款等。企业投入到经营活动、不断周转并收回现金的资产主要是流动资产。流动资产是企业创造利润、实现资产价值增值的物质载体，也是企业经营活动正常开展的经济保证。流动资产分布在企业的供应、生产、销售和分配的各个环节，其特点是：①一般情况下流动资产的价值周转和实物周转同时进行；②流动资产的数额随供、产、销各环节的变化而变化；③流动资产具有周转期短、周转速度快、资金不断循环运动的特点；④流动资产是企业先垫支、后收回的资产，属于企业的经营性投资，其在生产经营过程中承担着较大风险。

二、非流动资产

企业的非流动资产是企业为开展生产经营活动而进行的基础性投资，它决定企业的行业特点、发展方向和生产规模，因此属于企业的战略性投资。企业非流动资产的投资和调整，决定着企业产品结构的变化和经营业务周期的变化。非流动资产的特点是：①使用期或发挥作用期一般在一年以上；②非流动资产的资金占用数量大、形成和发挥作用的时间长；③非流动资产一旦形成，便不易调整或转换；④非流动资产的比重或内部构成不合理，所带来的生产经营问题，也是较难调整和克服的结构性问题，因此非流动资产也可称为结构性资产。

案例 5 - 1　A 公司资产构成分析

以 A 股份有限公司和 B 股份有限公司上一年和本年度的报表数据为基础，对其资产总额、流动资产及非流动资产总额的构成和变化情况进行举例分析，如表 5 - 1 所示。

表 5 - 1　资产构成分析表　　　　　　单位：万元,%

公司	时间 (12 月 31 日)	流动资产合计		非流动资产合计		资产总额		营业利润	
		金额	占比	金额	占比	金额	增长率	金额	增长率
A 公司	上一年	40383	73.45	14597	26.55	54980		7392	
	本年度	81370	72.45	30948	27.55	112318	104.29	22028	197.99
B 公司	上一年	31656	78.39	8727	21.61	40383		5942	
	本年度	42872	62.95	25231	37.05	68103	68.64	11026	85.58

资料来源：两公司在《中国证券报》公开的资产负债表数据，见本书最后的附表。

A 公司属于电子行业，主要生产电视机、音响、收录机、激光唱机、传真机等，同时兼营房地产。B 公司主要生产普通灯泡、高压钠灯、卤钨灯等电光源产品及配件，兼营贸易、房地产。从表 5 - 1 可知，A 公司的非流动资产总额有较大幅度的增加，从上一年的14597 万元增长到本年度的30948 万元，增长了 1 倍多，根据其年度财务报告的文字说明，这些增加主要是技术改造与扩建项目投资的增长，这些新增投资将使普通灯泡和石英卤钨灯泡的生产达到规模产量。该公司非流动资产占总资产的比例，两年均维持在27%左右，说明企业的生产经营规模和生产能力同时增加，更新改造和扩建项目均已顺利投产，企业的经营规模迈上了一个新的台阶。A 公司在实现资产翻番的同时，营业利润获得了更大幅度的增长，增长了近 2 倍，说明企业经营规模的扩大带来了经济效益的提高，实现了规模经济。

B 公司的非流动资产总额从上一年的8727 万元增长到本年度的25231 万元，非流动资产规模增长了 2 倍，占总资产的比例从上一年的21.61%上升到本年度的37.05%，当年流动资产只增长了35%。说明其非流动资产增长没有流动资产增长的配合，有部分非流动资产并没有投入使用。B 公司在本年度加大了投资力度，进行了较大幅度的战略性投资，同样期望实现规模经济。但从报表数据来看，B 公司的结构性调整还没有完全实现，如何充分发挥非流动资产投资的作用，处理好产、供、销各环节的运营，实现规模化经营，显得日益重要。从盈利情况来看，B公司在资产增长的同时利润也在增长，说明非流动资产的大幅度增加并没有对企业的盈利带来负面影响。B公司经营活动是否协调进行，流动资产投资活动是否能够有效配合，要看其流动资产的构成情况。

第二节　资产构成分析

一、流动资产构成分析

流动资产主要包括货币资金、交易性金融资产、应收款项和存货四大类。货币资金主要是指现金、金融机构存款，企业能够立即变成现金的应收票据也可以看作企业的准货币资金；交易性金融资产是企业利用正常生产经营中暂时不用的资金，购入或持有的可随时变现的有价证券或其他金融资产；应收款项是指以第三方信用为基础允许其赊欠的款项，企业的应收账款、预付货款、应收利息、应收股利、其他应收款等均可以看作企业的应收款项；存货是指企业在生产经营过程中为销售或者为生产耗用而储备的物资，包括商品、产成品、半成品、在产品及各类材料、燃料、包装物、低值易耗品等。在财务分析时，可以将货币资金、交易性金融资产和应收票据合计起来称为货币性资产，将应收账款、存货和其他流动资产合计起来称为经营性资产。

1. 货币资金

货币资金是流动性最强、灵活性最大、支付能力最强的企业资产，可以用来购买企业所需的各种货物，转换成各种形式的企业资产，也可以用来支付各种形式的企业债务，因此是企业最现实、最灵活的支付能力。

（1）货币资金的特点。①是可以立即实现的支付能力和偿债能力。②是企业各种业务的交汇点、集聚点，企业的各种活动无论是经营活动还是投资活动、融资活动，最终均要通过货币资金的方式结算。③日常经营活动开展不能没有货币资金。

（2）持有一定数量货币资金的理由。①满足日常支付。日常支付工资、购买材料、缴纳税款、支付股利均需要现金；企业的现金收入和现金支出并不是同时发生，为了不至于影响经营业务，需要企业持有一定数额的现金；随着企业经营业务的发展，企业需要现金的数额会逐渐增大。②预防不测风险。如生产事故、顾客拖欠严重等意外事件，会影响企业的现金平衡，需要企业有一定的支付能力。③应付市场变化。如在原材料短缺时及时购进原材料以保证生产线的正常运转，需要企业持有一定数量的现金或可转让有价证券。④满足投机需要。如在有利可图的购买机会来临时，企业拥有一定现金剩余可以用来抓住商机，从中获利。

（3）货币资金持有过多的不利影响。①资金闲置。资金存放在银行账上的盈利水平很低。②丧失发展或盈利机会。一般企业希望将货币资金的持有数量保持在一个合理水平。

案例 5 - 2 某公司的委托理财业务

酒和香烟的生产和销售，在中国一直是暴利产业。在这两个行业成名的企业，由于利润丰厚，一般存在大量富余和闲置资金。为了提高这些资金的使用效率，委托理财便成为许多企业的投资途径。某公司自 2013 年下半年至 2014 年初，对外进行了大量的委托理财业务，向闽发证券、健桥证券、恒信证券、上海惠畅、北京富瑞达、深圳大鹏证券等 12 家公司注入资金购买股票、国债，共计注入 3.2 亿元作为委托理财资金。但由于多种原因，这 12 笔投资绝大多数以失败告终，多数投资连本带息蚀个精光，有的诉诸法律，但未有任何结果。截至 2016 年 4 月 27 日该公司财务部提供的《委托理财首付款情况及目前情况的说明》显示，公司 3.2 亿元的委托理财投资累计收回本息 8162 万元，剩余可控制资产市值 5199 万元，预计损失 1.8639 亿元。

2. 交易性金融资产

交易性金融资产主要包括购买的国库券、短期债券、可转让存单、股票、基金、期权合同、衍生金融工具、投资组合产品等，过去称为短期投资。

（1）交易性金融资产的特点。①以获取价差和利息为目的；②一般以公允价值计量，即其账面价值随市场价格的变化而变化；③可以随时出售、变现能力较强；④投资盈利或投资亏损的概率均很大。

（2）交易性金融资产的作用。①减少持有现金造成的资金闲置，期望通过短期投资获取较高利润；②在需要时可随时补足现金；③规避汇率、利率、通货膨胀率等变动所带来的风险。

（3）交易性金融资产的缺点。①价格波动大，风险大、收益或亏损大；②在金融市场形势好转时容易陷入投机逐利的陷阱，在金融市场恶化时容易被套牢或亏损。

3. 应收款项

应收款项是以对方信用为基础形成的、被他人占用的企业资金，包括应收账款、预付货款、应收股利、应收利息和其他应收款。其中，应收账款占比较大，下面重点讨论。

（1）应收账款的特点。①收款项目确定；②收款金额确定；③回收期比较确定。

（2）应收账款的作用。①通过赊账扩大企业业务规模；②努力提高企业市场占有率和知名度；③努力实现规模经济。

（3）应收账款过多的不利影响。管理应收账款的成本上升、坏账增多、企业资产风险增大。企业应寻求最佳的应收款项持有数量和信用政策。原则上讲，应收账款的增加应以不增加坏账损失和缩短账龄为前提，应收账款的减少应以不减少销售收入和不增加赊销数额为前提。

案例 5 - 3 计提坏账导致某公司当年亏损 38.81 亿元

某公司在换帅之后开始向美国经销商出口彩电，当年只有赊账没有回款，形成应收账款 4184 万美元，折合人民币 3.47 亿元。第二年该公司销售给美国经销商 6.1 亿美元的货物，但回款仅 1.9 亿美元，形成了 4.62 亿美元的应收账款，折合人民币 38.29 亿元。这一年，该公司跟美国经销商的交易占全年彩电销售的 54%，占当年海外销售的 91.41%。第三年该公司又给美国经销商销售 4.24 亿美元的货物，回款 3.49 亿美元，但应收账款余额已增至 5.37 亿美元，折合人民币 44.51 亿元。与美国经销商的交易占全年彩电销售的 33%，占当年海外销售的 70%。第四年该公司向美国经销商销售 3559 万美元的货物，回款 1.09 亿美元。四年合计形成 4.63 亿美元（折合人民币 38.37 亿元）的应收账款。第四年底公司决定计提 25.97 亿元人民币的坏账准备，导致当年亏损 38.81 亿元。

4. 存货

存货是一年内或超过一年的一个营业周期内可以变成现金的企业的各种实物资产，包括原材料、在产品、产成品等的总称，商业企业称为库存商品。

（1）存货的特点。①在大多数行业占流动资产的比例较大，占用资金时间较长；②对企业资金使用的效果影响较大；③对企业实现利润的影响较大。

（2）存货资产的作用。①适当的存货有利于组织均衡生产；②储存必要的原材料，可保证在市场缺货时及时供应；③储备必要的产成品，有利于扩大销售；④可防止意外事故造成的停产损失。

（3）存货资产过多所带来的不利影响。①存货会占用大量资金；②存货会带来库存成本和管理成本上升，在某些情况下还存在贬值风险。

因此，存货资产也存在一个合理的数量问题。原则上讲，存货资产的增加，应以满足生产、不盲目采购和无产品积压为前提，存货资产的减少应以压缩库存量、加速周转但不影响生产为前提。随着信息技术在企业经营管理活动中的推广使用，企业存货日趋缩小，以至于有人认为最优的企业生产管理和经营目标应该是企业存货为零。

对企业流动资产的分析，通常主要是对以上四类资产进行重点分析，通过分析重点揭示企业的行业特点、经营特点和管理难点，掌握企业经营和财务状况变化的规律性，提出经营管理的对策建议。

案例 5-4 A 公司和 B 公司资产构成分析

A 公司和 B 公司流动资产的构成情况如表 5-2 所示。由表中数据可知，A 公司本年度流动资产增长了 1 倍多，而货币资金增长了近 1.71 倍，应收款项增长 22%，存货资产增长 1.16 倍，表明存货资产增长与流动资产增长基本一致，货币资金增长较快，说明企业获得了大量现金收入，财务实力明显增强。应收款项有所增长，但与流动资产相比增速较小，占比缩小，表明企业货款回收速度加快，企业销售环境有所改善，企业的流动资产结构也有较大幅度优化。而 B 公司本年度流动资产增长了 35%，存货资产同比例增长，但应收款项却出现了大幅度增长，货币资金出现了较大幅度的下降，表明企业销售收现情况不太理想。不过，B 公司在货币资金大幅度下降的同时，交易性资产大幅度增加，说明该公司将一部分现金转化成了交易性金融资产，谋求得利。也说明企业有一部分资金闲置，没有充分使用。从后面对其非流动资产的构成分析可以看出，该公司还有大量的在建工程没有完工，需要储备一定的现金。

从流动资产的构成情况可以了解到：①行业特点。A公司存货资产占流动资产的比例在60%左右，B公司存货资产占比在14%左右，说明A公司经营活动需要大量实物资产的周转和投入，存货价格和市场环境变化对企业的影响较大。②经营特点和管理重点。A公司本年度加强了货款回收，提高了现金比例；B公司放松了账款回收，放松了信用政策。A公司增加了存货投入，存货占比上升，存货的经营和管理非常重要；B公司将闲置现金用于在建工程和交易性资产，在建工程的按期投产和交易性金融资产的安全比较重要。③业务开展情况。A公司在业务增加的同时，支付能力提高，财务状况有所改善；B公司存货和流动资产的增长伴随着应收款项的大幅度增长和货币资金的减少，说明B公司对顾客的依赖程度增加，财务状况有所恶化。

表5-2 流动资产构成分析　　　　　　　　　　　单位：万元,%

公司	项目		上一年12月31日		本年度12月31日		变化情况	
			金额	占比	金额	占比	金额增长率	占比差
A公司	流动资产		40383	100.00	81370	100.00	101.49	0
	货币性资产	货币资金	5697	14.10	15421	18.95	171.00	4.85
		交易性资产	0	0	383	0.47	—	0.47
	经营性资产	应收款项	10008	24.80	12176	14.95	22.00	-9.85
		存货	24678	61.1	53390	65.63	116.00	4.53
B公司	流动资产		31655	100.00	42872	100.00	35.00	0
	货币性资产	货币资金	18192	57.47	6113	14.26	-66.00	-43.21
		交易性资产	0	0	17154	40.01	—	40.01
	经营性资产	应收款项	8947	28.26	13519	31.53	51.00	3.27
		存货	4516	14.27	6086	14.19	35.00	-0.08

注：应收款项中包含了应收账款、应收利息、应收股利、预付货款和其他应收款。

二、非流动资产构成分析

根据企业非流动资产各项目的特点，将企业的非流动资产分为长期投资、固定资产、在建工程、无形资产和其他资产五项。

1. 长期投资

长期投资各个项目按照变成现金的难易程度排列依次是：债权投资、其他债权投资、长期股权投资、其他权益工具投资和投资性房地产。其中，债权投资主要是以获取利息为目的，长期股权投资和投资性房地产主要是以获取投资增值为目的，其他债权投资和其他权益工具投资是一种目的并不明确的投资。

（1）长期投资的特点。①持有时间长，一般是企业并不打算立即出售或短期内出售，期望随着时间的推移而不断增值的对外直接或间接投资。②以取得比较可靠或稳定利益为目的，一般是从企业资金被充分有效地使用角度来考虑所形成的投资，是企业存在大量资金闲置情况下的一种投资策略或存储资金的策略。③投资方便，一般通过市场购买就可以实现，企业并不打算参与被投资资产的经营管理。④投资收益随市场利率、所投资资产的价格的波动而变化，因此具有一定程度的投资风险。

（2）长期投资的目的。①积累整笔资金，提高资金流动性，以供特定需要，如清偿长期借款、更新厂房设备等。②利用闲置资金，增加企业收益。③分散资金投向，降低投资风险。④积累投资经验，为企业未来发展寻找新的投资机会或增长点。

（3）长期投资带来的不利影响。①企业无经营控制权，容易出现投资失误。②企业能否得到预期收益，取决于被投资项目，不确定性较高。③说明企业自身业务发展受到限制或企业主业或经营产业趋于分散。长期投资较高的企业，经营风险较大。

2. 固定资产

固定资产是企业维持持续经营所必需的投资。固定资产投资可分为战术性投资和战略性投资。战术性投资是不牵涉企业的发展前途的投资，如提高劳动生产率、改善工作条件等；战略性投资一般涉及企业的转产或产品结构的调整。战术性投资投资额较小，见效快；战略性投资一般所需资金多，回收期长。战术性投资以实际需要和经验数据判断为依据，比较安全；而战略性投资以预期收益为根据决策，风险较大。

（1）固定资产的特点。①长期拥有并在生产经营过程中发挥作用；②投资数额较大，对企业的资金状况和经营活动影响较大；③在一定程度上决定了企业的生产技术水平、经营管理要求和资金运动规律；④对企业经济效益和财务状况影响较大；⑤变现能力差，需要依靠持续提取折旧获得更新资金。

（2）固定资产的作用。①形成企业从事自身经营业务活动的物质技术基础；②通过固定资产的更新换代改善工作条件，提高生产效率；③不断扩大经营规模，降低成本，实现规模经济。因此固定资产规模是企业综合实力的体现形式之一。

3. 在建工程

固定资产投资在未交付验收之前一般表现为在建工程。企业账面上反映的在建工程是企业正在进行或准备进行的未交工验收或未投入使用的固定资产投资所形成的资产金额，它是企业进行更新换代或结构性调整力度的一种体现，也是企业未完工程项目和资金占用情况的一种反映。在建工程金额较大意味着企业还需要为其竣工筹集所需的、足够数量的资金，或者还需要一系列的准备工作。

企业的在建工程，不但在资金上会给企业的生产带来影响，而且有可能对企业的经营管理中心和重点产生影响，因为企业的在建工程实际上反映的是企业正在进行的结构性调整的规模。因此，在分析在建工程时不但要注意分析企业在建工程与当前生产经营之间的关系、分析企业的资金余缺程度，还要关注企业在建工程本身的未来发展前景。

在建工程比例或金额较高时要注意分析：①企业长期资金来源是否有保证；②企业投资项目预期收益是否高于企业长期投资的收益率；③企业的经济环境或市场前景是否良好。分析企业的在建工程时要注意：①建设项目的预期收益和风险如何；②企业能否筹集到工程建设资金；③企业是在扩大生产能力还是调整产品结构。

案例 5-5　甘肃某公司的在建工程

甘肃某公司于八年前5月30日上市筹集到6.67亿元，用于建设九个项目。其筹集的资金在筹集后的第一年下半年至第三年上半年已绝大部分投入在建工程，但是从第三年6

月开始一直到第六年9月，该公司的在建工程一直维持在7.2亿~8.2亿元，也就是说一直没有投入生产。按照该公司年度报告公开披露的信息，主要原因是：①投资8000万元年产1万吨的玉米精炼油项目建成后因原材料上涨而一直没有生产，本年2月16日股东大会决议以评估价值2540.73万元处置给该公司股东A公司；②投资843万元年产3.0万吨麦芽糊精项目也因原材料价格上涨没有投产，也以评估价值3081.48万元处置给该公司股东A公司；③投资3519万元年产10万吨高蛋白饲料项目因污水处理未达到该市治理石羊河流域水质排污标准而一直未生产；④投资3973万元年产300吨肌醇生产线的项目变更为用4425万元收购了甘肃省某热电厂；⑤投资10394万元扩建生产10万吨玉米淀粉的项目也因为污染不达标于前年进行了处置，其厂房土建投资改为谷氨酸项目建设，5070万元设备置换谷氨酸项目建设所需不锈钢材料，2200万元设备用于偿还所欠应付款项；⑥投资13402万元年产3万吨的谷氨酸项目，直到今年5月4日才投料生产；⑦投资16873万元建设的1万吨赖氨酸项目未投产，在上年决定改建谷氨酸生产；⑧投资13919万元建设的年产1万吨L-乳酸项目前已变更为改建年产4万吨赖氨酸，实际投入41594万元，上年曾决定改建谷氨酸生产；⑨只有投资3216万元处理600立方米污水的项目按计划建成投产。上年5月12日决定将第⑦项投资和第⑧项投资改建谷氨酸项目和第⑥项合并，建年产12万吨的谷氨酸生产线，同时将不能使用的赖氨酸项目非标设备及配套的合成氨项目资产合计24991.85万元处置给该公司第二大股东B公司。

4. 无形资产

与有形资产相比，无形资产的特点是：①没有物质形态但具有排他性；②是企业通过转让、购买、研究开发等形式取得的，其价值实现需要依赖企业未来的经营业绩；③无形资产自身的独立变现能力较差，其未来是否能够带来经济利益的不确定性较大；④其潜在经济价值与其账面价值之间并无直接的联系。

会计核算上的无形资产，主要是指企业申请所取得的无形资产，在账面上通常并不反映其实际价值或者反映的金额很小，并且无形资产的账面价值是在规定期限内摊销之后的摊余价值。新准则将研究开发费用单独作为一项资产处理，实际上是将企业具有长期投资性质的研究开发费用，作为企业的一项资产来看待，并在未来通过摊销的方式逐步进入成本，这样使企业的账面资产增加、账面盈利增加，使研究开发投入不影响对企业资产价值和利润的评价。新准则也要求将商誉从无形资产中分离出来，并单独列示，主要是由于企业的商誉随企业的市场价值的变化而变化，并不存在自然损耗或以新换旧的问题，因此在会计处理上不进行摊销处理，仅在期末进行价值评估，以期望较准确地反映其市场价值。

案例5-6　A、B公司非流动资产构成

A、B两公司的非流动资产构成如表5-3所示。由表中数据可知，A公司的非流动资产构成是：上一年12月31日长期投资占0.16%，固定资产占75.34%，在建工程占23.75%，无形及其他资产占0.75%。本年度12月31日长期投资上升为17.14%，固定资产基本维持原比例，在建工程下降为6.12%，无形及其他资产占比增长到1.18%。从这些变化可知：①长期投资大大增加，占非流动资产的17.14%，根据年度报告说明可

知，其长期投资主要包括：债券投资 23 万元，维持上年度水平；法人股股票投资 1790 万元；持有某设计顾问有限公司 40% 的股份，投入现金 1789.64 万元；持有某发展有限公司 25% 的股份，投入现金 1702.78 万元。这些新增股权投资基本上与企业生产经营业务无关。②固定资产大幅度增加，但占比维持在原来水平，说明固定资产的增加和流动资产的增加同步进行；在建工程大幅度下降，说明有一部分在建工程已经投产竣工，转化成了固定资产。③无形及其他资产增加，从年报详细说明可知，主要是土地使用权费用的增加。从总量上看，A 公司长期投资出现了大幅度的增长，可以说实现了从无到有的跨越。但长期投资的未来前景，主要取决于投资项目本身，取决于被投资企业。固定资产增长了 1 倍多，主要是该公司的技改投资竣工使电视机生产能力提高了 60%；同时增加了销售方面的投资，在广东东莞投资建设了"A 电子城"，新开广州、南京、西安三个全资经营销售部，销售力量大幅度提高。这说明，A 公司非流动资产的战略性调整增强了企业实力，扩大了销售力量，提高了对外投资比重，并且带来了营业利润的成倍增长，应该说结构性调整取得了良好的效果。

表 5-3　非流动资产构成分析　　　　　　　　　　　　　单位：万元，%

公司	时间（12月31日）	长期投资		固定资产		在建工程		无形资产	
		金额	占比	金额	占比	金额	占比	金额	占比
A 公司	上一年	23	0.16	10998	75.34	3468	23.75	108	0.75
	本年度	5306	17.14	23384	75.56	1891	6.12	367	1.18
B 公司	上一年	828	9.49	5614	64.32	345	3.95	1940	22.24
	本年度	6775	26.85	8698	34.47	7792	30.88	1966	7.80

B 公司非流动资产的构成及变化情况是：长期投资占比从上一年的 9.49% 上升为 26.85%，固定资产占比从 64.32% 下降为 34.47%，在建工程占比从 3.95% 增加至 30.88%，无形资产及其他资产总量基本保持不变，占比从 22.24% 下降为 7.80%。说明企业本年度的对外投资和在建工程大幅度增加，两项合计占非流动资产的比例为 57.73%，表明企业正处于产品结构和经营规模调整的关键时期。从年度报告的明细说明可知，B 公司的在建工程主要包括投资 5000 万元新建普通灯泡生产厂，产量将达 8000 万只；投资 3000 万元开发摩托车、汽车用石英卤钨灯，各形成 200 万只生产能力；投资 2006 万元用于碘钨灯、溴钨灯和单端卤钨灯的生产设备配套，以及投资 3000 万元新建建筑面积为 2 万平方米的科技综合大楼。这些在建工程投产后将大幅度提高企业的生产能力。

从非流动资产的构成分析可以看出：①企业所处的发展阶段。A 在建工程有较大下降，而流动资产增长了 1 倍，说明该公司已从建设期转入经营发展期；B 在建工程很大，流动资产增长不明显，说明该公司正处于建设期。②企业结构性调整的情况。两公司固定资产总量都有增加，而且产品结构调整的规模和力度较大。A 公司的投资已经转向销售渠道和销售网络的建设，而 B 公司还在进行大规模的改扩建和新建。③企业的发展重点。如果将两公司流动资产的构成联系起来考虑，则会发现 A 公司应收账款的大幅度下降是因为其建立了销售网点，扩大了各地销售力量，并取得了可观的现金流入；B 公司应收款项的大量增加，有可能是老产品的销售形势不太理想的表现，也有可能与该公司忙于建设、忽视当前销售工作有关。④企业的发展前景。从报表数据来看，A 公司的未来发展已经非常明朗，其不断创造"现金流"的经营态势已经形成；而 B 公司的未来发展前景，需要对其投资项目进行分析和判断，需要在投资项目完全竣工之后才能做出可靠判断。

通过对非流动资产构成的分析，可以初步判断一个企业所处的发展阶段、发展重点、结构调整情况以及未来发展前景等。当然，受企业报表数据过于宏观的限制，对资产构成的分析只能做到粗线条分析。对于企业自身来说，可以进行更深入分析，如 A 公司可以进一步分析存货快于流动资产的增长是否合理，B 公司可以分析导致应收账款增加的原因是什么，主要工程项目能否如期完工，未来前景如何等。但从上面分析可以看出，企业的资产构成及其变化，反映了企业经营形势和管理重点的变化，揭示了企业发展方向、结构调整的情况，说明了企业未来发展应当重点关注的问题，因此对其分析很有意义。

第三节　资产结构分析指标

一个企业有什么样的固定资产就需要什么样的原材料，就能生产出什么样的产品；一个企业有多少正在运转的固定资产，就需要准备多少数量的原材料，就能创造多少销售收入。资产结构分析就是要进一步揭示企业资产结构变化的这种规律性，一方面为掌握企业的经营习性服务，另一方面为优化资产结构和提高资金利用效率服务。可以通过以下两类指标进行企业资产结构的分析：一类是企业资产各个项目之间的比例关系指标，通过这些指标揭示企业资产内部之间有机的、内在的数量关系；另一类是企业资产各个项目金额和销售收入的比较，以揭示为了取得一定的收入，需要多少的资产，说明不同行业和不同经营特点和模式下的企业的投入和产出之间的相互关系。我们通常将企业内部资产之间的比例关系指标称为资产结构指标，将企业资产和收入之间比例关系的指标称为周转速度或者营运能力指标。有关周转速度和营运能力的指标，在营业能力分析一章专门讨论，下面主要讨论资产结构指标。

一、货币资金占比

在企业资产中，货币资金是支付能力最强的资产，但同时也是获利能力最差的资产，企业持有货币资金过多则会降低企业盈利能力，持有货币资金过少则会导致资金短缺，影响企业正常运转。因此，企业要根据生产经营情况确定企业的货币资金持有比例，用公式表示为：

货币资金占资产总额的比例＝货币资金余额/资产总额×100%

货币资金占资产总额的比例随企业的经营特点和行业特点的不同而差异较大，从我国上市企业公布的财务报表来看：①酒店、旅游、商业零售等企业，由于每天能够收取大量现金，企业经营活动只要正常运转，就不会存在资金紧张问题，因此货币资金占总资产的比例相对较低，一般在 10% 以下。②银行由于能够每天吸收到居民储蓄存款，因此持有的货币资金数量也比较低，银行货币资金占资产总额的比例在2%以下，一些银行不足0.5%。③制造业企业（包括建筑业）货币资金占资产总额的比例一般在10%～30%。④信息技术、软件服务企业的应收账款较少，货币资金占比较高，一般占资产总额的比例在40%～60%。当然，将能够随时变成现金的应收票据和交易性金融资产作为货币性资金，可以比较准确地反映企业能够随时用于支付的资产所占的比例。

货币资金占资产总额的比例，随着企业盈利水平的不同而差距较大：①绝大多数处于亏损的企业，货币资金占资产总额的比例很低，亏损连续2年以上的货币资金不足资产总额的0.5%；②一些经营效益很好的服务型企业，如酒店、信息服务等企业，其货币资金很高，占资产总额的比例可高达30%～40%。

货币资金占资产总额的比例，也与企业的现金管理水平、管理方式直接相关。在以月度为周期进行现金收支管理的企业，持有一定数量的货币资金，是满足经营活动对现金的需求的客观需要。如鞍山钢铁公司、宝山钢铁公司等大型制造业企业，账上的货币资金要维持在2000万元以上，大多数企业要维持上亿元的货币资金，才能够保证经营活动的正常运转。随着计算机信息技术和金融服务业的发展，许多金融业务如资金拆借、股票交易、债券买卖等也允许企业参与其中。一些企业的现金管理已经逐渐从过去的月度管理、月度平衡向日管理、日平衡转变。还有一些企业拥有自己的财务公司，负责企业的现金收支业务，它们可以根据企业每天的现金流入和流出情况，在金融市场上直接进行短期投资和融资活动，实现日现金收支平衡，追求日现金余额为零，在金融市场进行资金的拆出或拆入，以充分利用企业资金。在这种按日平衡资金收支的企业，货币资金可以维持在一个较低的水平。但是利用日投资、融资工具追求较低或为零的现金水平，也存在一定的风险，特别是当企业不能及时从金融市场吸收到资金的时候，就会面临资金链断裂的风险。因此，对于一般企业来说，特别是当外部金融市场环境并不理想或明显恶化时，储备一定数量的货币资金是非常必要的。

案例5-7 A、B公司货币资金占资产总额的比例分析

A、B两公司货币资金占资产总额的比例如表5-4所示，从表中可知，A公司货币资金占资产总额的比例在10%以上，并且本年度比上一年有所提高，在前面资产构成的分析中已经指出，主要是由企业的在建工程投产、扩大销售、加强收款力度带来的，属于合理变化。B公司货币资金占资产总额的比例在上一年底非常高，为45.05%，在本年底出现大幅度下降，降低到8.97%，说明该公司闲置的货币资金被大幅度地使用。从其他科目的变化来看，其交易性金融资产占资产总额的比例大幅度上升，上升到25%，说明其相当一部分货币资金转化为交易性金融资产，其与交易性金融资产的合计已经占到资产总额的34%，另外占总资产10%的货币资金已转变成了在建工程，说明B公司货币资金的变化是合理的。但从B公司仍然存在大量未完工的在建工程来看，B公司需要储备一定数量的货币资金来保证这些在建工程项目的资金需求，B公司通过购买交易性金融资产的方式来储备有关资金。交易性金融资产有可能为企业带来价值增值，也有可能在金融市场恶化时出现减值。

表5-4 货币资金占资产总额的比例分析 单位：万元，%

公司	项目	上一年12月31日		本年度12月31日		变化情况	
		金额	占比	金额	占比	金额增长率	占比差
A公司	资产总额	54980	100.00	112318	100.00	101.49	0
	货币资金	5697	10.36	15421	13.73	171.00	3.37
	交易性资产	0	0	383	0.34	—	0.34
	在建工程	3468	6.50	1891	1.68	-45.47	-4.82
B公司	资产总额	40386	100.00	68103	100.00	35.00	0
	货币资金	18192	45.05	6113	8.97	-66.00	-37.92
	交易性资产	0	0	17154	25.19	—	25.19
	在建工程	345	0.85	7792	11.44	21.61	10.59

二、应收账款占比

企业形成应收账款的原因主要有：①一些行业存在着延期付款的经营习惯。如电信、电力、银行、超市等，均存在着延期支付供应商货款的习惯，延期30~90天支付货款的情况比较常见，这些行业的供应商就会形成大量应收账款。②主动赊账销售形成应收账款。企业为了获取销售收入、抢占有限的市场份额，有时会主动向客户赊账销售，以争取客户和收入。③客户拖欠形成。有一些应收账款是客户故意拖欠形成的，还有一些应收账款是客户无力支付货款而被动形成的，凡是客户有意或无意拖欠的应收账款，均有可能形成坏账、不良资产。因此，对企业来说，尽可能降低应收账款，尽可能将应收账款的收账周期控制在3~6个月是非常重要的。

$$应收账款占资产总额的比例 = \frac{应收账款余额}{资产总额} \times 100\%$$

如果说货币资金占资产总额的比例在不同行业企业、同一行业的不同企业以及同一企业的不同时期之间存在着较大的差异，很难找到比较稳定的数量关系的话，那么应收账款占资产总额的比例，在不同行业的企业之间相对比较容易确定。我国部分行业应收账款占资产总额的比例如表5-5所示。

表5-5 部分行业应收账款占资产总额的比例

行业	占资产比重	行业	占资产比重	行业	占资产比重	行业	占资产比重
高速公路	0.1%	煤炭采选	2%	汽车制造	3%~6%	生物制品	7%~8%
公共交通	0.1%~1%	信息服务	2%	专用设备	3%~6%	制药	7%~15%
商业零售	0.2%~3%	啤酒	2%	办公用品	3%~8%	摩托车	8%
钢铁	0.3%~1%	机场	2.5%	土木建筑	4%~10%	医药制造	8%
酿酒	0.5%	有色金属	2%~3%	港口	5%	计算机制造	8%~12%
林业	1%	石油冶炼	2%~4%	贸易批发	5%	金属制品	10%

行业	占资产比重	行业	占资产比重	行业	占资产比重	行业	占资产比重
酒店	1.0%	白酒	2%~4%	塑料制品	5%	橡胶制品	10%
化学原料	1%~3%	广播电视	2%~5%	饮料	5%	信息技术	10%
化纤	1%~4%	农业种植	2%~5%	玻璃	5%~10%	普通机械	10%~15%
房地产	1%~5%	纺织业	2%~11%	家电	5%~15%	陶瓷	15%
航空运输	1%~5%	日用电子	3%	电子器件	5%~15%	机械仪表	15%
热电生产	1%~8%	石油开采	3%	软件服务	5%~15%	电气设备	20%
水泥	1%~8%	食品加工	3%	通信设备	6%		
服装	1%~10%	水上运输	3%~4%	造纸	6%~9%		

资料来源：笔者根据上市企业年报整理确定的正常情况下的应收账款水平。

我们发现，应收账款占比最高的是机械设备制造和陶瓷行业，占资产总额的 10% ~ 15%；其次为计算机、金属制品制造业，其应收账款占资产总额的比例为 8% ~ 12%。而高速公路、公共交通运输、商业零售等行业应收账款最低，这些行业的顾客想赊账是不可能的；在宏观经济形势逐渐好转之后，一些与工业化直接相关的行业，如钢铁、水泥、木材、房地产、航空运输、化工原料等基础产业的企业，应收账款占比较低，低于生产消费品的加工制造业企业。

三、存货占比

在企业里，存货经常处于不断的销售、耗用及重置循环之中，企业持有一定数量的存货是有理由的：①防止因原材料短缺而出现停工停产；②保证生产加工环节的正常的在产品和半成品的需求；③保证销售活动不因缺货而中断。随着计算机自动化控制技术在企业生产经营全过程的广泛采用，现代化大企业的库存量目前在逐年减少，日本企业甚至提出了追求零库存的管理目标。企业是否追求零库存目标，取决于企业产供销体系的自动化水平。如果企业产供销各环节的自动化水平高，对顾客需求的反应比较快速灵敏，则企业可以零库存为库存管理目标，否则企业库存应该保持一个合理的水平。

$$存货占资产总额的比例 = \frac{存货余额}{资产总额} \times 100\%$$

存货的占比在各行业有所不同。房地产公司一般存货余额占总资产的比重较高，传统制造业公司、零售业公司一般存货占比也较高。表5-6是部分行业存货占资产总额比例的情况，表中数据仅反映各个行业一般的存货水平，但行业内一些产供销管理水平比较先进的企业，则存货占资产总额的比例，要远远低于表中最低值。也就是说，存货的评价标准，仍然是越低越好。不过，在许多情况下，存货是不能缺少的，是开展正常经营活动所必需的。因此，还是存在一个存货合理水平、存货最佳持有量的问题。此问题将在资产结构优化中讨论。

表5-6　部分行业存货占资产总额的比例

行业	占资产比重	行业	占资产比重	行业	占资产比重	行业	占资产比重
高速公路	0.03%	水上运输	3%	农业种植	9%~15%	有色金属	12%~15%
港口	0.1%	水泥	3%~5%	日用电子	10%	普通机械	12%~18%
机场	0.1%	化学原料	3%~6%	食品加工	10%	金属制品	15%
酒店	0.2%	服装	4%~8%	啤酒	10%	林业	15%
石油开采	0.5%	家电	5%~10%	饮料	10%	橡胶制品	15%
信息服务	0.5%	造纸	5%~10%	专用设备	8%~14%	陶瓷	15%~20%
公共交通	0.1%~0.6%	纺织业	5%~25%	制药	10%~15%	机械仪表	20%
热电生产	1%~2%	医药制造	6%	生物制品	10%~15%	通信设备	20%
广播电视	1%~3%	玻璃	6%~10%	汽车制造	8%~20%	计算机	25%
航空运输	1%~5%	化纤	6%~12%	钢铁	10%~18%	办公用品	30%
软件服务	1%~8%	摩托车	8%	电器	10%~20%	贸易批发	35%
土木建筑	2%~8%	塑料制品	8%	白酒	10%~30%	电子器件	30%~80%
商业零售	2%~9%	信息技术	8%	石油冶炼	12%	房地产	30%~80%
煤炭采选	3%						

资料来源：笔者根据上市企业年报数据分析、计算、确定的正常情况下的存货水平。

从表5-6可以看出，不同行业之间存货水平的差异比较明显，如房地产行业销售的是单价很高的商品房，自然其存货占比高于其他行业；而高速公路、机场、港口等提供运输服务的企业，几乎没有存货。同一行业的企业，也因为经营特点的不同而存在较大差异，例如酿酒业啤酒流转快，存货一般在10%左右，而白酒则差异较大，因为高质量的白酒储存时间越长价值越高。制造业企业也因为制造产品的不同而存在一定的差异。

四、流动资产占比

企业一旦开业，就会有流动资产。一些行业企业的经营，需要投入的流动资产较少而固定资产较多，如高速公路、港口、机场、酒店等，其固定资产投资规模很大，流动资产占比较低；而另外一些行业企业的经营，则需要投入较多的流动资产，如房地产、设备制造、建筑施工等，这些行业的企业所生产的产品单件金额大、生产周期长，在一个营业周期内需要占用大量流动资产；还有一些行业企业主要依靠流动资产的快速周转来获得发展，如贸易批发、金属制品、办公用品等。我们通过流动资产指标来揭示企业流动资产所占的比例。

$$流动资产率 = \frac{流动资产合计}{资产总额} \times 100\%$$

有什么样的资产结构，就有什么样的发展前景。在依靠大量固定资产投入并且需要流动资产较少的行业或企业，固定资产规模和方向既决定了企业的盈利水平和盈利能力，又决定了企业的发展潜力和发展空间；在单件产品价值较大、生产周期较长的行业或企业，流动资产的可销性和销售之后货款的回收情况，影响着企业的生存和发展；在依靠大量、快速的商品周转来获得利润的企业，其产供销体系的先进性和管理水平显得非常重要。另外，一些行业的企业如钢铁、汽车、制药等企业，既需要大量固定资产投入，又需要大量流动资产投入，这些行业生产工艺、设备技术的先进程度和产品的适销对路程度均非常重要。表5-7是根据我国上市企业数据分析得出的流动资产率占资产总额的比例。

表5-7　部分行业流动资产占资产总额的比例

行业	比率	行业	比率	行业	比率	行业	比率
高速公路	5%~10%	食品加工	30%~50%	专用设备	40%~70%	纺织业	60%
港口	10%~20%	石油冶炼	30%~60%	汽车制造	40%~75%	金属制品	60%
航空运输	10%~40%	造纸	30%~50%	陶瓷	45%~70%	机械仪表	60%~70%
酒店	15%~20%	机场	35%	钢铁	50%	软件服务	60%~80%
水上运输	20%~30%	塑料制品	35%~45%	服装	50%~60%	农业种植	60%~80%
水泥	20%~35%	商业零售	40%~50%	酿酒	50%~65%	贸易批发	70%~95%
化纤	20%~50%	电子器件	40%~60%	办公用品	50%~70%	信息技术	70%~90%
煤炭采选	25%~40%	计算机	40%~60%	家电制造	50%~80%	建筑施工	75%
石油开采	25%~40%	有色金属	40%~65%	普通机械	50%~80%	通信设备	75%~80%
化工原料	25%~45%	制药	40%~70%	土木建筑	50%~80%	房地产	80%~95%
玻璃	30%	渔业	40%~70%	生物制品	55%~75%		

资料来源：笔者根据上市企业年报数据计算确定。

从管理角度来讲，最容易经营管理的是固定资产投资规模大、需要流动资产少的行业的企业，如高速公路、港口、机场等；最难以经营管理的是销售批量大、品种多、占用流动资产大的行业的企业，如贸易、零售、房地产、建筑施工、农业种植等。

五、固定资产占比

固定资产占资产总额的比例，在不同行业之间存在较大的差异，如表5-8所示。大多数行业企业的经营活动正常开展需要固定资产投资。一些行业的企业的经营活动主要依靠的是固定资产，如酒店、港口、高速公路，固定资产占资产总额的比例在80%以上，这些行业的企业的固定资产投资决策几乎决定了企业经营的成败。还有一些行业的经营如房地产、信息技术、软件等对固定资产的要求并不高，固定资产占资产总额的比例不足20%。随着互联网、信息技术的发展，过去需要自己投资设厂才能完成的经营业务现在可以充分利用网络资源和他人资源，因此出现了一些从事传统经营业务但发展模式比较特殊的轻型化、网络化、虚拟化企业，这些企业的固定资产所占比例也较低。随着特许经营的发展，近年来租用他人厂房、设备、建筑物等变得流行起来，这类企业对固定资产的要求也不高。因此，固定资产占资产总额的比例，一方面反映了行业的特点，另一方面也反映了企业的经营特点。

$$固定资产占资产总额的比例 = \frac{固定资产}{资产总额} \times 100\%$$

表 5 - 8　部分行业固定资产占资产总额的比例

行业	占资产比重	行业	占资产比重	行业	占资产比重	行业	占资产比重
房地产	1% ~20%	陶瓷	15% ~20%	纺织业	20% ~50%	化纤	40% ~60%
建筑施工	5% ~15%	专用设备	15% ~25%	食品加工	20% ~50%	钢铁	40% ~60%
信息技术	5% ~20%	普通机械	15% ~25%	玻璃	25%	电力供应	40% ~70%
软件服务	6% ~15%	信息服务	15% ~30%	有色金属	25% ~30%	啤酒	50% ~60%
家电	10% ~15%	电子器件	15% ~30%	白酒	25% ~40%	石油冶炼	50% ~60%
通信设备	10% ~15%	服装	15% ~35%	金属制品	30%	机场	60%
计算机	10% ~15%	医药制造	15% ~35%	旅游	30%	航空运输	60%
贸易批发	10% ~15%	公共交通	15% ~45%	水上运输	30% ~40%	煤炭采选	60%
农业种植	10% ~20%	广播电视	20%	矿物制品	30% ~50%	化学原料	60% ~70%
电器	10% ~20%	摩托车	20% ~25%	林业	30% ~50%	石油开采	65%
办公用品	10% ~25%	生物制品	20% ~25%	造纸	30% ~60%	高速公路	70% ~90%
机械仪表	15%	饮料	20% ~30%	塑料制品	40% ~50%	港口	80% ~90%
电器器材	15% ~20%	汽车制造	20% ~30%	商业零售	40% ~60%	酒店	80% ~90%
日用电器	15% ~20%	橡胶制品	20% ~40%	水泥	40% ~60%		

资料来源：笔者根据上市企业年报数据计算确定。

　　在同一行业，固定资产占资产总额的比例在不同企业之间也存在着较大差异，这些差异主要来自三个方面的原因：一是新企业和老企业因折旧年限不同形成的差异。老企业的固定资产已经使用多年，其账面上反映的固定资产是扣除了逐年提取的折旧之后的净值，资产投产运行的时间越长账面价值越少，这种差异在钢铁、化纤、纺织、机械制造等行业的企业之间比较明显，老企业老设备仍然在发挥作用，生产规模仍然很大，但账面上反映的固定资产却并不高。而新企业的固定资产折旧较少，固定资产占比一般大于老企业。二是不同企业所采用的生产工艺技术本身存在差异。随着加工技术和控制技术的发展，过去需要投入大量设备、厂房才能完成的工作现在可能只需要几台先进的设备就能完成。生产工艺技术存在很大的选择空间。不同生产工艺水平不但形成了固定资产投资上的差异，而且形成了市场竞争地位上的差异。三是经营模式上的差异，即企业产、供、销各个环节的组织方式存在巨大的差异。例如，同是商业零售企业，自己投资建设门店和租用他人门店的企业之间固定资产占比的差异较大。再如，同是饮料企业或农产品加工企业，自己建立原材料基地的企业和从市场上采购原材料的企业，固定资产规模差异也较大。

六、在建工程占比

　　企业的在建工程主要由以下几部分组成：①新建工程。进行经营规模的扩张，在原有经营业务规模的基础上，增加新的生产能力和业务能力，以满足快速增长的市场需求。②更新改造工程。对原有生产设备、厂房进行更新改造，提高技术水平、生产能力和工作效率。③一些建成后不能投产使用的工程、建设过程中停工停料的"半拉子"工程和需要报废但未获得报废批准的违法违规工程。当然，个别企业将企业资金挪作他用、金额较大时也会在在建工程科目上挂账。在建工程占资产总额的比例，反映企业进行规模扩张或结构调整的力度。

$$在建工程占资产总额的比例 = \frac{在建工程}{资产总额} \times 100\%$$

企业存在大量在建工程或在建工程增加时，要注意分析：①在建工程继续进行的资金来源是否有保证？②在建工程的目的和市场前景，是在简单扩大再生产还是进行结构调整？③在建工程的预期进度和实际进度的差异。

七、长期投资占比

资产负债表中的可供出售金融资产、持有至到期投资、长期股权投资、投资性房地产四个项目的数值合计起来称为长期投资。

企业进行长期投资的理由：①企业内部发展已经受到某些客观条件的限制，难以有大的突破。②企业目前产业或产品的利润率较低，需要寻求新的产业或产品。③企业长期资金来源充足，需要积累起来供特定用途或今后充分利用。④需要与上下游厂商建立更加紧密的合作关系，进行战略性投资。因此，长期投资占资产总额的比例，主要反映企业依靠外部力量谋求发展的力度。

$$长期投资率 = \frac{长期投资合计}{资产总额} \times 100\%$$

长期投资比例提高说明：①企业内部发展受到限制。②企业目前产业或产品利润率较低，需要寻求新的产业或产品。③企业长期资金来源充足，需要积累起来供特定用途或今后充分利用。④投资于企业内部的收益低，前景不乐观，希望寻找其他出路。

分析长期投资是否合理要遵循四个原则：①能不能获得较高收益。②是否实现了低风险或风险分散的投资组合。③被投资项目或企业的安全性如何，有无破产风险。④是否与企业的总体发展目标和经营方针相一致。总之，长期投资项目的增加要以不影响企业生产资金周转和提高资金效益为前提，长期投资项目的减少要以能够实现企业资产的保值增值为前提。

总之，对资产结构的分析，就要从企业总体经营与发展的角度掌握企业的生产经营特点、发展重点和风险情况。通过分析，揭示非流动资产与流动资产之间、流动资产与存货之间、存货与生产经营形势和企业市场环境之间以及在建工程与当前生产之间的关系，寻找合理的、反映产业发展和市场要求的资产结构，为判断企业现状和调整资产结构的决策服务。

第四节　资产结构的合理性评价

随着企业经营活动的开展，企业的资产结构不断地发展变化，如企业用现金购买设备，则企业的资产将从现金转化为固定资产，企业用现金购买原材料，则企业的资产将由现金转化为存货。企业资产结构的这种变化，是带来企业资产结构的改善还是恶化，这就需要掌握资产结构合理性评价技术，对企业资产结构变化的合理性进行评价。在进行合理性评价之前，首先需要知道什么是合理的资产结构。

一、合理资产结构及其评价方法

所谓合理的资产结构，就是变现能力强、周转速度快、盈利水平高并能够确保资产保值增值的资产结构。例如，企业增产又增收，就是资产变现能力有所提高，增收速度快于增产速度，就是资产的周转速度加快；增收又增利，就是企业盈利能力有所提高；增利又增效，比如利润率或报酬率提高，就是资产的保值增值能力提高。资产结构的这种变化，就是资产结构趋于改善或趋于合理的变化。因此，评价企业资产结构的合理性，主要从以下几个方面入手：①增产增收；②增收增利；③增利增效；④增效减债。可以根据不同的情况得出不同的结论。

用什么指标来回答"增产"没有？我们认为，用资产各项目占资产总额的比例的增减变化来揭示资产是否增加，要比仅用资产项目自身的增减变化来揭示更加合理。这主要是因为当资产项目同增同减时，企业的资产结构实际上并没有发生很大变化，但如果企业资产项目内部占总资产的比例发生变化，则反映资产内部已经出现了结构性调整和变化。这种变化的合理性需要重新评价。

用什么来评价资产变现能力的高低？企业收入的变化，既能够反映资产的变现能力，也能够反映企业资产的周转速度，因此用收入的变化来衡量资产变现能力的变化比较合理。但是用收入绝对值的变化来进行增收情况的判断，也会存在总量同比例增加的问题，即存在资产规模大幅度增加带来收入增加的问题，这时企业资产的变现能力并没有发生很大变化。因此我们还是用相对值指标，即资产项目占收入的比例，来评价资产创造收入的能力的变化更合理一些。通过资产占收入的比例指标的变化，能够更好地反映在相同资产水平情况下，资产周转速度和变成收入的能力的变化。例如，资产占收入的比例下降说明资产周转速度加快，创造收入的能力提高。

资产变现能力提高、周转速度加快，并不必然带来利润的增加，如果企业依靠变卖资产来降低资产数量、增加收入，则并不是资产结构的改善，有可能还是资产结构的恶化。企业加速资产周转、提高资产变现能力的目的，应该是增加企业的利润。因此，要结合利润的变化来评价资产结构的变化。利润增长肯定是一种好的现象，但利润的增加并不一定是资产结构优化的必然结果，也有可能是资产总量的大幅度增加带来的。因此，还需要用资产利润率或者利润增长率指标来进行判断，也就是用单位资产投入所带来的利润是否增加或利润的增长幅度来判断资产的盈利水平是否提高。只有利润率增加了，或利润增长速度加快了，我们才可以说盈利水平提高了，才可以说资产结构改善或者优化了。

但是，资产结构最终是否得到改善或恶化，或者说，利润的增加是否真正带来资产结构的改善或恶化，还需要通过其他指标加以验证。一般来说，资产结构改善或恶化，伴随着企业资金的富裕或紧张，因此我们可以用企业是否最终增加了货币资金来判断资产结构是否真正得到改善。也有一些企业的货币资金增加之后用于还债，使企业的负债减少，而最终账面上的货币资金可能并没有增加。但是反过来说，收入提高、利润增加、利润率提高，一定会带来资产负债率的下降，资产负债率下降，在收入和资产增长的情况下，实际上也就是企业权益的增加，就是企业资产保值增值能力的提高。在这种情况下，企业的资产结构确实获得了根本的改善。所以，可以得出资产结构改善的结论。

如果企业增收增利又增效，资产负债率却并没有下降，反而增加了，这说明，资产结构改善的一系列迹象，并不是资产结构本身改善带来的，而是企业低成本负债的增加带来的，是负债水平提高、负债结构优化的结果，并不是资产结构优化的结果，所以不能由此得出资产结构得到优化的结论。因为，在这种情况下，企业的还债风险加大了。但由于负债结构优化，我们可以得出资本结构趋于优化的结论。

总之，对企业资产结构合理性的评价，一要看资产项目占资产总额比例的变化，二要看资产项目占收入比例的变化，三要看资产项目变化之后利润率的变化，四要看货币资金或资产负债率的变化。通过这四个方面的指标相互比较、相互验证，才有可能得出一个比较恰当的结论。进行资产结构合理性评价，比较理想的方法是使用因素穷尽法。

二、流动资产变化的合理性评价

流动资产变化反映了企业经营规模的变化，是企业资产结构变化的重要指标。我们可以通过流动资产占资产总额比例的变化、流动资产占收入比例的变化、营业利润的变化、资产利润率的变化和资产负债率的变化五个指标来判断企业资产结构是趋于改善还是趋于恶化。将这五个指标变化的各种可能情况组合起来，每个指标如果有五种情况，组合起来会有 625 种情况。下面只讨论几种可能情况，对每种情况仅列举其中一两种可能，所得出的结论只是可能情况的举例，并不是唯一正确的结论。

当流动资产占总资产的比例出现较大幅度的提高时：①如果流动资产占收入的比例下降，如果资产利润率提高了，则说明企业充分发挥资产潜力，经营形势改善，资产结构趋于改善。在这种情况下，如果资产负债率上升，则说明经营形势的改善伴随着负债资金的增加；如果资产负债率下降，则说明经营形势的改善得益于权益资金的增加。②如果流动资产占收入的比例上升，说明资产周转放慢，在这种情况下，如果资产利润率上升，则说明企业调整了产品结构，调整了销售战略，如执行厚利少销的战略，说明资产结构趋于改善。③在流动资产占收入的比例上升的情况下，如果资产利润率下降，资产负债率上升，则说明企业增产不增收也未增利，企业经营遇到一定困难，经营形势恶化，企业资产结构趋于恶化。

当流动资产占资产总额的比例下降时：①如果流动资产占收入的比例下降，营业利润提高，资产利润率提高，资产负债率降低，则说明企业加速了资金周转，创造出更多的利润，资产结构趋于改善。②如果占收入比例下降，资产利润率上升，但资产负债率也上升，则说明企业可能依靠增加应收账款或变卖存货取得了销售收入，这时需要进一步分析存货和应收账款的变化情况，来对资产结构是否改善做出判断。③如果流动资产占收入比例下降，资产利润率并没有增长、下降或出现亏损，资产负债率上升，则说明企业经营发生困难，财务状况趋于恶化。在流动资产率下降、经营亏损的情况下，企业已经陷入困境，企业转型趋于困难。④如果流动资产占收入比例上升，收入增长，营业利润率提高，则说明企业资产结构有所改善。如果收入下降，营业利润下降，则说明企业销售出现困难，资产结构趋于恶化。在收入增长、利润增长的情况下，如果资产负债率下降，则说明企业增加了权益资金，同时也增加了非流动资产，企业依靠权益资金来支持经营扩张；在收入增长、利润增长的情况下，如果资产负债率上升，则说明企业通过增加负债来支撑经营扩张，企业资产结构改善但财务风险加大。⑤如果流动资产占收入比例上升，利润下降甚至出现亏损，则企业有可能努力占领市场，以利润下降来换取市场份额，也有可能是企业对资产结构进行调整，增加了非流动资产，谋求产品结构的改善和未来的较大发展。⑥如果流动资产占收入的比例上升，收入下降、营业利润率下降，资产负债率下降，一般情况下是企业权益资金出现大幅度增加、非流动资产出现大幅度增加带来的，也可能是企业在建工程、固定资产或长期投资等的增加影响了当前经营收入的取得造成的，还可能是企业经营管理不善，将资金转移或虚增资产造成的，要进一步分析非流动资产项目的真实性、可靠性和盈利性。

案例 5-8　A、B 公司流动资产占比分析

由表 5-9 可知，A 公司和 B 公司的流动资产均占资产总额的 50% 以上，约为 70% 左右，说明日常生产经营业务的管理在两企业都比较重要。A 公司的流动资产有较大增长，基本上保持了稳定发展的态势。该公司营业利润从上一年的 7392 万元增长为本年度的 22028 万元，说明 A 公司进入发展获利阶段，资产结构趋于合理，但资产负债率提高，财务风险增加，要注意产品市场前景和盈利情况的变化。B 公司流动资产的总量有所增长，但占比却有所下降，由上一年占资产总额的 78.39% 降低为本年度的 62.95%，说明企业投入固定资产更新改造的资金有较大幅度的增长，企业处于生产与建设并举阶段，处理好工程建设与当前生产的关系对该公司非常重要。从该公司本年度营业利润的变化来看，营业利润有较大幅度的增长，说明工程建设对经营业务没有带来负面影响。本年度两公司的非流动资产均有较大增长，如何通过扩大生产经营活动，发挥新增固定资产的潜力，已是两公司需要重点关注的问题。

表 5-9　流动资产变化合理性评价表　　　　　　　　　单位：万元，%

公司	时间 （12月31日）	流动资产合计			营业利润		资产负债率	
		金额	占资产比重	占收入	金额	增长率	百分比	变化
A公司	上一年	40383	73.45	33.29	7392		43.59	
	本年度	81370	72.45	36.94	22028	197.99	48.62	5
B公司	上一年	31656	78.39	134.24	5942		41.52	
	本年度	42872	62.95	101.41	11026	85.58	21.28	-20

相对来讲，B 公司资产结构调整力度大于 A 公司，因为 A 公司非流动资产增长了 1 倍，而 B 公司非流动资产增长了近 2 倍。但 A 公司的在建工程占总资产的比例已经不足 2%，并且经营规模和营业利润均获得了大幅度的增长，说明 A 公司已经成功地实现了资产结构的战略性调整，而 B 公司的结构调整仍然在进行之中，资产结构调整效果有待进一步检验。

三、存货变化的合理性评价

在正常情况下，如果存货占资产总额的比例变化不大，即企业存货的期初、期末余额的水平差别不大，则说明企业的原料采购、生产和销售活动基本正常开展，存货项目没有出现不合理资金占用，可以不进行存货合理性评价；反之，如果存货占资产总额的比例变化较大，即企业存货在期初和期末的余额水平差距较大，那么企业的生产经营活动可能出现了一些变化，需要进一步分析。下面仅举例说明几种可能情况，但因每种情况并非穷尽，因此结论并不是唯一正确的。

企业存货占资产总额的比例上升，可能有以下几种情况：①企业产品销售不畅，可通过存货上升、收入下降、存货占收入比例上升得到证明；②如果企业收入并没有下降，则有可能是由于企业将现金或收回的应收账款转变为存货，可通过货币资金占比或应收账款占比下降得到证明；③可能是企业通过赊账采购、应付账款增加取得存货，可通过应付账款占资产比例的增加得到证明；④可能是企业经营管理水平下降、存货周转不畅造成。在以上四种情况中，第①种情况和第④种情况属于存货不合理增长。如果有存货明细报表数据，这两种情况也可以通过产成品和在产品占收入比例的增长得到证明。

企业存货占比下降，可能说明：①如果销售收入上升、存货占收入的比例下降，可能是产品销售好转的结果，在这种情况下，进一步判断，如果利润率提高，则说明企业资产的变现能力提高；如果资产负债率下降，说明企业存货占比下降，资产结构改善。②如果收入增加而利润率没有提高，可能是应收账款带来的收入增加。③如果利润率没有提高且应收账款占比也没有增加，则可能是原材料价格上涨、企业减少原材料库存来维持销售增长所致。④如果收入没有增长，相反收入下降快于存货、存货占收入的比例上升，在这种情况下，如果利润下降，资产利润率下降，则说明存货低价销售，资产结构恶化；反之，在存货下降、收入更快下降的情况下，反而利润上升、资产利润率提高，则说明企业的利润来自其他业务，资产结构并没有改善。

案例 5-9　A、B 公司存货占比情况

A 公司和 B 公司的存货占比情况如表 5-10 所示。从表中数据来看，A 公司存货成倍增长，占资产总额的比例有所增长，占营业收入的比例也有所增加，营业利润率大幅度提高，资产负债率上升。如果没有营业利润率的大幅度提高，可以得出存货增长不太合理的明确结论。但在营业利润率提高的情况下，也就是说在企业的成本费用结构发生了变化的情况下，存货占资产和收入比例的增长，是不是一种合理的情况和现象，需要进一步进行存货结构的深入分析才能得出结论。B 公司存货有较大幅度增长，占资产总额的比例明显下降，占营业收入的比例明显下降，营业利润率有所提高，资产负债率大幅度下降，说明存货增长是合理的。比较来看，A 公司存货占资产总额的比例明显高于 B 公司，这是因为 B 公司有一部分资产还没有投产，但从营业利润率的情况来看，也存在着 B 公司销售利润率高，执行厚利少销政策的结果。在这种情况下，存货水平要低于执行薄利多销政策。但从两个公司销售产品本身的特点来看，A 公司生产和销售的主要是电视机、收录机等价格较高的产品，而 B 公司生产和销售的主要是灯泡等价格较低的产品，因此 A 公司存货水

平高于 B 公司也是正常的。A 公司存货金额高但利润率却并不高，B 公司存货占比小但利润率却比较高，说明通过加速存货周转来实现利润对 A 公司具有更现实的意义。

表 5 - 10　存货变化合理性评价表　　　　　　　　单位：万元，%

公司	时间 （12 月 31 日）	存货		营业收入		营业利润率		资产负债率	
		金额	占资产比重	金额	占比	金额	变化	百分比	变化
A 公司	上一年	24679.52	44.88	121279.12	20.34	6.1		43.59	
	本年度	53390.48	47.53	220288.25	24.23	10	3.9	48.62	5
B 公司	上一年	4516.33	11.18	23581.14	19.15	25.19		41.52	
	本年度	6086.19	8.94	42275.39	14.39	26.09	0.9	21.28	-20

四、应收账款变化的合理性评价

和存货一样，在企业外部环境不发生大的变化、企业经营模式没有发生大的变化的正常情况下，应收账款占资产总额和营业收入的比例应当维持在一个合理的、相对稳定的水平。这个相对稳定的水平，应当取决于企业的行业特点，取决于企业的顾客特点，取决于企业所处的外部市场环境。这些因素对企业应收账款水平的影响是：①行业变化或经营产品的变化，企业由消费品向工业品转变，应收账款会相应地增加。②顾客结构变化，在企业从大量小客户向少量大客户转变的情况下，也会出现应收账款增加的情况。③在经济形势好转时，企业倾向于增加应收账款、延长收账期，在经济形势恶化时，企业倾向于降低应收账款，缩短收账期。④在借款利率提高时，企业倾向于降低应收账款；在借款利率下降时，企业倾向于增加应收账款。

在以上因素没有发生大的变化的情况下，应收账款占比增加或提高可能说明：①企业的市场竞争形势恶化，企业通过增加赊账销售来努力维持收入不下降，企业资产结构趋于恶化；②企业销售管理出现问题，赊账政策没有落实，增加了应收账款；③企业的销售对象出现问题，客户结构趋于恶化，客户故意拖欠增加；④企业的收账管理不到位，该收的没有收回来，或者收回来之后没有入账，资金在账外循环。以上这四种情况均是资产结构趋于恶化的情况。这些情况是否存在，均可以通过利润率的变化、现金支付能力的变化得到证明。

应收账款占比下降可能说明：①企业市场地位发生变化，经营形势好转，赊账销售下降，这可从应收账款占收入的比例下降得到证明。②企业市场地位并未变化，但企业加大了应收账款回收力度或改变了赊账销售政策，这可从现金支付能力的变化得到证明。③企业已经将收回的应收账款转化为存货等非现金资产。④如果应收账款占资产总额的比例下降，占收入的比例并没有下降反而上升，则说明企业市场销售情况很不理想，在这种情况下，如果利润下降，则说明企业资产中其他项目有较大幅度的增加，但资产结构趋于恶化。如果利润上升，则要看收入总资产比，如果收入总资产比下降，则说明利润来自营业收入之外；如果收入总资产比上升，则说明收入可能是虚假的。

案例 5-10 A、B 公司应收账款分析

A、B 公司应收账款占比及变化情况如表 5-11 所示。从表中数据可以看出，A 公司应收账款占资产总额和营业收入的比例均有较大下降，利润率提高，应收账款变化合理。但应收账款的相对下降却并没有带来现金支付能力的上升，该企业现金支付能力反而有所下降。说明应收账款占比相对降低所带来的资金节约被其他资产项目的增加所占用。从报表数据来看，存货占资产的比例提高了 2.7 个百分点，但应收账款占总资产的比例下降了 4.7 个百分点，说明还有其他款项占用了资金。进一步发现，其长期投资中可供出售的金融资产出现较大幅度的增长，占资产总额的比例上升了 4.5 个百分点，说明该公司将资金投资于可供出售的金融资产，并且金额较大，不但占用了加速应收账款回收所带来的资金节约，而且占用了一部分企业的实现利润，说明该项投资的未来收益和风险会对企业带来一定影响。

表 5-11 应收账款变化合理性评价表 单位：万元,%

公司	时间 (12 月 31 日)	应收账款		营业收入		营业利润		现金支付能力	
		金额	占资产比重	金额	占比	金额	增长率	金额	变化
A 公司	上一年	6758.91	12.29	121279.12	5.57	7392		5697.28	
	本年度	8527.14	7.59	220288.25	3.87	22028	197.99	4842.52	-854.76
B 公司	上一年	2276.46	5.64	23581.14	9.65	5942		17892.29	
	本年度	7118.83	10.45	42275.39	16.83	11026	85.58	23266.63	5374.33

注：现金支付能力 = 营运资本 - 营运资金需求。

B 公司应收账款占资产总额和营业收入的比例均大幅度增加，说明应收账款出现不合理增长。在这种情况下，企业的资金应当趋于紧张，现金支付能力下降，但该公司却出现了现金支付能力提高，说明有其他资金来源满足应收账款的资金占用。该公司存货占资产的比例下降 2.2 个百分点，为该企业提供了一定的资金，但应收账款占资产的比例却提高了 4.8 个百分点，说明应收账款的资金占用还有其他资金来源。从该公司资产负债表来看，该公司所有者权益出现较大幅度的增长，所有者权益占资产总额的比例由上一年的 58.47% 提高到本年度的 78.71%，提高了 20 个百分点，这主要得益于该公司在本年度上市发行股票 2000 万股，筹集资金 2 亿元。这说明，B 公司在资金非常宽裕的情况下，放松了应收账款管理，应收账款出现了不合理增长。但由于该企业资金比较宽裕，资金的不合理占用并没有带来企业资金的紧张，从而掩盖了应收账款增加的不利影响。

【本章小结】

企业流动资产的构成反映了企业的行业特点、经营特点、管理重点和业务开展的基本情况，企业非流动资产的构成揭示了企业的发展阶段、发展重点和发展方向，通过构成分析能够对企业的经营管理特点和发展战略有一个初步了解。企业的资产结构因为其行业、经营和战略决策时的差异而存在较大的差异，掌握企业的这些差异和与这些差异相适应的

资产结构，了解企业经营的规律性，对企业开展经营决策和战略决策非常重要。进行资产结构的合理性评价，实际上是在承认企业现状的基础上，对资产结构变化的情况进行评价，了解企业经过一个时期的经营，是改善了企业资产结构还是恶化了企业资产结构，进而可对企业的经营决策和管理水平做出评价。

【本章习题】

名词解释

流动资产　非流动资产　货币性资产　经营性流动资产　长期投资　资产结构　货币资金占比　应收账款占比　存货占比　流动资产占比　流动资产率　固定资产占比　在建工程占比　长期投资占比　无形资产占比　合理资产结构　资产合理性评价

简答题

（1）如何进行流动资产构成分析？

（2）试述长期投资的利弊。

（3）对在建工程进行分析应当注意哪些问题？

（4）如何理解企业实际无形资产和账面无形资产的差异？

（5）通过非流动资产构成情况可以看出哪些经营特点？

（6）货币资金占比是由哪些因素决定的？不同行业的货币资金占比有哪些主要差异？

（7）应收账款是如何形成的？

（8）企业持有存货的主要理由有哪些？

（9）通过资产结构指标，如何理解资产结构的行业差异？

（10）如何分析企业长期投资的合理性？

（11）试述进行企业内部经营资产结构的合理性评价的基本思路。

（12）从变化的角度来评价资产结构的合理性，有哪些优缺点？

第六章　资本结构分析

（1）了解资本结构、资金结构的概念和差异。

（2）掌握负债和权益构成分析的基本方法。

（3）掌握资本结构分析的基本指标。

与资产结构的概念相对应，企业的资金来源于各项目之间，同样存在着适应企业生产经营特点和企业内外部形势要求的比例关系，如原料采购和应付款之间、产品销售与预收款之间、银行利率与企业负债之间都存在着一定的内在关系，这些关系，一方面可通过与资产项目之比反映出来，另一方面可通过资金来源项目内部的比例关系反映出来。本章主要讨论企业资金来源内部之间的比例关系，即讨论企业的资本结构。

第一节　资本结构与资金结构

关于资本结构，目前理论界没有一个明确的定义，在不同的专业教材中，存在不同的理解和定义。这就使不同的人在使用同一概念的时候产生不同的理解和争论。例如国有企业的国有资本是多少？提出这一问题的原因是一部分学者是想搞清楚有多少国有企业财产可向全国人民分配，还有一部分学者是想知道能够将国有资产划拨给社会保险基金理事会，用于社会保险的资金应该是多少。经济学家常对国有资本、国有资产不加区分，会计学和管理学背景的人则会把二者严格区分开来，二者的数量是不同的。下面从国有企业资产是多少开始，对资产和资本概念做一解释，并对资本结构和资金结构的概念加以讨论。

一、资产和资本的概念

截至 2019 年 6 月 31 日，我国规模以上国有工业企业资产总额为 6.95 万亿元，负债合计为 3.58 万亿元，所有者权益合计为 3.37 万亿元。有的经济学家说国有工业企业资产是 6.95 万亿元，有的经济学家说是 3.37 万亿元，后者是从所有者权益、净资产角度来看的，前者是从资产合计、资产总额角度来讲的。那么，国有工业企业有多少资产呢？坚持6.95 万亿元的经济学家认为不能仅从净资产角度看国有工业企业资产，负债所形成的资产也是国有工业企业的资产，应该属于国有工业企业。还有一些经济学家说，负债也是一种资本，是债权人提供给企业的资本，它和所有者提供给企业的权益资本一样，均形成国有工业企业的资产，因此国有工业企业的资产，无论从哪个角度讲都应该是 6.95 万亿元，如果要向全国人民分配就是 6.95 万亿元。看来，一些经济学家，不但把资产和资本的概念混淆了，而且也把权益和负债的概念合在一起了，并进一步证明国有工业企业资产应该是 6.95 万亿元，而不仅是 3.37 万亿元。

从会计上讲，国有工业企业的资产就是资产总额，就是 6.95 万亿元。但在这些资产中，有一部分是负债资金形成的，剔除负债之后真正归国有企业出资人所有的资产，在金额上应该是净资产，即 3.37 万亿元。国有工业企业资产是多少，如果想知道资产总额，确实应该是 6.95 万亿元，但如果想知道归国有工业企业股东所有的、能够给全国人民分配的资产是多少，就应该是净资产，即 3.37 万亿元。同样，国有工业企业的资本，如果想知道国家投入的资本是多少，那就仅指所有者权益中的实收资本或资本金（上市企业叫股本）的数额，它肯定低于所有者权益合计。

由此可见，在回答国有企业资产或资本是多少的问题的时候，由于存在对同一概念的不同理解，导致不同的人会有不同的结论。在回答这个问题之前，首先需要知道，提问者想知道什么。想给全国人民分配或归全国人民所有的资产，应当是净资产，即所有者权益合计，不应当将负债计算其中。想知道国有企业的资本是多少，那么，仅指账面上的实收资本，肯定比所有者权益合计少，不应该将企业的利润留存全部作为国家投入的资本。从所有者角度讲，企业的所有者权益合计，是企业所有者在企业的资本。但是，由于所有者权益中还包含了其他股东的资本和未分配利润，这些金额不能被看作完全归国有企业股东所有的、可以向全国人民分配的资本。从会计学角度讲，这些概念是非常清楚的，也是不应该引起争论的。但经济学家常常把资产和资本混为一谈，也常常不区分实收资本和留存收益。在部分经济学家看来，国有企业资产和国有企业资本是完全相等的，在金额上是完全一致的，国有企业净资产，即企业所有者拥有的净资产和所有者拥有的资本在数量上也是相等的，均是所有者权益合计金额。经济学家指导我国宏观经济政策制定，却对会计知识不懂，就会出现错误政策建议。

二、资金结构和资本结构

有关资金结构、资本结构，在理论界也没有统一的定义，例如企业的资金结构，是仅指企业的资金来源结构（即资本结构），还是包含企业的资金占用结构（即资产结构），也需要澄清。从资金概念本身来理解，资金的占用形式是资产，资金的来源渠道是负债和权益，那么企业的资金结构应当包含企业资金的占用结构即资产结构和企业的资金来源结构即负债和权益结构两个部分。在实际工作中，特别是在企业界、银行界的实际工作中，经常使用的资金结构概念也确实涵盖了这两个层次的意思，称一个企业的资金结构不合理，一般也包含资产结构、负债结构不合理的含义，因此将资金结构定义为资金占用结构和资金来源结构的总称是比较合理的。

将企业的资金占用结构称为资产结构，无论是在学术界还是在实际工作中，均无争议，但企业的资金来源结构如何定义目前理论界争议较大。有一种意见认为，企业的资金，无论是来自所有者还是来自债权人，均是提供给企业经营之用的资本，应当将企业的各种资金来源看作企业经营的资本，资金来源结构应当称为资本结构。但在经济学或会计学的文献中，资本结构常常是指长期负债和所有者权益的比例，或总负债和总资产的比例，很少把整个资金来源结构看作是资本结构。在企业、银行的实际工作中，资本结构常常是指所有者权益的结构，通常说一个企业的资本结构不合理，常常是指企业的股权结构不合理，很少延伸到整个资金来源结构的层次。但在有的时候，说资本结构不合理，是指资产和负债的比例关系不合理。

还有一种非主流的意见，将企业的资金来源结构称为负债结构，认为企业的所有者权益，是不需要企业偿还本金但需要企业以分红的方式支付利息的，是企业的一种广义负债。因此整个资金来源结构也可以称为负债结构。但在实际工作中，说一个企业的负债不合理，一般是说这个企业的负债结构不合理，也仅指这个企业负债过高或短期负债过多、长期负债太少，很少将全部资金来源结构看作负债结构。

在企业的实际工作中，还会使用"财务结构"的概念，用来表示整个企业的资金来源结构。通常说一个企业的"财务结构不合理"，是指这个企业的整个资金来源结构不合理，并且也含有与资产结构相对比来说的资金来源结构不合理的意思，也就是说企业财务结构不合理，即隐含意思是企业的负债与资产、负债与权益之间相互匹配不够好。

将资金占用结构定义为资产结构目前没有歧义，但将资金来源结构定义为资金结构、资本结构还是财务结构，均存在一定困难。在会计学中，与资本相关的概念常常是特指企业的资本金、实收资本或股本，最多扩展到整个所有者权益合计，但是不会把负债称为企业的资本。但在理论研究中，特别是在资本结构研究中，则把负债作为企业资本结构中的资本构成的一部分，只不过负债与资本的差异仅是外部资本还是内部资本、债务资本还是权益资本而已。本书将资本结构定义为整个企业的资金来源结构，将所有者权益结构定义为股权结构或权益结构，将资金结构定义为资产结构与资本结构的总称。

第二节　负债和权益的构成分析

企业的负债和权益是企业的资金来源，是企业经营的资本。企业经营的资本，一开始来自创业者或出资人的出资，当企业开始创造收入、获得利润之后，企业就增加了一种新的经营资本，即利润提留或留存收益。在企业经营发展过程中，如果出资人的投入和企业创造的利润不足以满足企业发展对资金的需求，企业就会举债，形成企业负债。企业的负债，有一部分是经营过程自然形成的，如应付税金、应付职工薪酬等，叫经营性负债，一般属于无息负债；还有一部分是企业从银行或其他机构或个人借贷的，需要企业支付利息，如短期借款、长期借款等，一般称为有息负债。这些负债，在取得之后，也构成企业经营的资本。

一、总体构成分析

流动负债是企业在生产经营过程中所欠的应付给他人的资金，是企业承担的应在一年或超过一年的一个营业周期内偿还的资金来源。而非流动负债是指企业在一年或超过一年的一个营业周期内无须偿还的负债，所有者权益是不需要企业偿还、企业可以踏踏实实使用的自有资金。

1. 流动负债

流动负债是需要短期内偿还的负债。其特点是：①与经营业务开展的情况直接相关，通常情况是其规模随经营业务规模的扩大而扩大，其占比随盈利水平的提高而下降；相反，企业经营业务恶化或盈利水平下降，流动负债增长起来反而比较困难。②债权人确定，几乎与企业相关的各方均有可能成为企业的债权人，一般来说企业欠银行的资金在经营状况好转时比较有利，在经营状况恶化时有可能变成企业发展的障碍；企业欠供应商、员工、客户或投资人的资金，一般可以随着企业经营形势的变化而变化，一般是良性互动。③金额和偿还期限确定，也就是说流动负债偿还的刚性较强。

企业经营活动中的资金占用，有相当一部分来自流动负债，它是企业经营活动资金来源的主渠道。如果一个企业在经营过程中能够充分利用他人资金来发展，则说明这个企业的经营是成功的。利用流动负债资金来经营还有一个好处，就是企业为了偿还负债，需要不断地努力、不断地使企业的资产转变成现金。其负面影响是负债偿还期限较短，经营不善将给企业带来较大的资金压力。但这种压力也是企业努力经营和发展的动力，是企业充满活力的力量源泉。相反，如果一个企业的经营资金比较宽裕，企业经营资金均是来自所有者权益资金，则在通常情况下就会出现花钱大手大脚、经营效率不高的情况。

2. 非流动负债

非流动负债是企业不打算或不需要企业在短期内偿还的负债，或者说是企业希望资金留存企业使用时间超过一年以上的负债。超过一年以上的好处是，这些资金在一年之内，企业可以踏踏实实使用，不需要考虑别人要债的问题。也就是说，企业可以用这部分负债做一些比较长期的经营打算，开展一些比较长期的投资活动，因此也称其为长期负债。

（1）非流动负债的特点：①一旦发生则每项金额较大且相对稳定。②企业一般要支付一个固定的利息成本，通常到期还本付息的压力较大。③负债经营如果没有达到企业预期的盈利时企业的经营和财务状况会急转直下，并容易出现资金链问题。

（2）非流动负债的作用：①一般是期望确保企业长期资金的需求。②在盈利良好情况下充分利用外部资金，发挥财务杠杆效益，扩大经营业务规模。③企业融资的一种良好形式，企业如果能够争取到非流动负债融资，就尽量少使用短期流动负债方式融资。

3. 所有者权益

所有者权益合计是企业账面净资产的反映，也是在某个时点企业资金实力和自负盈亏能力的标尺。所有者权益所占的比例，决定了企业资金来源和资金结构的独立性和稳定性，因此所有者权益也可以称为企业的经营资本、自有资本或自有资金。所有者权益资金可以分为两部分：一部分是所有者的投资；另一部分是企业创造的利润的提留。前者企业不容易控制，后者是企业能够争取和实现的，也是企业经营的主要目标，即通过盈利增加企业的留存利润、增强企业经济实力，使企业所有者的投资不断增值，是一个企业经营的主要目标。因此，所有者权益的变动，企业投资人和债权人均非常关注。

（1）所有者权益的特点：①企业可以长期使用的资金。一旦出资人将资金投入企业，在企业正常经营期间投资人是不能撤资的，这部分资金必须交由企业使用。②反映企业在一定时期的经营业绩。企业经营形势的好坏可以通过货币资金的变化略知一二，但企业经营业绩或经营的最终结果，主要还是表现在所有者权益金额的变化上。③企业经营扩张的资本和基石。所有者权益为负数就意味着这个企业即将破产而还没有破产，这时必须进行大刀阔斧的改革。

（2）所有者权益的作用：①企业独立存在和独立经营的基础。②企业能够长期、持续经营下去的实力保证。换句话说，经营一个企业、开展一项业务，没有一定的资本投入是不行的。③固定资产等长期投资的主要资金来源，换句话说，那些在5年内很难全部收回的固定资产、厂房设备投资，需要依靠所有者权益资金来保证，如果依靠负债来保证风险是很大的。

总之，流动负债数量和占比反映了企业经营活动的负债规模和负债偿还的紧迫程度，非流动负债的规模和比例反映了企业依靠外部资金的程度，所有者权益的规模和占比反映了企业经营活动的资金保证程度。

案例6-1 A、B公司负债及权益整体构成分析

A和B两公司上一年和本年度12月31日的负债及所有者权益总额、流动负债、非流动负债总额及其所占比例如表6-1所示。

表6-1 负债及权益整体构成情况　　　　单位：万元，%

公司	时间（12月31日）	流动负债		非流动负债		所有者权益		负债和权益合计	
		金额	占比	金额	占比	金额	占比	金额	增长率
A公司	上一年	23966	43.59	0	0	31015	56.41	54981	
	本年度	54608	48.62	0	0	57710	51.38	112318	104.28
B公司	上一年	15191	37.62	1578	3.91	23614	58.47	40383	
	本年度	12985	19.07	1508	2.21	53610	78.71	68103	68.64

由表6-1可知，A公司无非流动负债，其50%以上的资产占用资金来自所有者权益，上一年和本年度分别占企业资金来源总额的56.41%和51.38%，但是比较来看，本年度来自流动负债的资金有所增加，从上一年的占43.59%增至占48.62%，说明A公司随着资金来源总规模的扩张，经营性负债规模扩大，经营活动的还债压力增加，财务风险增大。B公司本年度78.71%的资金来自所有者权益，来自流动负债的资金从上一年的占37.62%降至占19.07%，来自非流动负债的资金从占3.91%下降到占2.21%，说明B公司随着资金总规模的扩大，企业所有者权益资金大幅度增加，企业的负债比例迅速下降。从以上情况也可以看出，A公司经营规模的扩张速度比B公司大，A公司总资金来源（总资产）增长了104.28%，在规模大幅度扩张的同时，权益和负债均有较大幅度的增加，但是负债增长快于权益增长，还债压力增加。而B公司经营规模扩张了68.64%，但权益占比大幅度提升，企业的资金实力、发展后劲以及财务独立性均大幅度提升。下面通过负债和权益具体项目构成的变化来进一步分析变化的特点。

二、流动负债构成分析

流动负债根据性质可以分为货币性负债和经营性负债。货币性负债是需要无条件向银

行等机构偿还的负债，包括短期借款、交易性金融负债、应付票据等。应付票据一旦开出，持有人就可以到银行贴现，提取现金，贴现银行到期就向企业要求支付，因此也是一种刚性负债。交易性金融负债是企业进行交易性金融资产投资的一种负产品，是企业交易性资产投资失败或失误所产生的负债，但也是企业希望通过购买交易性金融资产投机或投资所必须承受的风险。货币性负债数额说明企业经营活动对金融机构的依赖程度，货币性负债的高低从一个侧面反映企业经营业务的波动性大小。一般来说，当经营业务波动较大、季节性较强时，企业倾向于使用短期借款等货币性负债。

经营性负债是经营活动开始之后形成的负债，包括应付账款、预收款、应付职工薪酬、应缴税费、应付股利、其他应付款等，这部分负债实际上也是需要用货币形式偿还的，只不过这部分负债是经营过程产生的、与企业经营业务开展情况直接相关的负债，它随经营规模和经营业绩的变化而变化。经营性负债的多少，直接与企业的市场竞争能力、采购和付款政策、税收和工资水平等相关。

流动负债构成的分析重点：①要分析各项流动负债的性质和数额，进而判断企业流动负债主要来自何方，偿还紧迫程度如何。②要同企业的经营形势相联系，分析企业的采购政策、付款政策、分利政策及其他经营特点。③要同企业的流动资产构成、实现利润相联系，判断流动负债构成的变化是好转还是恶化。

案例6-2　A、B公司流动负债构成情况

A、B两公司流动负债构成情况如表6-2所示。从表中数据可知，本年度A公司货币性负债增加，主要是短期借款占流动负债的比例从0上升到20.07%，说明企业依靠银行资金来满足经营扩张对资金的需求。该公司经营性负债上一年占流动负债的57.97%，本年度占56.02%，两年基本维持在同一水平。在经营性负债中，应付账款所占比重提高，应缴税费所占比重下降，经营性负债结构有所改善。应付股利大幅度下降，从上一年的25.66%下降为本年度的0.07%。其他应付款有较大幅度上升，从上一年的16.34%上升到本年度的23.84%，主要是应付关联企业款大幅度上升。总体来看，该企业在流动负债大幅度增长的同时，其他应付款、短期借款、应付账款有较大幅度增加，所占比例明显上升，说明企业资金趋于紧张，还款压力增加。A公司流动资产和流动负债均有较大增长，特别是货币资金增长较大，说明A公司在经营规模扩大之后也没有带来支付困难，但A公司的流动负债构成有所恶化。

表6-2　流动负债构成分析　　　　　　　　　　　单位：万元,%

公司	项目		上一年12月31日		本年度12月31日		变化情况	
			金额	占比	金额	占比	增长率	占比之差
	流动负债合计		23966	100	54608	100	128	0
A公司	货币性负债	短期借款	0	0	10962	20.07	N/A	20.07
		交易性负债	0	0	0	0	0	0
		应付票据	0	0	0	0	0	0

续表

公司	项目		上一年12月31日		本年度12月31日		变化情况	
			金额	占比	金额	占比	增长率	占比之差
A公司	经营性负债	应付账款	1656	6.9	6980	12.78	321	5.88
		预收货款	0	0	97	0.18	N/A	0.18
		应付职工薪酬	1526	6.39	2213	4.04	45	-2.35
		应付股利	6150	25.66	40	0.07	-99	-25.59
		应缴税费	6708	27.98	9733	17.84	45	-10.14
		其他应付款	3916	16.34	13015	23.84	232	7.5
		其他流动负债	4011	16.73	11568	21.18	188	4.45
	流动负债合计		15191	100	12985	100	-15	0
B公司	货币性负债	短期借款	300	2.0	0	0	-100	-2
		交易性负债	0	0	0	0	0	0
		应付票据	0	0	0	0	0	0
	经营性负债	应付账款	2290	15.07	1886	14.52	-18	-0.55
		预收货款	497	3.27	1247	9.62	151	6.35
		应付职工薪酬	1253	8.24	1364	10.50	9	2.26
		应缴税费	1280	8.43	1131	8.71	-12	0.28
		其他应付款	9229	60.75	7357	56.65	-20	-4.1
		其他流动负债	342	2.24	0	0	-100	-2.24

B公司流动负债主要来自其他应付款，两期占比均在50%以上，但占比有所下降，从上一年的60.75%下降为本年度的56.65%。预收货款占比有较大幅度上升，从3.27%上升到9.62%。其他各项营业性负债总量均有所下降，说明企业当年经营活动开展良好，提高了流动负债质量。如果结合流动资产的变化看，财务状况的改善更加明显。B公司本年度的流动资产增长了35%，而流动负债下降了14.52%，说明企业在经营规模扩大的同时降低了负债水平，这在盈利水平比较低的企业是很难做到的。

如果再将两公司实现利润的变化考虑进去，我们发现A公司实现利润从上一年的10078万元提高到本年度的23857万元，利润增长和流动资产增长基本同步，表明企业在稳步向前发展。B公司实现利润从上一年的6230万元提高到本年度的11143万元，78.86%的增长幅度明显高于流动资产35%的增长幅度，并且流动负债下降了15%，B公司在经营规模增长的同时实现利润超速增长，说明企业走了一条"聪明发展"之路。

从两公司流动负债的构成分析还可以了解到以下情况：①行业特点。B公司应付账款和预收货款占流动负债的比例高于A公司，这一方面反映两个公司行业上的差异，另一方面说明B公司在产业竞争格局中处于更加有利的地位。②经营特点。B公司其他应付款是流动负债资金的主要来源，而A公司流动负债资金来源不太稳定，相对来讲A公司负债偿还的紧迫性和强制性要大于B公司。③业务开展情况。B公司在流动资产增长、经营业务规模扩大的同时，流动负债合计下降，并且这种下降是企业盈利水平的提高带来的，说明 B 公司经营业务开展良好，企业在经营规模不大的情况下获得了较高的盈利。而 A 公司流动资产增长了 1.01 倍，流动负债增长了 1.27 倍，说明在经营业务快速扩张的同时，资金出现紧张，经营资金开始依靠银行短期借款。

三、非流动负债构成分析

非流动负债包括长期借款、应付债券、长期应付款、预计负债、递延所得税负债等项目。企业长期借款的目的一般是用于小额固定资产投资或增加流动资金，其特点是：①借款期在一年以上。②银行对借款用途有一定的限制。③利率事先确定。④偿还以分期为主。与其他长期筹资方式相比，长期借款的优点有：①筹资较快，没有太多的审批手续和环节，只要银行同意即可取得资金。②和发行股票相比，成本较低。③借款弹性较大。④可利用财务杠杆效应，即当企业效益较好时可通过借款扩大经营规模，为企业多创造利润。其缺点是：①一般需要办理财产担保或抵押。②限制条款较多。③筹资数额有限。

应付债券是企业发行的、应按期向债权人支付利息和偿还本金的有价证券，应付债券的特点是：①代表一种债权债务关系。②有规定利率和还本付息期。③在企业破产时优先得到清偿。与发行股票相比，其优点是：①资金成本较低。②不分散企业的控制权。③和长期借款一样可发挥财务杠杆的作用。其缺点是：①承担还本付息责任和经营不善所带来的风险。②发行限制严格，影响企业今后的筹资能力。③经营未达到预期目的时还本付息压力较大。

长期应付款包括应付引进设备款、应付融资租入固定资产款等。

预计负债是已经确认的或有负债。或有负债是企业为其他单位担保，或将企业财产抵押为其他单位借款，或企业因诉讼需要承担的付款义务，或企业产品发生质量问题引起事故需要赔偿，或企业委托其他公司进行工程建设但未支付工程款等形成或可能要发生的负债。

案例 6-3　四川长江包装控股有限公司的预计负债

四川长江包装控股有限公司当年累计对外担保金额 281.04 万美元、41419 万元人民币，占公司总资产的 60.24%，占净资产总额的 298.94%，主要包括：①为中元实业总公司贷款本金 12650 万元及利息 4928.44 万元提供担保，担保责任为连带赔偿责任。②为潜在第一大股东四川泰港实业集团有限责任公司及其控制单位的银行借款 83.04 万美元及 26100 万元人民币提供担保并承担连带赔偿责任。③为除四川泰港实业集团有限公司及其控制公司外的 7 家公司提供 198.00 万美元、15282 万元人民币贷款担保并承担连带赔偿责任。④将控股子公司——青神中岩公司"青国用（2000）字第（101）-20 号 984.40 亩土地使用权"（该宗地评估价值 9741.61 万元）质押，给四川泰港实业集团有限责任公司借款 2110 万元。⑤将控股子公司的土地使用权进行质押为第二大股东西藏天科实业有限责任公司向银行借款 2560.00 万元。而在该公司的总资产中，潜在第一大股东四川泰港实业集团有限责任公司 2000 年及 2001 年通过置换、转让、捐赠股权等形式，投入土地使用权 47016.75 亩，评估入账价值 56637.22 万元，占其资产总额的 78%。而该部分资产所在地政府并不承认长江包装对土地资产的所有权，并且四川泰港、西藏天科因为没有兑现其对当地政府的投资承诺，已经对其评估投入四川长江包装控股有限公司的 5.66 亿元资产丧失了控制权和经营权，最终该公司在第二年以资产减值处理，导致该公司第二年实现净利润为 −66758.60 万元，到 12 月 31 日该公司总资产为 10534.52 万元，净资产为 −52138.74 万元。该公司提供的具有连带赔偿责任的担保均为或有负债。

四、所有者权益构成分析

所有者权益在企业中代表投资者对企业净资产的所有权，企业以其所有者在公司的权益来承担盈亏责任。所有者权益主要包括投资者投入的资本金和企业在生产经营过程中形成的资本公积金、盈余公积金和未分配利润。资本金是投资者实际投入企业生产经营活动的、供企业长期使用的各项财产和物资的资金，也称实收资本，在股份制企业称为股本。

（1）企业股本或实收资本的特点：①股票是一种标有票面价值的证券。②股票在交易中形成不断波动的市场价格。③代表了股票持有者与企业之间的一种权利义务关系。④股票是企业财产的所有权证，而不是债权债务凭证。股票分为普通股和优先股两大类。

（2）普通股和优先股。普通股的特点：①没有固定的利息，但在企业盈利好时可以获得分红。②是公司无须向持有者偿还的财产，但持有人有权行使企业股东的权利。③不存在还本付息的负担和风险，但企业经营不善或不分红时股票持有人可以抛售企业股票。优先股与普通股不同的地方是股利固定但企业并无法定按期支付的义务，优先股股东没有投票权或投票权受到一定限制，作为优先股企业可以赎回。股票资金的作用是：①保证公司生产经营资金的最低需要。②企业实力和信誉的保证。③企业借款筹资的基础。其缺点是：①成本高（发行费用、分利等）。②控制权分散。③发行新股会引起股价下跌。

（3）法定公积金。①是由股票发行溢价、利润提取等途径形成的。②是一种储备资本，可起到资本保全的作用。③可以转作资本金。

（4）盈余公积金。盈余公积金，也是从净利润中提留形成的，其作用是：①在企业发生亏损时弥补亏损。②在当期实现利润减少时可用于发放股利以避免股票价格下跌。③为经营者提供一笔可在不召开股东大会情况下可动用的资金。由此可见，盈余公积金在企业起到缓冲剂的作用。

（5）未分配利润。未分配利润是企业利润的蓄水池，企业一旦形成利润，均在资产负债表的该科目中反映。未分配利润为正表示企业留于以后年度分配的利润或待分配利润的数额，为负表示企业未弥补的累计亏损数额。

案例6-4　A、B公司所有者权益构成情况分析

A 公司和 B 公司的所有者权益构成情况如表 6-3 所示。由表可知，A 公司盈余公积金和未分配利润有较大幅度增长，实收资本也增长了 48.02%，主要得益于资本公积

转增资本。按照利润分配的有关法律，当企业的资本公积金超过实收资本的50%之后，企业可以将超过部分转增资本。实收资本总量增长，但占所有者权益的比例却从上一年的44.78%下降到本年度的35.61%，这主要是因为未分配利润和盈余公积金增长更多。一般来说，随着企业留利的不断增加，实收资本绝对值增加但占比下降趋势比较合理。B公司所有者权益增长了127.03%，实收资本增长了33.35%，但所占比例却有所下降，从上一年的24.51%降为本年度的14%，主要是因为其他项目特别是未分配利润增长较快，增长了20倍，使其占所有者权益的比例从1.97%提高到了18.53%。资本公积金增长了107.11%，但占所有者权益的比例从73.52%下降到67.07%。该公司未提取盈余公积金。

表6-3　所有者权益构成分析　　　　　　　　单位：万元，%

| 公司 | 项目 | 上一年12月31日 | | 本年度12月31日 | | 变化情况 | |
		金额	占比	金额	占比	金额增长率	占比差
A公司	所有者权益	31015	100	57710	100	86.07	
	实收资本	13887	44.78	20555	35.61	48.02	-9.17
	资本公积	12216	39.38	12216	21.17	0	-18.21
	盈余公积	4912	15.84	14568	25.24	196.58	9.4
	未分配利润	0	0	10371	17.98	N/A	17.98
B公司	所有者权益	23613	100	53609	100	127.03	
	实收资本	5787	24.51	7717	14.00	33.35	-10.11
	资本公积	17361	73.52	35956	67.07	107.11	-6.45
	盈余公积	0	0	0	0	0	0
	未分配利润	465	1.97	9936	18.53	2036.77	16.56

比较来看：①A公司所有者权益中以实收资本为主，B公司所有者权益中以资本公积金为主。②两公司的实收资本在本年度均有较大幅度的增加，但实现路径不同，A公司通过资本公积金转增资本实现，B公司通过增发股票实现。③两公司的未分配利润均出现了较大幅度的增长，并且占所有者权益的比例均达到了18%左右，表明盈利情况良好，资本增值能力较强。④A公司资本公积金是实收资本的60%，B公司资本公积金是实收资本的4.7倍，A公司主要来自于利润提留，B公司主要来自于股票发行溢价。⑤A公司提取了盈余公积金，B公司未提取盈余公积金，说明B公司在发行股票前对所有者权益进行了调整，将以前年度的所有者权益均作为实收资本处理。

第三节　资本结构分析

企业的负债由流动负债和非流动负债构成，企业的负债和所有者权益合计起来，构成企业的全部资金来源。企业资金来源和资金占用在数值上相等，即企业资产占用的资金，是由企业的流动负债、非流动负债和所有者权益三部分组成的，没有其他来源。换句话说，企业的资金来源，均是为企业取得资产、让企业资产将其占用所服务的，其占用目的是取得超过资金成本的更高盈利。因此，对企业负债和权益构成分析，一方面要结合企业的资产构成和结构来分析企业的资本结构，另一方面要结合企业的资金成本来进行资本结构优化。

一、资本结构分析指标

企业资本结构分析主要通过以下五个指标来进行：负债总额与资产总额的比率（资产负债率）、负债总额与所有者权益的比率、流动负债与负债及权益总额的比率（资本负债率）、长期负债与所有者权益的比率（负债经营率）和积累比率。其中，资产负债率和负债经营率两个指标尤其重要。

1. 资产负债率

资产负债率是企业负债总额（流动负债 + 长期负债）和资产总额之比，反映企业负债的总水平。即：

$$资产负债率 = \frac{流动负债合计 + 非流动负债合计}{资产总额} \times 100\%$$

企业资产负债率既反映企业使用自有资金吸收和利用外部资金的情况，同时也反映债权人资金偿还的保障程度。某企业的资产负债率为80%，说明该企业的负债在企业破产时每1元有1.25元的资产来保障偿还，因此也叫债权人投资安全系数。

案例6–5 A、B公司资产负债率分析

A、B两公司的资产负债率如表6–4所示。从表中数据可知，A公司的资产负债率有所提高，上一年和本年度期末分别为43.59%和48.62%，均没有超过50%；B公司的资产负债率上一年为41.53%，本年度有较大幅度降低，下降到21.28%。这主要是发行股票筹集了大量所有者权益资金导致的。两公司的资产负债率均在合理范围之内，相对来说，A公司充分利用了负债资金，使其经营活动规模大幅度增长，B公司经营实力和潜力有待进一步发挥。

表6–4 A、B公司资产负债率比较

公司名称	时间（12月31日）	负债（万元）	资产总额（万元）	资产负债率（%）
A公司	上一年	23966	454981	43.59
	本年度	54609	112318	48.62
B公司	上一年	16770	40383	41.53
	本年度	14494	68103	21.28

企业资产负债率多高才算合理并没有统一的规定，它取决于企业产品的盈利能力、银行利率、通货膨胀率、国民经济的景气程度、企业之间竞争的激烈程度等多种因素。一般

来讲，企业产品的盈利能力较强或者企业资金的周转速度较快，企业可承受的资产负债率也相对较高；银行利率提高通常迫使企业降低资产负债率，银行利率降低又会刺激企业提高资产负债率；通货膨胀较高时期或者国民经济景气时期企业也倾向于维持较高的资产负债率；同业之间竞争激烈则企业倾向于降低资产负债率。在不同的国家、不同的宏观经济环境下，资产负债率的合理水平或适度水平有较大差别。

从各国的实际情况来看，西方发达国家的企业在20世纪五六十年代经济高速增长时期均维持了较高的资产负债率，一般维持在70%左右。自70年代掀起的企业兼并和收购浪潮，迫使美国企业提高自有资金比重，降低资产负债率，在低速增长阶段一般维持在50%左右；而日本企业的平均资产负债率维持在70%以上，法国企业维持在60%以上。我国在过去经济处于高速增长时期，银行贷款利率（社会资本平均报酬率）相对地维持在较高的水平，企业之间的收购、兼并也并不活跃，企业资产负债率维持在70%左右。随着企业兼并、收购和破产情形的增多，我国企业的资产负债率近年来趋于下降，但要求降低至50%以内恐怕是不合理的，在许多行业也是做不到的。

资产负债率在不同的行业、不同的企业之间存在较大的差别。表6-5揭示路透社统计的不同行业上市企业的资产负债率，上市企业的统计范围涵盖了在美国、欧盟、日本和中国香港上市的企业的财务数据。从表中可以看出，非金融企业的平均资产负债率为10%～70%。一般来讲，日常经营活动取得大量现金且现金流比较稳定的行业资产负债率相对较高，经营环节占用大量资金的行业资产负债率较低。

表6-5 路透社网站统计的上市企业的平均资产负债率　　　　单位：%

行业名称	资产负债率	行业名称	资产负债率
公用事业（Utilities）	68.24	卫生保健（Healthcare）	24.23
供电（Electric）	70.71	生物工程（Biotechnology）	17.58
供气（Natural Gas）	47.75	医疗设施（Healthcare Facilities）	41.55
技术（Technology）	28.61	金融（Financial）	79.57
通信设备（Communication）	38.14	银行（Bank）	82.05
半导体（Semiconductor）	13.17	保险公司（Insurance - life）	12.10
服务（Services）	48.14	消费品（Consumer Goods）	48.14
百货商店（Department Stores）	50.46	烟草（Tobacco）	43.36
出版业（Publishing）	25.78	食品销售（Food Distribution）	28.38
工业品（Industrial Goods）	56.71	纺织服装皮革（Textile Leather）	53.43
工业设备（Machinery）	33.50	原材料（Basic Materials）	45.26
建筑工程（Construction）	38.55	化工原料（Chemicals Commodity）	36.07
电子器件（Electrical Components）	39.87	钢材（Steel）	50.56
汽车（Auto - manufacturer）	55.98	包装纸（Paper Package）	52.19
多样化经营（Conglomerates）	60.07	石油和燃气开采（Oil & Gas Exploitation）	18.47

资料来源：根据路透社网站公布的计算数据摘录，该数据随时间和上市企业披露信息的变化而变化（下同），http://www.reuters.com/finance/stocks/ratios。

　　我国企业资产负债率的高低和国外的企业有所不同。表6-6是国家统计局统计年鉴公布的按行业统计的我国规模以上工业企业2015年和2016年资产负债率的平均水平。在我国，资产负债率最低的是烟草制品业，为23%～26%，最高的是煤炭开采和洗选业，为67%～70%。烟草等营业成本低、毛利高的行业，资产负债率一般较低，通常这些行业的企业的财务状况良好，经营活动资金充裕，没有必要负债。但是，像煤炭开采和洗选这样的企业，其经营成本高，随着国家对煤价的调控和对环保的要求越来越高，这些企业通过销售获取利润的难度加大，资产负债下降是基本趋势。

表6-6　规模以上工业企业的资产负债率水平　　　　　　　单位:%

行业名称	2015 年	2016 年	行业名称	2015 年	2016 年
煤炭开采和洗选业	67.71	69.53	化学原料和化学制品制造业	55.05	55.43
石油和天然气开采业	46.66	46.03	医药制造业规模以上工业	40.44	40.31
黑色金属矿采选业	59.78	56.52	化学纤维制造业	58.15	56.98
有色金属矿采选业	52.47	53.37	橡胶和塑料制品业	48.57	46.84
非金属矿采选业	48.46	47.10	非金属矿物制品业	51.16	50.97
开采辅助活动	49.90	49.82	黑色金属冶炼和压延加工业	64.94	66.38
其他采矿业	56.25	43.62	有色金属冶炼和压延加工业	62.75	63.38
农副食品加工业	50.64	49.15	金属制品业	51.65	49.87
食品制造业	45.02	44.08	通用设备制造业	51.73	51.88
酒、饮料和精制茶制造业	42.59	43.92	专用设备制造业	53.58	52.17
烟草制品业	23.73	25.71	汽车制造业	59.18	58.34
纺织业	53.06	51.71	铁路、船舶、航空航天和其他运输设备	61.16	63.20
纺织服装、服饰业	47.21	46.08			
皮革、毛皮、羽毛及其制品和制鞋业	45.39	44.99	电气机械和器材制造业	56.17	55.59
木材加工和木、竹、藤、棕、草制品业	41.94	40.51	计算机、通信和其他电子设备制造业	57.41	57.56
家具制造业	48.10	49.02	仪器仪表制造业	48.23	43.88
造纸和纸制品业	55.95	54.79	其他制造业	56.99	54.19
印刷和记录媒介复制业	43.15	42.97	废弃资源综合利用业	62.76	60.81
文教、工美、体育和娱乐用品制造业	50.33	49.99	金属制品、机械和设备修理业	54.43	66.25
石油加工、炼焦和核燃料加工业	63.15	65.25	电力、热力生产和供应业	61.87	62.12
水的生产和供应业	56.49	55.94	燃气生产和供应业	56.20	55.78

　　资料来源：国家统计局网站，http://www.stats.gov.cn。

　　2. 负债经营率

　　企业的生产经营资金，是来自所有者权益还是流动负债、非流动负债，区别较大。所有者权益是企业出资人所拥有的权益，是企业的自有资金。企业的经营活动所用的资金首先是所有者权益资金，即出资人的资金，企业是以这部分资金为基础而开展各项经济活动的。企业通过持续不断的经营，要实现这部分资金的保值增值。如果企业完全凭借所有者权益资金来开展各项经营活动，则称企业是独立经营。

但企业在经营过程中一般会形成流动负债。流动负债是与企业的生产经营过程直接相关的资金来源，流动负债的高低主要取决于企业的业务和盈利情况。企业利用流动负债资金从事生产经营活动，一般是想在短期内尽可能地、无偿或廉价地使用他人资金，或者是在短期内应付突发性资金需求。

而企业的非流动负债，是企业有意借用他人的资金。非流动负债不但有确定的还款期，而且还有确定的利息支出。企业凭借非流动负债来从事生产经营活动，要承担按期还本和支付利息的双重压力。通常意义上的负债经营，就是指企业凭借非流动负债进行的生产经营。我们把非流动负债和所有者权益的比率，称作企业的负债经营率。即：

$$负债经营率 = \frac{非流动负债合计}{所有者权益总额} \times 100\%$$

将非流动负债总额（长期负债合计）和所有者权益总额之比称作负债经营率，而不将负债总额和资产总额之比称为负债经营率，其理由是：①负债经营，意即借款经营，是用长期负债来满足日常经营活动资金需求的一种状态。②在这种状态下，企业既要承担按期偿还借款本金的义务，还要承担确定的利息成本。而企业以权益资金为基础的经营，既无偿还本金的顾虑，也无支付利息责任，因此，用长期负债来保证经营活动却属有计划的负债经营。③企业的流动负债，企业只承担按期还本的压力，而支付利息的压力较轻或者企业根本不支付利息。而且使用流动负债资金，一般只是为了满足生产经营的具体需要，而并无通过支付一定成本换取企业自有资金较高收益的负债经营意图。因此把流动负债和非流动负债一并称作企业负债经营的负债是不恰当的。

负债经营率高低反映企业资金来源结构的独立性和稳定性，从这一角度来考虑，一般认为企业负债经营率为25%～35%比较合理。比率过高说明企业的独立性较差，过低说明企业资金的利用效率不高。

案例6-6　A、B公司负债经营率比较

从表6-7数据可知，A公司没有举借长期贷款，其负债经营率为零；B公司有一定的非流动负债，但比重很小，而且本年度和上一年相比非流动负债比率在下降，说明这两家公司对通过贷款来解决企业长期的生产经营资金需求并不感兴趣。这可能是两企业在本年度来自所有者权益的资金增长造成的，也可能是两个企业的盈利水平较高、生产扩张受到某些因素（时间、场地等）的限制所致，还有可能是银行不喜欢向企业发放长期贷款等原因。

表6-7　负债经营率比较

公司名称	时间（12月31日）	非流动负债（万元）	所有者权益合计（万元）	负债经营率（%）
A公司	上一年	0	31015	0
	本年度	0	57740	0
B公司	上一年	1579	25192	6.27
	本年度	1508	55117	2.75

我国企业普遍习惯从银行取得流动资金贷款，不习惯使用长期贷款来从事生产经营，银行也不习惯于发放长期借款（国家批准的投资项目除外），因此我国企业的资产负债率比较高，但负债经营率明显低于西方国家企业的水平。随着银行业务的独立和企业经营管理能力的提高，随着我国宏观经济形势的稳定和银行贷款利率的下降，我国企业依靠长期贷款来开展生产经营业务的现象也将会逐渐增多，负债经营率将会不断提高。

负债经营率在不同行业之间差距也很大，这主要与各个行业的经营周期和经营稳定性相关。一般来说，经营相对稳定的企业和行业负债经营率较高，经营波动大的企业负债经营率较低。路透社统计口径的上市企业平均负债经营率如表6-8所示。

表6-8 路透社统计口径的上市企业平均负债经营率　　　单位:%

行业名称	长期负债/资产合计	行业名称	长期负债/资产合计
公用事业（Utilities）	56.84	卫生保健（Healthcare）	17.63
供电（Electric）	58.86	生物工程（Biotechnology）	15.19
供气（Natural Gas）	40.52	医疗设施（Healthcare Facilities）	29.76
技术（Technology）	17.31	金融（Financial）	22.83
通信设备（Communication）	20.38	银行（Bank）	18.42
半导体（Semiconductor）	5.53	保险公司（Insurance - life）	8.33
服务（Services）	24.66	消费品（Consumer Goods）	24.66
百货商店（Department Stores）	28.10	烟草（Tobacco）	30.68
出版业（Publishing）	14.49	食品销售（Food Distribution）	15.58
工业品（Industrial Goods）	38.02	纺织服装皮革（Textile Leather）	31.72
工业设备（Machinery）	19.71	原材料（Basic Materials）	27.38
建筑工程（Construction）	16.93	化工原料（Chemicals Commodity）	19.28
电子器件（Electrical Components）	18.68	钢材（Steel）	34.92
汽车（Auto - manufacturer）	25.50	石油和燃气开采（Oil & Gas Exploitation）	16.08
多样化经营（Conglomerates）	39.26	包装纸（Paper Package）	27.40

资料来源：根据路透社网站数据整理，http://www.reuters.com/finance/stocks/ratios。

3. 产权比率

产权比率也称资本负债率，是企业负债总额和所有者权益总额之比，是揭示企业自负盈亏能力的主要指标。即：

$$产权比率（资本负债率） = \frac{负债合计}{所有者权益合计} \times 100\%$$

从计算公式可知，产权比率指标反映由债权人提供的资本与股东提供的资本的相对比率关系，反映企业基本财务结构是否稳定。因此，产权比率是判断能否获得银行贷款的重要指标之一，产权比率越高，企业获得银行贷款的可能性就越小，或者说银行收回贷款的难度就越大。产权比率指标也是企业之间确定付款方式、付款期限的主要依据之一，企业的原材料供应商也比较关心。

产权比率因行业或企业利润率高低不同而差别较大。一般认为，负债总额与自有资金（所有者权益）之比为100%时最理想，即"负债总额（流动负债＋非流动负债）＝资本金总额（所有者权益）"时比较合理。但也有人认为，100%过于保守，200%比较合理。产权比率为200%，意味着企业的资产负债率为66.67%。路透社统计口径的上市企业分行业的产权比率如表6-9所示。

表6-9　路透社统计口径的上市企业分行业的产权比率　　　　　单位:%

行业	负债/权益	行业	负债/权益
公用事业（Utilities）	214.89	卫生保健（Healthcare）	31.98
供电（Electric）	241.38	生物工程（Biotechnology）	21.33
供气（Natural Gas）	91.37	医疗设施（Healthcare Facilities）	71.08
技术（Technology）	40.07	金融（Financial）	389.51
通信设备（Communication）	61.66	银行（Bank）	456.97
半导体（Semiconductor）	15.17	保险公司（Insurance – life）	13.76
服务（Services）	92.83	消费品（Consumer Goods）	92.83
百货商店（Department Stores）	101.85	烟草（Tobacco）	76.55
出版业（Publishing）	34.73	食品销售（Food Distribution）	39.62
工业品（Industrial Goods）	131	纺织服装皮革（Textile Leather）	114.72
工业设备（Machinery）	50.37	原材料（Basic Materials）	82.67
建筑工程（Construction）	62.73	化工原料（Chemicals Commodity）	56.42
电子器件（Electrical Components）	66.30	钢材（Steel）	102.28
汽车（Auto – manufacturer）	127.15	石油和燃气开采（Oil & Gas Exploitation）	22.66
多样化经营（Conglomerates）	150.41	包装纸（Paper Package）	109.14

案例6-7　A、B公司产权比率分析

A、B两公司的产权比率如表6-10所示。从表中可以看出，A公司产权比率明显提高，从上一年的77.27%提高为本年度的94.62%，说明企业通过利用外部资金抓住了发展机会，使企业的生产经营潜力得到发挥，但从另一方面讲企业对负债偿还的保障程度有所下降。B公司产权比率有大幅度下降，从上一年的66.57%下降为本年度的26.30%，企业资金结构

的稳定性和独立性大大提高，但企业利用外部资金的潜力没有充分发挥出来，主要是企业获得较大数额的权益资金的时间还比较短，正在将其利用。A 公司的产权比率在本年底已接近于 1，说明企业通过利用外部资金使企业的经营规模扩大了近 1 倍。而 B 公司产权比率从过去的 66.57% 降低为 26.30%，表明企业今后筹集发展资金的潜力巨大。由于 B 公司的在建工程较多，而原来生产经营项目盈利能力有限，因此产权比率较低可以说是暂时的或者是短期的情况，随着建设项目的陆续投产，从外部取得资金的比例就会增加。

表 6-10　产权比率

公司名称	时间（12 月 31 日）	负债合计（万元）	所有者权益合计（万元）	产权比率（%）
A 公司	上一年	23966	31015	77.27
	本年度	54609	57710	94.62
B 公司	上一年	16770	25192	66.57
	本年度	14494	55117	26.30

4. 流动负债率

流动负债率是流动负债占负债总额和所有者权益总额之和的比率，反映企业生产经营过程提供的资金来源占企业总资金来源的比例。

$$流动负债率 = \frac{流动负债合计}{负债和权益资产总额} \times 100\%$$

从表 6-11 提供的数据可以看出，对于非金融行业来说，流动负债占资产总额的比例平均为 2%~30%，而表 6-8 的数据表明，非金融企业长期负债占资产总额的比例平均为 5%~60%，说明上市企业更多地依赖于长期负债来筹集经营资金，这和我国的情况有较大的差异。

表 6-11　路透社统计口径的上市企业分行业的流动负债率　　　　单位:%

行业	流动负债率	行业	流动负债率
公用事业（Utilities）	11.40	卫生保健（Healthcare）	6.60
供电（Electric）	11.84	生物工程（Biotechnology）	2.39
供气（Natural Gas）	7.22	医疗设施（Healthcare Facilities）	11.78
技术（Technology）	11.30	金融（Financial）	56.74
通信设备（Communication）	17.76	银行（Bank）	63.63
半导体（Semiconductor）	7.64	保险公司（Insurance - life）	3.76
服务（Services）	23.48	消费品（Consumer Goods）	23.48
百货商店（Department Stores）	22.36	烟草（Tobacco）	12.68
出版业（Publishing）	11.29	食品销售（Food Distribution）	12.80
工业品（Industrial Goods）	18.69	纺织服装皮革（Textile Leather）	21.71
工业设备（Machinery）	13.79	原材料（Basic Materials）	17.88
建筑工程（Construction）	21.62	化工原料（Chemicals Commodity）	16.79

行业	流动负债率	行业	流动负债率
电子器件（Electrical Components）	21.19	钢材（Steel）	15.64
汽车（Auto - manufacturer）	30.48	石油和燃气开采（Oil & Gas Exploitation）	2.40
多样化经营（Conglomerates）	20.81	包装纸（Paper Package）	24.78

分析流动负债率要同流动资产增长情况和盈利能力变化情况相结合。如果流动负债率和流动资产率同时提高，说明企业扩大了生产经营业务，增加了生产；是否增收，要看利润的增长情况。如果流动负债率提高而流动资产率降低，同时实现利润增加，说明企业的产品在市场上销售很好，供不应求，企业经营形势良好；如果实现利润没有增多，说明企业生产经营形势恶化，企业将发生资金困难。如果流动负债率和流动资产率同时下降，说明企业生产经营业务在萎缩。

5. 积累比率

积累比率也称留存收益比率，是企业留存收益和企业资本金的比率。留存收益是企业自创建以来的累计净利润减去支付给股东的股利后的净余额，在资产负债表上，留存收益是资本公积金、盈余公积金和未分配利润三项之和。其计算公式是：

$$积累比率（留存收益比率）= \frac{资本公积金 + 盈余公积金 + 未分配利润}{权益合计} \times 100\%$$

一般认为，企业的积累比率在75%以上比较理想。积累金太少（低于50%），在经营不善或者需要动用企业资本的时候就起不到缓冲作用，企业的资本金就会受到威胁，因此一般要求不能低于50%，100%就比较安全。积累金通常随企业经营的年限而不断提高。

二、资本结构优化方法

资本结构优化的核心问题有两个：一个是各种资金来源应该占多大比例；另一个是资金来源的综合资金成本是多少。不同资金来源的比例决策，实际上是涉及企业经营主要依靠什么资金的问题，因此是筹资政策的问题。资金来源的综合成本，实际上与资金政策紧密相关，一般来说，无息负债或低利率负债，偿还的紧迫程度较高；利率比较高或要求回报比较高的资金来源，偿还的紧迫程度不明显。资本结构优化实际上是在这二者之间寻求平衡。

（一）筹资政策

主要涉及经营活动是依靠外部筹资还是内部提供资金，投资活动是依靠负债还是依靠自有资金两个方面的问题。表外筹集作为一种创新的筹资工具，在近几年来也获得了很大发展。

1. 营运资金政策

主要涉及两个方面的决策：一是企业保证充足的营运资本以满足营运资金的需求，还是营运资金由企业在经营过程中自行解决；二是经营活动资金需求，是依靠短期借款解决，或是依靠无息负债解决，或是依靠权益资金解决。

第一个决策是执行宽松的营运资金政策还是执行从紧的营运资金政策的问题。宽松的营运资金政策的好处是企业经营活动的资金需求有保证，企业不会为资金紧张而苦恼，但其不利影响是会助长企业大手大脚花钱的习惯，经营活动管理缺乏必要的压力。从紧的或紧缩的营运资金政策的好处是经营活动资金没有来源，需要企业自己来创造，资金偿还的压力较大，由企业想办法高效利用资金和加速资金周转，但其缺点是一旦外部经营环境出现不利变化，就会使企业经营陷入资金紧张的困境。

第二个决策涉及资金来源和企业资产的匹配问题。一般来说，在执行宽松的营运资金政策情况下，企业经营活动的资金需求主要依靠权益资金或长期负债来解决；在执行从紧的营运资金政策情况下，经营活动资金一般依靠第三方无息负债或银行短期借款来解决。特别是企业经营活动季节性变化较强的时候，依靠第三方（如上下游企业）资金会有一定困难，需要依靠短期借款来解决经营活动的资金。在这个时候，银企合作非常重要。

2. 杠杆融资

对于固定资产投资、企业收购兼并等所需资金金额较大、占用时间较长的资金需求，同样存在是依靠权益资金还是依靠负债资金的问题，从企业角度来讲，依靠权益资金当然是风险最小的，但能否取得权益资金常常由企业所有者决定，并且权益资金的增加必然会带来企业持股比例或企业控制权的变化。因此，对于经营者来说，依靠负债资金从事长期性投资和经营活动，是一种比较现实的选择。长期性的经营活动资金需求一般通过长期负债来解决，收购兼并活动资金需求一般通过杠杆融资的方式解决。

杠杆融资是指某一企业拟收购其他企业的资产时，以被收购企业的资产和未来收益能力为抵押，从银行筹集资金用于收购活动的一种融资方式。一般情况下，借入资金占收购资产总额的70%～80%，其余资金需要由企业自有资金解决。通过杠杆融资，企业可以收购兼并比自己规模更大的企业。杠杆融资是目前市场经济国家收购兼并的一种主要融资方式，它存在以下优点：一是投入少量资金可以获得较大金额的银行贷款，适合资金不足又急于扩大生产规模的企业进行扩张；二是有助于规模小的优势企业改组和改造规模大的低效企业，有利于使优势企业快速做大做强，有利于企业的优胜劣汰；三是由于有拟收购企业的资产和未来收益做抵押，银行贷款的安全性也比较高，银行也容易接受这种融资方式；四是通过有效的收购兼并使被收购企业的资产增值，也使收购企业的资产增值；五是在杠杆收购过程中，一般可以安排经营者参股，可以充分调动经营者的积极性，确保收购活动的成功。但是，通过杠杆融资方式收购企业之后，收购企业的资产负债率会达到85%以上，并且负债主要是银行借款。因此企业的经营风险会大大增加，一旦兼并失败，就会使企业背上沉重的包袱，会使企业很快由盛转衰。

3. 表外筹资

随着近年来金融创新产品和工具的发展，表外筹资也逐渐成为企业筹集资金的渠道之一。表外筹资是指在企业资产负债表中并不反映，但企业却实际得到资金的一种筹资方式，主要有直接表外融资和间接表外融资两种类型。直接表外融资是企业通过不拥有所有权，而仅获得使用权来筹集经营活动所需要的资金，主要包括租赁、代销商品、来料加工等方式。这种方式是企业使用他人所有的资产来开展经营活动。间接表外融资是企业利用第三方企业来获得资金，如航空公司自己购买飞机投资太大，通过飞机租赁公司购买飞机，然后企业从该租赁公司租用飞机，就是一种间接表外融资。这种方式的好处是飞机的所有权和经营权仍然在飞机租赁公司，航空公司获得自己所需要的飞机，租赁公司可以根据航空公司的需要在不同的时间把飞机租赁给不同的航空公司，使飞机这种需要巨额投资的资产发挥其最大的作用。

母公司通过设立下属公司从银行借款，也属于一种表外融资。例如某集团公司所有者权益为 10 亿元，其借款已经达到了 15 亿元，无法再从银行获得新的借款，此时，该集团公司投资 5 亿元设立一个新的公司，再以新公司的名义向银行借款，新的企业又可以获得银行 5 亿元的贷款。对集团公司来说，所有者权益并没有增加，但通过投资设立分公司，可以从银行获得更多的资金。而从下属公司借入的资金，并不作为负债反映在集团企业的报表中，但集团公司却可以通过下属公司利用这笔资金。

还有一种间接表外融资方式，集团企业内部并不进行直接投资，而是通过内部业务上的关联交易，使下属企业的账面资产不断地膨胀，使下属企业的银行负债比例下降，进而达到银行借款的条件，然后再由下属企业借款，取得集团所需要的资金。这些表外间接融资方式，有故意蒙骗银行之嫌，例如某公司自有资本 1000 万元，借款 1000 万元，该公司欲追加借款，但目前表内借款比例已达到最高限度，再以公司名义借款已不可能，于是该公司以 500 万元投资于新公司，以新公司的名义借款 500 万元，新公司实质上是母公司的一个配件车间。这样，该公司总体上实际的资产负债比率不再是 50%，而是 60%，两个公司实际资产总额为 2500 万元，有 500 万元是母公司投给子公司的，故两个公司共向外界借入 1500 万元，其中在母公司会计报表内只反映 1000 万元的负债，另外的 500 万元反映在子公司的会计报表内，但这 500 万元却仍为母公司服务。

现在，许多国家为了防止母公司与子公司的财务转移，规定企业对外投资如占被投资企业资本总额的半数以上，应当编制合并报表。为此，许多公司为了逃避合并报表曝光，采取更加迂回的投资方法，使母公司与子公司的控股关系更加隐蔽。通过这种集团公司投资或内部关联交易来放大资产，取得银行资金。目前已经是大多数集团企业发展成为超级集团公司的主要途径。当然这种筹资方式也决定了这些集团公司一旦出现资金链断裂，就会不可避免地出现一夜之间迅速倒塌的局面。

（二）资本结构优化

企业资金可从短期贷款、长期贷款、发行债券、发行股票等不同渠道而来。资金来源渠道不同，企业支付的成本和承担的风险不同。资本结构优化的目的，是使企业资金筹集的成本最低、风险最小。优化企业的资本结构，首先要计算出企业资金来源的总成本，其次根据成本最低和风险最小的原则来确定最优的资金来源结构，下面举例说明。

1. 资金总成本的计算

[例 6-1] 假设某企业拥有的总资产为 2000 万元，其中 300 万元来自应付账款、预收款等不需要企业支付利息的流动负债，100 万元是月利率为 13‰的短期银行流动资金贷款，600 万元为年利率 12% 的三年期负债，1000 万元为注册资本金。所得税税率为 33.3%。则企业资金的总成本是各项资金成本的加权平均数，即：

$$年资金总成本 = 100 \times 0.013 \times 12 \times (1 - 33.3\%) + 600 \times 0.12 \times (1 - 33.3\%)$$
$$= 10.4052 + 48.024$$
$$= 58.4292（万元）$$

实际上，企业支出了 87.6 万元，要比这里计算的多。因为同企业分配利润比较起来，企业要想分配 58.4292 万元的利润，就必须上交 29.2708 万元的企业所得税。因而上面计算的总成本相当于税后分配利润之后企业支付的成本。

上面计算总成本时没有计算资本金的成本。事实上投资人冒着经营亏损或破产的风险将资金投入企业，是希望获得比银行存款高的红利，否则投资人宁愿将资金存入银行。因此，必须计算资本金的成本。

从企业的角度来讲，资本金的成本就是企业向投资人每年所分配的利润，设每年按15%的投资回报率分利，则企业所支付的总成本应该增加资本金的成本：

资本金的成本 $= 1000 \times 0.15 = 150$（万元）

因此，企业资金的总成本应为 $150 + 58.43 = 208.43$（万元）。资金成本可换算成百分比来进行，用百分比表示为：

$208.43 \div 2000 = 10.42\%$

在［例 6-1］中企业总资产为 2000 万元，其中，15% 来自营业过程，不支付利息；5% 来自月息 13‰ 的短期贷款；30% 来自年息 12% 的长期贷款；50% 来自投资人（所有者权益）。投资人要求得到 15% 的投资回报（年终分配利润）。则企业年资金总成本为：

$$资金总成本 = 0.05 \times 12 \times 0.013 \times (1 - 0.33) + 0.3 \times 0.12 \times (1 - 0.333) + 0.5 \times 0.15$$
$$= 0.0052 + 0.024 + 0.075$$
$$= 0.1042 = 10.42\%$$

2. 资本结构优化

从［例 6-1］可知，企业资金成本取决于企业各种来源渠道资金所占的比例及各渠道资金的利率或投资回报率。资本结构优化一是通过改变各项资金来源所占的比例来实现，二是通过改变各项资金来源所支付的成本（利率）来实现。资本结构优化，首先要弄清各种来源渠道资金所占的比例，其次要弄清通过各种渠道取得资金所支付的成本。使用期限短的资金来源的资金成本较低，使用期限长的资金来源的资金成本较高。优化资本结构，实际上是在照顾资产结构对企业资金来源结构要求的同时，在资金使用时间和资金成本之间寻求平衡。

资本结构优化工作，通常是在企业资金来源渠道确定的情况下，计算综合资金成本（或称资本总成本），谋求满足企业资产结构对资金期限需求情况下的最低资金总成本。在计算资金总成本时，通常各项资金来源在企业所占比例不难确定，长短期资金贷款利率和发行债券的利率也不难取得，比较难确定的是权益资金的成本。权益资金的成本，是由企业付给投资者的回报即年终红利决定的，受企业经营成果和分利政策的影响较大，变动较大，因此比较难以确定。目前比较流行的做法是通过资产资本定价模型来计算权益资金成本或综合资金成本，但资产资本定价模型使用起来过于复杂，在实际工作中企业可以用经验数据或行业平均水平或银行利率水平代替。

表 6-12 是在各筹资渠道筹集资金数的比率发生变化情况下某企业资金总成本的变化。与原资金结构相比，方案 1 增加了短期借款（从 5% 增加为 10%）和资本金（从 50% 增加为 60%）的比例；方案 2 发行债券（占总资金来源的 25%）并降低了不支付成本的负债（从 15% 降为 10%）；方案 3 降低了不支付成本的负债（从 15% 降为 5%）和长期借款（从 30% 降为 15%），增加了资本金（从 50% 增加为 75%）；方案 4 增加了无成本流动负债（从 15% 增加为 20%），降低了长期借款（从 30% 降为 20%）。从计算可知，资本金所支付的成本最高，资本金的增加会使总成本提高。减少不付息流动负债也使企业筹资总成本增加。而

只有方案 4 增加了不付息流动负债，减少了长期借款，才使企业筹资总成本降低。

表 6 - 12　资本结构优化计算　　　　单位:%

筹资占比 筹资方案	不付息 负债（0）	短期借款 （月息 13‰）	长期借款 （年息 12%）	发行债券 （年息 13%）	权益资金 （回报率 15%）	总成本
原结构	15	5	30		50	10.42
方案 1	15	10	15		60	11.24
方案 2	10	5	10	25	50	11.00
方案 3	5	5	15		75	13.49
方案 4	20	5	20		50	9.62

这说明，该企业要想降低资金成本，一要降低资本金的回报率或者资本金的比例，二要提高不付息流动负债的比例，三要用利率低于 12% 的长期借款代替月息 13‰ 的短期借款。但是，资本金的减少和不付息流动负债的增加都会使企业的财务风险增加。因此，企业资本结构的优化，实际上是在考虑客观可能的基础上在高成本低风险和低成本高风险之间做出抉择。

第四节　资金结构的合理性评价

前已述及，资金结构包含资产结构和资本结构两个方面，但资产结构在企业处于更加核心和关键的地位。资产结构决定了企业的盈利能力，同时也影响着企业的资本结构。有什么样的资产结构，就有什么样的盈利能力，就要求有什么样的资本结构与之相适应。而资本结构又反过来影响着企业资产结构的形成和发展，影响着资产结构的合理化进程。因此，从资产结构和资本结构两个角度出发，不断地对资金结构的合理性进行评价，有利于企业形成企业资产和资本相互促进、协调发展的机制。

一、合理资金结构的定义

合理资金结构就是指企业资产结构和资本结构均比较合理的资金结构。所谓合理的资产结构，是指与企业的生产经营活动相适应的、反映企业生产经营活动客观必然性的资产结构。这种资产结构，能够实现资产变现能力强、周转速度快和盈利能力高，能够确保企业资产的保值增值。所谓合理的资本结构，是反映企业的行业特点、产品销售特点和合理筹资成本的资金来源结构。这种资金来源结构，能够满足合理的资产结构对资金的需求，在使企业有能力承受经营风险的同时，不出现资金财务问题。

合理资金结构应该是同时实现资产结构合理和资本结构合理，实现资本结构与资产结构互相协调、相互适应的资金结构。具体来说，合理的资产结构应该满足以下条件：①能够保证企业生产经营顺利进行，即企业生产经营各环节的资产分布要能够保证企业的正常运转。②资产周转速度快，占用资金少。③资产的变现能力强，盈利能力高。④能够提高企业的整体价值，实现企业资产的增值。

合理的资本结构应该满足以下条件：①与资产结构相适应，并能够保证企业债务的偿还。②能够满足企业生产经营对资金的需要，保持企业的竞争能力。③使企业的资金成本最低，效益最大。④风险和收益均等，高风险应该能够带来高收益。在合理资金结构情况下，企业的资产周转快、投资收益高、经营业务能够顺利开展，企业的资金来源稳定、偿债风险较小，企业的资金成本较低。

当然，合理资金结构首先应是企业正常经营情况下的资金结构。正常经营情况，不是指企业进行产业结构调整或大规模举债、大规模投资时期的情况。正常情况下企业应该有盈利，并且资金利润率高于银行长期贷款利率。其次合理资金结构应反映行业先进水平。所谓先进水平，是反映企业所在行业技术发展水平、发展趋势和企业管理水平不断提高特点的、比平均水平略高的水平。

决定企业合理资金结构的因素很多，具体有：①与行业有关的因素包括行业最低投资额（决定企业的固定资产规模）、行业经济批量（决定企业存货、应收账款的合理数额）、行业产品与其他行业的相关性（决定企业原材料供应和产品销售情况）、行业的技术装备水平（决定企业生产经营各环节资产的组合）、行业的盈利水平和景气程度（决定企业的负债能力和负债比率）等。②与企业经营决策和管理有关的因素包括产品品种结构、产品质量、销售费用、产品成本、销售收入增长率等。③企业的市场环境，如银行利率、产品销售情况、生产竞争激烈程度、通货膨胀率、经济景气与否、汇率变化等。显然，根据各因素的影响程度来确定企业合理的资金结构是不容易的。但是，如果将不同行业、不同企业、不同历史时期的资金结构数据进行比较，然后在考虑以上各因素的基础上，可以确定出一个比较合理的资金结构数值。

企业资产和负债的合理结构，也因技术水平、市场发育程度等条件的不同而改变。如在我国目前资金市场还欠发达的情况下，合理的负债经营率往往低于国外同行的水平。再如我国企业之间遵守合同、按期付款的观念还不是很强烈，产权比率高于国外同行水平也是比较正常的。因此，这些指标的合理数值，是相对的和不断变化的。

二、不合理资金结构的几种情况

不合理的资金结构，就是企业资产结构和资本结构相互制约、不相协调的资金结构，因而是企业盈利能力比较低、经营风险比较大的资金结构。下面具体讨论几种资金结构不合理的情况。

（一）根据资产结构和资本结构的协调程度划分

根据资产结构和资本结构的协调程度，可将不合理的资金结构分为以下三种情况：

1. 资产结构合理，资本结构不合理

如果资产结构合理，而资本结构不合理，则：①企业的合理资产结构较难长期维持。②企业有可能在经济效益较好的情况下，出现不能清偿到期债务的情况。例如，流动资产占资产总额的60%，为某企业的合理资产结构；流动负债占资产总额的55%，为某企业的合理资本结构。而实际情况是流动资产占资产总额的58%，流动负债占资产总额的71%，而企业的资产利润率为8%。在这种情况下，该企业的资产结构基本合理，而资本结构不太合理，企业将会面临到期不能清偿债务的难题。因此必须调整资本结构，增加长期负债或所有者权益。

2. 资本结构合理，资产结构不合理

如果企业资本结构合理，但资产结构不合理，不能充分发挥企业各种资产的作用，最终不合理的资产结构将反映在企业实现利润的降低或增长缓慢上。如某企业自有资金利润率为15%，其合理的资本结构是长期负债占所有者权益的30%，流动负债占资产总额的50%；合理的资产结构是流动资产占资产总额的65%。然而，实际情况是长期负债占非流动资产的32%，流动负债占资产总额的49%，流动资产占资产总额的45%，资本结构基本合理，资产结构不合理。由于资产结构不合理是企业经营管理不善、产品质量低和消耗浪费严重造成的，结果企业实现利润下降，自有资金利润率只达到5%，企业的长期负债变成企业的负担，因而原资本结构从合理变为不合理。

3. 资产结构与资本结构都不合理

某企业长期投资占非流动资产的70%，流动资产占资产总额的50%，流动负债占负债及权益总计的60%。而正常情况应是，流动资产占60%，流动负债占50%，长期投资占非流动资产的20%。该企业原来资产利润率为8%，现在企业亏损，造成这一状况的原因是：企业在进行结构调整的过程中，长期投资项目过多，投资收益不理想。长期投资占用大量资金，使长期资金来源不足，企业流动负债比例上升，流动资产比例下降，企业原有业务受到资金不足的干扰，结果企业收入和实现利润同时下降，企业出现亏损，亏损进一步加剧了资金结构的不合理。

(二) 根据资产结构和资本结构的主要指标来划分

如果我们以企业资金结构的三个主要指标流动资产率、产权比率、负债经营率来分析判断企业资金结构合理性的话，那么，与合理资产结构和资本结构相对应的流动资产率、产权比率和负债经营率分别称作合理流动资产率、合理产权比率和合理负债经营率。根据企业与其所确定的这三个指标合理数值的偏离程度，可将企业在报告期的资金结构不合理情况分为以下六种类型。

1. 业务超前发展型企业和业务萎缩型企业

高于合理流动资产率较多的企业，称业务超前发展型资产结构企业；低于合理流动资产率较多的企业，称业务萎缩型资产结构企业。业务超前发展型企业的特点是支付能力、应变能力强，业务萎缩型企业的特点是应变能力差、生产能力利用不足。

对业务超前发展型企业资产结构的分析要注意：①实现利润情况，利润增长说明企业增产增收。②企业资金周转期，在流动资产增长的同时，企业流动资产周转加快或保持原来水平，则为合理；如果流动资产增加，周转速度降低，则可能意味着企业经营效率下降，有可能引起利润下降。③流动资产内部结构是否合理，流动资产增加而内部结构不合理，如存货或应收账款过多，则企业可能出现支付或偿债困难。

对业务萎缩型企业资产结构的分析要注意：①企业产品的市场销售状况，如果产品畅销，流动资产下降，则是企业业务发展的表现。②固定资产、长期投资等是否增长过快，增长过快可能并不意味着企业经营业务萎缩。③企业非流动资产的利用效率，如果是产品滞销或者产品成本过高而使产量缩减，进而使企业流动资产率下降，则说明经营业务萎缩，企业需进行结构调整。

2. 投资不安全型企业和潜力待发挥型企业

高于合理产权比率较多的企业，称投资不安全型资本结构企业；低于合理产权比率较多的企业，称潜力待发挥型资本结构企业。

对于投资不安全型资本结构企业的分析要注意：①企业的流动负债和流动资产构成，流动负债构成反映了企业偿还债务的紧迫程度，流动资产构成反映了企业清偿债务的能力，二者应相互协调。②企业的经营特点：如果企业流动资产周转快，则企业创利能力强，可维持较高的产权比率。

对于潜力待发挥型资本结构企业的分析要注意：①企业产品的市场前景和创利能力，市场前景好，创利能力强，则可举债扩大生产；反之应维持现状或寻找有前途的产品或投资项目。②企业的经营战略：如果企业为了增强竞争力或进行长期投资，则可能使用自有资金比长期负债更有利，即保持较高数量的自有资金是必要的。

3. 独立经营型企业和非独立经营型企业

高于合理负债经营率较多的企业，称非独立经营型企业，低于合理负债经营率较多的企业，称独立经营型企业。

对非独立经营型企业的分析要注意：①企业的利润率：如果利润率增长，自有资金利润率高于银行利率，则企业负债经营安全；反之则不安全。②企业的资金利用情况，企业是否将长期负债用于创利项目或创利产品。③企业的资产结构：如果非流动资产过多，则生产经营资金不足，长期负债偿还可能有问题。

对独立经营型企业的分析要注意：①要弄清是企业的客观条件所致还是企业的经营观念保守。有一些企业受产品盈利能力的限制，承担不起负债经营的利息，需要依靠自有资金经营。但有另一些企业，产品盈利能力较强，企业有扩大经营规模的条件，但不喜欢负债经营，也主要依靠自有资金经营。②看企业的经营管理能力或习惯，有一些企业善于利用自有资金，不善于负债经营，其经营业务的资金有充足的保证，这时举债经营对其来说就没有必要。

三、资金结构合理性评价的意义

1. 寻求企业合理的或最优的资产结构

通过与企业资产结构的历史水平、行业先进水平或者企业所确定的资产结构目标的比较，可在弄清企业资产结构现状的基础上，探讨企业资产结构存在的主要问题，寻求企业最优或合理的资产构成结构，提出改进企业资产结构的具体建议。通过分析资产结构，要说明企业的资产结构是否是盈利能力高、周转速度快、流动性好的资产结构。

2. 寻求企业合理的或最优的资本结构

通过与企业历史水平、行业水平和银行利率的比较，主要说明企业资本结构是否是成本较低、风险较小、收益较高的资本结构。对资本结构的分析，既要与企业的资产结构相联系，又要与企业的经营效益相比较，要使企业的资本结构在保证企业资产结构对资金的需求的同时，实现企业资金使用的低成本和高效益。

3. 掌握企业资金结构的规律性

可根据资金结构的现状，与合理的资金结构比较，发现问题和潜力，改进生产组织和经营管理，提高资产的利用效率和负债及权益的投资收益能力。

4. 揭示企业进一步发展存在的问题

例如，企业流动资产增长迅速，企业经营管理能力能否适应；企业非流动资产比重很高，企业的生产能力及产品质量、市场前景如何；企业非流动负债为零，企业的经济效益如何，有无可能通过增加负债扩大生产规模；等等。通过分析，发现问题并提出问题，以便正确决策。

5. 揭示改善企业资金整体结构的途径

在资产结构中，可能是非流动资产过多、流动资产不足，或者是流动资产中存货占用过多，等等，我们通过分析资产结构和资本结构种种不合理的情况，要对不合理的特点和原因做出判断，并说明企业可通过哪些途径来实现资金结构的转化。

6. 揭示企业财务状况的发展变化趋势

资金结构的变化也可能是资产结构的变化，企业资产由合理结构演变为不合理结构或者由不合理结构转变为合理结构，也可能是资本结构变化的结果。通过对资产结构和资本结构变化原因、结果和优缺点的分析，要揭示企业的财务状况，说明企业资金结构的优劣及其可能产生的影响，为企业的经营决策服务。从这一角度来讲，企业的资金结构也反映企业的理财能力和经营管理水平，因而是决定企业获利水平的重要因素之一。

7. 为深入分析提供思路和线索

企业资产的结构反映企业的发展方向和发展重点；企业负债的结构反映企业资金来源的独立性、稳定性；资金结构从一个侧面反映了企业的风险、潜力和发展能力，因而资金结构指标也是分析企业偿债能力、收益能力和经营风险的重要指标。

【本章小结】

资金结构和资本结构通常均指企业的资金来源结构，但在一些场合下资本结构仅指企业的所有者权益结构或长期资金来源结构，资金结构除了资金来源结构之外还包括资金占用结构即资产结构。和流动资产构成分析一样，通过流动负债构成分析可从另一个侧面了解企业的行业特点、经营特点和业务开展情况。资产负债率是反映企业资本结构或资金结构的一个很重要指标，负债经营率、产权比率、流动负债率、积累比率等指标从不同层次揭示了企业的资本结构，进行资本结构优化就是要优化企业资本的来源和构成，降低综合资本成本。企业的资本结构实际上是为企业的资产结构服务的。进行资本结构的合理性评价离不开对资产结构的合理性评价，只有与合理资产结构相适应的合理资本结构，没有绝对合理的资本结构。因此，我们将资产结构合理性评价和资本结构合理性评价统一称为资金结构合理性评价。进行资金结构合理性评价的目的，是要防止出现不合理的资本结构和不合理的资产结构相互影响、相互恶化的情况。

【本章习题】

名词解释

资本　资本结构　货币性负债　经营性负债　资产负债率　负债经营率　产权比率　流动负债率　积累比率　筹资政策　营运资金政策　杠杆融资　表外筹资　资金总成本　合理资金结构　合理资本结构　不合理资金结构　业务超前发展　业务萎缩　投资不安全　潜力待发挥　独立经营

简答题

（1）如何理解资产和资本的区别和联系？

（2）如何理解资本结构和资金结构的区别和联系？

（3）流动负债构成项目如何进行分类？如何进行流动负债构成分析？

（4）非流动负债是否属于长期负债？主要包括哪些项目？

（5）预计负债和或有负债如何区别？举例说明预计负债可能会有哪些项目？

（6）如何理解普通股和优先股的区别和联系？

（7）你是否认同资产负债率越低越好的观点？如何评价资产负债率的高低？

（8）试比较使用长期负债资金和流动负债资金各自的优缺点。

（9）什么是宽松的营运资金政策？什么是从紧的营运资金政策？如何认识二者的优缺点？

（10）试述杠杆融资的利弊和风险。

（11）如何看待表外融资？为什么银行很重视集团企业内部的关联交易？

（12）如何计算资金总成本？资本结构优化的核心是什么？

（13）不合理的资金结构主要有哪些类型？你认为应该如何评价企业资金结构的合理性？

第七章　偿债能力分析

（1）掌握现金支付能力分析指标和方法。

（2）了解现金支付能力变化的原因。

（3）了解破产风险的变现形式。

（4）掌握偿债能力分析的主要指标。

（5）掌握付息能力评价的主要指标。

企业的偿债能力，从静态来看就是企业用资产清偿长期、短期负债的能力；从动态来看就是用现有资产和经营收益来偿还长期、短期债务的能力。企业能否偿还债务，最终还是要体现在能否到期支付现金上。企业是否拥有现金支付能力，不但是最终评价企业能否按期还债的依据，而且是评价企业能否正常、持续经营的依据，因此在分析企业偿债能力前，有必要先讨论一下企业支付能力的分析方法。

第一节　现金支付能力分析

支付能力，简单来说就是用货币性资产支付已到期的债务和其他经营活动资金需求的能力，它受多方面因素的影响，最基本的影响来自企业的投资、融资和经营活动。如果企业在完成其投资和经营活动时丧失支付能力，将会导致这些活动的停止，当一个企业在债务到期时缺乏支付能力，则有可能导致企业破产。下面对这些问题分别进行讨论。

一、不同层次的现金支付能力

严格说来，可以把企业的支付能力区分为账面净现金、实际现金支付能力、内在现金支付能力、新增现金支付能力、未来现金支付能力，这些支付能力概念可从不同角度定量揭示企业的支付能力。

1. 账面净现金

企业的每一笔经营业务最终均要用现金来结算，反映在企业账面上，就是反映在企业现金、银行存款、应收票据、短期投资、短期借款、应付票据、交易性金融资产和负债等会计科目的余额的变化结果上。就某一具体的结算日来讲，企业账面所能够动用的支付能力，可以根据这些科目的余额的变化，通过下面公式计算求得：

账面净现金＝货币资金＋交易性金融资产＋应收票据－短期借款－交易性金融负债－应付票据

如果账面净现金为正，表示企业的各项现金资产之和大于现金债务之和，企业账面有现金富余，企业拥有现金支付能力；如果账面净现金为负，表示企业的现金资产不能满足企业生产经营或投资活动对现金的需要，企业依靠短期借款生存，企业缺乏现金支付能力。在这种情况下，即使企业的账面货币资金有1000多万元，看起来企业并不存在支付困难，也不存在资金短缺，但实际上这些资金均来自企业的短期借款或应付票据，它并不是企业真正拥有的、可以支配的现金支付能力。

2. 实际现金支付能力

也许有人会说，短期借款本来就是借来供企业使用的，也不是马上就需要偿还的，即使偿还也并不是全部一次性偿还，将短期借款资金不作为企业的现金支付能力好像并不合理。同样，企业的交易性金融资产也并不是全部能马上变成现金，一些交易性金融资产如股票期权立即变现损失很大，也没有必要变现。因此，通过上面账面净现金公式计算得到的现金支付能力，与企业实际感觉到的现金支付能力差距太大。为了反映企业的实际现金支付能力，我们将上面公式做一调整，即用企业可立即变现的资产和需要立即偿还的负债之差，作为企业实际的现金支付能力，即：

实际现金支付能力＝货币资金＋可立即变现的交易性金融资产＋应收票据－需要立即偿还的短期借款－需要立即偿还的交易性金融负债－应付票据－需要立即支付的其他负债－需要立即支付的各项费用和支出　　　　　　　　　　　　　　　　　　　　　（7－1）

在式（7－1）中，不但对短期借款、金融资产的计算范围进行了限定，限定只计算立即能够变现和马上需要偿还的部分，同时还增加了需要立即偿还的其他负债项目和需要立即支付的现金项目。这样的计算，就和实际的企业支付能力接近了。如果实际现金支付能力的计算结果大于或等于0，表示企业拥有支付能力，如果实际现金支付能力的计算结果小于0，表示企业缺乏支付能力，存在资金支付困难。

3. 内在现金支付能力

当企业存在大量短期借款的时候，常常会给人一种错觉，好像企业经营活动一切正常，也不存在资金短缺问题，更不会有破产风险。但事实上，企业的现金支付能力并不是由企业账面货币资金的多少决定，也不是由账面净现金的多少决定，而是由企业的投资、融资和日常经营活动共同决定的。即：

内在现金支付能力＝营运资本－营运资金需求　　　　　　　　　　　　（7－2）

营运资本是企业长期性投资活动和长期性融资活动相互作用的结果，营运资金需求是企业经营活动对资金的需求和经营活动带来的资金相互满足、相互作用的结果，二者相互作用的结果最终均会反映在现金支付能力的变化上。因此，我们把由企业经营活动、投资活动和融资活动共同决定的企业现金支付能力，称为企业的内在现金支付能力。它是由企业开展的各项活动决定的现金支付能力。

用式（7－2）计算的现金支付能力和用账面净现金公式计算的支付能力，在数值上完全相等，这进一步说明，账面净现金所反映的支付能力是由企业投资、融资和经营活动决定的。换句话说，企业是否有货币资金、企业是否需要取得短期借款，是由企业的经营、投资、融资活动决定的。并不是企业的账面净现金决定了企业的支付能力，更不是企业从银行取得的短期借款资金决定了企业的支付能力。账面净现金仅是企业营运资本和营运资金需求相互结合、相互作用之后的一种必然结果、一种客观反映。

4. 新增现金支付能力

从资产负债表数据可以计算出企业在某个时点的营运资本、营运资金需求和现金支付能力，这三个指标是一个静态的时点指标。但这种分析仍然是对企业过去历史变化情况的比较分析，是从企业过去的历史变化中来观察企业财务状况在已经过去的两个时点所定义的一个时期的变化情况。但是，在许多情况下，需要对企业未来新增的现金支付能力的变化进行估计。

在企业非流动资产、非流动负债和所有者权益不发生较大的结构性变化的情况下，即企业的长期性投资和融资活动没有发生变化的情况下，企业新增加的现金支付能力，主要由企业的经营活动和经营活动带来的现金利润决定，用公式表示为：

新增现金支付能力 = 净利润 + 未付现成本 - 新增运营资金需求　　　　　　　(7-3)

未支付现金的成本是企业可以动用的、从收入中扣留下来用以补偿以其年度长期投资性支出的资金，这部分资金尽管作为成本在计算净利润时扣除，但实际上企业并没有支出，可以作为偿还债务的资金来源。式（7-3）中减去新增运营资金需求，是因为在实现利润中，如果利润来自应收账款等新增加的资金占用，那么这个利润也不给企业带来现金的增加，不会形成企业的支付能力，是被占用在经营环节，企业无法马上将其用于支付债务。当然，如果企业收回过去的应收账款使新增营运资金需求为负，就可以作为可动用的新增支付能力了。

式（7-3）表明，在企业投资、融资活动不变（企业的初始营运资本不变）的情况下，经营活动给企业带来的新增现金支付能力，主要是由经营业务创造现金利润的能力和经营业务的资金占用和来源情况决定的。企业盈利则增加支付能力，企业亏损时如果新增现金支付能力计算结果大于0，则说明经营活动也会增加企业的现金支付能力；如果计算结果为负，即使企业盈利也不会给企业带来支付能力的增加，因为盈利所创造的资金已被占用在经营环节了。

5. 未来现金支付能力

上面计算的新增现金支付能力，实际上是需要对企业未来现金支付能力进行预测，预测的假设是在未来企业投资、融资活动不发生变化，企业的经营循环和已经过去的一年或一月完全一样重复进行时企业的现金支付能力的增加情况。如果我们放宽这个假设，首先对引起营运资本变化的各个项目和营运资金需求变化的各个项目进行预测，得出这些项目未来可能的变化结果，那么我们也可以得出企业未来现金支付能力的预测结果。由于企业的营运资本是由企业的投资活动和融资活动的变化决定的，企业的营运资金需求是由企业经营活动的资金占用和资金来源决定的，因此对企业未来现金支付能力的预测，实际上就是对影响企业未来营运资本和营运资金需求变化的各个因素的预测，用公式表示为：

未来现金支付能力 = 期初现金支付能力 + 未来非流动负债的增加额 + 未来所有者权益的增加额 + 未来非流动资产的减少额 - 未来非流动负债的减少额 - 未来所有者权益的减少额 - 未来营运资金需求的增加额 + 未来营运资金需求的减少额　　　　　　　(7-4)

只要对引起企业非流动资产增加的项目和减少的项目、引起企业流动资产和流动负债增加的项目和减少的项目逐一进行预测，得出它们的预测值，那么就能够得出现金支付能力的预测值。预测营运资金需求变化的一个简单办法是首先计算出企业过去的营运资金需求和营业收入的比值，然后根据对未来营业收入的增加额或减少额的预测，乘以营运资金需求占比，就可以得到未来营运资金需求的增加额或减少额。当营运资金需求不好预测时，也可以不考虑营运资金需求增加占用的资金。

6. 对不同现金支付能力概念的理解

企业账面上反映的现金支付能力即账面净现金，实际上是由企业投资、融资和经营活动决定的内在现金支付能力所决定的，账面现金支付能力和内在现金支付能力在数值上始终是相等的。企业实际感受到的现金支付能力和企业内在现金支付能力会有一定的差异。这些差异主要是由日常现金变现时间的差异和偿还时间的差异以及现金收支业务的变化引起的。新增现金支付能力实际上是企业经营业务创造的现金利润。账面现金支付能力（或内在现金支付能力）和新增现金支付能力合计起来，构成企业的自由现金流量。未来现金支付能力是考虑了未来经营、投资和筹资活动的变化之后的自由现金流量。

二、现金支付能力的变化

企业的各种活动，无论是增加投资、分配利润，还是扩大生产、融通资金，最终都需要以货币的形式来结算，也就是说最终均要通过现金的流入或流出来实现，因此均会引起企业支付能力的变化。引起企业现金流入的业务有：①经营活动收入，如产品销售、投资分得红利等。②投资活动收入，如收回投资、出售股票债券、非流动资产转让收入等。③筹资收入，企业发行股票债券、长短期贷款等。引起企业现金流出的业务有：①经营性支出，如采购原材料、各项费用支出、利息支出等。②投资性支出，如购买股票债券、购置固定资产、归还长短期借款等。③筹资活动支出，如发放股利、筹资费用等。企业支付能力不足，一般表现为实际的现金支付能力为负，企业难以保证经营、投资或偿还债务活动现金的支付，导致企业相关活动中断或延缓。企业经营管理决策的变化会引起企业营运资本和营运资金需求变化并进而带来企业现金支付能力的变化，下面重点讨论几种常见的现金支付能力变化情况。

1. 支付能力不足的表现

当企业发展到资金紧张不能正常支付现金的时候，就会采取一系列措施压缩、限制或延缓现金支出，按照现金支付能力不足的严重程度，从轻到重，由先到后企业一般采取的压缩或延缓支出的措施顺序是：①减少或停止投资活动。②减少或停止偿还债务。③减少或停止支付货款。④减少或停止采购原材料。⑤减少或停止支付行政办公费用。⑥减少或停止销售活动的费用投入。⑦减少或停止发放工资。⑧减少或停止生产。一般来说，企业资金紧张到停止发放工资的程度，就已经离关门不远了。

2. 经营管理不善导致的支付能力恶化

企业发展到现金支付能力不足，会有许多原因，这些原因通常相互交错、相互影响。最常见的原因是企业经营管理不善，经营管理不善引起现金支付能力不足的发展过程一般是：①企业放松经营管理或出现管理不善，导致营运资金需求增加。②资金占用增加，经营成本上升，实现利润下降。③资金占用增加导致营运资金需求上升，现金支付能力下降。④支付能力下降，导致经营困难并出现亏损。⑤亏损导致营运资本下降。⑥营运资本下降导致企业经营活动资金投入不足，导致营业收入下降。⑦收入下降，经营亏损，企业资金日益紧张，一些业务不能正常开展。⑧陷入支付能力不足的循环直到企业破产。

反映在财务指标的变化上，这一恶化过程就会表现为：营运资金需求的增加—利润下降—现金支付能力下降—经营困难出现亏损—营运资本下降—营业收入下降—实际支付能力下降或为负—支付困难、企业停业或歇业。

3. 盘活现有资产重塑现金支付能力

企业改善现金支付能力，可以通过注资、举债等外部途径，也可以通过加强管理、盘活资产等内部手段。例如，当企业因支付困难已经陷入停产的情况下，可以通过以下步骤逐渐使企业步入良性循环：①采取有效经营管理措施，取得收入，收回部分资金，实现实际现金支付能力为正。②将有限资金投入到最容易盘活的经营资产之中，启动经营业务。③加大销售投入，努力取得销售收入。④降低资金占用，努力提高经营效益，实现企业资产局部良性运转。⑤在取得一定收入，有一定实际现金支付能力的情况下，加大盈利产品或业务的销售和生产投入，努力增加现金收入。⑥在有一定现金基础的情况下，努力盘活占用企业资金最多、对企业整体财务状况影响最大的资产（这些资产一般也是过去导致企业陷入经营困境的资产），重新发挥企业资产的效能。⑦企业经营业务活动逐渐得到恢复，经营收入不断提高，企业成本趋于下降，企业亏损减少。⑧全面加强企业经营管理，努力降低经营成本，彻底实现经营业务的扭亏为盈。⑨利润增加，营运资本增加，经营活动资金需求下降，现金支付能力提高。

用财务的语言来描述这一过程就是：资产变卖取得实际现金支付能力—用现金开展业务取得销售收入—扩大业务投入，加速流动资产周转，努力提高销售收入—降低营运资金需求，提高现金支付能力—投入现金盘活其他固定资产和流动资产—收入增加，利润增加，现金支付能力提高—资金需求下降，企业扭亏为盈，企业实际支付能力提高。

4. 信贷紧缩政策下企业现金支付能力的恶化

在银行信贷紧缩（收回短期贷款、提高借款利率）的情况下，会降低企业现金支付能力，如果信贷紧缩政策持续下去，就会带来现金支付能力的恶化，一般循环如下：①企业账面现金支付能力为负，企业需要依靠银行短期借款维持运转。②银行收回短期借款或提高贷款利率，导致企业资金紧张。③企业减少必要的经营活动资金投入，导致销售下降、收入减少。④收入下降速度一般快于成本下降速度，相对成本上升导致企业盈利下降或出现亏损。⑤利润下降或出现亏损导致企业新增现金支付能力降低或为负。⑥企业营运资本减少，经营资金减少。⑦经营资金减少，经营业务开展出现困难，营运资金需求增加。⑧企业资金缺口扩大，支付能力进一步恶化，利润下降或亏损程度加剧。

案例7-1 美联储投入大量资金救市

金融危机爆发后美联储投入大量资金救市。2008年7月，美国两大住房抵押贷款融资机构——房利美和房地美陷入困境，美联储注资250亿美元。9月16日，美联储向美国最大的保险公司美国国际公司（AIG）提供850亿美元紧急贷款，并持有其79.9%的股份。10月3日，应美联储和美国财政部要求，美国国会通过8500亿美元的金融救援计划。10月9日，美联储再度出面向美国国际集团提供 378 亿美元的贷款，防止其倒闭。10月26日，美国财政部宣布动用 1250 亿美元，购买花旗集团、富国银行、摩根大通、美国银行、高盛集团、摩根士丹利、道富银行、纽约梅隆银行和美林公司的部分股权，给这些陷入危机的金融机构送去现金。10月21日，美联储动用 5400 亿美元，从 10 家金融机构买入包括定期存单以及期限在三个月或以下的商业票据，急救货币基金市场资金短缺。危机很快波及实体经济。11月7日，通用汽车发布亏损 25 亿美元，汽车三巨头申请政府紧急救援。11月25日，美联储宣布投入 8000 亿美元为陷入资金困难的购房者、小型企业以及学生提供贷款支持。可以看出，美联储已经成为美国乃至世界经济最大的庄家。美国经济学教授常常和学生开玩笑说：如果你们谁能够准确预测到美联储明天降息还是加息，那么谁就可以变成百万富翁，就没有必要坐在这里听我讲课了。

5. 信贷扩张政策下的企业现金支付能力改善

在银行信贷扩张（增加贷款规模或降低贷款利率）情况下，企业的现金支付能力就会提高，可能会出现以下变化：①企业经营资金紧张，从银行获得所需贷款。②经营活动资金投入增加，企业加大销售力度和激励力度。③销售收入增加，成本降低（利率降低、一般在减息政策环境下原材料价格也处于下行行情），利润增加。④利润增加，营运资本增加，支付能力提高。⑤资金状况改善，经营活动扩张，收入和利润增加。⑥企业有能力偿还银行借款，企业自身有由经营活动决定的现金支付能力。⑦企业实际支付能力提高。

三、破产风险分析

当企业缺乏支付现金的能力时，就会出现破产风险。企业出现破产风险主要有以下几种情况：①在企业盈利情况下因无力支付现金而导致的破产，通常称为"黑字破产"或"黑色倒闭"。②在企业亏损情况下无力支付现金而导致的破产，通常称为"赤字破产"或"正常破产"。③在企业以欺诈手法转移、掏空、隐藏企业资产，从事损害他人利益情况下的强制破产清算。这里我们主要讨论在正常经营情况下，因企业不能支付现金而出现的破产风险。

1. 盈利情况下的破产风险

在企业盈利情况下的破产，主要有以下几种情况：①企业长短期债务结构不合理，短期债务过多长期债务过少，在企业还没有创造出足够利润的情况下，大量短期债务已经到期，迫使企业进行债务重组或破产清算。②企业长短期债务结构合理，但是企业资金使用不当，如大量资金被应收账款或其他应收款占用，或者大量的资金被占用于固定资产投资、长期投资等，导致企业短期内能够变成现金的资产不足以支付到期债务。③企业经营资金困难，无法正常维持企业运转。盈利情况下的破产风险，用公式表示为：

净利润 >0& 新增现金支付能力 >0& 账面现金支付能力 <0& 实际现金支付能力 <0

企业在盈利情况下出现的偿债危机，经与债权人协商有可能通过延长付款期或抵押贷款等办法缓解，即企业可以用增加资金成本或债务偿还期限调整的办法加以暂时解决，以化解破产风险。

2. 亏损情况下的破产风险

在企业亏损情况下的破产，主要有以下几种情况：①企业继续经营运转，但可变现资产不能清偿到期债务，企业连续 3 个月不能支付债务，债权人申请破产。②企业债务并不高，企业持续经营，但扭亏无望，为了减少损失，所有者申请破产。③企业已资不抵债，但仍在经营，企业估计未来能够扭亏为盈但又无法让债权人同意未来还债，债权人申请破产。④企业已资不抵债，无力正常支付，经营已经停止，申请破产清算。亏损情况下的破产风险，用公式表示为：

净利润 <0& 新增现金支付能力 <0& 账面现金支付能力 <0

企业连续多年亏损而出现的偿债危机，通常难以通过和债权人协商的办法加以解决。如果企业没有新的资金注入或者没有提出扭亏为盈的可行方案，就很难被债权人接受，无法避免破产风险。

第二节　用财务指标分析偿债能力

企业最关心的是支付能力，但银行最关心的却是企业的偿债能力。因为银行向企业贷款，一般不是要求企业马上偿还，而是在一段时期的资金使用之后偿还。换句话说，企业未来的现金支付能力是银行关注的重点。银行为什么要关注企业的偿债能力？因为贷给企业的资金，绝大部分是居民或其他机构在银行的存款，这些存款本金需要银行全额偿还给存款持有人。而银行将这些存款贷给企业，仅仅得到的是贷款利息的回报，并且这些利息，有一部分还要支付给存款人作为其存款的利息，因此银行给企业发放一笔贷款，实际上仅得到存贷款的利差，也可能就是 2% ~ 5% 的收益率，即银行从给企业的一笔贷款中所能取得的收益仅是贷款本金的几个百分点。一旦银行贷款的本金收不回来，给银行带来的损失就会很大。如果按照 4% 的利差收益率计算，银行需要成功贷款 25 笔相同金额的贷款，才能弥补一笔贷款收不回本金给其造成的损失，这是银行为什么非常关注企业偿债能力的根本原因。企业偿还银行的贷款，无非是依靠两个方面的资金来源：一个是企业资产变成现金所取得的现金收入；另一个是企业资产销售之后创造出的新增利润。银行分析企业的偿债能力，也主要使用"资产与负债之比"和"利润与负债之比"这两个指标。

一、流动性分析：资产与负债之比

资产与负债之比，就是企业的资产和负债的比值，通常可以选择总资产和总负债比、总负债和净资产比、流动资产项目和负债项目比等指标。一些书上将总负债和资产或净资产占比指标称为长期偿债能力指标，如资产负债率、产权比率等；将流动资产项目和流动负债项目之比指标称为短期偿债能力指标，包括流动比率、速动比例、现金比率等。但实际上，企业短期借款长期使用或长期借款短期偿还的情况也经常发生，区别哪些指标能够比较好地刻画长期偿债能力，哪些指标能够比较好地揭示短期偿债能力，实际上是比较困难的，下面不做长短期分析指标的区分，介绍几个常用指标。

1. 资产负债率

资产负债率是企业负债总额（流动负债＋非流动负债）和资产总额之比，说明债权人所提供的资金占企业全部资产的比重，揭示企业出资者对债权人债务的保障程度，反映企业负债的总水平，因此是分析企业偿债能力的一个非常重要的指标。一般认为其值越低表明企业债务越少，自有资金越雄厚，财务状况越稳定，其偿债能力越强。其实，适当举债经营对于企业未来的发展、规模的扩大起着不容忽视的作用。一些发展迅猛、势头强劲、前景广阔的企业在其能力范围内通过举债，取得足够的资金，投入到报酬率高的项目，从长远看对其实现经济效益目标是十分有利的。相反，一些规模小、盈利能力差的企业，其资产负债率可能很低，但并不能说明其偿债能力强。因此，对于企业长期偿债能力的分析不仅要看资产负债率，还要考察资产报酬率的大小。若其单位资产盈利能力强，则具有较高的资产负债率也是允许的。但并非所有的项目一经投资就会立即有回报，尤其是报酬率高同时投资回收期长的项目，其获得的利润不能在当期得到反映，这便使资产报酬率也无法修正资产负债率所反映的情况。

资产负债率多高才算企业拥有偿债能力？目前，不同的银行、不同的专家会有不同的看法。一般认为，债权人投入企业的资金不应高于企业所有者投入企业的资金，也就是资产负债率在50%以内比较安全合理。如果债权人投入企业的资金多于所有者，则意味着获得固定利息的债权人承担了比所有者更大的风险，而自己的收益却与企业经营的好坏关系不大，而有可能获得较大收益的所有者却承担了较低的经营风险。银行一般规定，企业资产负债率超过75%或80%时就应当拒绝贷款，言下之意是资产负债率超过75%或80%的企业缺乏偿债能力，至少还债风险太大以至于银行不能接受。

路透社根据美国、日本、欧洲主要国家上市企业公告的报表数据计算公布的不同行业的资产负债率见表7-1。从表中可以看出，标准普尔500指数企业的平均资产负债率为70.2%，资产负债率最高的五个行业依次是航天和国防（86.6%）、航空公司（78%）、精密医疗设备（76.5%）、铝业（74.7%）和道路铁路客运（74.1%），最低的五个行业是赌博及游戏（7.5%）、娱乐产品（9.9%）、通用和专用药品（12.2%）、半导体设备（13%）和软件（15.7%）。

表7-1 路透社计算的行业资产负债率、速动比率、流动比率指标值

行业	资产负债率（%）	速动比率	流动比率	行业	资产负债率（%）	速动比率	流动比率
标普500均值	70.2	0.75	0.9	啤酒	45.4	0.66	0.94
技术、媒体、电信	36.6	2.44	2.95	白酒和葡萄酒	46.1	2.01	2.59
广告、市场营销	24.3	1.5	1.55	非酒精饮料	25.1	1.42	1.93
广播	25.9	1.87	2.06	赌博及游戏	7.5	3.49	3.86
通信设备	36.6	2.44	2.95	消费电子产品	48.9	0.95	1.27
计算机硬件	29.0	2.01	2.45	渔业和畜牧业	61.9	1.222	1.85
娱乐制作	33.7	1.31	1.51	食品销售商店	28.3	0.86	0.99
电信集成服务	64.6	1.1	1.18	食品加工	32.2	1.26	1.7
信息技术服务	36.6	1.8	1.95	鞋类	20.1	1.31	1.96
媒体	34.8	1.16	1.33	酒店	54.2	1.29	1.81
办公设备	18.4	1.72	2.27	家庭用品	33.1	0.74	1.11

行业	资产负债率（%）	速动比率	流动比率	行业	资产负债率（%）	速动比率	流动比率
出版	26.3	1.39	1.66	休闲娱乐	46.3	1.14	1.27
半导体设备	13.0	5.19	6.47	娱乐产品	9.9	2.97	3.55
半导体	30.6	2.68	3.27	个人用品	22.8	1.54	1.99
软件	15.7	2.38	2.49	个人服务	26.7	1.27	1.44
无线电信服务	17.2	1.5	1.66	餐馆	49.9	1.06	1.17
卫生保健				服装零售	28.4	1.28	1.85
精密医疗设备	76.5	1.3	1.67	目录网络销售	33.1	1.44	1.72
生物技术	17.1	7.34	7.76	计算机及电子	49.7	0.65	1.4
卫生保健器具	42.0	1.5	1.58	百货商店	50.4	0.58	0.79
卫生保健管理	29.7	0.49	0.49	折扣店	54.7	0.57	1.33
医疗设备供应和销售	24.7	1.78	2.38	药店	23.3	0.75	1.32
多种药品	17.9	2.18	2.8	特产	27.7	1.04	1.61
通用和专用药品	12.2	2.74	3.19	纺织及皮衣	53.3	0.82	1.41
消费品零售				橡胶轮胎产品	49.7	0.87	1.42
服装	20.1	1.73	2.42	烟草	40.9	0.67	1.17
家具	39.2	1.17	1.69	建筑设备	39.6	1.08	1.5
汽车制造	55.6	0.91	1.11	工程与农业机械	47.2	0.98	1.57
汽车零配件	36.0	1.36	1.75	建筑材料	61.4	0.93	1.24
能源				贸易与销售	72.4	1.17	1.45
煤炭	56.0	0.44	0.6	电子配件设备	46.3	2.82	3.4
油气冶炼	40.8	0.78	1.11	工程建筑	38.8	1.24	1.6
油气勘察	54.1	1.81	1.9	环境服务	16.3	2.2	2.51
油气开采	18.6	1.97	2.1	林木产品	67.1	0.73	1.14
油气销售	51.1	0.82	1.14	重型电器设备	38.4	1.02	1.51
油相关服务及设备	54.3	1.32	1.54	公路与铁路	61.7	1.15	1.29
工业				工业联合体	55.4	1.37	1.78
航天和国防	86.6	0.93	1.54	工业机器设备	33.1	4.26	5.25
航空货物邮件服务	35.5	1.39	1.4	海港	44.9	2.31	2.39
航空公司	78.0	0.71	0.84	海运	60.7	1.03	1.13
机场服务	29.6	1.06	1.24	金属矿业	34.4	0.99	1.41
铝业	74.7	0.7	1.07	非纸质包装	22.5	1.88	2.4
农用化学制品	29.8	1.5	2.21	纸质包装	54.1	0.81	1.01
化工产品	35.5	1.67	2.3	纸产品	65.2	0.7	0.97
多元化工	56.2	0.98	1.51	贵金属和矿物	49.9	1.82	2.42
专用化工	45.7	1.82	2.46	道路铁路货运	28.7	1.44	1.48

行业	资产负债率（％）	速动比率	流动比率	行业	资产负债率（％）	速动比率	流动比率
商业印刷服务	21.8	1.39	1.63	道路铁路客运	74.1	0.33	0.51
商业服务	35.4	2.07	2.34	电力供应	69.7	0.46	0.58
钢铁	49.0	0.83	1.45	公用多样	16.4	0.94	1.02
自来水	68.8	1.02	1.06	天然气	46.4	1.03	1.28

资料来源：笔者根据路透社网站 2019 年 6 月 30 日查询各个企业的行业比较标准整理得来。

用资产负债率指标评价偿债能力的不足是：①资产负债率在不同的行业、不同的企业之间客观上存在着较大的差别，导致不同的银行、不同的专家会对同一企业得出不同的分析判断结论。②由于是一个静态时点指标，它没有考虑企业创造利润所增加的偿债能力，还需要用利润与负债之比指标来补充。③不能反映不同还款时间要求的差异，如非流动负债分 3 年偿还还是分 8 年偿还，对企业的还债压力是不同的，因此还需要结合企业债务的平均偿还期来分析。④并不能真正揭示企业的还债风险，必须和企业的盈利能力和盈利水平相结合，如一个资产负债率 90% 的企业，如果其年资产净利率能够达到 30%，那么经过一年的经营，用净利润偿还负债之后资产负债率就可以降低到 60%；相反，一个资产负债率为 40% 的企业，如果其资产净利率是 5%，非流动资产占总资产的比例是 80%，那么，即使是 25% 的负债都无法偿还，因为偿还 25% 就意味着将其全部 20% 的流动资产和创造的 5% 的净利润一起用于还债，很显然流动资产不能全部用来还债，除非企业计划停业清算。

2. 有息债务资本化比率

资产负债率指标中所使用的负债总额，包含了企业不支付利息、由企业经营活动派生的或自然形成的、不断循环使用的经营性负债，这部分经营性负债一方面并不是企业的一种资本性投入，另一方面不断循环，不需要企业一次性全部偿还，因此将这部分资金来源从资产负债率的计算公式中扣除，就形成了有息负债资本化比率指标。有息债务资本化比率（在个别文献中称为全部资本化比率[①]）是企业有息负债与有息负债加所有者权益的比率，揭示付息负债占企业投入总资本的比例，用公式表示为：

有息债务资本化比率 = 有息负债/（有息负债 + 所有者权益）×100%

其中：

有息负债 = 短期借款 + 一年内到期的长期负债 + 应付票据 + 长期借款 + 应付债券

所有者权益 = 股东权益 + 少数股东权益

该指标剔除了由企业的行业差异、经营模式差异所形成的经营性负债对企业负债率的影响，因此是一个资产负债率的改进指标，在企业债券评价、资信评级或企业发行债券的审查时经常使用。一般债权人认为该指标值不超过 35% 比较理想。在这种情况下，债权

[①]　这里的资本化比率和通常计算某项投资收益的本金时所使用的资本化比率指标是不同的，这里的资本化比率是债务资本占全部投入资本的比率，是一个资本结构的指标概念。而资本化率通常是指将某个项目的收益转化为相应的投入资本（本金）时所使用的还原率、折现率或内部收益率，是一个已知利息反过来求本金时所使用的贴现率。

人对企业资金投入所承担的风险程度小于所有者,如果企业经营不善,所有者的损失比债权人多,相对来说债权人债务的偿还就有一定的资金保障。当然,在经营者和所有者分离的情况下,经营失败的资本损失风险基本上由所有者和债权人承担,经营者一般不承担资本损失的风险,在这种情况下,即使要求该指标低于35%,也起不到约束经营者有效使用资金的作用,有关还债责任最终还是落在所有者的身上。但是,如果企业的股权比较分散,单个股东持股比例比较低,比如说低于整个投入资本的35%时,企业的所有股东,无论是最大股东还是小股东,其承担的风险均不会超过35%,他们是乐意从银行取得借款资金来从事经营活动的。例如,有的企业将资产负债率保持在70%以上,并且乐于从银行借5年或10年以上的长期借款,这类企业不但喜欢使用银行借款,而且还喜欢把还款责任留给下一个经营者或所有者。这种企业的经营者和所有者,实际上是不愿意承担还款责任的,银行一定要小心从事。

与有息负债(也称付息负债)相关的另一个指标,就是有息负债占比,用公式表示为:

有息负债占比=有息负债/负债总额×100%

对于企业和银行来说,该指标值越低越好,越低说明企业资产中来自经营业务创造的资金来源越多,有息负债偿还的保障程度就越高。

3. 产权比率

产权比率也称资本负债率,是企业负债总额和所有者权益总额之比,即债权人提供的资本和股东提供的资本的相对比率,反映债权人投入资本受到股东权益保障的程度,或者说是企业清算时对债权人利益的保障程度,因此是判断企业偿债能力的一个重要指标,用公式表示为:

产权比率(资本负债率)=负债合计/所有者权益合计×100%

产权比率越高,负债风险越高,企业获得银行贷款的可能性越小;产权比率越低,负债风险越低,企业获得银行贷款的可能性越大。产权比率因行业或企业利润率的高低不同而差别较大。一般认为,负债总额与自有资金(所有者权益)之比为100%时最理想,即"负债总额(流动负债+非流动负债)=资本金总额(所有者权益)"时比较合理。但也有人认为,100%过于保守,200%比较合理。产权比率为200%,意味着企业的资产负债率为66.67%。

可以看出,产权比率和资产负债率所揭示的财务信息是一样的,二者是可以相互转化的。其转化公式为:

产权比率=资产负债率/(1-资产负债率)

产权比率在揭示债权人所承担的风险方面比资产负债率更加直接和醒目,它反映与所有者相比,其投入资金所承担的风险程度,比率越高风险越大。而资产负债率通常揭示企业资产总额中有多少来自负债,反映企业负债的总水平。

产权比率从所有者角度来看,是所有者利用债权人资金程度的一种反映,该指标揭示所有者用自己投入的资金引致债权人资金投入的倍数(因此也称产权乘数)。从债权人角度看,企业最终用来保证其债务偿还的就是企业的所有者权益,即企业的净资产,企业净资产多少是从债权人角度看企业愿意承担债务偿还、愿意承担亏损风险的基本态度,如果企业所使用的资金全部来自债权人,对债权人来说极不公平。债权人只取得固定的利息,却承担着企业所有的风险。因此，从债权人角度来讲，该指标越低越好，但从所有者或经营者的角度看，该指标越高越好，说明自己的企业吸引力越强。

4. 有形净值债务率

有形净值债务率是产权比率的一个延伸指标，它是在产权比率指标计算的分母中，从所有者权益减去无形资产之后（即有形资产净值）得到的一个指标，其公式为：

有形净值债务率 = 负债总额/（股东权益 - 无形资产）× 100%

这里的无形资产包括各种不以实物资产形式存在的无形资产、商誉、研究开发费用、长期待摊费用等。扣除这些资产项目的理由是，这些资产在债务到期时不能变成现金或出售，不能用来还债。因此，这个指标比产权比率指标更为谨慎和保守。这个指标一般在破产清算时使用，说明企业的负债在破产清算时会有多少有形资产净值（有形净资产）来保证。从债权人角度来讲，这个指标越低越好。

5. 或有负债比率

在一些集团公司、关联企业大量存在因相互担保、相互抵押、相互拆借资金形成的表外债务，这些债务一旦转化为企业的实际债务，会对企业的资本结构和偿债能力带来很大的影响。或有负债比率就是在或有负债已知的情况下，揭示其占企业所有者权益的比例。其计算公式为：

或有负债比率 = 或有负债余额/所有者权益 × 100%

其中：

或有负债余额 = 已贴现承兑汇票 + 担保余额 + 贴现与担保外的被诉事项金额 + 其他或有负债

通常，有息债务资本化比率中的有息债务，也应当包含或有负债。

6. 流动比率

流动比率是流动资产和流动负债之比，反映企业流动负债偿还的保障程度，用公式表示为：

流动比率 = 流动资产合计/流动负债合计①

流动比率也揭示企业承受流动资产贬值下降打击的能力的大小。如 A 公司 2017 年底的流动比率为 1.49，说明只要流动资产变现时的贬值损失不超过 49%，流动负债持有人可通过企业流动资产的变现收回其借给 A 公司的全部款项。

企业的流动比率应该保持在一个合理的水平。流动比率越高，流动资产变成现金之后的金额就会越大，债权人获得破产企业全额清偿债务的可能性就越大。但是过高的流动负债也有可能表明企业存在大量资金的闲置。流动比率过低说明企业偿债能力不足，过高说明货币资金闲置或资金占用（存货等）过多，过低和过高对企业来说均是不太合理的。

那么流动比率多高比较合理？许多书上介绍流动比率值高于 2 比较合理，但没有指出提出这一要求的根据是什么。表 7 - 2 是中国企业分行业的流动比率平均值，可以看出除了房地产行业的流动比率超过 2 之外，其他行业的流动比率均没有超过 2，制造业行业一

---

① 流动比率通常用倍数表示，其计算值后通常没有单位。但为了计算机处理方便，一些资料中也和资产负债率一样，使用乘以 100% 的百分比数值，其值的单位也应该是"%"。

一般为 1.1 ~ 1.3，服务业企业一般为 0.6 ~ 0.9，最低的是石油天然气开采业，为 0.45，各个行业的综合平均值为 1.18。从表 7 - 3 可以看出，日本企业的流动比率数据中没有一个行业的流动比率是超过 2 的，因此要求企业的流动比率超过 2 是不合理的。

表 7 - 2　2016 年中国企业的流动比率（乘以 100%）

行业	流动比率	行业	流动比率	行业	流动比率
建筑业	111.42	一般机械制造	116.47	供气供水	107.04
建筑材料	106.72	精密机械制造	132.48	计算机服务	151.93
房地产业	244.47	电器机械制造	125.23	软件业	155.49
煤炭开采	125.58	汽车制造	104.91	技术服务	93.23
石油天然气开采	44.52	运输机械制造	104.85	农林水产业	116.49
制造业	114.82	家电	122.47	居民服务	88.42
食品加工	93.48	电子产品	107.37	邮政	86.43
纺织业	99.59	医药制造	122.28	电信	61.9
造纸业	105.9	烟草制品	118.62	住宿	63.27
钢铁业	115.93	公共交通	77.16	餐饮	89.59
有色金属	125.04	铁路运输	90.42	零售商业	99.77
金属制品业	132.88	道路运输	64.48	批发商业	112.14
石油加工	114.21	水上运输	113.15		
化学制品	119.41	航空运输	85.9	各行业平均	117.81

资料来源：根据 20 多万个银行贷款企业的年度报表数据计算取得。在处理数据中，我们发现行业中优秀企业的流动比率要比平均值高出 0.3 ~ 0.6 个百分点，良好企业要比平均值高出 0.1 ~ 0.2 个百分点，较低值比平均值低 0.2 ~ 0.3 个百分点，较差值比平均值低 0.5 个百分点左右。

从中国企业和日本企业流动比率的平均值可以看出，不同行业的流动比率是有差别的，一般来说，制造业企业的流动比率高于服务业企业，机械制造企业的流动比率又高于其他制造企业。很难用一个统一的标准来要求不同行业企业的流动比率。流动比率最高的行业在中国是房地产行业，在日本是精密机械制造，最低的行业在中国是石油天然气开采业，日本是电子业。路透社统计的上市企业的流动比率数据，最高的五个行业是生物技术（7.76）、半导体设备（6.47）、工业机器设备（5.25）、赌博及游戏（3.86）、娱乐产品（3.55），最低的五个行业是卫生保健管理（0.49）、道路铁路客运（0.51）、电力供应（0.58）、煤炭（0.6）、百货商店（0.79）。

流动比率是一个时点数据，受偶然因素、外部环境的影响比较大，在不同时期的差距也是比较大的。从日本企业两期数据的变化来看，在 1997 年和 2010 年之间比较，服务业、零售商业、电子业、农林水产业、船舶制造修建、造纸业的流动比率有所下降，化工业、纺织业、造纸业、机械制造业、金属制品业的流动比率上升均超过了 10 个百分点。

表7-3　1997年、2010年日本企业的流动比率（第四季度，乘以100%）

行业	1997年	2010年	行业	1997年	2010年
建筑业	113.9	117.5	一般机械制造	145.4	148.6
制造业	125.7	136.2	精密机械制造	150.1	160.1
矿业	102.4	104.8	电器机械制造	140.4	148.3
食品业	127.7	141.1	船舶制造修建	124.5	121.4
纺织业	127.4	145.2	运输设备制造	119.1	124.2
钢铁业	101.3	113.6	零售商业	98.9	90.1
造纸业	103.7	95.5	批发商业	111.5	112.6
有色金属	114.2	115.9	电子业	28.3	23.1
化工业	135.9	154.2	运输通信	97	97
金属制品业	124.6	142.8	煤气供水	66.9	73.2
房地产业	109.3	114.3	农林水产业	89.5	80.7
服务业	106.2	103.6			
各行业平均	112.6	114.8			

资料来源：日本大藏省：相关年份《财政金融统计季报》，第103-106页。

流动比率在同一行业不同企业、同一企业不同时间的差距也比较大。例如，B公司2015年的流动比率为3.31，明显过高，查找原因发现该公司正在进行大规模的工程建设，企业为工程建设准备了大量现金，导致流动比率过高。比如同属于电器制造业的A公司和B公司，2017年底的流动比率分别为1.49和3.31，差距较大。B公司当期流动比率较高的主要原因一方面是流动负债大幅度减少，另一方面是货币性资产和应收账款有较大增长引起的，但其最根本的原因仍然是当年发行股票筹集了大量资金、降低了流动负债、增加了货币性资产。同时B公司当年增加了大量在建工程，也需要企业储备一定的货币性资金。

使用流动比率指标在评价企业的偿债能力时应当注意以下几点：

（1）各行业的存货流动性和变现能力有较大差别，流动比率指标不能反映由于流动资产中存货不等所造成的偿债能力差别，因此需要用存货周转天数指标补充说明。

（2）在计算流动比率时包括了变现能力较差的存货和无法变现的待摊费用，影响了用流动比率指标评价短期偿债能力的可靠性，因此需要用速动比率指标来补充。

（3）流动比率不能反映企业的日现金流量，而日现金流量对于企业确定合理的现金和存货持有量，即确定合理的流动比率数值是很重要的，因此需要现金支付能力指标来补充检验和说明。

（4）流动比率只反映报告日期的静态状况，企业的一些重大现金流入或流出活动对计算均会有较大影响，企业也能够比较容易地通过一些临时性措施或账面处理来提高该指标在报告日期的数值，例如通过虚列应收账款、少提存货减值准备、提前确认销售或将下一年度赊销提前列账、少转销售成本、增加存款等，均会使流动比率指标大幅度改变。

从上面的分析可以看出，用流动比率来评价企业的偿债能力并不是非常理想。需要结合其他指标的分析才能得出有实际意义的结论。

7. 速动比率

有时即使流动比率很高，企业仍有可能存在还债困难。所以，用速动比率来衡量企业用货币形式存在的资产来偿付流动债务的能力。

速动比率＝速动资产/流动负债合计

速动资产是已经以货币形式存在的企业资产，包括货币资金、短期投资、应收票据、应收款等，可通过下式求得：[1]

速动资产＝流动资产－存货－待摊费用

许多书上介绍，企业的速动比率比值为1时比较安全。速动比率比值为1，说明一旦企业破产或清算，在存货不能变现的情况下，企业也有能力偿还流动负债。若速动比率小于1，表明企业必须依靠变卖部分存货来偿还短期债务。但是，要求企业的速动比率达到或超过1在许多情况下是不合理的。

（1）商业零售企业的存货周转快，一般应付账款多，在日常营业过程中产生大量货币资金可以应付支付需求，因此速动比率保持在0.5左右是正常的。要求其速动比率为1，等于要求其售前支付价款或售后立即付款，对商业企业来说是没有必要的，也是与当前商业企业的经营模式不符合的。

（2）汽车、玻璃、机械制造等行业，受其生产技术特点的制约，其存货通常占有较大的比重，要求其速动比率为1，即要求其存货资金全部由营运资本提供，也是不合理的。

（3）由于速动比率和流动比率一样，是一个时点指标，容易因某个时点流动资产或流动负债科目的较大变化而受到影响，例如某个时点大幅度增加货币性资产或大幅度增加短期债务，均会对速动比率的计算结果带来较大影响。可以使货币性资产大幅度增加的可能情况有：①企业可以动用的银行贷款额度。一般是银行已批准同意的、企业可以随时申请获得现金的贷款能力，能够提高企业的实际支付能力，但这个信息在报表数据中不能体现，通常会在报表附注或说明中有所反映，企业可以用其来改变流动比率或速动比率的比值。②存在可以马上变现的非流动资产，企业可以在需要时将其出售。③筹集长期性资金的能力。当短期偿债资金不足时，可以通过发行债券和股票来解决资金问题。会引起短期债务增加的因素有：①或有负债的实际发生。如产品出现质量问题赔款、经济纠纷案败诉赔偿等，均有可能大幅度增加企业短期债务。②担保责任的执行。企业有可能以自己的一些资产为他人提供了担保，在他人无力还债的情况下金融机构要求企业代为偿还，大幅度增加了企业的短期债务。

从表7-4可以看出，速动比率最高的是软件业，其次是房地产业和煤炭开采业，最低的是电信业、零售商业、住宿业。从表7-1中可以看出，速动比率最低的五个行业是道路铁路客运、煤炭、电力供应、卫生保健管理和零售商业，基本上和流动比率指标一致，最高的五个行业也和流动比率指标一致。

---

[1]　关于速动资产的范围目前理论界没有统一的定义。有些书中定义为"流动资产－存货"，还有些书中定义为"流动资产－存货－待摊费用－预收账款"，本书定义为"流动资产－存货－待摊费用"。

表 7 - 4　2016 年中国企业的速动比率

行业	速动比率	行业	速动比率	行业	速动比率
建筑业	1.03	金属加工机械制造	0.91	煤气及水供应	0.97
建筑材料	0.96	精密机械制造	0.96	计算机服务	0.81
房地产业	1.11	电器机械制造	0.98	软件业	1.43
煤炭开采	1.07	汽车制造	0.92	技术服务	1.01
石油天然气开采	0.79	运输设备制造	0.92	农林水产业	
制造业	0.90	家电	0.87	居民服务业	0.68
食品加工	0.77	电子产品	0.85	邮政	0.82
纺织业	0.88	医药制造	1.03	电信	0.57
造纸业	0.85	烟草制品	0.99	住宿	0.60
钢铁业	0.80	公路交通	0.81	餐饮	0.83
有色金属	0.91	铁路运输	0.80	零售商业	0.66
金属制品业	1.00	道路运输	0.85	批发商业	0.96
石油加工	0.88	水上运输	0.99		
化学制品	0.88	航空运输	0.72	各行业平均	0.92

资料来源：根据 20 多万家银行贷款企业的年度报表数据计算取得。

8. 现金比率

现金比率是企业可以立即变成现金的资产与流动负债的比率。一般速动资产扣除应收账款（包括其他应收款）之后，就是现金资产。其计算公式为：

现金比率 =（流动资产 - 存货 - 应收账款 - 其他应收款 - 预付款项 - 待摊费用）/流动负债

或者：

现金比率 =（货币资金 + 交易性金融资产 + 应收票据）/流动负债

现金比率揭示企业用马上可以变现的资产来偿还流动负债的能力。也就是说，在企业应收账款、存货等变成现金已经不太可能或不依靠存货销售和应收账款收回资金的情况下，企业能够偿还多大比例的流动负债。因此，这个指标通常在企业出现经营问题或破产风险的时候使用。在其他情况下，由于企业货币资金的波动较大，考察这个指标的意义不是很大。

二、偿还期分析：利润与负债之比

企业取得负债，实际上是债权人提供资金给企业，形成企业的资产，企业偿还债务也就是将这些资产变成现金收回之后，还给债权人，表面上看好像企业的偿债能力就是用企业资产偿还负债的能力，但事实上却并不是这样。在企业的实际经济活动中，债权人一旦将资金投入到企业，就变成了企业某种形式的资产，企业要偿还债务，就必须将资产销售出去，转换为现金。并且更加重要的是，债权人提供的资金，在企业经营过程中一部分转化成了资产，一部分已经以成本费用的形式支出，不一定以资产的形式存在。企业要偿还债务，必须以资产出售收回的现金来偿还，因此企业取得现金的多少、企业取得现金之后所核算的资产的增值能力，成为判断企业能否偿还债务的很重要的指标和依据。如果企业要继续维持通过负债资金扩大了的经营业务，那么在资产出售收回的现金中，与出售资产的成本等价的那部分资金，还不能用来还债，还需要重新投入到企业去周转和循环，能够用来还债的，只有增值的那部分资金，即实现利润。

1. 经营偿债能力

经营偿债能力是企业营业利润与企业债务之比，即假设企业的营业利润全部用来偿还企业的债务，反映企业通过营业利润偿还债务所需的最短期限，用公式表示为：

经营偿债能力 =（流动负债 + 非流动负债）/ 营业利润

利润和负债之比指标，是从企业获取的利润的角度，从企业未来盈利能力的角度来评价企业的偿债能力。也就是用负债和利润之比，而不是用已经形成企业资产的、正在企业经营活动中使用的资产之比，来评价企业的偿债能力，实际上是从未来的、动态的、发展的角度对企业的偿债能力做出评价。因此可以称其为经营业务的偿债能力指标。

该指标说明，用企业的营业利润来偿还企业的负债总额，大概需要多长时间，时间越短企业经营业务的偿债能力越强。

使用该指标存在以下问题：①流动负债中有一部分负债是经营活动派生的负债，这部分负债如应付职工薪酬、应交税费、应付账款等，实际上作为企业的成本将被支付的，在企业取得收入之后，是以成本的方式支付和核销的，是不需要用利润来偿还的，因此在计算需要企业偿还的债务时，可以把这部分负债扣除，只计算企业的有息负债。②企业的负债特别是短期借款，必要时也可以用企业的流动资产来偿还，只有当企业的流动资产占比较小、企业的非流动资产占比较大，企业的营业收入和利润主要由企业的非流动资产决定时，如高速公路企业、港口企业等，使用该指标评价偿债能力比较科学合理。③企业的营业利润并不一定能够全部用来还债，还需要进一步分析计算能够用来还债的利润，再将其和需要偿还的负债进行比较，更加准确一些。

2. EBIT 债务比

息税前利润（Earnings Before Interest and Tax，EBIT），即在扣除利息、所得税之前的企业利润，由于扣除了利息和所得税的影响，也就是扣除了企业资金来源中有息负债多少和企业所得税税率高低的影响，因此能够更加准确地揭示一个企业资产的盈利能力，其计算公式是：

EBIT = 净利润 + 所得税费用 + 利息

或：

EBIT = 营业利润 + 财务费用 + 营业外收入 - 营业外支出 + 以前年度损益调整

息税前利润也称经营收益，在财务分析中是一个很重要的概念。其重要性至少表现在以下三个方面：①息税前利润能够更加准确地揭示并比较不同负债及权益结构企业的经营成果，因为它剔除了因利息支出这一与企业筹资方式有关的、与资产盈利能力不直接相关的因素的影响。②它剔除了上缴所得税数额，剔除了所得税税率差异的影响，因此和净利润指标相比，它能够更准确地反映出不同税负企业的经营成果。③由于该指标剔除了资本结构和所得税政策的影响，这就使得该指标在不同地区、不同企业之间可以进行盈利能力的有效比较。即使是在同一企业，在不同时期比较盈利能力时，使用息税前利润指标也比净利润指标更具可比性。当然从所有者角度来看，这个指标并不如净利润指标有意义，因为利息和所得税均是需要企业支付的，是不能作为企业的经营成果计算的。

EBIT 债务比是企业息税前利润与有息债务合计的比，它说明用息税前利润来偿还企业有息债务大概需要多长时间，用公式表示为：

EBIT 债务比 = 有息负债合计/EBIT

该指标值当然越低越好。对企业来讲，这种计算可以大概知道按照正常经营活动的利润来偿还债务需要多长时间，可以和平均还款期进行比较，看企业能否如期偿还债务。对于银行来讲，通过计算该指标，可以进行不同客户之间偿债能力的比较，了解借款客户的偿债能力。

不过，该指标的不足是：①未考虑企业动用折旧、摊销等方式提留的资金偿还债务的可能。②未考虑企业通过赊账销售所带来的利润的影响，赊账取得的收入和利润，实际上是没有现金收入的，是不能用来还债的。③利息和所得税，事实上是需要企业支付的，将其扣除之后来计算偿债能力是不妥当的。因此，还需要用其他指标来补充。

3. EBITDA 与债务比

作为成本费用计算的折旧和摊销，是企业不需要支付现金的成本，是以成本方式从企业收入中提留的、企业经营活动创造的、企业可以支配的资金的一部分，必要时企业也可以用这部分资金来偿还债务。将这部分资金和息税前利润合计，就是所谓的 EBITDA 值，用公式表示为：

EBITDA = 净利润 + 所得税 + 利息 + 折旧 + 摊销

或：

EBITDA = EBIT + 折旧 + 摊销

由于息税折旧摊销前利润（Earnings Before Interest、Tax、Depreciation and Amortization，EBITDA）包含了折旧和摊销，因此能够更准确地衡量企业经营业务的创造可支配资金的能力。

与 EBIT 相比，EBITDA 更加前进了一步，它不但将企业因利率、税率的差异所带来的影响排除在外，而且将企业因折旧率、折旧年限、摊销率、摊销年限、固定资产和无形资产数量等方面的差异带来的利润差异也排除在外。也就是说，EBITDA 指标反映了不受企业资本结构、税收政策、折旧政策、非流动资产规模等因素影响的企业的盈利能力。应该说 EBITDA 在揭示企业经营业务活动自身的盈利能力方面，比 EBIT 指标更加准确。因此，用 EBITDA 和有息债务总额的比来评价企业的偿债能力，更受银行的欢迎。用公式表示为：

EBITDA 债务比 = 有息负债合计/EBITDA

该指标说明用企业经营活动创造的可支配资金总额来偿还企业的债务本金，大概需要多长时间。由于这个指标中把企业通过折旧、摊销提留的非流动资产补偿资金作为还债的资金来源之一，因此对于折旧金额较大的电信、电力企业或无形资产摊销额较大的房地产企业，在偿债能力判断方面均会产生较大的影响。

可以看出，EBITDA 指标已经接近等于企业经营业务实际创造的现金流量，如果说 EBIT 揭示了企业经营业务的无差异盈利能力，那么 EBITDA 揭示了企业经营业务的无差异现金流量。但它仍然不是企业实际的现金流量，因为 EBITDA 的计算是从净利润开始的，而净利润中包含了未能带来当期现金流入的应收账款所创造的利润的影响，也包含了企业未支付现金的使用应付账款资金所形成的存货销售的影响。另外，EBIT 和 EBITDA 均包含所得税费用和利息支出，但这两部分资金是企业一定要支出的，是不能用来偿还债务本金的。因此，还需要设计扣除了这两部分费用，同时具有 EBITDA 指标优点的指标来评价企业的偿债能力。下面我们引入两个指标：一个是可动用资金总额；另一个是可动用现金总额。

4. 可动用资金总额与债务比（经营还债期）

可动用资金总额是企业经营活动创造的、留给企业自身可以动用的资金总额，用它和企业债务进行比较，可以判断一个企业的偿债能力大小。将有息负债合计和可动用资金总额之比称为经营还债期，用公式表示为：

经营还债期＝有息负债合计/可动用资金总额

该指标说明企业使用经营活动创造的可动用资金，来偿还债务大概需要多长时间。经营还债期越短越好。

5. 可动用现金总额与债务比（营业还债期）

我们将可动用现金总额与债务的比称为营业还债期，用公式表示为：

营业还债期＝有息负债合计/可动用现金总额

营业还债期揭示用企业经营业务活动创造的新增可用现金来偿还债务，大概需要多长时间。营业还债期越短越理想。

尽管我们做了上述各种处理之后得出的可用来还债的资金，已经与企业的实际现金利润非常接近，但它毕竟还不是现金净流量，如果我们没有企业的现金流量表，可用这些指标进行偿债能力评价。如果我们有企业现金流量表数据，那就用现金净流量和债务之比来评价企业的偿债能力。

6. 经营现金流与债务比（现金还债期）

债务是需要用现金来偿还的，以利润为基础所计算的可用来还债的资金，通常与企业实际可用来还债的现金是不一致的，因此需要用现金流量表中的现金指标来和债务比较，以判断企业的偿债能力。最常用的是经营活动产生的现金流量净额与企业债务的比，也称为现金还债期，它揭示用经营活动创造的现金净流量来偿还企业付息负债大概需要多长时间，用公式表示为：

现金还债期＝有息负债合计/经营活动产生的现金流量净额

由于这个指标中包含了债务本金，其计算结果仅仅和企业的实际债务平均偿还期限进行比较就可以确定企业是否有足够的偿债能力。如果企业不能按期偿还，那么我们还可以反过来计算出不能偿还的债务金额，即：

不能按期偿还的债务金额＝（债务平均还债期 – 现金还债期）×经营活动产生的现金流量净额

经营活动产生的现金流量净额是扣除了税金、利息、经营活动新增资金占用之后的现金净流量，能够很好地反映企业经营业务创造现金的能力。但是，它并没有考虑企业通过融资、出售非流动资产、收回投资等手段所带来的资金偿还债务的能力。因此，更加准确的方法是将这些因素也考虑进去，但我们的难题是，企业通过融资、出售非流动资产、收回投资等方式所取得的现金，通常是一次性的，并不是和经营活动那样年复一年地、可持续地给企业带来现金，因此考虑这些因素的办法是，直接将这些活动可能带来的金额从企业需要偿还的债务中扣除，看能否足够偿还企业的债务，然后考察剩余的债务用经营活动创造的现金来偿还需要多长时间。

7. 现金流动负债比（现金偿债能力）

通常我们将现金流量表中的经营活动产生的现金流量净额和企业的流动负债合计的比称为企业的现金流动负债比或经营偿债能力，用来揭示企业用经营活动产生的现金流量净额偿还企业流动负债的能力，其计算公式是：

现金流动负债比＝经营活动产生的现金流量净额/流动负债合计

由于流动负债是企业在一年以内需要用现金来偿还的负债，该指标反映经营活动创造的现金净流量大概能够偿还多大比例的流动负债。一般认为该指标大于 30% 比较安全。但由于流动负债中包含了经营过程中循环的那部分负债，因此这个指标的解释能力可能不如经营还债期指标准确。

三、付息能力评价

在上面介绍的指标中，主要考虑的是如何偿还债务本金，通过资产项目、利润项目、现金项目和负债项目的比较，揭示企业偿债能力的大小。但是，当企业的债务主要是长期债务，或者银行不打算收回其债务本金，或者企业已经陷入经营困难，要求其偿还本金已经无望时，企业的付息能力就变成一个很重要的评价指标了。只要企业能够按期支付利息，银行就可以通过债务重组、延期还本、借新还旧等方式，和企业一起共渡难关，就可以确保自己的贷款不会变成不良贷款。评价企业的付息能力，主要是依靠企业创造的利润和企业的利息支出之比指标。但利润是会计核算的结果，有时候用营业收入和利息之比、营业收入和短期借款之比更能反映企业的还本付息能力。

1. 利息保障倍数

企业生产经营活动创造的净收益是企业支付利息的资金保证。如果企业创造的净收益不能保证支付借款利息，借款人就应考虑收回借款。利息保障倍数也称已获利息倍数、利息保障系数，是企业纳税付息前利润与利息支出合计之比，用来反映企业经营活动创造的利润对支付利息的保障程度，用公式表示为：

利息保障倍数＝息税前利润/利息支出×100%

表示 1 元的利息有多少元的收益来保证。例如利息保障倍数为 5，说明企业经营利润相当于 5 倍的利息支出，在这个时候企业支付完利息和税金之后，还可以有相当于利息支出的 4 倍的经营利润用来偿还本金。如果企业债务的利率是 5%，那么企业依靠经营活动创造的利润来偿还全部本金，大概需要 5 年时间。该系数越高，偿还债务本息的能力就越强。一般认为，当利息保障倍数在 3 以上时，企业是有付息能力的。该指标一般不能低于 1，如果低于 1，则意味着企业连利息都难以支付，更谈不上偿还本金了。

不过，由于企业经营利润波动较大，用该指标计算的利息保障倍数波动较大，因此要注意：①在企业利润不稳定时用营业收入与利息支出之比来评价企业利息偿付的保障程度，会更有意义。②用经营活动现金净流量与利息支出之比来评价可以在一定程度上剔除人为操纵利润的影响。③由于利息一般只占债务的很小比例，因此还是要结合企业本金的偿还，本金和利息偿还合并一起来评价企业的偿债能力。

2. 利息负担率

企业最基本的收入是销售收入或营业收入，事实上企业一旦获得营业收入，就可以用其来偿还债务和支付利息，因此用收入和债务之比、收入和利息之比，在一些情况下能够更加直接和准确地反映企业的还本付息能力。我们将利息支出和营业收入之比称为利息负担率，用公式表示为：

利息负担率 = 利息支出合计/营业收入 × 100%

国内外企业的经验表明，对于制造业企业如果利息负担率低于3%属于正常或理想情况，在5%左右表示企业资金周转发生困难，如果超过7%则企业的工资等硬性支出也会遇到困难，在10%以上则属亏损或破产经营。对于商业批发企业该指标值低于1%为理想状态，在1%～3%为维持生存状态，在3%～5%为收缩企业，在5%～7%为濒于破产倒闭型企业。利息负担率指标常用于诊断企业经营状况和企业资信评级，特别是在企业资金周转困难或企业自有资金很低的情况下，使用该指标来监督和揭示企业经营状况的变化非常有效。

3. 利息现金保障倍数

利息现金保障倍数是经营活动产生的现金流量净额和利息支出之比，反映经营活动产生的现金流量净额对利息支出的保障程度。

利息现金保障倍数 = 经营活动现金净流量/利息支出 × 100%

该指标一般大于3比较合理，指标值越高，说明企业本息偿还的保障越高。为了剔除所得税税率的差异，分子可以增加所得税费用。

4. 到期债务本息偿还率

到期债务本息偿还率是经营活动产生的现金流量净额与当年偿还债务本金和支付利息合计的比，反映经营活动产生的现金流量净额对到期债务偿还的保障程度。

到期债务本息偿还率 = 经营活动产生的现金流量净额/（本期已经偿还债务 + 本期已支付利息）

该指标应该大于1，小于1说明经营活动产生的现金净流量不足以偿还企业已到期债务的本息，需要依靠其他外部资金来偿还已到期债务。该指标既考虑了企业创造现金能力的不同，又考虑了不同企业的债务偿还压力的差异，因此从债权人角度来看是评价企业偿债能力的一个比较理想的指标。

5. 收入短期借款比

当企业的短期借款马上就要到期、企业的盈利能力很低、企业亏损运转、企业的资产质量较差、企业的账面资产和利润虚假的时候，用利润和负债之比、资产和负债之比来评价企业的偿债能力均意义不大，这时就需要用营业收入和债务之比指标来评价。通常我们用营业收入和企业短期借款之比来评价在特殊情况下企业的偿债能力，用公式表示为：

收入短期借款比 = 短期借款/年营业收入

对于一般企业来说，该指标值应低于40%，大多数企业低于20%。但绝对不能超过80%，超过80%就意味着这个企业的经营活动创造的收入增加仅占20%，其他80%是由短期借款拉动的。一方面说明企业的资金周转很慢，另一方面说明企业经营业务的盈利能力很低，难以弥补企业的成本费用开支。如果一个企业的短期借款占营业收入的100%以上，这个企业不是新建企业或未投产、未正常开展产品销售的企业，那么这个企业肯定是一个问题企业，要么经营业务非常混乱、已处于停产半停产状态，要么企业亏损严重、账面资产真实性存在问题。分析发现，在中国上市企业中被 ST 的企业，约有 60% 的企业短期借款占营业收入的比例超过 80%，约有 40% 的企业这个占比超过 100%，而这些超过 100% 的企业，几乎均是报表造假、被审查或被查处的企业。

【本章小结】

企业维持正常运转、不会出现资金链断裂的前提条件是拥有现金支付能力，现金不足、不能按期偿还债务，即使在盈利情况下或资产负债率未超过 100% 的情况下也会存在破产风险。因此，对现金支付能力的分析，特别是对在经营不善或经营形势恶化、宏观信贷紧缩情况下的现金支付能力的分析尤其重要。企业偿债能力可以通过资产和负债之比、利润和负债之比来分析，资产负债之比通常称为流动性指标，反映用企业资产偿还企业负债的保障程度；利润和负债之比通常称为经营偿债能力指标，揭示用企业创造的利润来偿还债务的能力大小。利润和利息之比可以揭示企业的付息能力。企业的偿债能力与企业资产变现的时间和负债偿还时间直接相关，用资产变现天数和负债偿还时间进行对比，可以从时间和金额两个角度更清晰地揭示企业不同时期的偿债能力。

【本章习题】

名词解释

偿债能力　账面净现金　实际现金支付能力　内在现金支付能力　新增现金支付能力未来现金支付能力　支付能力不足　支付能力恶化　支付能力改善　黑色倒闭　赤字破产有息负债资本化比率　有息负债占比　资本负债率　有形净值债务率　或有负债　流动比率　速动比率　现金比率　经营偿债能力　EBIT 债务比　EBITDA 债务比　经营还债期营业还债期　现金还债期　现金偿债能力　利息保障倍数　利息负担率　到期债务本息偿还率　收入短期借款比

简答题

（1）如何分析企业账面、现在和未来的现金支付能力？

（2）简述企业在资金紧张、支付能力不足情况下的支出紧缩顺序。

（3）简述经营不善情况下财务指标的恶化顺序。

（4）试述企业经营状况改善情况下财务状况改善的可能轨迹。

（5）简述信贷紧缩对企业支付能力的影响。

（6）简述国家信贷扩张对企业支付能力的影响。

（7）为什么企业在盈利情况下也有可能破产？

（8）试对资产负债率、有息债务资本化率、有形净值债务率三个指标做比较分析。

（9）试述流动比率指标和速动比率指标的局限性。

（10）如何看待不同层次的盈利和负债指标的优缺点？你认为哪个指标更可靠？

（11）试对经营还债期、营业还债期、现金还债期三个指标做比较分析。

（12）评价企业付息能力的指标主要有哪些？

第八章　营运能力分析

（1）了解营运能力分析内容。

（2）掌握资产周转速度分析方法和指标。

（3）掌握资产重新分类的方法。

（4）了解货币资金、存货最佳持有量的计算方法。

企业资产只有使用起来才能产生效益。简单地讲，营运能力就是企业运用资产创造收入的能力，更全面地看就是使用出资人资金、扩大资产规模、不断创造收入、努力实现利润、回报股东和其他利益主体的能力。从这个更全面的定义来看，企业的营运能力涉及资金使用、收入创造、利润争取和利润分配等重要经营管理活动和决策活动，因此是企业经营管理能力和决策能力的综合反映，对营运能力的分析也就是对企业经营管理能力和决策水平的分析。从这个定义来看，进行企业营运能力分析，可从以下几个方面来展开：一是企业资产的使用效率分析，包括加速资产周转的能力；二是优化资产结构、实现资产保值增值的能力；三是企业回报员工、回报股东、回报社会、实现企业价值增值的能力；四是企业通过投资、筹资获得进一步发展的能力。本章重点讨论企业加速资产周转、优化资产结构和实现资产保值增值的能力。有关资产盈利能力将在第九章讨论，有关企业发展能力以及对员工、对股东、对社会回报能力将在第十章讨论。

第一节　资产周转速度分析

一家企业的盈利能力很高并不直接等于企业的营运能力或经营管理能力很强，因为企业某个时期较高的盈利能力也有可能来自企业外部环境的变化，如来自企业产品和服务的价格的大幅度上涨。同样，一个营运能力很强的企业也并不总是拥有较高的利润率。但是，如果一个企业的盈利能力较强，在加速资产周转的情况下必然会带来更高的盈利能力。

加速资产周转的效应，实际上和增加企业资产投资的效应类似，只是加速周转所取得的盈利能力提高，等于提高了资产的使用效率，节约了资产投资。因此，资产周转速度从另一个角度反映了企业的营运能力。周转速度快的企业营运能力较高，周转速度慢的企业营运能力较低。当然，做出这种判断的前提条件是企业的经营业务能够给企业带来正的边际利润。否则，一个边际利润为负的企业，加速周转便会带来更多的亏损，会使企业的经营实力下降。

当企业的经营业务能够带来正的边际利润的时候，即使企业的负债经营为负效益，即企业的权益利润率并未高于负债利率，通过加速资产周转也有可能使企业的负债经营由负效应转化为正效应，使负债经营由不可行转变为可行。因此，企业资产的周转速度的变化，不但反映企业资产的使用效率的变化和盈利能力的变化，而且反映企业偿债能力的变化，并在一定程度上可以决定负债的可行性。

实际上，由于企业组织自我膨胀的惯性和人的惰性的存在，企业总是存在一种潜在的发展趋势即资产规模不断膨胀、资产质量不断下降、资产周转逐渐放缓。进行资产周转速度分析，查找周转速度下降的原因，努力采取加速企业资产周转的措施，就是主动地和这种惯性做斗争。揭示企业资产速度的指标主要有存货周转率、应收账款周转天数、营业周期、现金周转期、流动资产周转率、固定资产周转率、总资产周转率等。

一、存货周转率

存货是企业资产中最重要的组成部分之一，在一些行业的企业存货占资产比例超过50%，因此存货的周转速度对企业的盈利能力、偿债能力和流动资产的周转速度具有重要的影响。存货周转速度的变化，通常用存货周转率或周转次数来揭示，用公式表示为：

存货周转次数 = 销货成本/平均存货

由于销货成本利润表中没有对应的科目，所以可以用营业成本来代替销货成本。对于没有存货或正常经营活动的存货水平很低的企业来说，计算存货周转次数意义不大，但对于存货占流动资产比例较大的企业来说，计算存货周转次数意义重大。在存货占比较高的企业，其营业收入也主要是通过存货的销售取得，用营业收入和平均存货之比来计算存货的周转次数，比用营业成本与平均存货之比计算，能够更加准确地反映存货周转速度的变化，这主要是因为营业成本中包含了许多与存货不相关的成本。

在存货平均水平一定的条件下，存货周转越快越好。存货周转越快，表明企业的销售能力越强；反之，则销售能力不强。在工业企业，存货周转次数还可以分解为原材料周转次数、在产品周转次数和产成品周转次数，用公式表示为：

原材料周转次数 = 原材料消耗总额/原材料平均库存

在产品周转次数 = 当期完工产品成本/平均在产品成本

产成品周转次数 = 产成品成本总额/产成品平均库存

原材料周转次数变化反映企业原材料采购和库存政策的变化，在产品周转次数变化反映企业生产技术的变化和生产现场管理水平的变化，产成品周转次数变化反映企业销售能力和销售部门效率的变化。可见，存货周转次数的变化是企业原材料采购、产品生产、产品销售、现金收回等各个方面工作水平的综合反映，它从一个侧面揭示企业的销售能力、产供销活动组织能力和企业生产技术水平的变化。因此，是一个非常重要的财务分析指标。

如果存货周转次数下降，就要进行具体原因分析。如因企业为了完成在建工程而囤积存货，导致存货增加、周转次数下降，则属于正常情况。因为在这种情况下，存货跌价或积压的可能性较小，周转次数下降的风险较小。如因产成品滞销而引起存货增加、周转次数下降，则需要重点关注。因为在这种情况下，存货周转次数的下降通常伴随着销售收现率的下降和应收账款占比的上升。引起存货周转次数下降的原因还有可能是企业销售投入不足、销售力量下降等，也有可能是企业为了应对原材料涨价而有意增加库存。还有一些客观因素的变化会带来存货周转次数的下降，如宏观经济形势的恶化、产品季节性的变化、商品运输周期和产品生产技术的变化等，要区别分析和对待。

存货周转次数的倒数乘以 365 天，就是存货的周转天数，用公式表示为：

存货周转天数 =（365 天×平均存货）/营业收入

加速存货周转、缩短存货周转天数，在存货占比较大的企业能够大幅度提高企业的盈利能力，改善企业的资金状况。加速存货周转，就是要缩短存货在生产经营环节的停留时间，加速存货的销售。缩短产品在生产经营环节中的停留时间，主要是要建立与供应商的直接联系，一旦接到顾客订单，便可迅速组织原材料或零部件的供应，从而使企业原材料和零部件存货降低到最小程度。加速产成品的销售、减少产成品库存量的占用，需要企业与顾客建立直接的联系，随着互联网的发展，顾客通过网络直接从生产商订货的情况越来越多，企业用网上存储的产品信息来代替实际的产品库存，已经变得非常普遍。由此可见，加速存货周转，降低存货占用水平，已经不再是一个简单的存货管理问题，而是一个建立高效的产供销运转体系的问题。

二、应收账款周转率

应收账款周转率又称收账比率，是一定时期内赊销收入净额与应收账款平均余额的比，是反映应收账款变现能力的重要指标，用公式表示为：

应收账款周转率 = 赊账销售收入净额/应收账款平均余额×100%

其中：

赊账销售收入净额 = 赊账销售收入 – 赊账销售的退回、折扣、折让

应收账款平均余额 =（应收账款年初余额 + 应收账款年末余额）/2

由于利润表中没有赊账销售收入净额，在财务分析实务中常用营业收入来代替赊销收入。应收账款周转天数也称应收账款的账龄或平均收账期，揭示货款收回所需要的时间，体现企业的销售政策和结算政策，其计算公式为：

应收账款周转天数 =（365 天×平均应收账款）/营业收入或赊销收入

或者：

应收账款周转天数 = 应收账款平均余额/平均日营业额或平均日赊销额

一般来说，周转天数越少、收账期越短，企业应收账款的质量越高，应收账款变现的速度越快。

和存货一样，应收账款也是企业资金的一种占用。但与存货不同的是，应收账款已经计入企业的收入，其销售所消耗的存货已经计入企业的成本，从而企业的盈利中已经包含了应收账款所带来的利润，如果应收账款不能按期收回，企业不但要为其支付占用资金的成本，而且因为收入的增加和利润的增加，形成企业生产经营形势良好的假象，并会误导企业增加贷款和投资。由此可见，企业的盈利能力、偿债能力均与企业应收账款的回收情

况直接相关。如果企业的账款回收期延长，企业的盈利能力和偿债能力就会大幅度降低。应收账款增加的弊病很多，企业应尽量加速其周转，减少资金占用。通常情况下，影响账款回收期的因素主要有：

（1）行业特点。各行业的平均账款回收期不尽相同，因此要分行业比较。

（2）企业规模和经营特点。有些企业为了竞争而延长收款期，这就要分析盈利情况，弄清收款期变化的经济效果。

（3）顾客特点。如对长期顾客、大客户和信誉好的顾客，给予付款期优惠。即要同企业销售收入的增长和客户的情况结合分析。

（4）产品特点。如日用消费品的收款期比机器设备的要短。

（5）经济形势。经济形势看好，企业趋向延长付款期。

（6）企业借款利率。如果借款利率很高，企业就会尽力缩短付款期。

三、营业周期

企业将产品生产出来并销售出去，再收回现金的整个周期称为营业周期，用公式表示为：

营业周期＝存货周转天数＋应收账款周转天数

企业经营业务客观上存在的营业周期的长短，是决定企业应收账款周转天数和存货周转天数的基本力量，在经营业务不变的情况下，营业周期的下降表示企业存货和应收账款管理效率提高，企业的变现能力提高。营业周期延长表示企业应收账款和存货的管理有所放松，资产的变现能力下降，企业的资金趋于紧张。

四、现金周转期

本来应收账款周转天数是销货方给予购买方的优惠条件，应收账款回收期是企业准许顾客延期付款的天数，是双方在销售合同中明确规定了的权利义务关系，但是在许多企业，账款回收期变成了账款拖欠期，变成了销货方不可控制的因素，形成了企业之间大量存在的账款相互拖欠。企业的应付账款就是企业拖欠他人资金的表现。这种拖欠可能是供应商准许的良性拖欠，也有可能是供应商不同意的恶性拖欠。一般而言，企业应付账款的周转速度应该慢于应收账款的周转速度，这样才能保证企业有足够的支付能力。应付账款的周转速度，可由以下公式计算：

应付账款周转天数＝（365 天×平均应付账款）/全年购货成本

应付账款平均付款期的延长，可能是由于下面几种原因：一是企业经营形势恶化，资金紧张，被动拖欠他人资金。二是企业管理不善，资金占用增加，通过拖欠供应商资金来解决资金问题。三是企业实力增强、市场地位加强，迫使供应商提供新的延期支付条件。事实上，应付账款所提供的资金，是企业存货和应收账款占用资金的重要来源之一。

将应收账款和应付账款结合起来看，如果企业的应收账款周转期延长，应付账款周转期缩短，则说明企业的市场地位下降，经营形势恶化，资金趋于紧张，企业的经营管理出现了一定的问题。如果企业的应收账款周转期延长，应付账款周转期也相应地延长，实现利润或营业收入相应地增长，则企业资金管理正常。如果应收账款周转期缩短，应付账款周转期延长，则企业的资金占用减少，资金来源增加，经营形势趋于改善。实际上，应付账款的变化对企业存货的变化也有很大影响。为了揭示应收账款、应付账款和存货三者之间相互作用、相互影响的最终结果，通常使用现金周转期这个指标，用公式表示为：

现金周转期 = 存货周转天数 + 应收账款周转天数 − 应付账款周转天数

表示企业营运资本从现金到现金周转一次所需要的天数，在计算这三个指标的周转天数时，分母一定均使用营业收入。如果现金周期小于 0，则表示企业没有为经营活动垫付资金，企业经营活动的营运资金主要依靠应付账款资金来保证。现金周转期下降，则说明企业经营活动的资金占用下降，资金来源增加，资金趋于富余。现金周转期延长，则说明企业经营环节资金占用增加，资金来源减少，企业资金趋于紧张。

五、流动资产周转率

企业生产经营各个环节管理水平的提高、营运能力的改善，均会通过流动资产周转速度的变化反映出来。流动资产周转率作为衡量流动资产周转速度的重要指标，被广泛应用到企业营运能力的分析中，其计算公式是：

流动资产周转率 = 营业收入/平均流动资产 × 100%

上式表明，提高营业收入、降低流动资产占用是提高流动资产周转速度的有效途径。提高销售收入，就要在提高产品质量和功能的同时提高产品售价，扩大市场销售数量；降低流动资产占用，就要加速流动资产各项的周转，减少存货、应收账款等的资金占用。

一般来说，流动资产周转率越高，说明企业的流动资产周转得越快，流动资产利用效果越好。企业完成一定量的销售收入占用的流动资产越少，说明流动资产的利用效率越高；同样一定量的流动资产实现的销售收入越多，也说明企业流动资产的利用效率越高。相反，流动资产周转率下降，说明企业流动资产的利用效果下降；流动资产周转率越低，企业流动资产的利用效果越差。

用周转天数揭示的流动资产周转速度，能够更好地反映企业生产经营形势的变化情况。流动资产周转率的倒数乘以 365 天，就是流动资产周转天数，用公式表示为：

流动资产周转天数 = (365 天 × 平均流动资产)/营业收入

由于平均流动资产 = 平均存货 + 平均应收账款 + 平均其他流动资产，那么，流动资产周转天数的计算公式也可以改写为：

流动资产周转天数 = 365 天 × (平均存货 + 平均应收账款 + 平均其他流动资产)/营业收入 = 存货周转天数 + 应收账款周转天数 + 其他流动资产周转天数

上式表明，流动资产周转速度，是由存货、应收账款等流动资产主要构成项目的周转速度决定的。提高流动资产周转速度，缩短流动资产周转天数，一方面需要降低流动资产各个项目的资金占用，另一方面需要努力提高销售收入。

六、固定资产周转率

尽管固定资产不能直接销售、不参与企业资产的经营循环，但固定资产的数量和占比影响和决定着流动资产的周转速度，同时也影响着总资产的周转速度。营业收入和平均固定资产之比，也可以说明固定资产的周转次数，用其可以判断固定资产创造营业收入的能力，用公式表示为：

固定资产周转次数 = 营业收入/平均固定资产

企业一旦形成固定资产，就必须想办法将其充分利用，除了利用固定资产扩大产量和销售收入之外，没有其他有效的使用办法。由于设备等固定资产的成套性和专用性特点，使其既不能拆散处理，也不能移作他用，因此企业在进行固定资产投资时一定要慎重考虑，投资不当会给企业带来致命打击。如果企业的固定资产使用效率极低、设备闲置，不能为企业带来收入，也只有将其变卖或报废处理，才能提高企业资产的周转速度。

与流动资产周转率指标相比，固定资产周转率指标更加适合于进行同行业企业之间的比较，这是因为固定资产周转率既反映了资产取得收入的能力，又反映了固定资产的投资规模。而流动资产周转率，仅揭示了流动资产转换成收入的速度，没有反映固定资产的规模差异。与同行相比，如果固定资产周转率较低，则意味着企业固定资产投资过大、增长过快或固定资产使用效率较差；如果固定资产周转率较高，则可能是企业固定资产使用效率较高的表现，也有可能是企业固定资产投入年限较长，设备趋于老化的表现，这些情况均需要做进一步分析才能确定。通常借助以下指标：

（1）固定资产增长率。是指一定时期内增加的固定资产原值对原有固定资产数额的比率，其计算公式为：

固定资产增长率 =（期末固定资产原值 – 期初固定资产原值）/期初固定资产原值×100%

（2）固定资产更新率。是指一定时期内新增加的固定资产原值与期初固定资产原值的比率，反映固定资产更新的比重、规模和速度，其计算公式为：

固定资产更新率 = 本期新增固定资产原值/年初固定资产原值×100%

（3）固定资产报废率。是指企业一定时期内报废清理的固定资产原值与期初固定资产原值的比率，其计算公式为：

固定资产报废率 = 本期报废的固定资产原值/期初固定资产原值×100%

（4）固定资产损失率。是指企业一定时期内盘亏、毁损的固定资产所造成的损失数与期初固定资产原值的比率，反映企业固定资产盘亏及毁损而造成的固定资产损失程度，其计算公式为：

固定资产损失率 = 本期盘亏、毁损固定资产价值/期初固定资产原值×100%

（5）固定资产净值率。也称固定资产成新率，是指一定时期内固定资产净值总额与固定资产原值总额的比率，反映企业固定资产更新换代的速度，其计算公式为：

固定资产净值率（成新率）= 固定资产净值/固定资产原值×100%

七、总资产周转率

总资产周转率是综合反映企业经营能力变化和资产使用效率变化的一个很重要的指标，它是一定时期企业营业收入与平均资产总额的比值，即使用企业资产创造收入的能力，用公式表示为：

总资产周转率 = 营业收入/资产平均总额×100%

总资产周转率提高，说明企业资产创造收入的能力增强。如果在该指标计算中营业收入为年营业收入，并且不乘以100%，用绝对值表示，则总资产周转率就是总资产的年周转次数。如果再将年周转次数和一年的天数相除，就是总资产周转天数，反映企业资产周转一次所需要的时间，用公式表示为：

总资产周转天数 =（365 天 × 平均资产总额）/年营业收入合计

或者：

总资产周转天数 = 总资产平均占用额/平均每日销售收入净额

一般来说，周转速度越快，营运能力越强。事实上，在企业的总资产中，参与经营循环并周转和流动的主要是流动资产，企业的非流动资产只是参与企业收入的创造过程但并不参与周转，因此总资产周转率受流动资产周转率的影响很大，这可通过以下公式看出：

总资产周转率 =（营业收入/平均流动资产）×（平均流动资产/平均资产总额）= 流动资产周转率 × 流动资产占总资产的比例

可见，总资产周转率取决于两大因素：一是流动资产周转率；二是流动资产占总资产的比例。一个总资产较高的企业，可能是流动资产周转率较高的结果，也有可能是流动资产占总资产比例较高的结果。提高总资产周转率的途径也主要是两个方面：一是扩大销售，降低资金占用，提高流动资产周转率；二是优化资产结构，提高流动资产占总资产的比例。而提高流动资产周转率，就需要在提高存货周转率、应收账款周转率等方面下功夫。因此，可以说，总资产周转速度受企业存货、应收账款、流动资产、固定资产等各资产使用效率和周转速度的影响，它是反映企业资产使用效率和营运能力的最重要、最综合的指标。

第二节 杠杆扩张能力分析

杠杆扩张能力是指企业利用权益资金来撬动他人资金投入到企业，以扩大企业资产规模和经营实力的能力。企业所能利用的杠杆效应，主要表现在以下两个方面：一是企业依靠自有资本带动银行等债权人将资金投入到企业的能力，将其称为负债扩张能力；二是企业在资产规模一定的情况下，通过增加销售收入来提高边际利润、创造更多利润的能力，将其称为经营扩张能力。负债扩张能力实际上是在企业资产利润率高于负债利息率的情况下，通过增加负债、扩大规模来提高利润的能力；经营扩张能力实际上是在资产投入确定情况下，通过扩大销售收入来提高利润的能力。前者是资产规模的扩张，后者是销售收入的扩张，两种类型扩张的目的均是为企业创造更多利润。显然，只有在企业经营业务盈利的情况下，这种扩张才有意义。

一、利用财务杠杆扩大利润的能力

企业通过增加负债能否创造利润，这要通过计算财务杠杆系数或负债经营杠杆系数来确定。首先通过权益乘数指标来了解企业的负债规模，其次讨论企业能否通过增加负债来使企业的收入和利润增加。

1. 权益乘数

权益乘数又称资本乘数、股本乘数，是指企业资产总额相当于所有者权益的倍数。由于资产减去所有者权益等于负债，因此权益乘数实际上揭示的也是企业负债资金和权益资金的倍数，用公式表示为：

权益乘数 = 资产总额/所有者权益总额 = 1/（1 – 资产负债率）

乘数越高，说明企业利用权益资金带动的其他资金投入（主要是负债资金的投入）越多，企业的经营规模越大。在企业盈利的情况下，或者说在企业自身利润率高于企业负债资金成本的情况下，较高的权益乘数会带来更高的利润。在企业亏损的情况下，或者说在企业资产报酬率低于企业负债资金成本的情况下，较高的权益乘数会带来更多的亏损和更大的风险。因此，权益乘数越高，企业的经营风险越大。

2. 财务杠杆系数

企业负债经营是否可行，风险大小如何，主要通过负债经营效应系数来判断。负债经营效应系数也称财务杠杆系数（DFL），是税后利润变动率相当于息税前利润率变动的倍数，但一些书中介绍的计算公式为：

财务杠杆系数 = 息税前利润/（息税前利润 – 利息支出）

财务杠杆应该揭示负债变化对企业盈利的影响，但该公式并没有反映负债规模变化对企业盈利的影响。该公式揭示的是在负债不变的情况下息税前利润变化对企业实现利润（分母中的息税前利润减去利息支出就等于企业实现利润总额）变化的影响，因此不是我们所期望的负债变化对企业盈利变化的影响的财务杠杆系数，我们所期望的财务杠杆系数是要确认增加负债会给企业带来盈利还是亏损，但该公式并不能有效揭示这层含义。从该公式可以看出，不经过计算，也可以肯定企业息税前利润的增加会引起实现利润的增加，息税前利润的减少会引起实现利润的减少。将财务杠杆系数定义为息税前利润变动与实现利润变动的比值，用两个盈利水平指标的变动率进行比较，看来是不正确的，是不利于进行负债经营是否可行的判断的。

还有一种意见认为，财务杠杆系数仅揭示在税息前利润或称经营收益不变的情况下，企业负债对企业税后利润的影响。这一观点也是不正确的，因为债务的变化必然引起经营收益的变化。企业的举债规模决定或影响着企业的收益水平，企业收益不可能在资金来源和占用数量变化的情况下保持不变。把经营收益看作不随借款规模的变化而变化也是不正确的。企业在增加负债、扩大经营规模后，企业的经营收益即息税前利润是会发生变化的。

财务杠杆系数要计算的是负债规模变化之后、企业经营收益变化之后，权益资金利润率的变化，以揭示负债对企业盈利率的影响，用公式表示为：

财务杠杆系数 = 权益资金利润率/经营资金利润率 = （实现利润/所有者权益）/（息税前利润/（所有者权益 + 有息负债））

因为：

实现利润 = 息税前利润 – 利息

代入上式，变换得：

财务杠杆系数 = （1 + 有息负债/所有者权益）×（1 – 利息/息税前利润）

上式表明，企业的财务杠杆系数，不但取决于利息支出和息税前收益之间的关系，还取决于负债资金和权益资金的比例。如果财务杠杆系数大于 1，则说明企业负债经营提高自有资金收益水平，负债经营可行，即正效应；如果财务杠杆系数小于 1，则表示负债经营不能提高反而会降低企业自有资金的利润率，即降低企业的盈利能力，负债经营不可行，即负效应。当企业的负债经营为正效应时，企业的负债经营会降低企业财务风险。当企业的负债经营为负效应时，企业的生产经营会增加企业的财务风险。

通常我们把财务杠杆系数在 0.9 ~ 1.1 的企业称为财务风险不敏感型企业。小于 0.9 的企业称负效应且财务风险敏感型企业，大于 1.1 的企业称正效应且财务风险敏感型企业。在财务风险不敏感型企业，企业负债率的变化不会引起企业自有资金利润率的太大变化。而在财务风险敏感型企业，企业负债率的微弱变化都会引起企业利润的较大变化。

当企业的负债经营为正效应时，企业的负债经营会增强企业的盈利水平。当企业的负债经营为负效应时，企业的负债经营会降低企业的盈利水平。如果企业对负债经营非常敏感，则企业盈利能力的变化随企业负债规模和成本的变化而有较大变化；反之，当企业对负债经营不敏感时，企业负债规模的变化对企业盈利能力的变化影响较小。

3. 临界销售收入

企业的经营收益等于实现利润加借款利息，即：

经营收益 = 实现利润 + 利息支出

变换得：

实现利润 = 经营收益 - 利息支出

这就是说，当企业的经营收益等于利息支出时，企业的实现利润为 0；当经营收益高于借款利息时，企业盈利；当经营收益低于借款利息时，企业亏损。我们把经营收益等于利息支出的点称为财务风险临界点，此时的经营收益称为临界经营收益，此时的销售收入称为临界销售收入，即：

临界经营收益 = 利息支出

临界销售收入 = 利息支出/(1 - 销售成本率 - 销售税率)

确定企业的财务风险临界点是控制筹资规模和筹资成本的有效途径，如果企业的销售收入和经营收益超过临界销售收入和临界经营收益时，企业可以维持负债经营；否则，负债经营会给企业带来亏损。当财务杠杆系数等于 0 时，企业处于财务风险临界点上。

企业实际销售收入与临界销售收入、实际经营收益和临界经营收益之间的差额，可以从另一个侧面反映企业负债经营风险的大小。如果实际值远远大于临界值，则说明负债经营风险较小；反之，企业的这两个指标的实际值与其临界值相差不多，则企业负债经营的风险较大。

4. 筹资无差别点

所谓筹资无差别点是指通过银行借款利息和发行股票对企业来说其成本和收益均相等的那一点。此时企业的经营收益或销售利润率称为筹资无差别点经营收益或销售利润率。设企业实现利润为 R，银行利率为 I，借款规模为 D，所有者权益为 P，则经营收益 = R + D×I，负债经营效应系数为 L，计算公式为：

$$L = \frac{R \div P}{(R + D \times I) \div (D + P)} = \frac{R \times (D + P)}{P \times (R + D \times I)}$$

设 L = 1，则：

$$R \times (D + P) = P \times (R + D \times I)$$

求得 I = R ÷ P，说明当负债经营效应系数为 1 时，所有者权益利润率等于银行利率。企业使用内部积累资金或发行股票筹集资金和使用银行贷款资金的成本无差别。

筹资无差别点的经营收益为：

筹资无差别点经营收益 = 借款利率 × (权益资金 + 付息借款合计) = 净利润 + 借款利息 = R + D × I = R + D × (R/P) = R(1 + D/P)

筹资无差别点的销售收入为:

筹资无差别点销售收入 = 借款利息 × (权益资金 + 付息借款合计)/(1 - 销售成本率 - 销售税率)

当企业的经营收益高于筹资无差别点经营收益时,加大负债规模会大幅度提高企业权益资金的利润率;当企业的经营收益低于筹资无差别点经营收益时,不应该再增加借款,而应该加大企业自有资金的比率,提高自有资金的比率也会使企业的权益资金利润率提高。

从筹资无差别点可知,判断企业的负债经营是否可行,也可用企业的权益资金利润率指标。如果企业权益资金利润率小于银行利率,则负债越高,企业整体效益就越差,企业就在亏损经营;如果企业权益资金利润率大于银行利率,则负债经营没有风险,企业在支付借款利息之后仍可获利。

从以上分析可以看出,企业依靠负债资金来扩张的前提条件是:①企业要盈利。②企业盈利水平要大于企业负债资金的成本水平。在这两个前提条件下,企业利用负债资金会给企业带来利润的增加,但必须努力实现,一是企业的营业收入要努力超过临界销售收入,超过临界销售收入才能使企业盈利,否则企业处于亏损状态;二是企业的营业收入应当超过筹资无差别点销售收入,超过之后才能使企业的利润增加。

二、利用经营杠杆扩大利润的能力

加速周转只有在资产周转能够带来利润的情况下才能产生正的效应,如果企业亏损运转,资产周转越快、销售越多则企业亏损越多。因此,企业需要首先努力使经营业务实现盈利,使企业的销售收入跃过盈亏平衡点,这就需要分析企业的经营杠杆效应。

1. 边际利润

经济学中的边际利润是指每增加一个单位的销量或产量所带来的利润,我们这里所定义的边际利润,就是销售收入减去变动成本之后的差额,用公式表示为:

边际利润 = 销售收入 - 变动成本

变动成本是随着销售收入的变化而变化的成本,如原材料、能源的消耗,运输费、销售费用等均是变动成本,不随销售收入变化而变化的成本就是固定成本。企业经营的第一要务,是努力实现销售收入大于变动成本,实现边际利润大于0,在这种情况下,企业的经营和运转才有意义。如果边际利润小于0,则意味着企业销售收入不足以弥补原材料采购等支出,企业投入的资产不能保全和收回,这样的经营和运转则是对企业资产的浪费,是毫无意义的。因此,增加销售收入、降低变动成本、实现边际利润大于0,是企业营运和管理的首要任务。当然,单位变动成本随着企业生产和销售规模的扩大而可能存在下降的趋势,在这种情况下,扩大生产和销售规模也是努力实现边际利润大于0的途径之一。

在企业经营管理和决策方面,边际利润指标的作用有:①决定是否应该停产。如果不能实现边际利润大于0,则企业就需要停产、歇业,否则会给企业带来更大的损失。在企业经营多个产品的情况下,计算各个产品的边际利润,只要产品的边际利润小于0就应该停产。只要边际利润大于0就可以继续维持该产品的生产和经营。②判断企业产品结构是否合理。如果企业生产的所有产品均有边际利润，则说明企业的产品结构是合理的。不合理的产品结构是企业生产的产品中存在边际利润为负的产品。③停止某一产品的生产必须以其他产品增产所带来的边际利润大于停产产品的边际利润为前提。一个产品的停产往往有助于其他产品的增产，但其他产品的增产不一定能够带来同样比例的收益，因此停产前要对增产产品的边际利润进行分析。

2. 盈亏平衡点

边际利润大于 0 仅是维持经营业务的前提条件，企业经营的根本目的，不但要实现边际利润大于 0，而且要实现边际利润大于固定成本，实现企业的盈利。企业固定成本，实际上也是企业投资所形成的资产的支出和消耗，如果不能通过边际利润弥补固定成本，则企业的资产实际上也不能实现真正的保全，企业的简单再生产也不能实现，扩大再生产也就无从谈起。只有企业的边际利润大于固定成本的时候，才能实现企业资产的增值和经营的目标。因此，判断企业营运能力的第二个指标，是企业的经营业务是否实现了盈亏平衡点，是否实现了利润。边际利润大于固定成本时，企业实现盈亏平衡，在此之前企业仍然亏损，在此之后企业会有盈利，盈亏平衡点销售收入的计算公式是[1]：

企业盈亏平衡点销售收入 =（计算期企业销售收入 × 计算期企业固定成本合计）/（计算期企业销售收入 - 计算期企业变动成本合计）

上式表明，在企业产品品种繁多、单位产品的变动成本和固定成本划分困难，不能计算出每个产品的盈亏平衡点的情况下，只要将企业的成本总额划分为固定成本和变动成本，就可以计算出企业的盈亏平衡点。企业营运的第二层次的目标，就是努力使企业的销售收入达到和超过盈亏平衡点销售收入。

观察企业是否达到和超过盈亏平衡点有三种办法：第一种是计算盈亏平衡点产量，看产量是否已经达到和超过盈亏平衡点的产量，这对于经营业务比较稳定、销售不存在太大问题的企业非常有用；第二种是计算盈亏平衡点日期，这对于那些产品生产和盈利比较稳定，但能否生产运营又取决于营业天数的企业非常有用；第三种是计算盈亏平衡点销售收入，这是最常用的一种评价方法，对于销售情况不太理想、不太稳定的企业用销售额来控制特别重要。

3. 目标利润

在企业经营已经达到或超过了盈亏平衡点的情况下，考察企业能否实现利润目标就变成了最为迫切的问题。通过盈亏平衡点计算公式，我们可以确定为了实现目标利润企业应当实现的销售数量，其计算公式为：

$$实现目标利润应达到的销售量 = \frac{固定成本总额 + 目标利润}{销售单价 - 单位变动费用}$$

实现目标利润的销售收入 =（计算期企业固定成本合计 + 目标利润）× 销售单价/（计算期企业销售收入 - 计算期企业变动成本合计）

---

① 这个公式可以通过以下公式推导而来：产品盈亏平衡点产量 = 计算期固定成本合计/计算期单位比较利润 = 计算期固定成本合计/（计算期单位价格 - 单位变动成本）

上式乘以单位价格就是盈亏平衡点销售收入：

产品盈亏平衡点销售收入 = 计算期固定成本合计 × 单位价格/（计算期单位价格 - 单位变动成本）

上式分子、分母同乘以销售数量，则可以得到企业盈亏平衡点计算公式。

盈亏平衡点计算公式除了用来确定目标销售量或销售额之外，还可以用来进行以下决策：①决定一项新产品必须达到多大销量才能实现盈利。②在进行固定资产投资情况下，分析固定成本的增加需要销售收入增加多少才能实现盈亏平衡。③在原材料或一些重要物资的采购价格发生较大变动的情况下分析对企业目标利润实现的影响程度。④分析产品销售价格变动对企业销售数量和利润的影响程度。

4. 营业安全率

如果企业的生产经营活动顺利越过了盈亏分界点产量、销售额或日期，就表示企业已越过了风险期，进入经营安全期。如果企业经营状况恶化，其产量或销售额低于正常时期盈亏分界点产量或销售额，就会出现亏损。因此，正常时期产量或销售额与盈亏分界点产量或销售额之间的差额，说明企业经营业务的安全水平，企业产量或销售额下降只要不超过这一水平，企业就不会出现亏损，即：

营业安全水平 = 报告期产量或销售额 – 盈亏分界点产量或销售额

企业承受销售下降打击的能力或程度，也可用营业安全率来表示：

$$营业安全率 = \frac{计算期销售额 + 盈亏分界点销售额}{计划期销售额} \times 100\%$$

营业安全率与企业的经营风险成正比，营业安全率越高，则盈利能力越强，经营破产风险越小；营业安全率越低，则盈利能力越弱，经营破产风险越大。一般认为，营业安全率在20%以上比较安全，在5%以下风险较大。

5. 经营杠杆系数

无论企业产品销售情况如何，企业所要支付的固定费用在企业资金结构和产品结构不变的情况下是相对稳定的。如果企业销售的产品越多，分摊到单位产品上的固定费用越少，在产品销售价格不变的情况下所获得的利润就越多；当然销售量的下降会使企业的盈利很快下降以至于使企业亏损，这就是经营杠杆效应。企业销售额下降或上升引起企业利润变化的程度，通常用经营杠杆（Operating Leverage）系数来表示：

$$经营杠杆系数 = \frac{经营利润变动率}{销售量变动率}$$

上式表明，经营杠杆系数越高，企业产品销售数量的变化对企业盈利的影响越明显，即销售额的微弱变化会引起企业经营利润的很大变化；反之，若经营杠杆系数比较低，则产品销售量的变化不会引起利润的较大变化。我们把前一类型的企业称作经营风险明显型企业，把后一类型的企业称作经营风险不明显型企业。为了便于计算和分析，下面给出经营杠杆系数计算的其他两个公式：

$$经营杠杆系数 = \frac{产量 \times (价格 - 单位可变费用)}{产量 \times (价格 - 单位可变费用) - 固定费用}$$

$$经营杠杆系数 = \frac{息税前利润 + 固定费用}{息税前利润}$$

通常把经营杠杆系数高于5的企业称为经营杠杆效应明显企业；低于5的企业称为经营杠杆效应不明显企业。经营杠杆效应明显企业，其盈利随市场价格变化而变化的风险较大，一般其盈利水平也相对较高。经营杠杆效应不明显企业，其盈利随市场价格变化的变动较小，企业是否盈利及盈利高低主要取决于企业的固定资产投资。

三、掌握企业经营风险与财务风险

从上面的讨论可知，企业经营业务自身的盈利能力和企业的负债结构，决定着企业的经营风险和财务风险。企业因经营决策失误带来的经营风险，会导致企业资金结构恶化，增大企业财务风险。同样，企业因负债结构不合理，不能适应盈利能力的变化，同样会带来经营风险，导致经营失败。

根据企业经营杠杆效应是否明显和负债经营效应是否明显，可将企业分为十种类型，如表8-1所示。每种类型企业的特点，可以简单地描述如下：

表8-1　负债经营效应分类

	无有息负债	负债经营正效应		负债经营负效应	
		明显 >1.1	不明显 1~1.1	明显 <0.9	不明显 0.9~1
经营杠杆效应明显 >5	1	3	4	5	6
经营杠杆效应不明显 <5	2	7	8	9	10

（1）企业无有息负债，经营杠杆效应明显。如业主制企业（个体户）、夫妻店等，他们一般不靠负债资金经营。在这种企业，固定费用较低，经营杠杆效应明显。其经营风险取决于经营成果。

（2）企业无有息负债，经营杠杆系数小于5。这种企业生产经营活动比较稳健，如零售商业企业的情况，财务风险和经营风险均较弱。

（3）企业的负债经营为正效应且负债经营风险敏感，经营杠杆效应明显。这种企业，销售额的微弱降低也会引起利润的较大减少，并有可能使负债经营正效应转为负债经营负效应。而销售额的微弱增长会使其利润有较大增长并使负债经营的正效应得到发挥。如高科技企业或销售利润率较高的其他类型企业，其销售额的微弱增长便会引起利润的较大增长和负债经营风险度的降低。企业经营风险和财务风险均较高，企业对负债经营很敏感。

（4）负债经营效应系数在1~1.1不明显，经营杠杆系数大于5较明显。这种企业的盈利率大于借款利率，营业额的变化对企业的偿债能力影响较大。如建筑施工企业，其实现利润根据国家预算定额或有关规定从工程款中提取，是固定的、微利的。企业的盈利水平随通货膨胀率、银行利率的变化而经常调整。而机械设备的使用、折旧费等都在施工费用中开支。因此，只要有工程项目，就有利润和偿债能力。但是如果没有承担施工任务，则企业的各项固定支出难以摊销，企业的盈利能力和偿债能力会很快受到影响。

（5）负债经营效应系数小于0.9，负效应敏感，经营杠杆系数大于5。则营业额的降低会急剧降低企业的偿债能力、加速企业资金结构的不合理；而营业额的提高有可能使负债经营从负效应转向正效应。工业化国家的传统工业企业如钢铁公司或其他受经济景气影响较大的企业，属这一类型。这类企业在不景气时，生产越多，亏损越多，负债经营不可行。一旦经济景气时期到来，这类企业将很快从负债经营负效应转变为正效应，偿债能力会有较大提高，负债经营可行。

（6）负债经营效应系数在1~0.9，经营杠杆系数大于5。这种企业是指市场销售状况不太理想的企业，如一些飞机制造企业。这种企业尽管负债经营为负效应，但不太明显，一旦飞机销售量增加，就会提高盈利率，将负效应转为正效应。

（7）负债经营效应系数大于 1.1，经营杠杆系数小于 5。这种企业如餐饮企业，经营业务比较稳健，经营杠杆效应不明显，负债经营效应明显，偿债能力一般有保证。

（8）负债经营效应系数大于 1 小于 1.1，经营杠杆系数小于 5。这种企业如银行等，只要将储蓄存款贷给企业或个人，就能够获得利润。并且其固定费用较低，经营杠杆效应不明显。但由于存贷款利率由国家统一规定，负债经营正效应并不非常明显。

（9）负债经营效应系数小于 0.9，经营杠杆系数小于 5。这种企业如目前城市的公共交通运输公司，由于受票价限制，企业微利或无利经营，负债投资难以收回，增加客流量又增加不了多少企业盈利，因此这种企业偿债能力较差，因而一般也不举债。

（10）负债经营效应系数在 1～0.9，经营杠杆系数小于 5。这种企业是微利公用事业性企业，如铁路、邮电等。这种企业一般有偿债能力，而且比较稳定，但这种企业发展比较慢。

第三节　资产结构优化

企业资产结构和构成，在一定程度上决定了资产的周转速度和企业的营运能力。这是因为，企业资产结构一旦形成，很难在短期内发生大的改变。进行资产结构优化，就是要在接受企业资产既成事实的条件下，寻找改善资产结构的办法和途径。一方面要不断地对企业的资产进行分类和监控，剔除不良资产、减少未投入使用的资产或变卖根本不需要的资产；另一方面要对投入到企业内部使用的资产进行最佳持有量估计，寻求和确定最佳的资产结构。

一、通过资产的重新分类来优化资产结构

通过资产的重新分类，对不同类型的资产采取不同的处理措施。下面主要从能否直接使用、能否有效使用，是企业内部使用还是外部使用，是否带来价值增加三个角度对资产负债表中的资产进行重新分类。

1. 不能直接使用的资产

在企业的资产中，有一些项目是不能直接使用的，其使用价值只有通过企业其他资产创造的收入或利润来弥补，或者通过将这些资产项目变卖来取得，这些项目包括：①其他应收款。通常并不是能够收回来的款项，而是企业已经支付或垫付的、未进行账务处理的支出或费用。在其他应收款中，除了关联企业之间的资金拆借也许能够收回之外，大多数企业是垫支的未完全结算的款项，其真正所能收回的金额是比较少的。②固定资产清理。是已经报废或不能使用，需要从固定资产中转出进行处理的资产。③无形资产。是由企业为了取得该无形资产所支付的费用构成，能否为企业带来效益，取决于企业有形资产在无形资产的支持下，能否带来效益。④商誉。一般是企业收购兼并过程中支付的超过被兼并方净资产的那部分支出金额，它和无形资产一样，需要依靠其他资产创造的价值才能收回。⑤研究开发费用。是企业在研究开发方面的支出，这些支出对企业未来的产品发展和

技术储备很有价值，但能否真正有价值，也仍然依赖于有形资产能否创造价值。⑥长期待摊费用。是已经支出的不能直接进当期损益的需要以后年度摊销的费用支出。显然，以上项目均不能直接给企业带来价值，需要依靠其他资产的运作或这些项目的处理才能实现。

不能直接使用的资产 = 其他应收款 + 固定资产清理 + 无形资产 + 商誉 + 研究开发费用 + 长期待摊费用 + 递延所得税资产

对于企业来说，不能直接使用的资产，并不是越多越好，而应该是越少越好。因为这些资产均是账面资产，并且绝大多数是由已经支出的费用或损失组成，将会以摊销、处理或减值准备的方式，通过以后年度的收入和利润收回。因此，企业资产结构优化首先需要做的工作，就是将未使用的资产激活、剥离、变卖或处理，让其发挥作用，尽可能在账面上减少这部分资产的金额，使企业能够轻装上阵。

2. 投入企业外部使用的资产

在企业的资产中，有一些是企业投入到企业之外的市场主体所形成的资产，这部分资产，有一部分是与经营活动相关的，企业允许由他人占用的资产；还有一些是与企业当前经营活动没有直接关系的投资活动所形成的资产，主要包括：①预付款项。是为了取得原材料而预先向供应商支付的款项，可以说是企业为了确保原材料供应所进行的一种投资。②应收账款。是企业容许由客户使用的企业资金和资产。③应收利息和应收股利。是按照合同约定或企业的许可，在以后收回的资金和资产。④债权投资。是企业将闲置资金投资获利的一种方式，在到期时才能收回投资。⑤长期股权投资。是企业的一种权益性、战略性的投资，能否收回或带来利润，取决于被投资主体。

投入到企业外部使用的资产 = 预付款项 + 应收账款 + 应收利息 + 应收股利 + 债权投资 + 长期股权投资

投入到企业外部使用的资产，应该说是企业以创造收入或利润为目的的一种战略性投资，这部分资产能否收回、能否带来预期回报，主要取决于资产持有主体。这部分资产较高说明企业的发展或市场地位受到了一定程度的限制，需要企业依靠让渡资产的经营权才能取得相应的回报或保证。因此，从精干主体、夯实主业、增强自身竞争能力角度考虑，这部分资产也应该尽量压缩，越少越好。

3. 未投入使用的资产

还有一些资产项目未投入使用、正在形成资产过程之中，包括：①在建工程，是正在建设的还未投产使用的资产。②工程物资，是还未使用的、供工程建设用的物资。

未投入使用的资产 = 在建工程 + 工程物资

这些资产项目需要企业继续努力工作，将其转化为可以直接使用的资产后，才能为企业创造收入或利润。

4. 正在使用的资产

除了上述三类资产之外的企业资产，应该说均是属于企业自己可以控制的、企业可以直接使用的、正在为企业创造收入或利润的资产。这些资产包括：①货币资金。包括现金和银行存款。②应收票据可以通过贴现的方式变成现金。③交易性金融资产。在企业需要现金时可随时通过出售的方式变成现金，因此这项资产可以作为企业的货币性资金来看待。④存货。是企业直接控制的、可以加工或出售的实物资产，其出售可以为企业带来收入。⑤固定资产、生产性生物资产、油气资产。均是企业开展经营活动所必须的固定资投资。⑥其他债权投资和其他权益工具投资，是企业可以控制的、以增值为目的的、可以直接变成现金的一种长期投资。⑦投资性房地产。是企业可以控制的、以增值为目的的、可以通过出售变成现金的固定资产性质的投资。

正在使用的资产 = 货币资金 + 应收票据 + 交易性金融资产 + 存货 + 其他债权投资 + 其他权益工具投资 + 固定资产 + 生产性生物资产 + 油田资产 + 投资性房地产

5. 内部经营资产

企业正在使用的资产，根据其使用场所又可区分为两部分：一部分是投入到企业内部经营业务活动使用的资产，这部分资产是企业为了确保经营活动正常运转所必需的；另一部分是企业投入到金融市场或房地产市场使用的资产，这部分资产是企业为了取得价值增值，通过出售实现价差收益而形成的资产。

内部经营资产 = 货币资金 + 应收票据 + 存货 + 固定资产 + 生存性生物资产 + 油气资产

可出售的金融资产 = 交易性金融资产 + 其他债权投资 + 其他权益工具投资 + 投资性房地产

企业内部经营资产构成企业资产的核心部分，是企业得以存在和发展的基础，因此是需要企业不断夯实、加强、优化和提高质量的资产。可出售的金融资产，应该说是企业投入到企业外部市场上去使用的资产，但由于这部分资产是企业可以控制的、随时可以出售变成现金并将其收回的资产，因此可以看作是企业可以使用的、以市场价差投机为目的所形成的资产。这部分资产的价值和价格，随着市场的波动而波动。显然这部分资产不是企业的核心资产，是企业内部发展受到限制，或者企业认为投资到内部核心经营业务活动收益低于市场投机活动时所形成的资产。

从资产优化的角度看，企业应该压缩非核心资产，剥离或收回这部分投入到市场之中的金融资产，让企业成为主业突出、业务发展稳定的经营实体。如果企业认为投资和发展金融资产、投资和交易金融资产更加容易产生效益，那么企业可以向专门从事这类高风险、高收益的金融产品或房地产业务的企业类型转变，专门从事这类高风险经营业务。作为一个实业企业，从事与资金经营业务关系不大的金融市场业务却没有按照高风险金融投资企业的要求建立相应的经营机制和制度，这种做法既不专业也不可靠，应当尽量避免。

6. 处理不良资产

从账面上来看，不良资产主要包括以下几个方面：①待处理资产净损失。包括待处理流动资产净损失和固定资产净损失。②过去年度累积的亏损挂账。包括经营亏损、政策性亏损以及应提未提、应摊未摊等潜在的亏损，通常分散到不同的会计科目余额中。③已经支出作为资产记账的费用如长期待摊费用、研究开发费用等。④应收账款中"三年以上的应收账款"。⑤企业存货中"长期积压的商品物资"。⑥长期投资中的"不良长期投资"项目。⑦固定资产中"未使用固定资产和不需用固定资产"。以上七项不良资产是可以从企业有关科目的明细账目中得到具体数据的。企业实际的不良资产，还可能存在于"其他应收账款"和"在建工程"两个科目中。

资产是预期能够给企业带来收益的经济资源，不良资产是以资产的形式存在，但却预期不能给企业带来收益。不良资产过高具有以下危害：①虚增企业资产。企业真正拥有的、可支配的资产是企业账面资产总额中扣除不良资产之后的部分。②虚增所有者权益。由于所有者权益是企业资产总额与负债总额之差，不良资产使企业资产总额虚增的同时也导致所有者权益虚增。③虚增利润，转嫁亏损，不良资产中的部分项目如待处理资产损失、三年以上应收账款、长期积压物资、长期不良投资等，由于各种原因应摊未摊、应计提减值准备未计提，使当期利润虚增，亏损减少，将会给以后年度带来成本费用的增加。④掩盖企业资金紧张状况，不良资产实质上是企业资金的一种无效占用或耗费，但却以企业可以支配的、能够变现或创造收益的资产形式存在，形成虚假支付能力和盈利能力，掩盖企业资金的实际状况。因此，处理不良资产，提高企业资产质量，也是优化企业资产结构的重要内容。

通过资产分类，可以针对不同资产类型采取不同的优化措施。对于已投入到企业内部使用的经营资产，应当进一步夯实、加强和优化，提高资产质量和使用效率；对于投入到企业外部使用的资产，应当加快收回或压缩，以加快发挥企业资产的作用；对于可以出售的金融资产，要么将其出售投入到经营活动之中，要么将其剥离由专门的机构或人员经营，定期关注和评价其价值和市场风险，建立高风险资产的监督和预警机制，防止金融市场和房地产市场价格波动风险对企业内部经营活动的冲击；对于不能直接使用的资产，需要通过努力将其压缩、转换，使其不断减少；对于已经形成的不良资产，应尽快将其处理。

资产结构优化，最重要也是最困难的是对投入到企业内部经营活动中的资产结构的优化，寻求合理的资产结构，提高资产的使用效率和效益。对于企业投入到内部经营活动的资产的结构优化的核心问题，是寻找和确定各个资产项目的最佳持有量。下面对货币资金、存货、应收账款的最佳持有量进行重点讨论。

二、货币资金最佳持有量

在企业资产中，货币资金是拥有最强支付能力的企业资产，但同时也是拥有最差获利能力的企业资产，企业持有货币资金过多，则会降低企业的获利能力；企业持有货币资金过少，则会出现资金短缺，影响企业信誉和企业资产的正常运转。因此，企业要根据生产经营业务情况确定出企业的最佳现金持有量。

企业的货币资金通过采购活动转化成固定资产和原材料等商品存货，再经过企业加工生产又转化成在产品、产成品，并将产成品投入市场进行销售，取得销售收入，最后再变成货币资金，就实现了企业货币资金的一次周转。货币资金周转期也称为现金周转期，就是企业从采购活动支付现金开始到销售产成品收回现金为止所需要的时间。通过合理确定企业现金的周转时间，可以确定企业货币资金的最佳持有数量，可作为货币资金结构优化的基本依据。

1. 周转法确定

通过资金周转法确定货币资金最佳持有量的方法是：首先确定现金周转期；其次确定在某个经营期间企业现金的周转次数；最后确定现金最佳平均持有数量。

（1）现金周转期。企业的现金周转期取决于采购活动延期付款的时间、成品销售收回现金所需的时间、库存的时间三个方面的因素，其计算公式为：

现金周转期 = 平均存货期限 + 应收账款平均收款期 - 应付账款平均付款期

[例8-1] 某企业平均存货期为 20 天，平均收账期为 18 天，平均付款期为 15 天，则现金周转期 = 20 + 18 - 15 = 23（天）。在此期间，企业现金占用在整个生产经营过

程中。

（2）现金周转次数。是指一年中现金的周转次数，它等于 365 天除以现金周转期，即：

现金周转次数 = 365 ÷ 现金周转期

［例 8 – 1］中现金周转次数为：365 ÷ 23 = 16（次）

（3）现金最佳持有量。等于企业年现金总需求量除以现金周转次数，即：

现金最佳持有量 = 年现金总需求量 ÷ 现金周转次数

［例 8 – 1］中企业年现金总需求量为 1000 万元，则：

最佳现金持有量 = 1000 ÷ 16 = 62.5（万元）

用上面方法计算时需要注意的问题是：①该方法隐含假设，产成品销售、应收账款等收回的现金全部用于支付购买原材料、存货和应收账款的资金占用。事实上，收回的现金一部分以新创造价值的形式转换成工资、税金、利润等流出企业，而真正投入生产经营过程周转的现金只是收回现金的一部分。因此，这种方法计算的最佳现金持有量偏高，应该扣除新创造价值等退出生产经营过程的现金所占的比例。如［例 8 – 1］中年现金总需求量中，40% 用于支付工资、税金等新创造价值，则最佳现金持有量应该为：62.5 × 60% = 37.5（万元）。②该方法隐含假设，企业的采购、生产、销售等活动均是比较平稳地、有节奏地进行。如果波动较大，最佳现金持有量也必然波动较大。

2. 计算现金浮游量

我们把现金在收支过程中延迟收付的时间称现金浮存。相应地，现金在支出过程中发生的时间延迟称为支出浮存，在收入过程中发生的时间延迟称为收入浮存。现金收支的时间延迟情况通常要说明是多少现金延迟多少天数，如 1 万元现金在 5 天之后才能支付，这时我们说现金支付浮存（延迟）为 5 万元·天，因此现金浮存的计量单位是复合单位"元·天"。

一般情况下，企业的一笔支出业务要经过填发并邮寄支票、银行承兑、银行清算等环节之后才真正从企业在银行的存款账上扣减，因此支出浮存由邮寄浮存、支出处理浮存和清算浮存三部分构成。邮寄浮存是指从企业签发并邮寄支票开始到收款人收到支票为止时的支出延迟，在这个延迟期间尽管企业已经开出付款支票，但企业的资金并未被提取，企业还可以使用。支出处理浮存是从收款人收到支票开始到将支票存入银行请求兑付时的支出延迟，清算浮存是收款人银行和付款企业银行进行付款业务清算所需的支出延迟，在这两个延迟期间，企业仍然可以动用已经开出付款支票的现金。因此，企业的支出浮存计算公式为：

支出浮存 = 邮寄浮存 + 支出处理浮存 + 清算浮存

同样，企业的收入浮存由收入处理浮存和可支用浮存构成。收入处理浮存是指从企业收到支票并计入企业账下开始到将支票存入银行为止时的企业收入延迟，可支用浮存是从支票存入银行开始到银行经过清算后增加企业在银行的存款为止时的收入延迟，在这两个延迟期间，尽管企业账面上已经登记了收入金额，但实际上还没有计入企业在银行存款账。因此，收入浮存是企业已经记账但并不能使用的延迟时间，其计算公式为：

收入浮存 = 收入处理浮存 + 可支用浮存

企业的现金净浮存，是企业现金支出浮存与现金收入浮存之差，它表示企业真正可以动用的存在于现金收支业务的资金数额和天数。企业准确计算现金浮存，不但可以提高企业现金的使用效率，而且还可做成表面上看起来因资金紧缺而做不成的事情，下面用实例来说明。

[例8-2]"空手套白狼"式经营。据报道，某公司总经理张某曾用300元现金做成了近10万元的生意，其诀窍在计算和利用现金收支过程的时间差。有一天，张某得知"三五牌"座钟在上海紧缺之后，同上海某贸易公司签订了销售3.2万台（金额为9.6万元）座钟的合同，合同载明"货到付款"（贸易公司见到铁路部门的提货单之后付款）；然后同重庆某生产厂签订了生产包销合同（金额为4.8万元），合同载明付款方式为"托运提款"（重庆厂凭铁路货物托运票，到位于万县的该公司账户提款）。表面上看起来发货在先，提货付款在后，应先向重庆厂支付货款后才能收到上海方的销货款，用300多元难以做成这笔生意。但是，张某认真计算了"起运托收"和"货到付款"之间客观上存在的现金收支时间差，却做成了这笔生意。当时的实际情况是：重庆厂厂休为星期三，从重庆到万县办理托收业务从星期二算起需8天时间，若星期二发货，星期三遇厂休，星期四财务科从销售科拿到货运发票，星期五在厂内办妥内部手续，而星期六重庆厂的开户行休息，因此直到第二个星期的星期一才能办完银行托收手续，然后星期二从重庆到万县，星期三才能从该公司的账上提款。而张某在星期二拿到铁路的发货票后乘坐晚上航班直飞上海，星期三上海方见发货票后将货款电汇到其公司账户，星期四赶回万县，星期五电汇款已进入该公司账户，而重庆厂第二个星期的星期三才来提款，这笔9.6万元的生意只花了300多元的差旅费便做成了。

事实上，张某是利用现金收支过程中存在的时间差（即现金浮存）做成了这笔看起来做不成的生意。在星期二，该公司的支出浮存为：

邮寄浮存，从星期二开始至星期四重庆厂财务科接到货运发票，为：

2天×4.8万元=9.6万元·天

处理浮存，从星期四开始至下星期一办理银行托收手续，为：

4天×4.8万元=19.2万元·天

清算浮存，从下星期一至下星期三银行兑付货款，为：

2天×4.8万元=9.6万元·天

支出浮存=邮寄浮存+处理浮存+清算浮存=9.6万元·天+19.2万元·天+9.6万元·天=38.4万元·天

在星期二，该公司的收入浮存为：

处理浮存为从星期二持发货票至星期四将货款汇至万县银行：

2天×9.6万元=19.2万元·天

可支用浮存为星期四至星期五银行增加该公司存款账户金额：

1天×9.6万元=9.6万元·天

收入浮存=处理浮存+可支用浮存=19.2万元·天+9.6万元·天=28.8万元·天

则：

净浮存=支出浮存-收入浮存=38.4万元·天-28.8万元·天=9.6万元·天

这说明，张某的这笔业务，不但不会引起资金困难，而且在星期二来说，还可以给该公司带来9.6万元·天的可动用现金浮存。

由此可见，通过日现金收支时间的计算，充分利用各种有利条件，合理安排和使用资金，可以为企业带来较大的经济效益。一般地，对于日营业额数十万元的企业来说，都应重视现金的入账和支出时间，尽量缩短资金的在途时间，以便为企业多创造利润。实行一周五日工作制后，票据和款项在星期五入账和下星期一入账，为企业创造的收益大不一样。如某企业日现金收支在 1000 万元左右，如果在星期五入账，企业可以多得 3 日的存款利息，以日利 1.5‰（月利 4.5‰）计，可盈利 4500 元，远远高于雇一个员工的工资。我国日现金收支在 1000 万元以上的企业目前有数千家。

在国外发达国家，通过现金经营与控制所创造的利润，已经占某些大公司实现利润的 5%～10%，随着我国资金市场的不断发展，通过现金的经营管理创造的利润也将日益增多，加强现金经营管理将日益重要。企业应重视现金在途、入账和结算时间和数量的计算，尽量缩短资金占用时间和数量，以便为企业多创造利润。

企业现金净浮存的高低，反映出企业的经营管理方略和水平，净浮存提高说明企业延长了付款时间，加速了收款时间，为企业增加了短期可动用资金；但是如果企业净浮存总是维持在较高的水平，则又说明企业现金有闲置情况，应充分利用。

3. 日投融资活动

企业日现金投资融资管理的目的是确保企业既无闲置的资金，又无未满足的支付需求，企业资金全部得到充分利用。但企业基于安全等方面的考虑，常常需要持有一定水平的现金。日现金管理就是要使企业每日的现金保持在合理的水平，高于合理水平过多，就应考虑投资（如果购买债券、短期投资组合等，由此形成交易性金融资产）或提前归还债务，以提高资金效益或降低资金成本；低于合理水平过多，就应通过银行拆借、短期借款或未到期商业汇票贴现等来提高，以满足短期支付需求。企业的这些日现金管理活动，通常通过日投融资计划表来安排，其格式如表 8 - 2 所示。

表 8 - 2　日投融资计划表

20×8 年 1 月　　　　　　　　　　　　　　　　　　　　　　　　　　　　单位：元

投融资活动	日期												
	1	2	3	4	5	6	7	8	9	10	11	12	…
上日余额													
本日收入业务													
本日支出业务													
票据贴现													
短期借款													
短期投资													
本日余额													

企业可根据每日的收支业务情况，通过借款、票据贴现和短期投资等方式来进行现金日协调，在保持现金日协调的同时达到降低资金占用和减少资金闲置的目的，并为企业创造利润。

4. 编制月现金收支计划

月现金收支计划是现金管理的重要工具，它的编制重点在于确定各月（或某月的）现金收入和支出流量、合理的现金支付能力两个方面。月现金收支计划表一般根据以下等式编制：

期末现金支付能力 = 期初现金余额 + 本期现金收入 − 本期现金支出

具体格式如表 8 − 3 所示。

表 8 − 3　月现金收支计划表　　　　单位：万元

项目	2 月	3 月	4 月	5 月	6 月
一、现金收入					
（一）营业现金收入					
当月现销收入①	59688	62282	76341	62123	46081
应收账款收回②	28669	33784	34550	31571	21521
营业现金收入合计	88357	96066	110891	93694	67602
（二）其他现金收入					
借款		40000			
利息租金收入					
固定资产变现					
股利收入					
其他现金收入合计		40000			
现金总收入	88357	136066	110891	93694	67602
二、现金支出					
（一）营业现金支出					
应付账款③	12000				
购货支出④	14572	32777	33297	30688	26655
工资支出⑤	18440	22800	21420	21420	17280
销售费支出⑥	7130	7130	7130	7130	7130
财务费支出	1324	1324	1324	1324	1324
管理费支出⑦	4574	5660	5317	5317	4288
营业现金支出合计	56040	69691	68488	65879	57678
（二）其他现金支出					
增值税⑧	13570	6101	4500	5738	9802
所得税⑨		9000			11300
利息支出					
归还债务					
股利支出					
投资支出			118600		

项目	2月	3月	4月	5月	6月
其他现金支出合计	13570	13101	123100	5738	
现金总支出	69610	82792	191588	71617	78780
三、支付能力计算					
月初支付能力⑩	-1856	16890	70164	-10533	11543
本月现金收入	88357	136066	110891	93694	67602
本月现金支出	69610	82792	191588	71617	78780
月末支付能力	16890	70164	-10533	11543	365

注：①销售收入来自经营计划或销售部门预测。②应收账款是上月赊销应收款，销售政策是现金付款一半，一个月后结清另一半。③应付账款为上期结转数。④购货支出为经营计划预测数。⑤工资支出包括福利费等。⑥销售费支出来自销售部门。⑦管理费为公司经费等，但折旧等不能计算在内，因实际上不支出。⑧增值税为销项税额和进项税额的差额。⑨所得税按季度预交，半年结算一次。⑩月初支付能力为上月末结转额。

月现金支付能力管理的目的之一，就是要使企业的月末现金支付能力保持在一个合理的水平。如果月末支付能力高于合理水平过多，应考虑进行投资或提前归还债务；如果月末支付能力低于合理水平，应进行筹资给予补足。企业的月末现金支付水平与其合理水平相差较大，说明企业的现金管理与控制水平不高。

从表8-3中的举例可知，该公司生产经营活动月现金总收入平均在9万元左右，总支出在7万元左右，生产经营活动基本有现金支付能力，平均每月在1.4万元左右。该企业现金收支的季节性变化比较明显，3月、4月生产经营活动的现金收支总额较高，其他月相对较低。随着生产经营业务的发展，该公司在3月从外借款4万元，在4月投资11.86万元。从月现金收支情况来看，该企业的月现金支付能力变化波动较大，最高3月为70164元，最低4月为-10533元，说明借款和投资力度均较大，引起月现金支付能力的较大波动，这种波动表现为每月资金的闲置或短缺，从而降低了资金的使用效益，会给日常生产经营活动带来资金困难。

三、存货最佳持有量

一般情况，企业存货占用大量资金，而这种资金占用又是企业创造利润所必不可少的，这种占用资金在产品销售出去之后才能收回，投入新的生产循环。因此，企业存货优化有两方面的要求：一是保持最优库存量；二是加速存货周转。保持最优存货量，就是要做到存货既不能过高，也不能过低。过高，存货占用资金过多，增加存储成本和贬值风险；过低，存货不足，可能出现脱销或影响正常生产，使企业丧失盈利机会。最优存货量就是要在二者之间寻求最佳协调，以较少存货，获取较大收益。

在介绍存货最佳持有量计算方法之前，需要掌握与持有存货有关的几个成本概念，主要包括取得成本、储存成本、缺货成本。

（1）取得成本。取得成本是指为取得某种存货而支出的成本，通常用TCa表示。它又分为订货成本和购置成本。

1）订货成本。订货成本是指取得订单的成本。其中，一部分与订货次数无关，称为订货固定成本，用 F_1 表示；另一部分与订货次数有关，称为订货的变动成本。每次订货的变动成本用 K 表示；订货次数等于存货年需要量 D 与每次进货批量 Q 之比。其计算公式为：

$$订货成本 = \frac{D}{Q} \times K + F_1$$

2）购置成本。购置成本是指存货本身的价值。用 D 表示年需要量，用 U 表示单价，其计算公式为：

购置成本 = DU

订货成本与购置成本之和，就等于存货的取得成本。其计算公式为：

$$TCa = \frac{D}{Q} \times K + F_1 + DU$$

（2）储存成本。储存成本是指为保持存货而发生的成本。通常用 TCc 表示。其中，固定储存成本用 F_2 表示，单位成本用 Kc 表示。其计算公式为：

$$TCc = F_2 + Kc \times \frac{Q}{2}$$

（3）缺货成本。缺货成本是指由于存货供应中断而造成的损失，通常用 TCs 表示。

如果用 TC 来表示储备存货的总成本，其计算公式为：

TC = TCa + TCc + TCs

1. 存货最佳订购数量

存货最佳订购数量，就是总成本等于 0 时的订购数量。其计算公式为：

$$Q^* = \sqrt{2KD/Kc}$$

从基本模型推导出的几个其他指标：

（1）每年最佳订货次数。

$$N^* = \frac{D}{Q} = \frac{D}{\sqrt{2KD/Kc}} = \sqrt{KcD/2K}$$

（2）存货总成本。

$$TC_{(Q^*)} = \sqrt{2KDKc}$$

（3）最佳订货周期。

$$t^* = \frac{1}{N} = \frac{1}{\sqrt{\dfrac{DKc}{2K}}}$$

（4）经济订货量占用资金。

$$I^* = \frac{Q^*}{2}U = \sqrt{\frac{KD}{2Kc}}U$$

2. 应用条件

应用最佳订货量计算公式的基本假设条件是：

（1）能及时补充存货，即存货可瞬时补充。

（2）能集中到货，即不允许陆续入库。

（3）不允许缺货，即无缺货假设。

（4）需求量稳定，即存货全年需要量不变。

（5）存货单价不变，不考虑现金折扣。

（6）企业现金充足，不会因现金短缺而影响进货。

（7）所需存货市场供应充足，任何时候都可以随时买到。

3. 存货陆续供应和使用的最佳订货量计算

经济订货量基本公式，是假设存货一次全部入库。但事实上，存货可能陆续入库，使存量陆续增加，尤其是产成品完工入库，几乎总是陆续供应和陆续耗用的。在这种情况下，就要对基本公式加以修改。

设每批订货量为 Q。由于每日送货量为 P，故送货期则为 Q/P。

设存货每日耗用量为 d，故送货期内的全部耗用量为 Q/P·d。

存货陆续供应和使用的经济订货量公式为：

$$Q^* = \sqrt{\frac{2KD}{Kc} \times \left(\frac{P}{P-d}\right)}$$

存货陆续供应和使用的经济订货量总成本公式为：

$$TC（Q^*）= \sqrt{2KDKc\left(1-\frac{d}{P}\right)}$$

陆续供应和使用的经济订货量公式还可用于自制与外购的选择决策。

四、应收账款最佳赊账期选择

应收账款的持有数量，主要取决于赊账期，即企业允许顾客从购货到付款之间的时间。延长赊账时间，会使销售额增加，产生利润；但又会使收账费用增加，带来坏账损失。赊账合理周期的选择，也主要通过进行信用期对收益和成本的比较来进行。通常首先计算改变信用期得到的收益，其次计算增加的成本，最后根据两者的计算结果做出判断。

（1）赊账收益。

赊账收益 = 赊账销售量的增加 × 单位边际贡献

（2）赊账成本。

主要包括赊账占用资金的成本、收账费用和坏账损失三部分。

1）占用资金的成本：

应收账款应计利息 = 应收账款占用资金 × 资金成本

应收账款占用资金 = 应收账款平均余额 × 变动成本率

应收账款平均余额 = 日销售额 × 平均收现期

2）计算收账费用和坏账损失增加。

3）计算改变信用期的净损益 = 收益增加 − 成本费用增加。

（3）赊账期确定。下面通过案例来说明如何选择和确定赊账周期。某企业年销售12万个万用表，单价15元，变动成本为60%，固定成本为10万元，企业尚有40%剩余生产能力，过去一直实行现款销售政策。现在，希望扩大销售，拟采用赊账销售政策。根据调研情况，如果信用期限为1个月，可增加销售收入25%，坏账损失为2.5%，收账费用为22000元；如果信用期限为2个月，可增加销售收入32%，坏账损失为4%，收账费用为30000元。企业平均资金成本为20%，问：使用何种收账政策较有利？

首先分别计算出不同信用期限条件下赊账销售政策所带来的收益和成本，然后计算其利润水平，进行比较和选择。

信用期限为 1 个月时的收益、成本和利润：

增加应收账款边际利润 = 单价 − 单位变动费用 = 15 × （1 − 60%） = 6（元）

增加应收账款带来的成本 = 资金占用成本 + 坏账损失 + 收账费用

1 个月的收益 = 边际利润 × 销售增量 = 12 × 25% × 6 = 18（万元）

1 个月的成本 = 资金占用成本 + 坏账损失 + 收账费用

$$= [(12 \times (1 + 25\%) \times 15) \div 360] \times 30 \times 60\% \times 20\% +$$
$$(12 \times (1 + 25\%) \times 15) \times 2.5\% + 2.2 = 2.25 + 5.625 + 2.2$$
$$= 10.075(万元)$$

1 个月的利润 = 18 − 10.075 = 7.925（万元）

信用期限为 2 个月时的收益、成本和利润：

2 个月的收益 = 12 × 32% × 6 = 23.04（万元）

2 个月的成本 = 资金占用成本 + 坏账损失 + 收账费用

$$= [(12 \times (1 + 32\%) \times 15) \div 360] \times 60 \times 60\% \times 20\% +$$
$$(12 \times (1 + 32\%) \times 15)] \times 4\% + 30000$$
$$= 4.75 + 9.5 + 3$$
$$= 17.25(万元)$$

2 个月的利润 = 23.04 − 17.25 = 5.79（万元）

因此，应当选择 1 个月的信用政策。

【本章小结】

企业资产结构、负债结构、盈利能力、偿债能力等均取决于企业的营运能力。营运能力分析主要是从资产周转快慢、资产使用效益和风险大小、资产结构优化、资产保值增值能力等多个角度，对企业的经营管理和决策能力进行考察和评价，它不但说明企业现在利用资产、创造利润、实现资产保值增值的能力，而且也说明企业未来的发展能力和发展趋势。在企业经营业务盈利的情况下，资产周转速度越快越好；在负债成本低于资产报酬率的情况下，增加负债、扩大资产规模能够提高企业的盈利能力；在企业成本结构一定和边际利润为正的情况下，努力扩大销售会提高企业的盈利能力；充分利用各种资源，进行资产结构的优化，有利于提高企业的盈利能力。

【本章习题】

名词解释

营运能力　存货周转率　存货周转天数　应收账款周转率　应收账款周转天数　营业周期　现金周期　流动资产周转率　流动资产周转天数　固定资产周转次数　固定资产更新率　固定资产报废率　固定资产损失率　固定资产净值率　总资产周转率　总资产周转天数　不能直接使用的资产　未投入使用的资产　投入到企业外部使用的资产　内部交易资产　现金周转期　现金最佳持有量　现金浮游量　储存成本　缺货成本　存货最佳订购批量　除账成本

简答题

（1）如何理解营运能力？

（2）如何理解资产周转速度和资产占用数量之间的关系？

（3）如何计算存货周转次数和周转天数？

（4）如何计算应收账款周转率和周转天数？

（5）简述营业周期和现金周期的区别和联系。

（6）固定资产只能使用但不能周转，为什么却要进行固定资产周转率分析？

（7）如何从财务季度分析企业之间固定资产的差异？

（8）如何评价企业负债经营的风险大小？如何判断负债经营是正效应还是负效应？

（9）试从提高资产使用率的角度对企业资产进行重新分类。

（10）简述不良资产对企业利润的影响。

（11）如何分析最佳现金持有量？

（12）试述存货最佳采购批量的计算方法。

（13）如何进行应收账款赊账期决策？

第九章　盈利能力分析

❖ **学习目的**

(1) 掌握利润的构成和结构。
(2) 掌握经营业务盈利能力分析的主要指标。
(3) 掌握资产盈利能力分析的主要指标。
(4) 掌握投资收益能力分析的主要指标。
(5) 了解杜邦分析体系及其分解方法。

盈利是企业的基本经济属性，是企业得以维持生存的基础。不以营利为目的，仅为社会创造就业机会、为市场提供优秀产品和服务，仅以为社会做贡献为目的而成立的企业，不是真正意义上的企业，而是非营利组织。进行企业盈利能力分析，就是对企业创造利润的能力进行比较和分析，通过分析，一方面揭示企业利润的构成和规模，另一方面揭示企业销售的盈利能力、资产的盈利能力和投资的回报能力。

第一节　利润的构成和结构

实现利润是衡量企业盈利能力的最主要指标，利润多少能够说明企业盈利能力的大小。但同样规模的利润，由于其来源和结构不同、核算方式不同，其质量和可持续性会存在差异。从来源上来讲，企业的利润可以来自经营活动，也可以来自投资融资活动，还可以来自营业外活动。从核算方式上来讲，企业利润有一部分来自现金销售，有一部分来自赊账销售，还有一部分仅是通过资产价值评估或会计记账的变化取得。本节主要揭示利润构成和结构。

一、不同层次的利润

利润是收入减去成本之后的结果，反映企业的经营成果。按照利润核算方法和计算口径的不同，可以将企业的利润分解为不同的层次或组成部分，每一个层次的利润代表了不同的经济含义。

1. 毛利润

营业收入减去营业成本之后的差额称为毛利润，在工业企业中，毛利润就是企业产品销售收入和产品制造成本之间的差额；在商业企业中，毛利润就是销售商品的批零差价，用公式表示为：

毛利润 = 营业收入 – 营业成本

毛利润是企业实际工作中进行利润构成分析最常用的一个指标，是企业经营业务本身所取得的经济增加值或附加价值，它不受企业销售费用高低的影响，不受企业管理费用开支水平即企业经营管理模式的影响，仅反映与企业经营业务直接相关的消耗所能取得的利差的大小。

2. 销售利润

产品销售利润是指企业在一定时期内实现的产品销售收入减去产品制造成本、销售费用、销售税金及附加之后的余额，计算公式是：

产品销售利润 = 产品销售净额（营业收入）– 产品制造成本（营业成本）– 销售费用 – 产品销售税金及附加

其中：

产品销售净额 = 产品销售总额 – 销售退货 – 销售折扣

产品制造成本 = 本期产品成本 + 期初产品盘存 – 期末产品盘存

本期产品成本 = 本期生产成本 + 期初半成品在产品盘存 – 期末半成品在产品盘存

本期生产成本 = 本期生产耗用的直接材料 + 直接工资 + 制造费用

将产品制造成本用销货成本代替，就是商业企业销售利润的计算公式。而销货成本的计算公式如下：

销货成本 = 期初商品盘存 + 本期进货 – 进货退出 – 进货折让 – 进货费用 – 期末商品盘存

与毛利润相比，产品销售利润已经受到了销售税率和销售费用的影响，因此也反映了不同销售努力所形成的利润差异。在现代社会，销售费用已经占企业整个成本的很大一部分，特别是在市场竞争激烈、市场发展成熟的国家和领域，销售费用占比一般较高。在一些行业，如饮料、化妆品、日用品、保健品、耐用消费品等生产企业，广告、销售渠道建设、销售力量投入已经是取得销售收入的基本条件，甚至是最重要的条件，销售费用占收入的比例通常超过 20% 。对这些企业进行销售利润水平的比较，更能说明企业的盈利水平。

3. 经营利润

经营利润是营业收入减去营业成本、税金及附加、三项期间费用之后的结果，其计算公式是：

经营利润 = 营业收入 – 营业成本 – 税金及附加 – 销售费用 – 管理费用 – 财务费用

经营利润是企业内部经营资产创造的收入减去企业内部的各项成本费用支出之后所形成的利润，它不但扣除了直接生产制造成本或采购成本，而且还扣除了销售费用、管理费用和财务费用，是把企业的各项成本费用支出扣除之后的经营净利润，是企业新增的经济实力。因此，该指标是衡量企业盈利情况的一个非常重要的指标。由于该指标的计算口径和经营活动现金流量的计算口径一致，可以将该指标与经营现金净流量相比较，来揭示企业经营利润的含金量。

4. 营业利润

《企业会计准则第 30 号——财务报表列报》对营业利润赋予了新的含义，它是由销售利润减去税金及附加、销售费用、管理费用、财务费用、资产减值损失、信用减值损失，再加上公允价值变动损益、投资收益、资产处置收益之后的结果，如果从经营利润开始计算，则其计算公式是：

营业利润 = 经营利润 − 资产减值损失 − 信用减值损失 + 公允价值变动 + 投资收益 + 资产处置收益

该指标不仅包含了企业扣除营业成本和期间费用之后的经营业务创造的利润，而且包含了企业对外投资活动创造的利润，以及企业资产价值评估和企业金融资产价格变动所引起的资产评估或会计估计价值的差额。因此，该指标被赋予三个层次的经济含义：①揭示了经营业务的盈利能力。②反映了企业对外投资活动的收益能力。③包含了资产市场价值增值的收益（通常称为资产利得）。该指标所反映的信息，比过去营业利润所反映的信息更加丰富，其核心转变包括两点：①将投资活动作为营业活动的一部分看待。②将资产的市场价值变动作为企业营业利润增减的一部分看待。

5. 利润总额

利润总额是企业营业利润加营业外收入减营业外支出之后的结果，是企业一定时期经营成果的最终反映。由于企业的营业外收入和营业外支出与企业的经营活动关系不大，并且一旦发生则数额较大，因此在核算企业利润时单独列示并加以反映：

利润总额 = 营业利润 + 营业外收入 − 营业外支出

利润总额是在营业利润的基础上，考虑营业外收入和支出对营业利润的影响之后的结果，因此是企业当期利润的综合反映。但由于其受营业外业务活动与非经常性活动的影响，因此其揭示企业盈利能力的能力不如营业利润指标，也不如经营利润指标。

6. 净利润

企业的利润总额不能全归企业支配使用，其中一部分要作为所得税向国家上缴，即所得税费用。现行《税法》规定所得税提取比例为"调整后实现利润"的 25%，因此净利润的计算公式是：

净利润 = 调整后实现利润 − 所得税费用

调整后实现利润是指根据所得税条例规定，在企业实现利润的基础上，加入企业超过规定支出标准的成本费用和不允许在纳税收入中扣除的成本费用，减去税法允许不征税的收入项目之后的企业应纳税金额，即：

调整后实现利润 = 利润总额 + 不应作为计税成本扣除的成本费用 − 不应作为计税利润计算的收入、利润

例如，当企业的招待费支出超过规定比例的时候，应当将超过比例部分的招待费作为调整后实现的利润的一部分计算缴纳利润所得税。再如，企业通过投资性房地产价值的增加所计算形成的"公允价值变动收益"，由于仅是账面价值调整的收益，企业实际没有得到现金，无法缴纳所得税，因此需要从利润总额中剔除。

二、综合损益表

从上面对各个层次的利润概念的讨论和介绍可以看出，一个企业销售商品、提供劳务

取得营业收入之后，真正能够落在企业、归企业所有者所有的利润是净利润，是扣除各种成本费用支出后的结果。这和生产人员所理解的毛利润、销售人员所理解的净利润是有很大出入的。生产人员将原材料加工之后转化为产品，若其仅耗费 30 元的原材料，就生产出能够销售 100 元的产品，便会认为自己部门给企业创造的利润是 70（100 - 30）元。销售人员将加工之后的产品售出，若花费了 20 元的销售费用，会认为自己部门给企业创造了 50（100 - 30 - 20）元的利润，而企业的财务人员在向国家缴纳了 10 元的税金及附加，再扣除 10 元的管理费用和 5 元的财务费用后，计算出来的经营利润，仅是 25（100 - 30 - 20 - 10 - 10 - 5）元。可以看出，企业不同的部门（个人）在完成同一个经营业务的过程中，认为自己部门（本人）为企业所创造的利润是不同的，并且各个部门（个人）所计算的为企业创造的利润均会高于企业的实际利润。

为了更加清晰地揭示企业利润创造过程中的收入、成本、费用和利润之间的关系，我们建议可以编制归类更加科学合理、科目切合企业实际的综合损益表（Statement of Comprehensive Income），也称全面损益表，以全面准确地反映企业不同层次的收入、成本、费用和利润情况（见表 9 - 1）。

表 9 - 1　综合损益表（替代利润表）

序号	收入利润项目	本期数	本年累计数
1	一、销售（营业）收入		
2	其中：现金销售收入		
3	赊账销售收入		
4	减：销售（营业）成本		
5	其中：直接材料		
6	直接人工		
7	存货变动		
8	水电动力		
9	运输		
10	折旧摊销		
11	保险福利		
12	其他制造费用		
20	二、毛利润		
21	减：税金及附加		
22	销售费用		
23	其中：广告		
24	人工		
25	保险福利		
26	坏账损失		
27	折旧摊销		

序号	收入利润项目	本期数	本年累计数
28	运输		
29	其他销售费用		
30	三、销售利润		
31	减：管理费用		
32	其中：人工		
33	保险福利		
34	研发费用		
35	业务招待费		
36	差旅费		
37	办公费		
38	水电动力		
39	折旧摊销		
40	其他管理费用		
41	减：财务费用		
42	其中：利息支出		
43	利息收入		
44	汇兑损益		
45	加：其他业务收入		
46	减：其他业务支出		
50	四、经营利润		
51	加：投资收益		
52	公允价值变动损益		
53	资产处置收益		
54	其他收益		
55	减：资产减值损失		
56	信用减值损失		
60	五、营业利润		
61	加：营业外收入		
62	减：营业外支出		
70	六、利润总额		
71	加：利润调整		
72	减：所得税费用		
80	七、净利润		

一般情况下，企业的营业成本并非仅占收入的30%左右，如果假设一个企业的营业成本占营业收入的60%，那么企业仅取得40%的毛利，缴纳4%的税金及附加，还剩余36%，假设销售费用（也称营业费用）占营业收入的10%，管理费用占12%，财务费用占2%，减去这三项费用之后的利润就仅剩余12%。假设该企业当期没有发生资产减值、公允价值变动，没有对外投资，也没有发生营业外收入和支出，则100%的收入能够给企业创造的利润仅为12%。如果再在这个利润基础上按照25%的税率缴纳利润所得税，那么企业的净利润就仅为营业收入的9%。换句话说，只要该企业任何一个环节的成本费用支出超过营业收入的9%，这个企业就会亏损。

由此可见，企业要想实现较高的利润，并不是一件容易的事情，特别是当企业的营业成本占营业收入的比例在70%以上，或者销售费用占到营业收入的20%以上，或者管理费用占到营业收入的20%以上的时候，要想企业的经营活动最终实现利润，均是非常困难和艰辛的。而大多数制造业企业或竞争激烈的企业，均有可能出现营业成本占营业收入70%以上的情况，在这类企业，只有精打细算、斤斤计较、扩大收入、压缩成本，才有可能取得利润。相反，那些毛利润特别高的行业或企业，如处于自然垄断行业或垄断地位的企业，有可能存在销售暴利，在这种企业中，"大手大脚"地花钱、"痛痛快快"地经营，也有可能创造利润。显然，依靠经营和管理获得的利润，要比依靠垄断而获得的利润"含金量"高。

第二节　利润率和报酬率分析

企业的盈利能力就是用一定的资产和资本创造利润的能力。进行企业盈利能力分析，除了分析企业利润的结构之外，还应当分析企业经营业务的盈利能力、企业资产的盈利能力、企业成本费用投入的盈利能力和企业资本的收益能力。本节主要讨论经营业务的盈利能力、资产的盈利能力和成本费用投入的盈利能力评价指标。

一、利润率：经营业务的盈利能力分析

利润有不同的层次，利润率也有不同的计算口径。将不同阶段的利润和企业营业收入进行比较，就构成了不同层次的利润率指标。最常用的利润率分析指标是毛利率，其次是销售利润率，再次是经营利润率（也称营业利润率），最后是销售净利润率。

1. 毛利率

毛利率也称销售毛利率，是毛利润与营业收入之比，揭示企业经营业务的盈利空间，用公式表示为：

毛利率 = 毛利润/营业收入 × 100%

表示每1元营业收入（销售收入）扣除营业成本（销售成本）之后，有多少可以用于弥补各项期间费用和形成盈利。一定水平的毛利率是企业经营盈利的基础，没有足够大的毛利率，企业有可能弥补不了期间费用，有可能实现不了盈利。由于毛利率指标的高低不受企业税金及附加、销售费用、管理费用、财务费用等的影响，因此可以用来进行不同

行业、不同企业之间经营业务盈利水平的比较。其中，行业之间的比较可以说明行业的盈利水平，企业之间的比较可以说明企业的先天优势或定位优势，这种定位包括行业选择、产品的选择、生产技术水平的选择等方面所带来的优势。表9-2给出了我国上市企业不同行业的毛利率。

表9-2　中国部分行业的毛利率

行业	毛利率	行业	毛利率	行业	毛利率	行业	毛利率
贸易	0.05~0.10	摩托车	0.15~0.2	房地产	0.2~0.5	渔业	0.35~0.45
计算机	0.1~0.15	普通机械	0.15~0.2	装修装饰	0.2~0.5	生物制品	0.35~0.55
建材	0.1~0.15	橡胶	0.15~0.22	批发	0.22~0.25	信息服务	0.35~0.55
石油加工	0.1~0.15	家电	0.15~0.25	公交	0.25~0.3	饮料	0.35~0.55
纺织	0.1~0.2	农业	0.15~0.25	专用设备	0.25~0.35	水电	0.4~0.6
服装	0.1~0.2	汽车	0.15~0.25	玻璃陶瓷	0.25~0.4	医药制造	0.4~0.6
化纤	0.1~0.2	通信设备	0.15~0.3	水运	0.3~0.35	石油开采	0.4~0.65
钢铁	0.10~0.20	电器电子	0.2~0.3	机械	0.3~0.4	港口	0.45~0.55
零售	0.11~0.2	印刷	0.2~0.3	林业	0.3~0.4	机场	0.45~0.55
食品加工	0.12~0.2	造纸	0.2~0.3	水泥	0.3~0.4	旅游	0.45~0.65
有色冶金	0.12~0.20	制药	0.2~0.3	软件	0.3~0.5	自来水	0.5~0.56
塑料制品	0.12~0.22	专用机械	0.2~0.3	通信服务	0.3~0.5	白酒	0.5~0.65
建筑工程	0.12~0.15	航空运输	0.2~0.35	饮料	0.3~0.5	旅馆酒店	0.65~0.9
化学原料	0.15~0.2	热电	0.2~0.4	煤炭开采	0.3~0.55	高速公路	0.7~0.78

资料来源：笔者根据上市企业年报数据计算整理。

企业毛利率也揭示了企业承受价格降低和销售下降风险的能力。毛利率较高，承受价格降低、成本上升和销售下降风险打击的能力就较强，反之则较差。一般说来，毛利率越高，企业的利润越稳定，企业发展的潜力和后劲越大；毛利率越低的企业经营风险越大，企业发展受到的限制和约束就越多。

因此，追求较高的毛利率，进入毛利率较高的行业或业务，是获得较高利润的捷径。通过产品或商品的毛利率来提高利润，相对于创造收入、压缩成本要更加容易做到，因此也是同一行业不同企业之间追求经营差异化的主要途径。例如，同是服装生产和销售企业，一些企业走厚利少销的高毛利率道路，另一些企业则走薄利多销的低毛利率道路。显然，在获得相同利润的情况下，厚利少销的企业需要付出的努力和劳动要远远少于薄利多销的企业。

相对于其他利润指标来说，毛利率受企业内部因素的干扰较少，因此相对比较稳定。借助于这一特性，可以使用历史毛利率对已知营业收入金额情况下的成本消耗水平进行估计，其办法是：

本期毛利 = 本期营业收入 × 毛利率

本期营业成本 = 本期营业收入 - 本期毛利

在商业零售企业，由于库存商品种类繁多，逐一清单盘点商品库存金额有诸多不便，通过计算已经销售的商品的成本，还可进一步确定库存商品的金额，这一方法通常称为库存商品毛利盘存法，用公式表示为：

本期销售商品毛利＝本期商品销售收入×毛利率

本期销售商品成本＝本期销售收入－本期销售毛利

期末库存商品金额＝期初库存商品余额＋本期采购商品金额－本期销售商品成本

2. 经营利润率

经营利润率是企业经营利润与营业收入之比，反映企业经营业务的盈利水平，其计算公式是：

经营利润率＝经营利润/营业收入×100%

营业收入是扣除销售折扣、销售折让和销售退回之后的收入净额。经营利润是营业毛利润扣除营业成本税金及附加、期间费用之后的差额。由于该指标剔除了投资活动、资产市场估值活动和营业外收支活动的影响，因此能够反映企业内部经营业务本身的盈利能力和竞争能力，该指标越高说明企业经营业务的盈利水平越高。

3. 销售利润率和营业利润率

执行新的《企业会计准则》之后，营业利润率、销售利润率等指标的界定变得比较困难，关于营业利润率的定义，实施旧准则时有两种定义：一种是营业利润和销售收入之比；另一种是利润总额和销售收入之比。大多数书上把前者称为营业利润率，把后者称为销售利润率。新准则实施后，我们仍然可以把营业利润率定义为营业利润与营业收入之比，将利润总额与营业收入定义为销售利润率。但销售利润是企业销售收入减去销售成本、税金和费用之后的利润，将销售利润和营业收入之比定义为销售利润率更恰当一些。在这种情况下，将利润总额和营业收入之比定义为总利润率更恰当一些。因此，这三个指标的计算公式分别是：

销售利润率＝销售利润/营业收入×100%

营业利润率＝营业利润/营业收入×100%

总利润率＝利润总额/营业收入×100%

销售利润率反映企业销售活动的盈利能力，揭示销售活动所创造的利润水平；营业利润率反映企业经营、投资和融资等整个营业活动的盈利能力和盈利水平；总利润率反映企业当期经过各种努力之后的盈利水平，揭示企业当期利润率的高低。由于企业的营业利润中包含了投资收益，而企业的营业收入中又不包含企业取得投资收益的那部分资产所创造的收益，因此使用营业利润和营业收入指标来评价经营业务的盈利能力，其使用价值已大打折扣，特别是对于集团公司、控股公司、保险公司等投资收益比较高的企业来说，用营业利润和营业收入之比计算的营业利润率，因营业收入较低的原因实际指导意义不大。同样，在营业利润基础上增加营业外收支业务的影响之后形成的利润总额，以及用利润总额和营业收入之比计算的总利润率指标，在非实业企业之间进行比较意义也不大，在这些营业收入较低的企业进行盈利能力的评价和比较，应当使用资产利润率指标。

4. 销售净利率

销售净利率也称营业净利率，是净利润和营业收入之比，反映每1元的营业收入带来的净利润是多少，揭示企业营业收入为企业创造净利润的能力，其计算公式是：

销售净利率＝净利润/营业收入×100%

销售净利润率比较高或提高，说明公司的获利能力较高或提高；销售净利润率较低或降低，说明公司的成本费用支出较高或上升。影响销售净利率的因素非常多，主要有：①营业收入的变化，包括主导产品的市场和销售价格变化、企业生产工艺技术的变化、企业赊账政策、销售政策的变化等。②营业成本的变化，包括原材料价格的变化、单位成本消耗的变化、工资水平的变化、折旧水平的变化等。③税种、税率的变化。④期间费用的变化，包括销售费用、管理费用、财务费用的变化。⑤投资收益和营业外收支的变化。

进行销售净利率分析，可以直接对这些影响因素的变化进行逐一比较分析，也可结合其他盈利能力指标来分析和查找变化原因。如果企业的毛利率发生了重大变化，说明企业的经营因为内外部环境发生了重大变化；如果毛利率没有发生大的变化，再看销售利润率是否发生变化；销售利润率发生变化一般是由销售费用和税金及附加发生了较大变化引起的，如果销售利润率没有发生大的变化，再看经营利润率是否发生了较大变化；如果经营利润率发生了较大变化，说明企业的期间费用发生了较大变化；如果经营利润率没有发生较大变化，那变化主要发生在投资收益和营业外收支业务上。

二、报酬率：企业资产的盈利能力分析

利润率指标告诉我们每取得1元的营业收入获得了多少利润，但却不能告诉我们为了取得这1元的营业收入投入了多少资产，而企业实际占用的社会经济资源是企业的资产，收入仅是企业资产出售之后的结果。不同的资产或资金投入，会取得不同的收入和利润。要更加准确地揭示企业的盈利能力，还需要使用资产报酬率指标。

1. 总资产报酬率

总资产报酬率是企业一定时期内获得的回报总额与平均资产总额的比，揭示企业资产的获利能力，其计算公式是：

总资产报酬率 = 息税前收益/平均资产总额×100%

其中：

息税前收益 = 利润总额 + 利息支出 = 净利润 + 所得税费用 + 利息支出

平均资产 =（资产总额年初数 + 资产总额年末数）/2

由于息税前收益包含了归企业所有者的报酬净利润、归债权人的报酬利息支出和归国家的报酬所得税，因此该指标通常称为资产报酬率或总资产报酬率，反映企业资产创造的总报酬。由于分子采用息税前收益，也就是将企业所得税税率的影响和负债规模的影响排除在外；分母使用资产总额，也就是企业占用社会经济资源的总量，因此这个指标更能够反映企业资产的盈利能力，可以进行不同企业之间，同一企业不同时期之间的盈利能力比较。该指标越高说明企业资产的盈利水平越高。比率太低，可能说明公司运用资产的能力太差，也可能代表企业资产投入到了一个盈利较低的行业。提高资产报酬率的途径，一方面是提高企业的利润总额，另一方面是降低企业资产的资金占用。

从表9-3可以看出，资产报酬率在行业之间差别很大，从一般值来看，资产报酬率最高的五个行业分别是卷烟制造业、烟草工业、白酒制造业、交通运输设备制造业、食品饮料及烟草制品批发与零售，资产报酬率分别为14.6%、12.5%、9.8%、9.1%、9%。从优秀值来看，资产报酬率最低的五个行业分别是黑色金属冶炼业、轨道交通业、自行车制造业、公共电汽车客运业、有色金属矿采选业，优秀值分别为0.9%、1.8%、2.3%、

3%、3.1%。从极差值来看,资产报酬率最低的五个行业分别是有色金属矿采选业、黑色金属矿采选业、有色金属冶炼业、航空运输业、砖瓦石材及其他建筑材料制造业,它们的资产报酬率极差值分别为 − 17.3%、− 17%、− 13.9%、− 13.8%、− 12.9%。

表9 - 3　2015 年国资委公布的国有企业资产报酬率考核标准值　　单位:%

行业	规模	优秀	良好	一般	较差	极差
工业	全行业	7.20	5.00	3.40	− 1.40	− 5.50
煤炭工业	全行业	5.10	2.60	1.20	− 4.40	− 7.80
石油石化工业	全行业	4.10	3.20	2.10	0.70	− 0.60
天然原油和天然气开采业	全行业	3.80	1.20	0.30	− 4.70	− 9.70
石油加工及炼焦业	全行业	4.30	2.40	0.20	− 5.10	− 9.70
冶金工业	全行业	5.20	2.20	0.30	− 3.20	− 8.80
黑色金属矿采选业	全行业	4.10	0.10	− 1.50	− 8.30	− 17.00
有色金属矿采选业	全行业	3.10	0.10	− 5.80	− 10.70	− 17.30
黑色金属冶炼业	全行业	0.90	0.10	− 0.20	− 3.50	− 7.60
有色金属冶炼业	全行业	3.50	0.10	− 3.50	− 9.00	− 13.90
建材工业	全行业	6.20	4.10	2.80	− 1.90	− 8.50
建筑用矿石采选业	全行业	8.80	5.80	3.00	− 0.10	− 5.80
水泥制造业	全行业	9.20	6.90	4.10	− 3.20	− 10.90
水泥及石膏制品制造业	全行业	10.10	7.50	5.10	− 3.20	− 9.40
砖瓦石材及其他建筑材料制造业	全行业	10.30	7.90	4.00	− 3.40	− 12.90
平板玻璃制品业	全行业	7.50	4.90	1.10	− 2.50	− 9.60
结构性金属制品业	全行业	6.60	4.90	2.00	− 2.30	− 9.10
建筑用金属制品业	全行业	10.00	6.00	3.10	− 2.10	− 8.40
化学工业	全行业	3.30	2.70	1.40	− 2.10	− 4.50
基础化学原料制造业	全行业	8.20	5.20	2.20	− 3.00	− 6.60
肥料制造业	全行业	13.30	9.50	3.30	− 0.90	− 3.00
日用和化学产品制造业	全行业	7.20	4.20	1.10	− 2.70	− 6.80
化纤制造业	全行业	5.10	2.90	0.90	− 2.90	− 6.00
橡胶制品业	全行业	7.90	6.10	3.20	− 0.30	− 5.50
塑料制品业	全行业	7.00	4.80	2.90	− 0.80	− 4.90
农药制造业	全行业	8.00	5.20	2.60	− 2.00	− 6.70
森林工业	全行业	5.00	2.10	0.20	− 2.40	− 5.80
食品工业	全行业	8.40	7.60	3.30	0.60	− 2.90
食品加工业	全行业	9.60	7.30	4.50	0.30	− 2.20
食品制造业	全行业	6.70	6.20	3.70	− 0.60	− 4.70
烟草工业	全行业	20.80	16.30	12.50	5.00	0.10
卷烟制造业	全行业	25.20	20.20	14.60	7.90	0.60
纺织工业	全行业	6.70	4.20	2.30	− 0.30	− 3.70
棉化纤纺织业	全行业	7.40	4.90	2.30	− 0.30	− 3.10

行业	规模	优秀	良好	一般	较差	极差
毛纺织业	全行业	7.40	5.60	2.50	-0.30	-1.90
麻纺织业	全行业	4.80	3.50	1.60	-2.90	-5.80
丝绢纺织业	全行业	5.30	3.90	1.90	-0.50	-3.40
医药工业	全行业	15.70	11.30	8.50	2.50	-1.80
化学药品制造业	全行业	16.20	11.90	8.00	2.40	-2.50
中药材及中成药加工业	全行业	13.90	11.60	8.70	2.60	-0.80
机械工业	全行业	8.80	4.80	2.30	-2.60	-10.50
金属制品业	全行业	7.40	6.30	3.60	1.40	-7.30
金属工具制造业	全行业	6.30	4.80	3.20	-0.40	-3.30
通用设备制造业	全行业	7.80	6.10	4.00	0.50	-5.20
锅炉及原动机制造业	全行业	10.10	7.70	5.50	0.60	-2.10
金属加工机械制造业	全行业	7.10	5.20	3.60	0.50	-2.30
其他通用设备制造业	全行业	9.90	7.60	5.50	1.10	-3.10
轴承制造业	全行业	9.20	6.70	4.70	0.90	-1.00
专用设备制造业	全行业	7.10	6.00	3.90	1.70	-2.50
冶金矿山建筑设备制造业	全行业	8.60	6.60	4.70	0.30	-1.30
化工木材非金属加工设备制造业	全行业	8.80	6.40	4.10	2.90	-2.70
轻纺设备制造业	全行业	4.00	2.90	1.60	-1.50	-5.30
农林牧渔水利业机械制造业	全行业	9.00	6.90	4.80	1.40	-2.30
医疗仪器设备制造业	全行业	11.60	9.90	8.80	4.50	0.50
电子和电工机械专用设备制造	全行业	11.60	7.10	3.70	0.20	-4.80
交通运输设备制造业	全行业	13.20	11.70	9.10	4.50	0.20
铁路运输设备制造业	全行业	6.20	5.60	4.70	1.40	0.50
汽车制造业	全行业	15.70	10.30	7.40	1.60	-2.80
摩托车制造业	全行业	4.00	2.30	1.00	-1.70	-4.60
自行车制造业	全行业	2.30	1.60	0.50	-2.10	-8.70
船舶制造业	全行业	7.20	5.20	2.40	-1.60	-5.70
电气机械及器材制造业	全行业	11.70	7.70	4.40	1.60	-1.90
电机制造业	全行业	12.90	8.90	5.70	1.60	-0.60
输配电及控制设备制造业	全行业	12.80	10.50	8.60	4.80	1.60
电工器材制造业	全行业	7.30	5.20	0.70	-1.30	-4.40
家用电器制造业	全行业	10.10	8.10	5.90	-0.10	-2.70
照明器具制造业	全行业	9.80	6.60	4.10	1.50	0.90
仪器仪表及文化办公用制造业	全行业	7.70	5.80	3.70	0.50	-4.50
通用仪器仪表制造业	全行业	9.20	7.40	4.70	2.60	0.20
专用仪器仪表制造业	全行业	9.80	6.80	4.00	2.90	1.00
文化办公用机械制造业	全行业	6.50	4.10	1.90	-1.80	-3.70
钟表制造业	全行业	9.40	5.40	4.00	0.60	-6.00

行业	规模	优秀	良好	一般	较差	极差
电子工业	全行业	4.50	2.80	2.10	−1.90	−6.00
通信设备制造业	全行业	9.90	7.20	4.10	−1.90	−4.70
广播电视设备制造业	全行业	7.90	4.80	3.80	−0.50	−2.40
电子计算机制造业	全行业	6.80	2.30	2.00	−1.60	−3.30
电子元器件制造业	全行业	7.40	3.20	2.00	−1.10	−1.80
家用影视设备制造业	全行业	6.60	3.90	2.70	−0.10	−2.90
电力热力燃气工业	全行业	7.40	5.40	3.60	1.00	−1.00
电力生产业	全行业	10.20	7.30	4.60	0.10	−1.50
火力发电业	全行业	8.90	5.60	3.50	1.20	−0.30
水力发电业	全行业	10.40	8.30	5.50	1.10	−2.60
电力供应业	全行业	5.40	3.60	2.50	0.20	−3.30
燃气生产和供应业	全行业	6.40	5.20	3.50	0.10	−4.30
热力生产和供应业	全行业	6.10	3.30	0.30	−2.80	−9.10
水生产与供应业	全行业	3.50	1.60	1.00	−0.90	−5.30
轻工业	全行业	5.00	3.00	2.00	1.20	−6.00
采盐业	全行业	5.70	3.70	1.80	−1.80	−4.20
酒和饮料制造业	全行业	11.60	10.00	7.50	2.30	−5.10
白酒制造业	全行业	16.00	11.80	9.80	1.10	−4.30
啤酒制造业	全行业	10.80	7.70	6.30	1.40	−3.20
制茶业	全行业	7.30	5.00	0.70	−3.20	−5.50
皮革毛皮羽绒及其制品业	全行业	10.50	8.60	5.50	−0.90	−5.70
家具制造业	全行业	4.20	3.00	1.30	−1.50	−5.30
造纸及纸制品业	全行业	4.90	2.90	0.20	−3.30	−6.80
印刷业记录媒介的复制业	全行业	8.30	5.80	2.90	1.50	0.80
文教体育用品制造业	全行业	8.30	7.00	3.70	−0.90	−4.50
工艺品及其他制造业	全行业	10.30	7.30	3.40	−0.90	−4.30
其他工业	全行业	8.50	3.80	2.60	0.60	−2.10
建筑业	全行业	4.30	3.60	2.00	−1.00	−4.40
房屋建筑业	全行业	4.40	3.50	2.40	−0.30	−1.20
土木工程建筑业	全行业	6.00	3.70	2.30	0.30	−0.40
建筑安装业	全行业	6.40	4.50	2.30	−0.60	−4.10
建筑装饰业	全行业	7.50	4.90	1.90	−1.50	−4.60
交通运输仓储及邮政业	全行业	6.50	3.40	1.20	−1.70	−4.20
铁路运输业	全行业	5.50	2.30	0.80	0.20	−1.20
地方铁路	全行业	5.50	2.30	0.80	0.20	−1.20
道路运输业	全行业	5.70	4.00	2.00	−1.50	−3.80

行业	规模	优秀	良好	一般	较差	极差
高速公路	全行业	9.60	5.70	2.10	−3.90	−6.60
城市公共交通业	全行业	5.30	2.60	0.20	−2.30	−8.50
公共电汽车客运业	全行业	3.00	1.70	0.50	−5.60	−11.30
轨道交通业	全行业	1.80	0.90	0.20	−0.50	−0.90
水上运输业	全行业	5.70	2.90	0.90	−0.20	−7.00
港口业	全行业	5.10	3.20	1.80	−1.60	−7.00
航空运输业	全行业	5.00	3.10	1.40	−4.70	−13.80
机场	全行业	7.30	4.20	2.10	−2.60	−7.40
仓储业	全行业	5.50	3.00	1.40	−0.50	−3.20
信息技术服务业	全行业	6.80	3.60	2.50	0.20	−8.20
电信业	全行业	8.70	5.10	3.40	0.50	−1.50
计算机服务及软件业	全行业	9.30	6.80	3.90	0.80	−3.80
批发和零售贸易业	全行业	7.70	4.80	2.80	0.50	−4.10
商业贸易	全行业	12.00	9.80	4.20	−0.90	−3.50
食品饮料及烟草制品批发与零售	全行业	19.90	14.10	9.00	7.00	5.40
纺织服装及日用品批发与零售	全行业	9.00	7.10	5.60	2.50	0.40
文化体育用品及器材批发与零售	全行业	14.10	9.40	5.20	1.50	−0.90
医药及医疗器材批发与零售	全行业	12.40	8.70	5.20	2.00	−2.70
综合零售	全行业	13.00	10.10	7.00	1.30	−2.10
粮食业	全行业	5.00	3.20	1.20	−2.70	−7.60
粮油批发与零售	全行业	5.90	4.40	3.40	−1.60	−5.00
粮油仓储	全行业	4.20	2.80	1.60	−0.30	−1.40
物资贸易	全行业	8.10	6.10	4.10	−1.80	−7.40
矿产品建材及化工产品批发	全行业	12.70	7.50	4.50	0.60	−3.80
机械设备五金及电子产品批发	全行业	8.90	6.70	4.90	−0.90	−5.10
汽车摩托车燃料及零配件专门零售	全行业	16.40	11.00	5.80	−0.50	−4.70
住宿和餐饮业	全行业	6.70	4.40	1.30	−1.00	−2.80
住宿业	全行业	6.60	4.80	1.50	−0.50	−2.00
餐饮业	全行业	8.40	5.60	2.70	−0.10	−1.90
房地产业	全行业	5.60	3.60	2.50	−0.30	−3.40
房地产开发业	全行业	6.40	3.80	2.20	−0.40	−2.50
物业管理业	全行业	9.50	5.40	1.80	−1.20	−3.30
社会服务业	全行业	11.00	8.10	4.40	2.70	−1.90
信息咨询服务业	全行业	14.00	6.70	4.30	1.20	−1.60
公共设施管理业	全行业	6.40	4.10	0.60	−3.70	−7.60
科研设计企业	全行业	4.50	3.40	2.40	0.30	−4.30

行业	规模	优秀	良好	一般	较差	极差
大旅游	全行业	15.20	6.80	2.80	-0.80	-5.70
投资公司	全行业	8.70	5.40	2.30	-2.00	-6.60
公益性投资公司	全行业	3.40	1.60	0.50	-4.60	-8.80
经营性投资公司	全行业	6.90	4.40	2.10	-2.60	-7.90
资产管理公司	全行业	8.40	5.30	3.00	-1.40	-6.40
人力资源服务业	全行业	11.30	8.30	6.00	-0.10	-1.40
工程管理服务业	全行业	12.80	8.10	3.40	1.00	-0.50
市政公用业	全行业	7.50	3.50	1.20	-1.80	-6.40
产权交易服务业	全行业	10.00	5.10	3.10	-0.90	-6.40
市场管理服务业	全行业	12.40	6.60	4.20	-0.30	-1.90
汽车修理与维护服务业	全行业	15.20	11.10	6.00	-0.60	-4.40
传播与文化业	全行业	9.50	7.90	4.80	-2.60	-6.60
出版业	全行业	12.20	7.70	4.40	-0.70	-6.00
广播电影电视业	全行业	7.80	6.60	4.50	-0.30	-5.00
文化艺术业	全行业	6.80	5.10	2.60	-1.50	-4.00
农林牧渔业	全行业	8.80	5.90	1.60	-3.30	-9.20
农业	全行业	6.00	3.90	2.20	-1.60	-3.90
畜牧业	全行业	5.70	3.80	2.80	0.80	-1.40
渔业	全行业	4.30	2.70	1.80	-1.40	-5.60

资料来源：国务院国资委财务监督与考核评价局：《企业绩效评价标准值2015》，经济科学出版社2016年版。

资产报酬率在行业内企业之间也差别较大。行业内企业之间差距最大的五个行业（优秀企业和极差企业之间）分别是卷烟制造业、砖瓦石材及其他建筑材料制造业、黑色金属矿采选业、汽车摩托车燃料及零配件专门零售、大旅游，优秀值和极差值之间的差距分别是24.6%、23.2%、21.1%、21.1%、20.9%。行业内企业优秀值和极差值差距最小的五个行业分别是轨道交通业、石油石化工业、粮油仓储、房屋建筑业、铁路运输设备制造业，差距分别是2.7%、4.7%、5.6%、5.6%、5.7%。

2. 总资产利润率

与资产报酬率相似的指标还有两个：一个是总资产利润率，即企业利润总额和平均总资产的比；另一个是总资产净利率，即企业资产总额和企业净利润的比。总资产利润率（Rate of Return on Total Assets），也称资产利润率或资金利润率，是企业利润总额与企业资产平均总额的比率，反映企业资产综合利用的效果，也是衡量企业利用债权人和所有者权益资金所取得的盈利水平的一个重要指标。资产利润率指标和资产报酬率指标的差异是，资产利润率指标已经将企业之间负债规模、负债成本的差异考虑了进去，资产报酬率揭示的是不考虑负债成本差异情况下的企业资产的盈利能力，资产利润率揭示的是在考虑企业负债成本差异情况下企业资产的盈利能力，二者的区别显然在企业负债成本的差异上。负债成本越高的企业，资产利润率越低，资产报酬率越高。由于负债成本是企业必须支付的成本，从评价企业盈利能力的角度考虑，资产利润率指标更能够准确地揭示企业资产的盈利能力。其计算公式为：

总资产利润率＝利润总额/平均资产总额×100%

该比率越高，表明资产利用的效益越好，整个企业获利能力越强，经营管理水平越高。总资产利润率指标可以做如下分解：

资产利润率＝利润总额/平均总资产×100%＝（利润总额/营业收入）×（营业收入/平均总资产）×100%＝总利润率×资产周转次数

该式表明，企业资产的盈利能力（资产净利率）是由企业经营业务的盈利水平（总利润率）和企业资产的周转快慢（周转次数）两个方面的因素决定的。如果企业营业收入所带来的利润丰厚，则企业资产的盈利能力也就很高，如果企业经营业务利润微薄，则企业资产的盈利能力就很低。如果企业资产周转得较快，企业创造的利润也就较多，如果企业业务不活跃，资产周转缓慢，企业实现的利润也就较少。

这说明，提高企业资产的盈利能力，可从以下两方面努力：一方面是努力提高企业的利润率，如通过提高产品质量、提高价格或降低成本来提高销售利润率；另一方面是通过加速资产周转，减少资金占用的方式来提高资产的使用效率，可以两个方面努力同时进行。但通常情况是，企业要在这两个方面之间进行选择，因为一般来说盈利高的行业或企业资金周转慢，这就是所谓的厚利少销；盈利低的行业或企业资金周转快，这就是所谓的薄利多销。企业管理的目标是要在二者之间寻求平衡，实现较高的销售利润率和较高的周转速度，提高资产的盈利能力。当然，在经营业务亏损，企业销售会带来企业亏损的情况下，加速资产周转，会带来更多的亏损。

3. 总资产净利率

总资产净利率是净利润和平均资产总额之比，用公式表示为：

总资产净利率＝净利润/平均资产总额×100%

总资产利润率和总资产净利率均是对企业资产回报能力的反映，只不过资产利润率反映每100元资产为企业创造的利润是多少，资产净利率反映每100元资产为企业创造的净利润是多少。二者的差异在于企业所得税，本来企业所得税是国家规定的统一标准，目前均为企业利润总额的25%，在这种情况下，进行企业之间或企业不同时期之间资产利润率和资产净利率比较的结果是一致的。但是，在实际经济生活中，地方政府或中央政府出于一些政策的考虑或者出于扶持企业的考虑，经常会出台一些针对某些行业或企业的所得税减免或优惠政策，这就使得用资产利润率和资产净利率进行盈利能力比较和评价出现差异，特别是在同一企业的不同时期之间比较时，获得税收减免和未获得税收减免的差异较大。如果企业所得税费用降低或豁免，企业的资产净利率就会提高。因此，进行企业盈利能力的比较分析时使用总资产利润率指标比使用总资产净利率指标更加客观一些。

4. 内部资产收益率

企业的资产，一部分是企业自己控制和使用的资产，另一部分是投入到企业外部使用的资产。内部资产就是投入到企业内部使用的资产，它是企业资产总额减去对外投资合计之后的差额，对外投资合计是指企业将资产投资到企业外部市场和企业控制或使用的资产，用公式表示为：

内部资产 = 资产总额 – 对外投资合计

对外投资合计 = 交易性金融资产 + 其他债权投资 + 其他权益工具投资 + 长期股权投资 + 债权投资 + 投资性房地产

内部资产收益率就是企业内部资产所创造的利润（即经营利润）和企业内部资产的比值，用公式表示为：

内部资产收益率 = 经营利润/平均内部资产 × 100%

其中：

经营利润 = 营业收入 – 营业成本 – 税金及附加 – 销售费用 – 营业费用 – 财务费用

平均内部资产 =（内部经营资产年初数 + 内部经营资产年末数）/2

该指标剔除了投资到企业外部的资产的影响，反映了企业内部控制的资产的盈利能力。该指标越高说明企业内部资产的盈利能力越强。

5. 经营资产收益率

由于企业内部经营资产中包含一些并未投入使用或不能直接使用的资产，这些资产尽管占用企业的资金，但目前并未给企业带来直接的收入和利润。当企业存在大量不能直接使用的资产或未投入使用的资产时，将这些资产作为内部经营资产来看，就会使实际投入使用的资产的盈利能力被严重低估。为了客观、准确地揭示企业不同资产的盈利能力，我们引入经营资产的概念，将未投入使用的资产和不能直接使用的资产从企业内部资产中剔除，用公式表示为：

经营资产 = 内部资产 – 不能直接使用的资产 – 未投入使用的资产

其中：

不能直接使用的资产 = 其他应收款 + 固定资产清理 + 无形资产 + 商誉 + 研究开发费用 + 长期待摊费用 + 递延所得税资产

未投入使用的资产 = 在建工程 + 工程物资

经营资产才是企业真正在使用并且为企业带来营业收入和经营利润的资产。也许有人会说，企业不能直接使用的资产，也在为企业取得营业收入做出自己的贡献。确实如此，但这部分资产已经是企业历史形成的沉淀资产，无论企业是否取得营业收入，均不能改变这些资产的存在。因此，为了和营业收入、经营利润更好地匹配，我们认为还是计算经营资产的收益率指标，来反映企业当前投入使用的资产的盈利能力，更加合理一些，用公式表示为：

经营资产收益率 = 经营利润/平均经营资产 × 100%

按照以上公式计算的经营资产收益率，剔除了不能直接使用的资产和未投入使用的资产，能够如实地刻画目前正在投入企业经营环节使用的资产的盈利能力，可以更加客观地进行不同企业之间、同一企业不同时期之间盈利能力的比较，还可以进行同一时期企业内部经营资产和对外投资收益率的比较。

6. 对外投资收益率

对外投资收益率是投资收益与企业对外投资总额之比，反映企业投资到企业外部的资产的盈利能力，用公式表示为：

对外投资收益率 = 投资收益/平均对外投资合计 × 100%

前已述及，对外投资合计是投入到金融市场的金融资产和企业投入到股票、债券或其他企业的长期投资的合计，由交易性金融资产、其他债权投资、其他权益工具投资、长期股权投资、债权投资、投资性房地产六个项目组成，这些资产项目取得的收益，一旦实现便在投资收益科目中揭示，因此用投资收益和对外投资合计之比来揭示这部分资产的经济效益和盈利水平，比较恰当合理。

通过内部经营资产收益率和对外投资收益率的比较，就可以确定企业内部经营资产的盈利水平和对外投资的盈利水平谁高谁低。原则上来讲，企业投资到外部使用的资产的盈利水平应该高于企业内部使用的资产的盈利水平，因为企业将这部分资产的使用权和经营权让渡给了外部市场或其他人，企业承担了更大的资产损失风险，应该得到更高的回报。因此，如果对外投资收益率大于经营资产收益率，则说明对外投资的资产的盈利能力高于内部经营资产，对外投资决策正确；如果对外投资收益率小于经营资产收益率，则说明对外投资的资产的盈利能力不如内部经营资产，投资决策有误或者对外投资还未发挥效益。

由于企业的资产要么来自投资者，要么来自债权人，来自债权人的资产企业要支付利息、支付成本，作为债权人向企业提供资产的补偿。因此，企业的资产，无论是内部经营资产还是外部投资资产，其盈利能力均应当高于债权人向企业提供的资金的利率，这样企业才能有剩余的利润。如果对外投资收益率或内部资产收益率达不到企业贷款所支付的利率，那么这些投资有可能会给企业带来亏损。

三、成本利润率：企业投入的经济效益分析

没有投入就没有收入，就没有利润。资产投入仅表示企业未来取得收入和利润所占用的经济资源，但资产投入并不能直接带来收入和利润，只有将资产出售或消耗之后才能取得收入，赢得利润。成本费用利润率，实际上就是单位消耗的利润率。单位消耗所产生利润的能力，可以通过多个角度来计算和评价，一个是成本费用总消耗的盈利能力，通常使用成本费用总额的利润率指标来考察；另一个是间接消耗的盈利能力，通常使用期间费用利润率指标来揭示。此外，还可以分析人工消耗的利润率、固定资产投资消耗的利润率等。下面主要介绍成本费用利润率、期间费用利润率、人工成本利润率三个指标。

1. 成本费用利润率

成本费用利润率是指企业利润总额与成本费用总额之比，反映企业付出每单位成本费用所能获得的利润，揭示企业生产经营过程中成本费用投入与其盈利能力之间的关系，其计算公式是：

成本费用利润率 = 利润总额/成本费用总额 × 100%

成本费用总额是营业成本、税金及附加、销售费用、管理费用、财务费用之和。该项指标越高，反映企业取得的经济效益越好。如果计算结果为负数，一般说明企业的利润总额为负，意味着企业的成本费用总额合计超过企业的收入合计，每取得100元的收入就要发生100元以上的成本费用。但由于利润总额中包含了投资收益、营业外收支等，而成本费用合计中并未包括这两个因素，因此也会出现成本费用利润率为负而实际上企业的成本费用总额并不大于企业的营业收入的情况。这主要是因为成本费用总额中没有包含取得投资收入和营业外收入所支付的成本。

2. 期间费用利润率

随着市场经济的发展，期间费用占成本费用总额的比例在逐渐上升，企业不投入一定

数量的期间费用很难取得利润。期间费用利润率就是用来反映期间费用投入的盈利能力的一个指标，用公式表示为：

期间费用利润率＝利润总额／（销售费用＋管理费用＋财务费用）×100%

期间费用利润率越高，说明企业期间费用投入的经济效益越好。由于期间费用在企业的可控制程度较高，控制期间费用利润率在一些企业已经成为控制期间费用支出水平的一个重要手段。控制期间费用利润率相对于直接控制三项期间费用的好处是：直接控制期间费用有可能束缚企业的手脚，容易丧失一些销售和竞争机会，控制期间费用利润率则会鼓励企业消耗必要的期间费用，使企业多创造利润。

3. 人工成本利润率

从财务上讲，企业是由资产、负债和权益组成的。但在现实中，企业是由人和实物资产组成的，企业的创立、经营和利益分配，均是为了与企业相关的人的生存和发展。企业中的人是否得到了回报，企业为企业中的人所支付的成本是否形成了价值增值，是否带来了利润回报，可通过人工成本利润率指标来反映，用公式表示为：

人工成本利润率＝（利润总额／人工成本总额）×100%

该指标揭示企业人工投入的获利水平，很显然，在企业经营业务规模和盈利能力一定的情况下，人工成本越低人工成本利润率越高，这也是资本家不断地搬迁、在劳动成本低的地区或国家设厂的主要原因。但是，从企业和企业员工发展的角度讲，人工成本水平越高，员工收入越多，越有利于员工和企业的发展。人工成本直接关系到企业能否招揽优秀人才、留住人才和培养人才的问题，由此而直接关系到企业生产、经营和管理的效益。人工成本较高说明企业为人才而多支付了成本费用，较低说明企业在人才方面所花费的资金较少。但人工成本的支出不是一个简单的费用支出水平问题，并不是人工成本支出越多或越少就越好，只有将人工成本的花费与其产出进行比较，才能确定人工成本的支出是否合理，这就需要计算人工成本利润率指标。

通过人工成本利润率指标，一方面可以看出企业人工投入的产出效率，另一方面也可以看出企业人工成本的控制和使用情况。人工成本利润率越高，表明单位人工成本取得的经济效益越好，人工成本的相对水平越低。从企业和企业员工发展的角度讲，人工成本水平越高，员工收入越多，越有利于员工和企业的发展。用人工成本利润率指标来控制和评价人工成本的高低，其优点是并非一定要控制人工成本规模的增长，而是要在一定人工成本支出基础上追求更多的利润，即努力提高人工成本创造利润的能力，让职工工资和企业利润同时增长。

一般说来，人工成本利润率的变动趋势，基本上可以反映企业经营状况和经营环境的变动趋势。如果人工成本利润率下降，就应分析其原因，如果是因为产品卖不出去，就应进行产品结构调整；如果是因为原材料涨价或人工成本过快增长，就应采取措施，努力降低物耗成本或人工成本。在劳动密集型企业和高科技企业，人工成本占较大比重，提高利润率的主要途径有两个，一是充分发挥人的积极性来创造收入，二是适当控制人工成本的增长率，只有企业利润的增长幅度大于人工成本的增长幅度，即确保企业的人工成本的利润率不降低，提高人工成本支出水平才是合理的和有效的。

第三节 资本收益率分析

利润率指标揭示了每取得1元收入给企业带来了多少利润，但它没有考虑企业为取得收入投入了多少资产，如果投入的资产是1亿元，取得的收入是100万元，而净利润是20万元，则会得到20%的营业收入利润率，而此时的资产利润率仅是2‰。资产报酬率指标揭示了企业资产的盈利水平，说明了企业占用资金的回报大小，反映了投入企业资产的盈利水平，但它却并没有反映企业所有者、企业出资人的回报水平。当一个企业资产的资金来源由出资人资金、借款资金和其他业务伙伴提供的资金三部分组成的时候，即使相同的资产报酬率，对出资人来说也有可能意味着不同的回报率。仍以刚才提到的公司为例，如果其1亿元的资产中，有4000万元来自所有者权益，2000万元来自银行借款，4000万元来自其他利益相关各方的负债的话，那么该企业给出资人资金的回报率是多高呢？这就是资本收益率的问题了。由于该企业的净利润是20万元，假设均归出资人所有，那么权益资金的收益率就仅是5‰。很显然，所有者的这个回报率远远低于银行利率。资本收益率分析，就是对所有者所投入企业资金的回报能力的分析。

一、净资产收益率和杜邦分析体系

现行财务会计报表强调对出资人服务、对投资者服务，并且在报表格式、内容设计上也突出了企业所有者所获得的利润和所拥有的权益，因此净利润同净资产之比，即净资产收益率，目前成为评价企业投资回报率的核心指标。净利润是归所有者的利润，净资产是归所有者的资产，用当期所得到的利润和当期投入的企业的资产进行比较，能够更加客观、准确地反映企业对投资人的报酬率。

1. 净资产收益率

净资产是企业资产总额减去负债总额之后剩余的资产，其在数值上等于企业的所有者权益合计，因此净资产收益率也称权益净利率、资本收益率、资本回报率等，其计算公式是：

净资产收益率 = 净利润/平均所有者权益 × 100%

其中：

所有者权益 = 资产总额 − 负债总额 = 实收资本 + 资本公积 + 盈余公积 + 未分配利润

平均所有者权益 = （期初所有者权益 + 期末所有者权益）÷2

2015年，国资委公布的国有企业资本收益率考核标准如表9-4所示。从一般值来看，净资产收益率最高的五个行业分别是港口业、卷烟制造业、食品饮料及烟草制品批发与零售、烟草工业、医疗仪器设备制造业，一般值分别为20.9%、18.3%、17%、16.9%、13%。最低的五个行业分别是黑色金属矿采选业、有色金属矿采选业、冶金工业、石油加工及炼焦业、天然原油和天然气开采业，一般值分别为−9.2%、−6.1%、−4.2%、−4.2%、−4.2%。从优秀值来看，最高的五个行业分别是汽车制造业、卷烟制造业、港口业、烟草工业、医药及医疗器材批发与零售，优秀值分别为45.1%、

30.6%、28.9%、28.2%、26.6%。从极差值来看，最低的五个行业分别是公共电汽车客运业、黑色金属矿采选业、石油加工及炼焦业、食品制造业、汽车摩托车燃料及零配件专门零售，极差值分别为 -24.5% 、-23.6% 、-20.3% 、-19.9% 、-18.6% 。

表9-4　2015年国资委公布的国有企业资本收益率（净资产收益率）考核标准值

单位：%

行业	规模	优秀	良好	一般	较差	极差
工业	全行业	11.90	8.70	5.50	1.20	-8.40
煤炭工业	全行业	8.40	4.90	1.60	-2.80	-8.00
石油石化工业	全行业	8.10	7.20	6.00	4.40	-1.20
天然原油和天然气开采业	全行业	5.10	1.80	-4.20	-12.00	-16.90
石油加工及炼焦业	全行业	6.40	3.50	-4.20	-11.50	-20.30
冶金工业	全行业	6.70	2.80	-4.20	-11.30	-18.40
黑色金属矿采选业	全行业	5.50	0.30	-9.20	-20.00	-23.60
有色金属矿采选业	全行业	5.10	0.30	-6.10	-10.80	-17.20
黑色金属冶炼业	全行业	2.10	0.60	-4.20	-9.80	-16.60
有色金属冶炼业	全行业	4.70	0.30	-4.20	-10.60	-17.10
建材工业	全行业	13.10	8.50	5.10	-3.20	-12.40
建筑用矿石采选业	全行业	16.60	9.80	6.40	0.80	-8.20
水泥制造业	全行业	17.40	13.10	10.00	1.50	-8.20
水泥及石膏制品制造业	全行业	13.90	11.40	9.60	-3.20	-13.40
砖瓦石材及其他建筑材料制造业	全行业	15.70	10.70	7.40	2.40	-10.80
平板玻璃制品业	全行业	12.80	8.70	3.10	-5.00	-15.20
结构性金属制品业	全行业	12.50	8.60	5.40	-3.20	-13.20
建筑用金属制品业	全行业	13.30	8.20	5.10	-1.80	-10.80
化学工业	全行业	14.60	6.30	2.90	-6.90	-12.90
基础化学原料制造业	全行业	13.70	6.80	3.00	-7.40	-14.60
肥料制造业	全行业	17.30	12.40	6.00	-4.20	-10.40
日用和化学产品制造业	全行业	12.90	7.10	1.90	-5.70	-12.00
化纤制造业	全行业	15.70	8.50	1.90	-2.00	-6.50
橡胶制品业	全行业	12.80	9.80	5.60	-7.50	-14.10
塑料制品业	全行业	13.60	9.20	3.90	-3.30	-8.70
农药制造业	全行业	13.10	8.00	3.90	-1.00	-6.20
森林工业	全行业	8.00	4.60	0.50	-5.40	-11.50
食品工业	全行业	12.60	9.20	3.90	-4.70	-12.30
食品加工业	全行业	11.50	8.80	6.00	-1.50	-12.80
食品制造业	全行业	13.80	10.00	5.50	-6.30	-19.90
烟草工业	全行业	28.20	21.40	16.90	8.30	-0.60

行业	规模	优秀	良好	一般	较差	极差
卷烟制造业	全行业	30.60	23.60	18.30	11.40	-2.70
纺织工业	全行业	9.90	6.10	2.60	-3.80	-9.10
棉化纤纺织业	全行业	10.60	7.00	2.70	-5.80	-10.70
毛纺织业	全行业	10.70	6.20	1.80	-4.60	-9.60
麻纺织业	全行业	9.20	4.30	2.20	-4.80	-9.20
丝绢纺织业	全行业	10.80	6.50	2.40	-3.90	-9.20
医药工业	全行业	25.30	18.70	11.10	3.20	-3.50
化学药品制造业	全行业	22.10	13.80	9.20	3.20	-6.20
中药材及中成药加工业	全行业	24.20	17.40	11.40	-2.60	-8.20
机械工业	全行业	20.50	13.60	6.10	0.40	-8.10
金属制品业	全行业	13.10	9.10	6.30	-1.70	-9.60
金属工具制造业	全行业	12.40	8.90	5.50	-2.50	-6.40
通用设备制造业	全行业	15.80	11.80	7.40	1.40	-5.30
锅炉及原动机制造业	全行业	15.80	11.90	8.30	1.10	-12.20
金属加工机械制造业	全行业	14.90	11.00	6.10	-0.80	-9.50
其他通用设备制造业	全行业	14.10	11.40	7.60	-1.50	-10.60
轴承制造业	全行业	16.50	10.80	5.90	1.20	-8.20
专用设备制造业	全行业	14.40	10.00	6.90	3.00	-9.40
冶金矿山建筑设备制造业	全行业	18.70	11.60	8.20	0.50	-3.60
化工木材非金属加工设备制造业	全行业	19.70	13.00	6.90	5.20	-2.80
轻纺设备制造业	全行业	8.00	43.00	2.10	-4.80	-12.10
农林牧渔水利业机械制造业	全行业	10.80	7.80	5.50	-5.60	-13.00
医疗仪器设备制造业	全行业	18.10	15.70	13.00	6.00	-0.20
电子和电工机械专用设备制造	全行业	20.50	13.20	4.70	-1.20	-8.70
交通运输设备制造业	全行业	20.20	14.60	10.60	4.90	-8.80
铁路运输设备制造业	全行业	15.90	9.70	6.10	4.10	-5.10
汽车制造业	全行业	45.10	23.90	10.00	2.70	-12.30
摩托车制造业	全行业	9.10	5.10	2.20	-13.00	-10.70
自行车制造业	全行业	11.00	6.10	1.50	-3.80	-9.10
船舶制造业	全行业	13.60	8.50	3.80	-5.00	-11.10
电气机械及器材制造业	全行业	17.10	13.70	9.20	4.00	-10.40
电机制造业	全行业	19.70	15.90	10.60	3.80	-5.80
输配电及控制设备制造业	全行业	21.50	16.60	12.00	6.30	3.00
电工器材制造业	全行业	10.30	7.30	1.40	-7.50	-11.80
家用电器制造业	全行业	18.90	13.60	9.80	-1.10	-5.80
照明器具制造业	全行业	15.80	11.50	6.00	-2.90	-6.90

行业	规模	优秀	良好	一般	较差	极差
仪器仪表及文化办公用制造业	全行业	18.70	11.70	5.90	-2.70	-10.40
通用仪器仪表制造业	全行业	16.80	12.50	7.80	3.30	-9.80
专用仪器仪表制造业	全行业	20.50	11.80	7.10	4.10	-7.50
文化办公用机械制造业	全行业	11.80	8.80	4.20	-6.70	-14.30
钟表制造业	全行业	13.50	9.80	7.00	-3.60	-11.00
电子工业	全行业	9.20	6.30	4.50	-1.10	-7.70
通信设备制造业	全行业	16.40	8.30	5.50	-1.50	-9.70
广播电视设备制造业	全行业	10.00	6.80	4.60	-1.60	-9.20
电子计算机制造业	全行业	9.10	6.30	3.10	-2.40	-8.40
电子元器件制造业	全行业	10.00	6.30	3.10	-2.40	-8.40
家用影视设备制造业	全行业	11.20	8.50	6.30	2.80	-5.10
电力热力燃气工业	全行业	10.10	7.10	4.50	-0.20	-5.10
电力生产业	全行业	12.20	9.50	6.10	-2.50	-8.90
火力发电业	全行业	11.40	7.60	4.50	-2.70	-6.50
水力发电业	全行业	14.40	11.40	8.10	1.60	-5.40
电力供应业	全行业	6.60	5.30	3.60	0.50	-5.10
燃气生产和供应业	全行业	9.00	6.90	5.20	-3.40	-11.20
热力生产和供应业	全行业	10.30	7.30	0.70	-4.00	-11.80
水生产与供应业	全行业	5.00	2.90	1.70	-6.20	-13.50
轻工业	全行业	14.00	9.30	5.50	-4.70	-12.30
采盐业	全行业	13.50	7.60	2.60	-5.50	-10.70
酒和饮料制造业	全行业	14.30	11.20	8.20	-1.90	-7.20
白酒制造业	全行业	18.70	14.60	11.70	5.40	-12.20
啤酒制造业	全行业	15.10	10.30	7.80	-1.60	-8.00
制茶业	全行业	11.00	7.50	1.80	-4.60	-10.90
皮革毛皮羽绒及其制品业	全行业	15.00	10.70	6.90	-3.60	-8.90
家具制造业	全行业	9.30	5.20	2.80	-7.80	-12.20
造纸及纸制品业	全行业	6.00	3.90	0.90	-8.70	-16.60
印刷业记录媒介的复制业	全行业	9.60	6.30	3.90	-2.80	-11.90
文教体育用品制造业	全行业	8.80	7.60	4.50	-2.70	-12.80
工艺品及其他制造业	全行业	17.90	9.20	4.40	-4.10	-9.50
其他工业	全行业	17.20	11.70	6.50	1.30	-2.90
建筑业	全行业	23.60	15.00	7.50	-2.40	-6.30
房屋建筑业	全行业	20.80	12.70	6.10	-4.10	-11.00
土木工程建筑业	全行业	14.60	9.90	5.80	2.90	-2.00
建筑安装业	全行业	13.80	10.70	6.00	1.80	-5.60

行业	规模	优秀	良好	一般	较差	极差
建筑装饰业	全行业	20.60	14.00	6.80	0.10	-3.90
交通运输仓储及邮政业	全行业	10.10	5.90	2.30	-4.40	-10.30
铁路运输业	全行业	8.20	3.70	1.30	-2.60	-7.30
地方铁路	全行业	8.20	3.70	1.30	-2.60	-7.30
道路运输业	全行业	9.60	6.90	3.60	-4.30	-8.70
高速公路	全行业	12.50	8.30	4.40	-4.30	-9.00
城市公共交通业	全行业	10.20	5.90	2.30	-6.40	-12.30
公共电汽车客运业	全行业	14.60	7.70	3.60	-7.30	-24.50
轨道交通业	全行业	6.30	2.40	1.30	-2.00	-5.30
水上运输业	全行业	8.90	6.00	1.60	-5.30	-14.30
港口业	全行业	28.90	24.60	20.90	10.90	1.60
航空运输业	全行业	17.60	12.50	6.40	-3.90	-14.10
机场	全行业	10.00	7.50	4.00	-5.50	-12.00
仓储业	全行业	11.90	7.00	2.80	-2.70	-9.80
信息技术服务业	全行业	12.60	8.50	5.30	1.20	-11.50
电信业	全行业	17.20	11.20	4.50	2.50	0.60
计算机服务及软件业	全行业	21.70	14.50	7.90	5.10	-0.30
批发和零售贸易业	全行业	14.90	9.60	5.80	1.90	-3.90
商业贸易	全行业	17.30	12.90	6.90	-2.60	-11.50
食品饮料及烟草制品批发与零售	全行业	23.90	21.00	17.00	13.30	8.70
纺织服装及日用品批发与零售	全行业	12.30	9.10	6.20	3.10	1.20
文化体育用品及器材批发与零售	全行业	17.50	12.20	8.10	2.20	-3.70
医药及医疗器材批发与零售	全行业	26.60	17.90	8.00	2.70	-13.90
综合零售	全行业	14.00	10.90	9.10	2.40	-6.00
粮食业	全行业	10.30	8.00	2.20	-4.50	-15.90
粮油批发与零售	全行业	9.80	5.80	4.70	-4.60	-8.50
粮油仓储	全行业	8.90	6.70	4.10	-3.10	-6.00
物资贸易	全行业	15.20	11.10	7.50	-6.20	-16.60
矿产品建材及化工产品批发	全行业	17.60	10.90	6.40	-2.00	-9.50
机械设备五金及电子产品批发	全行业	22.60	14.40	8.10	-7.70	-17.40
汽车摩托车燃料及零配件专门零售	全行业	18.80	13.70	6.70	-1.90	-18.60
住宿和餐饮业	全行业	10.90	5.90	2.10	-6.10	-14.00
住宿业	全行业	15.50	9.90	3.40	-5.90	-13.40
餐饮业	全行业	15.30	10.20	5.90	-3.40	-12.60
房地产业	全行业	14.40	9.20	5.50	0.70	-5.00
房地产开发业	全行业	11.90	9.90	8.00	-0.60	-13.10

续表

行业	规模	优秀	良好	一般	较差	极差
物业管理业	全行业	11.80	7.20	2.80	-4.50	-12.30
社会服务业	全行业	15.10	10.60	6.50	4.20	-5.50
信息咨询服务业	全行业	22.90	15.50	11.50	7.90	-8.70
公共设施管理业	全行业	7.60	5.40	1.20	-5.80	-12.20
科研设计企业	全行业	25.50	17.20	9.50	2.60	-6.20
大旅游	全行业	22.70	11.70	6.50	-2.60	-7.40
投资公司	全行业	10.90	7.30	3.60	-1.40	-7.90
公益性投资公司	全行业	4.70	2.20	1.10	-3.40	-9.30
经营性投资公司	全行业	13.80	6.40	3.30	-1.80	-6.70
资产管理公司	全行业	11.20	7.90	4.70	-1.00	-7.90
人力资源服务业	全行业	19.00	12.50	9.50	0.80	-1.00
工程管理服务业	全行业	22.30	15.70	5.40	1.60	-6.70
市政公用业	全行业	10.70	4.90	1.20	-4.30	-13.00
产权交易服务业	全行业	18.60	12.70	2.70	-1.70	-0.90
市场管理服务业	全行业	19.10	14.20	6.70	-1.70	-7.90
汽车修理与维护服务业	全行业	20.80	14.60	7.90	-3.70	-9.20
传播与文化业	全行业	16.90	12.70	8.00	-4.20	-10.00
出版业	全行业	23.60	17.20	7.70	1.60	-8.00
广播电影电视业	全行业	11.70	9.70	6.40	-4.90	-12.00
文化艺术业	全行业	10.90	7.40	2.80	-3.50	-7.80
农林牧渔业	全行业	12.90	8.00	2.90	-4.60	-12.50
农业	全行业	11.50	8.20	4.30	-3.80	-15.20
畜牧业	全行业	10.90	9.00	7.00	-6.20	-13.90
渔业	全行业	7.10	4.40	3.00	-6.10	-11.00

资料来源：国务院国资委财务监督与考核评价局：《企业绩效评价标准值2015》，经济科学出版社2016年版。

　　净资产收益率行业内优秀值和极差值差距最大的五个行业分别是汽车制造业、医药及医疗器材批发与零售、机械设备五金及电子产品批发、公共电汽车客运业、汽车摩托车燃料及零配件专门零售，差距分别是57.4%、40.5%、40%、39.1%、37.4%。差距最小的五个行业分别是石油石化工业、纺织服装及日用品批发与零售、轨道交通业、电力供应业、公益性投资公司，差距分别是9.3%、11.1%、11.6%、11.7%、14%。

　　2. 摊薄的净资产收益率

　　从评价一个企业对出资人资金的回报能力的角度考虑，使用这个公式计算净资产收益率是比较合理的，它通过计算出资人期初和期末投入到企业资金数额的平均数，来考虑资金数额差异对企业利润的影响，反映了平均净资产的收益率。但从所有者最终实际得到的回报的角度考虑，分母应当使用期末所有者权益，因为期初所有者权益无论多少均已经成了历史，企业年终计算所得的净利润，是归实际投入企业资金的所有者的。因此，分母应当使用期末净资产，即期末所有者权益合计，我们把这个指标称为摊薄的净资产收益率或稀释的净资产收益率，用公式表示为：

摊薄的净资产收益率＝净利润/期末所有者权益合计×100%

3. 权益乘数效应

如果要评价投资人投入企业资金的盈利能力，那么使用净资产收益率指标是比较恰当的。但如果要评价一个企业的盈利能力，或者说要评价一个企业资产的盈利能力，那么使用资产利润率或净利率指标要比净资产收益率指标好，这主要是因为净资产收益率与企业负债的规模大小和负债成本的高低直接相关，也就是说净资产收益率受企业资本结构的影响较大，会形成杠杆效应（或称放大效应），这一点从净资产收益率的分解公式中可以看出：

净资产收益率＝净利润/所有者权益＝（净利润/资产总额）×（资产总额/所有者权益）＝资产净利率×权益乘数

权益乘数就是企业的资产总额与企业所有者权益的比值，也就是企业实际使用的资产规模是企业所有者权益的多少倍，它使所有者投入企业的资金得以放大并直接表现为对净资产收益率的放大。当然，起放大作用的资金自然来自于企业的负债。

该式表明，净资产收益率不仅取决于企业资产的盈利水平，而且取决于企业资本的构成，即企业资产中除了权益之外的负债的规模，它与负债规模直接相关并且呈正比例关系，这可以通过下面的变换公式看出：

净资产收益率＝资产净利率×（资产总额/所有者权益）＝资产净利率×[（所有者权益＋负债合计）/所有者权益]＝资产净利率×（1＋负债合计/所有者权益）

可见，净资产收益率和资产净利率呈正比关系，与所有者权益呈反比关系，资产净利率越高，净资产收益率越高，所有者权益越高，净资产收益率越低。但净资产收益率与负债规模既可能呈正比关系，也可能呈反比关系。当资产净利率大于负债资金的利率时，二者呈正比关系，负债越多，净资产收益率越高，负债会增加企业的盈利水平；当资产净利率小于负债资金的利率时，二者呈反比关系，负债越多，净资产收益率越低，负债会降低企业的盈利水平甚至会带来亏损。当资产净利率为负时，负债越多，净资产收益率越低。

4. 杜邦分析体系

由于净资产收益率从企业所有者的角度来观察企业的盈利能力，因此广受资本市场的重视。我国证监会也将净资产收益率作为企业发行股票、发行债券和企业再融资的评价要素之一。例如，要求申请再融资的企业的净资产收益率近三年平均应当超过6%等。提高净资产收益率已经是上市企业必须不断努力的一个方向。在实际工作中，使用最广泛的净资产收益率分解公式是杜邦分析公式或杜邦分解公式，该公式将净资产收益率公式中的资产净利率进一步分解为销售净利率和资产周转次数（也称资产周转率）的乘积，用公式表示为：

净资产收益率＝资产净利率×权益乘数＝销售净利率×资产周转次数×权益乘数

由于销售净利率是企业产品和销售的效益问题，资产周转次数是企业资产管理的效率问题，权益乘数是企业资金来源结构和规模的问题，由这个公式所表示的净资产收益率，将企业的销售效率、资产营运效率和资本结构紧密地结合起来，并通过净资产收益率指标将相互之间的关系揭示出来，以揭示净资产收益率的变化原因及变化趋势，习惯上将这种分析方法称为杜邦分析法或杜邦分析体系。杜邦分析体系是以净资产收益率为龙头，以资产净利率和权益乘数为核心，重点揭示企业获利能力、资产周转速度和权益乘数之间的相互关系和相互作用，并通过净资产收益率指标的变化最终揭示和反映出来。比较完整的净资产收益率分解公式是：

净资产收益率＝税率影响×利率影响×特殊项目贡献影响×经营利润率×资产周转次数×权益乘数

其中：

税率影响系数＝净利润/税前利润

利率影响系数＝税前利润/息税前利润

特殊项目贡献影响＝息税前利润/经营利润

经营利润率＝经营利润/销售收入

资产周转次数＝销售收入/平均资产

权益乘数＝资产总额/权益总额

这个公式还揭示了税率、利率和特殊项目盈利变化对净资产收益率的影响。

从杜邦分析体系的分解公式可以看出，在税率、利率不变的情况下，提高净资产收益率的途径主要有五条：①通过扩大销售提高销售净利率。②通过降低成本提高销售净利率。③通过加速资产周转提高资产净利率。④在资产净利率大于负债利率的情况下，扩大负债规模，发挥负债的乘数效应。⑤降低所有者权益合计。但事实上，这些措施之间常常是有一定矛盾的。例如，扩大销售就需要投入进而增加成本，降低成本又会影响到销售投入；加速周转就需要降低销售价格，进而引起盈利水平下降，提高价格又会减少销售；增加负债可以扩大经营规模，但管理不善并不一定能够带来同样的利润；降低所有者权益又会削弱企业的资金实力。这些措施之间经常是相互制约的，并不是相互促进的。

5. 净资产收益率指标存在的问题

净资产收益率指标存在的问题主要有两个：①净利润的波动幅度大于企业的收入、成本、经营利润的问题，因为净利润是扣除各种成本费用之后的结果，本来只占营业收入很小的一部分，但这一部分又受到投资收益、营业外收支的很大影响，特别是非经常性的营业外活动，导致净利润出现过大的上升或下降，导致净资产收益率出现过大的上升或下降，但这并不意味着企业的盈利能力也出现了过大的上升或下降。②对于那些资产负债率较高、净资产降低的企业，由很低的净资产作为分母计算出的净资产收益率很高，并不能说明企业的盈利能力很高。

表 9–5 给出了 2018 年和 2016 年净资产收益率排在前 20 名的上市企业的名单。从所列名单中可以看出：一是过去亏损严重、净资产所剩无几的企业，净资产收益率却排在最前面。2018 年的前 10 家企业，有 5 家是过去亏损严重被 ST[①] 的企业扭亏为盈之后的结果，2016 年前 20 名企业中也有 1 家是 ST 企业。二是资产负债率较高，过度利用负债杠

---

① ST 是指因连续亏损而被证券交易所进行特别处理、限制交易的股票。

杆效应的企业，净资产收益率也很靠前。2018 年进入净资产收益率前 20 名的企业，有 8 家企业的资产负债率均超过 70%，有 8 家确属净资产收益率较高的优良企业；而 2016 年的前 20 名企业，有 6 家资产负债率超过 70%，有 8 家确属净资产收益率较高的优良企业。

表 9-5 2016 年、2018 年净资产收益率前 20 名上市企业比较

排名	代码	股票名称	2018 年（%）	代码	股票名称	2016 年（%）
1	000737	ST 南风	410.01	603709	中源家居	949.80
2	600399	ST 抚钢	171.36	002841	视源股份	121.42
3	600247	ST 成城	99.75	002027	分众传媒	101.34
4	600870	ST 厦华	81.04	002925	盈趣科技	77.19
5	600408	ST 安泰	75.39	300628	亿联网络	74.14
6	600793	宜宾纸业	74.90	000820	*ST 节能	72.36
7	000717	韶钢松山	72.27	600338	西藏珠峰	72.23
8	300776	帝尔激光	71.22	600213	亚星客车	70.71
9	600800	天津磁卡	68.54	603587	地素时尚	70.44
10	600678	四川金顶	65.51	002458	益生股份	69.36
11	600738	兰州民百	65.22	600186	*ST 莲花	66.98
12	000720	新能泰山	65.15	002951	金时科技	66.21
13	002755	奥赛康	56.85	300757	罗博特科	63.82
14	000048	*ST 康达	54.93	002928	华夏航空	63.67
15	000055	方大集团	53.26	002920	德赛西威	62.72
16	000629	攀钢钒钛	52.81	002120	韵达股份	57.00
17	603379	三美股份	52.33	603579	荣泰健康	56.74
18	601003	柳钢股份	52.01	300776	帝尔激光	55.84
19	600507	方大特钢	51.73	300613	富瀚微	55.62
20	000672	上峰水泥	51.67	300723	一品红	54.86

资料来源：笔者计算整理。

二、上市企业投资收益能力分析

对于上市企业，目前股票市场形成了大量的评价上市企业盈利能力和发展能力的指标，这些指标有每股收益、市盈率、每股净资产、市净率、每股股利、每股现金流量等。这些相对值指标从单位投入、单位成本、单位股票的角度，揭示上市企业的盈利能力和盈利质量，并通过和股票价格之比揭示股票市场对企业未来价值的看法。

1. 每股收益

每股收益（Earnings Per Share，EPS）是净利润与股票数量之比，揭示企业每股股票所取得的利润。如果企业发行了优先股股票，净利润中还应当扣除支付给优先股的股利，

当然股票数量中也不应当包含优先股数量。其计算公式为：

每股收益 =（税后利润 - 优先股股利）/普通股股票数量

与净资产收益率相比较，该指标分母使用了股票数量。在企业账面净资产很低或资不抵债的情况下，净资产收益率会很高。在这种情况下，使用每股收益指标要比使用净资产收益率指标能够更好地揭示企业权益的盈利能力。因为在不回购股票的情况下，企业股票的数量不随净利润的波动而波动，也不随企业亏损的增加、净资产的下降而下降。换句话说，每股收益要比净资产收益率所反映的企业的盈利情况更加平缓和准确。这从每股收益的前20名中也可以看出，2018年和2016年进入每股收益前20名的没有一家被ST的绩差企业，入选的企业均是绩优企业。如表9-6所示。

表9-6 2016年、2018年每股收益前20名上市企业的比较

排名	代码	2018年	每股收益	代码	2016年	每股收益
1	600519	贵州茅台	28.02	600519	贵州茅台	13.31
2	603444	吉比特	10.12	603444	吉比特	10.97
3	000661	长春高新	5.92	300628	亿联网络	7.72
4	600585	海螺水泥	5.63	603156	养元饮品	5.54
5	002304	洋河股份	5.39	300679	电连技术	3.98
6	601155	新城控股	4.69	300695	兆丰股份	3.97
7	000651	格力电器	4.36	603579	荣泰健康	3.94
8	300751	迈为股份	4.26	002304	洋河股份	3.87
9	603260	合盛硅业	4.19	603661	恒林股份	3.52
10	002110	三钢闽光	3.98	300613	富瀚微	3.36
11	600309	万华化学	3.88	300616	尚品宅配	3.15
12	300747	锐科激光	3.86	000661	长春高新	3.08
13	603156	养元饮品	3.80	300660	江苏雷利	3.05
14	600340	华夏幸福	3.79	000963	华东医药	3.00
15	603833	欧派家居	3.77	300756	中山金马	2.94
16	300618	寒锐钴业	3.69	600104	上汽集团	2.90
17	300761	立华股份	3.58	002887	绿茵生态	2.87
18	000858	五粮液	3.47	603858	步长制药	2.86
19	600801	华新水泥	3.46	000423	东阿阿胶	2.83
20	300776	帝尔激光	3.39	000538	云南白药	2.80

资料来源：笔者计算整理。

该指标值越高，说明每一股所得的利润越多，股东的投资效益越好；反之则越差。每股收益的另外一个公式是从息税前收益开始反向计算，即：

每股收益（EPS）=（息税前收益 - 利息支出）（1 - 所得税税率）/普通股股票总数

该公式表明，企业的经营利润增加对每股收益带来正面影响，利息支出增加会带来负

面影响，所得税税率提高会带来负面影响，企业股票数量增加会带来负面影响。但决定企业每股收益高低的最核心因素还是起正面影响的企业经营利润。

由于每股收益受企业净利润波动的影响较大，为了更加准确地揭示企业的每只股票的盈利能力，建议在计算每股收益时，将非经常损益剔除，计算剔除非经常损益之后的每股收益，并将其和其他企业、其他时期的每股收益进行比较。

2. 每股净资产

每股净资产也称股票的每股账面价值，是企业账面所有者权益合计数与企业普通股股票数量的比值，用公式表示为：

每股净资产 =（股东权益 - 优先股权益）/普通股股票总数

该指标一方面揭示了股民所持有的股票在企业账面对应着多少净资产，另一方面也揭示了企业每股股票在账面上值多少钱。净资产收益率反映的是每 1 元的净资产带来了多少净利润，而每股净资产揭示的是每股股票代表着多少元的净资产。

净资产是企业实力的象征，也是企业长期盈利累计的一个综合反映；股票数量在没有所有权变更的情况下是不随净利润、净资产等的变化而变化的，能够比较客观地反映企业的所有者权益投入，因此与净资产收益率、每股收益率相比，每股净资产更能体现现实的、潜在的和长期的盈利能力。说其现实是因为净资产是企业真实的资金实力；说其潜在是因为净资产的多少将决定企业的发展潜力和负债后劲；说其长期是因为在没有增资扩股的情况下，净资产的增加主要是净利润长期积累的结果。即使企业通过增资扩股增加了净资产，但由于同时也增加了股票数量，因此每股净资产指标也在一定程度上剔除了因股票数量扩张所带来的不可比影响。表 9 - 7 给出了上市公司 2018 年和 2016 年每股净资产前20 名企业名单，从名单可以看出，通过该指标的筛选，没有一家被 ST 的绩差企业被选入每股净资产最高的 20 家企业，这也在一定程度上说明用每股净资产来评价企业的盈利能力要优于每股收益（净利润为负时，比较每股收益无意义），更优于净资产收益率。

表 9 - 7 2016 年、2018 年每股净资产前 20 名上市企业比较

排名	代码	2018 年	每股净资产	股票代码	2016 年	每股净资产
1	600519	贵州茅台	89.83	600519	贵州茅台	58.03
2	603444	吉比特	40.44	603444	吉比特	27.07
3	000661	长春高新	31.13	300750	宁德时代	25.25
4	600694	大商股份	27.51	600694	大商股份	23.64
5	000028	国药一致	27.14	000028	国药一致	23.12
6	300695	兆丰股份	25.85	000661	长春高新	22.93
7	300756	中山金马	24.37	000938	紫光股份	22.84
8	300483	沃施股份	23.37	603368	柳药股份	22.41
9	300613	富瀚微	22.75	000623	吉林敖东	20.84
10	603661	恒林股份	22.61	002354	天神娱乐	19.46
11	002304	洋河股份	22.33	300569	天能重工	19.33
12	300751	迈为股份	21.95	603858	步长制药	18.49

排名	代码	2018 年	每股净资产	股票代码	2016 年	每股净资产
13	600585	海螺水泥	21.26	600104	上汽集团	17.41
14	600104	上汽集团	20.06	002594	比亚迪	17.40
15	000538	云南白药	19.00	002304	洋河股份	17.29
16	002594	比亚迪	18.80	002315	焦点科技	16.56
17	000938	紫光股份	18.20	603716	塞力斯	16.56
18	603833	欧派家居	17.99	002393	力生制药	16.53
19	603458	勘设股份	17.67	002783	凯龙股份	16.09
20	002393	力生制药	17.61	601088	中国神华	15.70

资料来源：笔者计算整理。

3. 市盈率

市盈率（Price Earning Ratio，P/E）又称价格盈余比率，是每股股票的市场价格与每股收益的比值，揭示企业所创造的收益在股票市场上的价格。换句话说，它是投资者对企业每创造的 1 元净利润愿意支付的价格。用公式表示为：

市盈率＝股票价格/每股收益

由于该指标是每股股价和每股收益的比，因此通常也称为股票的本益比，说明依靠收益收回企业股票投资大概需要多少年。显然，市盈率越高，收回本金的时间越长，市盈率越低，收回本金的时间越短。但投资者购买企业股票，并不是未来获得现在收益，而是支付投资以获得未来收益，市盈率高低实际上也反映了投资者对企业未来盈利前景的看法，投资者支付相应价格是为了企业未来的预期收益，市盈率低说明投资者对企业未来盈利的估价较低，市盈率高说明股民对企业未来盈利的估价较高。由此可见，市盈率越低，投资者收回投资的时间越短、可能性越大；市盈率越高，投资者收回投资的时间越长、对企业未来的预期也更加积极和乐观。一般认为该指标在 5～15 倍时比较合理，过高意味着该企业的股票可能被股票市场投资者高估，过低意味着该企业的股票价值被市场投资者低估。因此，市盈率不能简单地认为市盈率越高越好或越低越好。

按道理讲，该比率越高，表明投资者对企业的前景越看好，企业未来的获利潜力应该越大；反之，市盈率越低，企业的盈利水平越低，企业的前景也越不乐观。但股票市场上的投资者，并不均是理性的投资者，股票价格常受到许多非盈利因素的题材和消息的影响。并且每股收益的计算仍然取决于企业净利润的高低，而净利润又受非经常性收益的较大影响，受企业所得税税率的较大影响，在这两个因素作用下，市盈率严重偏离企业实际的盈利能力和未来的盈利能力的情况便经常发生，一方面出现市盈率波动过大，另一方面出现市盈率和企业的实际价值相背离。因此，基于净利润和股票价格计算的市盈率，并不能很好地反映企业的实际投资回收期，也不能正确地反映企业未来的盈利能力，在许多情况下市盈率仅是股票市场价格波动的一个结果，并不与企业的实际经营业绩直接挂钩，仅在企业公布经营业绩或经营业绩预期的那一刻，市盈率的变化才受企业经营业绩的直接影响。

另外，当企业资不抵债或资产负债率过高、净利润是由非经常性损益带来时，当企业净利润为负时，市盈率指标均会变得意义不大。

4. 市净率

市净率是普通股股票价格和每股净资产的比，也称净资产倍率，用公式表示为：

市净率 = 每股市价/每股净资产

该指标表明该企业股票以每股净值的多少倍在市场流通和转让，说明每 1 元的企业净资产在股票市场上值多少钱，反映股民对企业股票账面价值的市场股价。由于净资产的变化与企业净利润的变化直接相关，股票价格的变化也与股民对企业的未来盈利能力的预期相关，因此市净率表面上看与企业的实现利润无关，但实际上它也受企业盈利情况的影响。

市净率小于 1，说明这个企业的股票价格跌破了企业的净资产，跌破了企业额度账面价值，要么该企业被严重低估，这时候就存在着较高的投资价值；要么该企业确实存在着严重经营问题，这个时候其账面资产确实已经值不了多少钱。

市净率大于 1，表明企业股票价格在企业账面价值之上，市净率越高说明企业资产被市场评估的价值越高。市净率过高，也有可能意味着股市上存在着资产价值评估泡沫。当股票市场价值评估严重背离企业资产的实际价值时，泡沫就有可能破灭，会给投资人带来较大的损失。在正常情况下，净资产倍率越小，说明股票的投资价值越大，股票价格的上升有企业净资产的支撑；反之，则投资价值较低。

市盈率反映了股市对企业盈利能力的评价，市净率反映股市对企业资产账面价值的评价，实际上股票价格之中既包含了对企业盈利能力的看法，又包含了对企业资产价值的看法。二者比较来看，由于资产账面价值的波动幅度小于净利润，因此市净率所揭示的企业市场价值要比由市盈率所揭示的企业市场价值更加平缓和理性，并且市净率中的净资产包含了企业盈利的影响，而市盈率中的净利润，并不包含企业净资产的信息，其净利润和企业实际得到的现金利润也有出入，因此比较起来，用市净率指标评价企业的市场价值要比市盈率指标更加准确和理性一些。

不过，在股票市场严重被各种信息扭曲的非常时期，比如市场人气严重低迷或市场明显过热时期，市净率和市盈率两个指标均不能客观地反映企业的市场价值，还是企业的账面净资产和企业经营活动创造的现金净流量等指标更加实际和可靠一些。

5. 每股股利

每股股利（Dividends Per Share，DPS）是企业股利总额与流通股数的比率，揭示企业每 1 普通股所分得的股票红利。股利总额是用于对普通股分配现金股利的总额，流通股数宣布分红当日的普通股股票总数，其计算公式是：

每股利润 = 股利总额/流通股数

每股股利通常由企业的股利分配政策决定，而企业的股利政策，与企业的外部市场环境、企业所处的发展阶段、企业在报表发布日的资金状况等有很大关系。一般来说，每股收益无论高低，仅是账面收益，可能对企业股票价格带来影响，但并不会对企业的财务状况带来直接影响。但支付现金股利，一般会对企业的财务状况和资金状况带来一定影响。是否向投资者支付股票红利，不但是对企业的财务状况、经营管理能力的一个考验，也是对企业投资者信心和对企业未来前景看法的一个考验，因此在一个竞争激烈的股票市场上，上市企业一般都会有一个比较明确的、很有说服力的股利分配政策。

作为对投资者的直接回报，每股股利当然是多多益善。但过多的支付股利，在企业处于成长阶段的情况下，在企业处于转型时期需要现金支持的情况下，也会对企业的未来产生一定的负面影响。不过，发放股利后，企业再从投资者那里获得资金支持也就变得更加容易一些。因此，支付股利的负面影响会被发放股利的正面影响所抵消，至少可以抵消一部分。因此，要求企业支付股利，不但有利于企业加强管理、促使企业改善现金流量和财务状况，而且有利于促使企业和投资者之间建立起良性互动的经济关系。

6. 股票获利率

股票获利率是每股股利与股票市价的比值，有时也称为股利率，它揭示每1元的股票投资所获得的红利是多少，用公式表示为：

股票获利率 = 每股股利/每股股价 × 100%

该指标说明投资者实际得到的投资收益率或出售股票时将可能放弃的投资收益率。但是股票价格是不断变化的，使用不同时间的股票价格会得出不同的计算结果。如果分母使用宣布红利当日的股票价格，则意味着企业每股股票投资所获得的利润，如果分母使用投资者买入股票时的股票价格，则股票获利率中也包含股票价格的变化，当股价上升时所计算出的股票获利率高于宣布红利当日的股票获利率，表示投资者实际得到的利得要高于股票获利率所揭示的利润，当股票价格下跌时所计算出的股票获利率低于宣布红利当日的股票获利率，表明投资者实际得到的利润要少于股票获利率所揭示的利润。当然，也可以将股票价差直接反映到股票红利中，将股票获利率的计算公式修改为：

股票得利率 = （每股股利 + 每股股票价差）/每股股价 × 100%

由于这个公式中分子既包含了红利所得，又包含了价格差异所带来的资本利得，因此用这个公式计算的股票获利率通常称为股票得利率。每股股利通常取决于企业分利政策，股票价差取决于投资者的股票买卖投资决策时机，股票利得率计算公式中的分子部分将这两个因素均包含进去了，因此可以在不同的被投资企业之间、不同的投资者之间进行股票投资收益率的比较。这种比较要比用前面股票获利率的公式的计算结果更加准确全面一些，也比单纯的每股股利指标的比较更加全面一些。

还有一个与股票获利率相关的指标是股票本利比，它是股票获利率的倒数，用公式表示为：

本利比 = 每股股价/每股股利

本利比揭示按照当前这种股利分配速度，大概需要多少年才能通过股票分红将股票本金收回。该指标越低越好。

7. 股利保障倍数与股息发放率

股利保障倍数是每股收益和每股股利的比值，用来反映企业发放的现金股利的利润保障程度，用公式表示为：

股利保障倍数 = 每股收益/每股股利

该指标的倒数，即每股股利和每股收益的比，称为股利支付率，也称为股息发放率，反映企业的净利润中用于支付股利的百分比。

股利保障倍数反映每支付1元的股利有多少的利润来保障，而股利支付率表示在企业所获得的可供股东分配的净利润中，有多大比例用来支付股利。相对来讲，股利支付率更加常用一些。一般认为，股利支付率在20% ~ 30%为宜，但不应当超过60%。不过也有一些企业，将全部或大部分利润或股利支付给投资者，一般是企业已经发展到一个非常成熟的阶段，或者企业的进一步扩张受到外部市场规模的限制的情况下才会这样做。在股市上，通常将发放股利少的企业称为成长股，将发放股利多的企业称为蓝筹股，将那些没有盈利的企业称为概念股。

8. 每股经营现金净流量

企业净利润、净资产等均是从会计核算的角度计算得出的，与企业实际所拥有的现金和实物是有一定距离的，这个距离主要是由会计核算制度实行权责发生制及成本和收入匹配等原则造成的。而企业的现金流量，与企业用历史成本法计算资产、负债和权益的价值一样，坚持的是收付实现制，因此可以从现金角度来揭示企业的盈利能力。每股经营现金净流量与每股收益、每股股利一样，是反映企业股票回报率的一个评价指标，只不过是从现金回报率的角度来评价企业的获利能力，用公式表示为：

每股经营现金净流量 = 经营现金流量净额/普通股股数

由于核算方法的不同，导致企业每股收益和每股经营现金净流量存在着一定的差距，但从每股收益的质量来说，每股收益较高而每股经营现金净流量较低，说明收益的质量较差；反过来，每股收益较低而每股经营现金净流量较高，只能说明企业收回了以前年度的经营现金，但并不能说企业当期收益的质量就较高。

9. 现金股利保障倍数

现金股利保障倍数是每股经营活动现金净流量与每股股利的比值，用来反映企业每发放1元的股利有多少经营活动的现金来保障，用公式表示为：

现金股利保障倍数 = 每股经营现金流量净额/每股股利

该指标和股利保障倍数一样，是用来揭示企业发放股利的保障程度的指标，所不同的是，股利保障倍数是用净利润来保障的倍数，而现金股利保障倍数是用经营活动创造的现金净流量来保障的倍数，由于股利通常是要用现金来支付的，用现金股利保障倍数来评价股利发放的保障程度可能更加准确可靠一些。

【本章小结】

实现利润是企业盈利能力的综合反映，利润构成、结构和来源上的差异揭示企业利润的质量、稳定性和可持续性。盈利能力分析主要是从经营业务、资产报酬、投入产出、资本收益等多个角度对企业创造利润的能力进行比较和评价。经营业务的盈利能力是收入和利润的比值，通常随企业的销售价格、数量和生产成本的变化而变化。企业资产的盈利能力是企业投入资产的数量和利润的比值，它能够反映企业在占用经济资源差异情况下的盈利能力。企业出资人投资的收益能力，主要是投入资本和利润的比值，揭示出资人或投资者投入资金的盈利能力。还有一类盈利能力分析指标是单位成本或单位消耗与盈利的比值，揭示企业付出的成本费用消耗创造利润的能力。

【本章习题】

名词解释

毛利润　销售利润　经营利润　营业利润　三项费用　综合损益表　资产价值变动收益　毛利率　经营利润率　销售利润率　营业利润率　销售净利率　总资产报酬率

总资产利润率　总资产净利率　内部资产收益率　经营资产收益率　对外投资收益率　成本费用利润率　期间费用利润率　人工成本利润率　净资产收益率　摊薄的净资产收益率　权益乘数　杜邦分析　每股收益　每股净资产　市盈率　市净率　每股股利　股票获利率　股利保障倍数　每股经营现金净流量　现金股利保障倍数

简答题

（1）如何分析利润的构成？为什么企业内部不同的部门对企业实现的利润有不同的看法？

（2）为什么说毛利率高低很重要？

（3）如何区分销售利润率、经营利润率和营业利润率？

（4）销售净利率的影响因素有哪些？

（5）简述总资产报酬率、总资产利润率和总资产净利率的区别和联系。

（6）如何进行内部经营资产收益率和对外投资收益率的比较？

（7）如何分析单位投入的盈利能力？

（8）净资产收益率如何分解？使用净资产收益率指标存在哪些问题？

（9）股民通常如何对上市企业的投资收益能力进行分析？

（10）在上市企业投资收益能力分析中，哪个指标解释能力更强？

（11）简述市盈率和市净率的区别和联系。

（12）如何进行上市企业支付股利的能力分析？

第十章 发展能力分析

❖ **学习目的**

(1) 掌握分析和计算自我发展能力的方法。

(2) 掌握计算可持续发展能力的方法。

(3) 了解企业回报社会能力的分析方法和指标。

　　财务报表数据只能说明企业的过去,不能说明企业的未来,企业的未来是由企业的发展能力和潜力决定的。通过企业的历史数据,在一定程度上可以看出企业的发展趋势,但企业未来的实际情况还是由一系列新的因素决定的,这些因素包括企业积累的自我发展能力、企业挖掘现有潜力的能力、企业筹资发展的能力以及企业回报利益攸关方的能力等。本章就从这几个角度来分析企业的发展能力。

第一节　自我发展能力分析

　　企业发展既可以依靠内部积累资金,也可以依靠从外部筹集的资金。作为一个成熟的、谋求长期发展的企业,增强能够依靠企业内部经营活动所积累的资金来发展的能力非常重要,在这方面,一要寻求企业发展资金的增加,二要把控发展节奏,寻求可持续的发展。

一、自我发展能力分析

　　企业自我发展能力是指企业通过自己的生产经营活动,用内部积累的资金来投资发展的能力。企业内部积累的资金主要来源于企业的实现利润以及计入企业成本但实际并未支出现金的成本。下面通过引入几个新的概念来分析企业的自我发展能力。

　　1. 可动用资金总额

　　可动用资金总额是企业经营活动创造的、留给企业自身可以动用的资金总额,它从净利润开始,将企业因折旧和摊销提留等非付现成本提留的资金作为可以偿债的资金加入,再将经营环节新增的资金占用减去得来,其计算公式为:

　　可动用资金总额 = 净利润 + 非付现成本 − 当期新增营运资金需求　　　　　　　(10 − 1)

其中：

非付现成本 = 折旧 + 摊销 + 递延税款净增加

当期新增营运资金需求 = 应收账款的增加额（减少计负） + 存货的增加额（减少计负） + 应付账款的减少额（增加计负） + 其他经营性流动资产的增加额（减少计负） + 其他经营性流动负债的减少额（增加计负）

可动用资金总额实际上是通过利润表和资产负债表计算得出的经营活动产生的现金流量净额，是已经满足了企业经营业务自身扩张需求（营运资金需求）之后的可动用资金，它可以用来还债，也可以用来投资发展。

2. 可动用现金总额

净利润中包含了资产减值、投资收益、公允价值变动等变化的影响，这些项目可能并不带来现金的增加，期望动用这些收益是靠不住的。在计算非付现成本时，也应当将这些因素中不引起现金支付的项目加上，将不带来现金流入的项目减去，才能更接近真实的可动用资金，用公式表示为：

可动用现金总额 = 可动用资金总额 + 公允价值损益变动 − 以权益法计算的投资收益 − 汇率变动损益

(10 − 2)

可以看出，该指标不但剔除了折旧和摊销的影响、账面资产价值评估因素的影响，而且剔除了投资收益核算方法的影响以及营运资金需求增加或者减少（以负号代入计算）对资金的影响，因此是真正可以动用的、可由企业自由支配的新增资金，这部分资金可以用来投资，也可以用来还债，还可以用来分配股利，为了和可动用资金总额的概念相互区别，我们使用可动用现金总额的概念。

计算可动用现金总额指标的好处是：

（1）该指标的计算结果是企业可以真正动用的资金的数量，是企业依靠自身经营活动积累的可动用资金总额，这部分资金可以用来投资，也可以用来偿还债务。如果企业不计算该指标，则有可能做出超出自身能力的投资决策或融资决策，这些决策所需要的资金则必然来自企业的正常经营活动，占用的是正常开展企业经营活动所需要的资金。一旦做出这种决策，就会造成资金紧张，影响企业的正常经营和盈利能力。

（2）可以作为判断企业经营活动经济效益的依据。由于受多种因素的影响，净利润不应当作为判断企业经济效益的主要依据，也不应当作为投资决策特别是经营活动投资决策的依据，该指标剔除了会计核算制度所带来的影响，其所反映的经济效益，可以作为经营活动、投资活动和债务偿还活动决策的依据。

（3）该指标可以作为企业投资项目取舍的主要依据。在进行投资项目经济可行性分析时，通常以项目逐年的现金流量为基础进行比较和决策。而通过该指标计算的企业现金流量净值，能够比较全面地反映企业的现金收入和现金支出的实际差额，可以作为企业投资决策和企业投资项目是否有充足资金的判断依据。

二、可持续发展能力分析

在一定时期内，受企业盈利能力和负债情况的制约，企业内部经营所创造的资金是有限的，企业可持续的发展速度（Sustainable Growth Rate）也是有限度的。如果企业过快地扩大生产经营规模，则经营活动可能因为缺乏必要的资金而中断，或者迫使企业依靠外部资金来解决发展资金短缺问题。一旦外部资金筹集困难或成本较高，就会使企业的发展遭受挫折，就会给企业的进一步发展带来困难。分析企业的可持续发展能力，计算企业可持续增长速度，就是期望知道什么样的发展速度是企业目前经营成果和财务状况可以支持的发展速度。

1. 可持续增长率

可持续增长率被定义为在不增发新股并保持目前经营效率和财务政策条件下，公司销售收入的最大增长率。保持目前经营效率是指企业的资产净利率和资产周转率与过去相比保持不变。所谓保持目前财务政策，是指企业的资产负债率和股利支付率与上期相比保持不变，也就是保持企业可持续发展。在这种情况下，企业销售收入的增长率就是可持续增长率，企业各方面的增长存在以下基本关系：

可持续增长率＝销售增长率＝资产增长率＝负债增长率＝所有者权益增长率＝股利增长率

$$\text{(10-3)}$$

从所有者权益增长率出发来推导可持续增长率的计算公式，推导过程如下：

可持续增长率＝所有者权益增长率＝留存收益/期初所有者权益＝（净利润×留存收益率）/期初所有者权益＝（净利润/营业收入）×（营业收入/资产总额）×（资产总额/期初所有者权益）×留存收益率＝销售净利率×总资产周转率×权益乘数×留存收益率

$$\text{(10-4)}$$

其中，权益乘数＝期末资产总额/期初所有者权益，其余指标均为期末数。

如果在计算中不使用期初所有者权益，而所有指标全部使用期末数，那么计算公式就会变为：

$$\text{可持续增长率} = \frac{\text{收益留存率×销售净利率×权益乘数×总资产周转率}}{1-\text{收益留存率×销售净利率×权益乘数×总资产周转率}} \quad \text{(10-5)}$$

上式表明，在企业盈利情况下，企业的可持续增长率与企业的收益留存率、销售利润率、权益乘数、资产周转率直接相关，并且存在正比例关系。为确保企业的可持续发展，可以从这四个方面去努力。

2. 企业可持续发展能力的决定因素

可持续增长率的计算公式表明，企业的可持续增长能力，取决于以下四个方面的因素：一是销售净利率，即企业经营业务的盈利能力；二是企业总资产周转率，即企业资产管理的效率或企业资产的营运能力；三是权益乘数，即企业依靠资本来利用负债资金扩张的能力；四是留存收益率，即企业的利润分配政策和股利支付率。

企业经营业务的盈利能力，即销售净利率取决于企业创造收入和控制成本的能力，创造收入的能力取决于企业的市场定位、销售战略和资金投入，控制成本的能力取决于企业成本费用支出的效率和合理程度，这其中包含着企业的发展战略、竞争战略和内部控制策略等方面的信息。

企业资产的管理效率，即企业资产的周转速度和营运能力，是由企业对流动资产和非流动资产的管理和使用效率决定的，包括企业存货、应收账款、应付账款和营运资金等的管理办法和策略，也包括企业投资、利用和处置非流动资产的能力。

企业利用外部负债资金的能力，即权益乘数，是由两方面的因素决定的，一是企业利用无息负债的能力，二是企业利用有息负债（主要是银行借款）的能力，这就又涉及企业对偿债能力和负债风险的管理和评价，涉及企业依靠外部资金筹资发展的能力。而企业是否支付股利，又涉及企业是否需要依靠资本性投资资金来获得发展的能力。

由此可见，企业的可持续发展能力是由企业创造收入的能力和降低成本的能力、企业加速资产周转的能力、企业利用外部资金的筹资发展能力等因素综合决定的，各个方面的变化均会带来企业可持续发展能力的变化。不断改善企业的盈利能力、加速企业资产的周转，就是进一步挖掘企业发展的潜力，依靠企业自身经营管理继续向前发展。

3. 可持续增长率的应用

通过企业实际销售收入增长率和可持续增长率的比较，可以得出许多有意义的分析结论。如果企业的实际增长率高于可持续增长率，则：

（1）如果销售净利率、总资产周转率同时提高，说明企业收入的增长为企业带来了利润，增强了企业的发展后劲和实力。

（2）如果总资产周转速度下降，销售收入增长率主要是由资产负债率的提高带来的，说明这种增长是负债资金的增加带来的，没有经营业务效率提高的配合，这种增长一般难以持续下去。

（3）如果销售净利率下降，说明这种增长是以市场销售机会的减少（更多的销售满足了更多的客户需求）和企业经营效率的下降为代价的，或者说是以企业市场资源的减少为代价的，也是不可持续的。

（4）如果现金支付能力没有提高，说明收入的增加主要带来了应收账款的增长，并没有转化为现金收入，如果现金支付能力由正转负，说明收入的增长以经营资金的短缺为代价，也是不可持续的。

如果企业销售收入的实际增长率低于可持续增长率，则有可能是：

（1）如果企业的销售净利率增加、现金支付能力增加，说明企业未能有效利用各种资源，一方面可以偿还银行贷款、降低负债率，使企业的资金和企业的发展速度相适应；另一方面可以寻找新的投资项目、投资机会，使企业的资源得到充分利用。

（2）如果企业的销售净利率下降、现金支付能力下降，说明企业的经营管理或销售出了问题，应当采取措施降低成本、扩大销售。

（3）如果资产周转率上升、销售净利率没有下降，说明企业采取了有效的收缩战略，增强了企业的发展后劲，但要注意收入下降可能会带来的市场份额的丧失、新竞争者的强大等负面影响。

三、利润的可持续性评价

企业增长的可持续性，不能仅从收入的可持续性来评价，还应当从利润的可持续性来评价；可持续性评价，不能仅考虑两个时期的数据变化，还应当考虑多个时期的数据变化情况。从多个时期变化来看，评价利润的可持续性，通常可以从以下三个角度入手：一是利润本身的增减变化趋势，主要通过毛利润增长率、经营利润增长率、营业利润增长率、实现利润增长率、净利润增长率指标来揭示利润的发展变化趋势；二是从利润的影响要素角度来看利润的稳定性和可持续性，这些构成要素或影响因素包括营业收入、营业成本、税金及附加、销售费用、管理费用、投资收益、所得税费用等，企业利润的多少实际上是由这些因素决定的；三是从企业的经营规模、经营实力、经营效率的角度来看利润的可持续性，包括企业净资产增长率、资产收入占比变化率、存货收入占比变化率、应收账款收入占比变化率等。现就这些指标分别进行简单讨论。

1. 销售利润增长率

如果销售利润持续增长，增长率连续大于零，说明企业经营业务的盈利能力在稳定增长，企业的持续发展有物质基础，只要企业经营管理方面不出现大的问题，企业利润的持续增长是有保证的。如果企业的销售利润不太稳定或持续下降，则企业利润的可持续性就会从根本上动摇。在这种情况下，有可能是企业的产品市场出了问题，市场上出现了竞争性或替代性产品挤压了企业的销售空间；也有可能是企业的销售本身出了问题，如销售组织、销售管理、销售力量、销售推广出现了问题；还有可能是企业产品自身出了问题，如出现了产品质量问题、产品的服务问题等。

2. 经营利润增长率

经营利润持续增长，连续多期增长率大于零，说明企业的经营业务在稳定、健康地向前发展，企业的利润增长是有业务基础的。如果企业的经营利润不太稳定，除了是由于销售利润不稳所导致的外，还有可能是企业内部管理出了问题，如出现了人员、机构过度膨胀、成本持续上升等问题，导致企业管理费用和营业成本发生了较大幅度的上升，降低了企业的盈利水平，也有可能是企业的财务费用出现了异常波动，如委托理财失误，造成了大量损失等。

3. 净利润增长率

净利润和实现利润一样，是企业经营成果的最终反映，因此净利润的变化是一个非常重要的指标。如果净利润连续多期持续增长，说明企业的盈利是比较稳定的，只要利润不存在质量问题、不存在虚假成分，企业的经营实力和发展潜力以及可持续增长能力是在不断提高的。由于净利润的影响因素较多，企业净利润的波动一般也大于企业经营利润，净利润出现较大波动，是否存在利润增长乏力、利润可持续性不强等问题，需要结合投资收益变化、营业外收支净额变化等进行分析，或者通过前面介绍的经常收益、当期收益和经营利润三个指标的变化来进行分析，查看企业利润质量和稳定性的变化，了解企业利润的可持续性。如果企业连续多期出现净利润下降，则企业肯定存在经营问题和持续发展问题，要从收入、成本、资产、管理等多个角度的变化来寻找答案。

4. 营业收入增长率

从市场、经营业绩的角度来看，营业收入增长率反映了企业经营业务的稳定性，揭示了企业盈利的可持续性。如果企业的营业收入持续增长，说明企业经营业务的稳定性较好，企业的盈利能力基础比较稳定和可靠，企业的可持续性有市场保证。反之，如果营业收入连续下降或很不稳定，则说明企业的经营业务也很不稳定，企业的盈利稳定性也难有保障。营业收入的变化，在企业产品销售价格变化较大的时候，要结合价格变动来讨论，如营业收入的增长幅度，是否超过了产品价格的增长幅度。在外部市场价格波动较大的情况下，用销售数量的变化来揭示收入的变化，以反映企业经营基础是否稳定，可能更有意义。

5. 收入资产比变化

企业进行长期投资、短期投资或经营业务支出投资，形成企业的各种资产，而企业投资形成资产的最基础、最原始目的就是希望通过资产的经营、使用和管理来取得收入，以期望获得利润，获得资产增值。因此，通常将收入与资产之比称为资产周转率指标，能够更好地反映企业资产结果这种经营努力的结果和效率。收入与资产的比值越高，企业的资产周转越快，企业经营的规模越大，企业盈利的机会就越多。当然，企业能否盈利以及盈利能否持续，主要看企业的成本水平和成本控制能力。

6. 成本收入比变化

营业成本自身的增长率并不能说明问题。营业成本占营业收入比例的变化，即营业成本和营业收入之比的变化，甚至比单纯的收入变化和利润变化更能说明盈利基础的变化。一般说来，营业成本占营业收入的比例变动下降，则说明企业额盈利能力不断提高，企业的盈利稳定性和可持续性不断提高。如果营业成本占收入的比例上升，则说明企业的盈利能力下降，企业的盈利基础开始动摇。

7. 净资产增长率

净资产是一个非常重要的财务指标，企业自负盈亏的能力的高低，主要依赖企业净资产的多少；企业负债经营的能力或者说企业举债的能力的高低，也主要依靠净资产的多少，企业的盈利能力，最终也通过企业净资产是否增加反映出来，因此净资产是揭示企业经营成果和财务状况变化的一个更加综合、更加有经济含量和解释能力的指标。净资产增长率不但反映了企业资产的保值增值能力和企业所有者资本的增值能力，而且反映了企业的经营实力的变化和企业发展潜力的变化。净资产持续增长，说明企业额度经营实力持续增强，企业盈利的资金保障能力持续提高。净资产连续下降，表示企业的经营实力下降，企业的发展能力下降，企业盈利的经济基础受到了削弱。

8. 总资产增长率

收入资产比已经反映了资产对企业利润的贡献和效率，但是在一些控股公司或集团公司，企业资产并不带来营业收入，而主要带来投资收益，在这种情况下，企业资产规模的变化并不能反映出来。另外，还有一些企业资产没有投入使用或没有得到很好的利用，只要能够将企业资产利用起来，企业未来获得利润的潜在能力是非常巨大的。企业能否将资产转化成为收入和利润，关键在于如何使用企业的资产。因此，企业资产总额的变化也是揭示企业盈利能力的一个重要指标。一般来说，企业资产规模不断扩张，企业的经营规模和实力不断增强，企业盈利的可能规模和增长能力就会提高。企业资产规模不断下降，企业经营的实力就会下降，企业取得收入和盈利的机会就会减少。

第二节　筹资发展能力分析

企业筹资发展能力，从财务角度看就是企业的筹资能力。企业从外部筹集资金，通常依靠两条途径：一是依靠发行股票或增资扩股，二是增加负债。这两条途径所能筹集到的资金数额，均取决于企业自身的资金结构和盈利能力。资金结构决定着企业所能筹集资金的规模大小，盈利能力决定着企业所能承受的资金成本的高低。本节主要从资金结构角度，来讨论企业的筹资能力。

一、筹资规模估计

在当今的资本市场上，存在着大量闲置资金。在国际资本市场上，近二十年来出现了供大于求的基本格局。在这种格局下，企业从资本市场上筹集资金的环境已大大改善，企业能否筹集到发展资金，主要取决于企业的经营状况。从财务角度看，主要取决于企业的资产结构、资金结构和盈利能力。

1. 未使用发行额度

企业的资产结构和盈利能力，从根本上决定着企业出资方（无论是债权人还是所有者）对企业的出资态度，因此也就决定着企业的资本结构（即负债和权益的结构）。企业出资人对企业的看法，在上市企业主要表现在股票市场上，在非上市企业直接表现在参与企业的经营管理和决策中。股票市场通过股票价格，每天在调整和改变着对企业的看法，同时也改变着企业从股票市场所能筹集到的资金规模。在一个资金充足的资本市场上，不是企业追逐资本，而是资本追逐企业。例如，在美国纽约股票交易所上市的企业中，85%以上的企业拥有未使用完的股票发行额度。

股票发行额度是经股票交易所批准的企业可以自主使用的发行股票的数量，它反映出企业通过股票市场进一步筹集资金的能力大小。股票交易所基于维护股民利益、保护股民投资积极性、扩大交易规模等多种因素的考虑，会定期对上市企业的股票发行额度进行审核和调整，并尽可能地给予有股票发行潜力的企业一定的发行额度。通过计算未使用的发行额度，可以确定上市企业通过股票发行筹集资金的能力。

2. 可增加负债规模

企业的资金结构，或者说企业负债和权益的比例关系与企业的盈利能力一起决定着企业负债筹资的规模。通常，提供负债资金的银行等机构，在确定给企业的借款数额时对企业有一些基本要求。例如，要想维持 AAA 级的企业资信等级，某银行规定企业长期负债占企业所有者权益的比例不能超过 15%，这一比例实际上决定了企业长期负债的规模，也就决定了企业通过举借长期负债筹资的能力。如果企业要将长期负债所占的比例提高为25%，则企业的资信等级将被降低为 BBB 级，同时企业在该银行的借款利率也将相应地上升 1%。这又会增加企业的资金成本，提高对企业盈利能力的要求。事实上，在现在的国际金融市场上，企业的信用评级，企业股票、债权的评级变化，决定着企业可增加负债的规模。特别是当资本市场已经形成了一整套约定俗成的关于信用级别、资产负债率和盈利能力（通常是净资产收益率或每股收益指标）之间相互关系的基本判断标准之后，企业可增加的负债规模就变成了企业的信用级别和盈利能力以及目前负债水平的决策问题。

3. 未使用授信额度

为了简化企业融资，同时也是为了占领优质客户，银行对于一些企业每年核定一定数量的信用额度，只要企业的银行贷款未超过信用额度，均可以灵活申请使用，不需要再经过复杂的贷款审批程序。银行向有能力还款的企业推销贷款，并和这些企业签订授信额度协议，以确定企业的可贷款规模，已经成为大银行和大企业之间确定信贷关系的主要形式之一。企业能够得到多大规模的授信额度，主要取决于银行对企业的判断。企业未使用的银行授信额度，就是企业筹集负债资金来发展的潜力。

4. 增加负债的可行性

从企业的角度来看，企业增加借款首先要有负债经营能力。企业是否有负债经营能力，最简单的判断办法是查看企业的资本收益率（净资产收益率）是否大于银行贷款利率，大于则可以增加借款，小于则不可以增加借款。比较准确的判断方法是计算财务杠杆系数，确定杠杆系数是否大于1，大于1则表示负债可行，小于1则不能增加负债。当然，这种基于企业盈利能力的判断，首先要确认企业的盈利是稳定的和可靠的。

在增加负债可行的前提下，企业应该增加短期负债还是长期负债，主要取决于企业的资金需求。可以遵循以下原则：①如果是用于固定资产、长期投资，就应当增加长期负债。②如果是解决临时资金周转问题，就应当增加短期借款。③如果是要弥补企业经营环节流动资金的不足（即在正常情况下企业的现金支付能力连续多期小于0），就应当增加长期负债来解决稳定的营运资金需求。

二、合理负债规模的计算

企业应当增加多少负债主要取决于企业的资产结构和资金结构，一般来讲，企业负债规模和负债结构要维持或不突破企业的合理资金结构。合理的资金结构是指资金成本较低、能够满足企业资产周转对资金的需求、企业拥有偿债能力的资金结构。我们可以通过计算来确定企业合理的资金结构和合理的负债规模，计算的前提是企业负债经营可行，即企业的盈利在支付了借款成本之后有剩余。

首先，短期负债的规模应当能够保证经营活动对资金的需求。经营活动对资金的需求，主要取决于企业资产和负债的结构，通过营运资金需求来反映。企业短期合理负债规模可用下面公式计算：

合理短期负债规模 = 合理的营运资金需求 − 营运资本　　　　　　　　（10 − 6）

合理的营运资金需求是指企业已经通过资产结构分析，确认企业的存货、应收账款等资产项目的资金占用是合理的情况下计算的营运资金需求。

其次，长期负债的规模应当通过企业非流动资产和所有者权益的关系确定，其计算公式是：

合理的长期负债规模 = 合理的非流动资产合计 − 所有者权益　　　　　　（10 − 7）

合理的非流动资产合计，是指已经进行了资产结构的优化，对那些不需要、不能使用或者使用效率不高的资产进行了处理和优化之后的资产规模。

第三节　企业回报股东和社会的能力

企业在不断发展的过程中，要给各利益相关者以回报，才能持续、健康地成长。如果一个企业不能创造利润，给出资人以回报，给优秀员工和管理者以奖励，则这个企业很难持续、快速、健康地发展。对企业经营成果和发展能力的评价，除了评价企业的盈利能力、营运能力外，还应当评价对股东的回报能力、对员工的回报能力和对社会其他各方的回报能力，只有兼顾社会各方的利益，并给各利益相关方以回报，企业才能健康发展。

一、资本保值增值能力分析

企业要想获得快速增长，没有股东和社会其他市场主体的支持是不行的。股东的支持主要表现在三个方面：一是直接介入企业的重大经营决策，用手投票；二是买卖企业股票，对企业的价值做出不断的评价，用脚投票；三是在企业困难的时候，向企业注资。要想得到股东的支持，首先要实现股东投入企业资本的保值增值。企业资本的保值增值能力，是指企业通过资产的投入和周转，收回资产消耗后产生净利润的能力。企业利润只有依赖企业资产的使用和周转才能实现。如果企业在资产使用和周转过程中盈利，资产就增值。如果企业经过一个运营周期后发生亏损，企业资产就流失。判断企业资产的保值增值能力，要以企业实现利润和净资产的增减变化情况为依据。

案例 10 - 1　资产保值增值能力

资产保值增值能力的概念正在逐渐被资本保值增值能力的概念所替代，这是因为过去企业的资产为国有的或集体所有的居多，并不强调资产的归属问题。随着市场经济改革的逐渐深入，企业的资产经过公司制改造已经明确了归谁所有，在这种情况下，说企业的资产保值增值问题，实际上是说企业所有者投入企业的资本的保值增值问题，是出资人资本的保值增值问题。不过从企业经营管理的角度来看，用资产保值增值概念更恰当一些，它要比使用资本保值增值更能调动企业参与各方的积极性，增强企业的凝聚力。

企业资产的保值增值能力，是指企业通过资产的投入和周转，收回资产消耗后产生净利润的能力。企业利润只有依赖企业资产的使用和周转才能实现。如果企业在资产使用和周转过程中盈利，资产就增值。如果企业经过一个运营周期后发生亏损，企业资产就流失。企业资产的保值增值，一般通过企业净资产指标的增减变化来揭示。企业总资产的增减，并不能说明企业是否实现了资产的保值增值，因为企业总资产的增加也有可能是企业借债的结果。因此，企业总资产增加，并不能表示企业拥有获利能力，也不能说明企业具有资产的保值增值能力。只有企业净资产的增减变化，才反映资产的保值增值情况。

在产权市场上，企业资产的价值体现在企业股票的价格上，企业资产的保值增值还包括股票的收购和抛售活动，这在上市企业被称为市值管理。当企业的股票价格下跌时，企业可通过收购活动来抑制股价的下跌，当股价上升时企业可通过抛售股票来筹集资金，从而实现降低风险和资产增值目标。同样，企业可根据股市变化情况抛售或收购其他企业的股票，来回避长期投资资产的流失风险和实现长期投资资产的增值。

在股市上，由于股票能够脱离其所代表的法人财产而自由流通，并且二者的价值都以货币来计量，因此一方面有可能出现股票价格与其所代表的法人财产价值相背离的交易，另一方面也会出现社会资金大量集中在股市上的股价全面虚涨局面。股票价格与其价值背离的股权交易，不但达不到资产优化组合的目的，还会加速资产配置的不合理，因而也就达不到资产保值增值的目的。股票价格的全面上涨将吸引全社会的资金流向股市，使真正创造财富的生产与经营活动得不到资金，从而严重扭曲了资金流向，使人们对市场信息的判断因资金的错误流向而失真，这种现象持续一定时期之后会形成以虚假繁荣为特征的

"泡沫"经济，其后果是将出现如1929年那样的经济大萧条。可见，不应当把产权交易作为资产保值增值的有效途径，而应当把通过生产经营而实现利润作为资产保值增值的有效途径。判断企业资产的保值增值能力，要以企业实现利润和净资产的增减变化情况为依据。

1. 利润与保值增值能力

我们知道，企业投资于生产经营活动的资产，一部分来源于自有资金，即归企业所有者或出资人的资金，这部分资金在经济学中称法人财产权，在会计学中称所有者权益。另一部分是企业在生产经营过程中形成的债权资金，是要归还给债权人的资金，通常称负债。在某一时点，"企业资产 = 负债 + 所有者权益"。企业的实现利润在分配利润之前正好等于企业的新增资产。这说明企业资产的保值增值情况，主要取决于企业实现利润的情况。企业维持其正常生产经营活动的条件是企业收回其投入资产并略有增值，即企业收入至少要等于企业的耗费。企业实现的利润也可通过资产、负债及所有者权益的核算求得，即：

利润 = 收入 − 费用 = 期末资产 − 期末负债 − 期初所有者权益   （10 − 8）

企业利润为零，说明所有者权益无增减变化，企业资产实现了保值；利润为正，说明所有者权益中未分配利润增加，企业资产实现了增值；利润为负，说明所有者权益减少，企业资产减少。企业是否实现了资产的保值增值，关键要看利润分配之后所有者权益（自有资金）的增减变化，即企业净资产的变化。企业资产和权益的关系为：

原资产 + 新增资产 = 负债 + 原所有者权益 + 新增所有者权益   （10 − 9）

如果企业的所有者权益资金不足以抵补企业新增加的亏损，这时企业便处于资不抵债状态。如果企业资不抵债，企业所拥有的各项资产都是应该偿还给债权人的，不归企业出资人所有，企业的经营亏损责任事实上是由债权人来承担。在企业不能破产的情况下，企业资不抵债也可能继续维持运营。尽管企业没有破产，企业法人仍然存在，但企业的所有者权益已经为零或为负，企业已经无任何法人财产。在资不抵债的情况下，企业资产的损失是债权人权益的损失。如果企业在资不抵债情况下扭亏为盈，则盈利部分进入企业所有者权益，即变为出资人权益或称法人财产。

［例10 − 1］某民营企业，成立时注册资金为94.5万元。成立后第二年该公司和中国台湾某企业签订合资协议，更名为某合资企业。合资内容是引进生产技术、设备、原材料和企业管理经验等，生产某电子产品。该电子产品经申请被该特区科委认定为高科技产品，因此得到国家科委3000万元的"火炬计划"低息贷款。但是，目前台商按合资协议规定应拨付的300万美元注册资金分文未到，只有原公司注册资金94.5万元。该公司于合并后第二年利用3000万元低息贷款，引进一条生产线和原材料，由中国台湾专家直接组织生产和销售高科技产品。四年以来，该产品未进入国际市场，且该产品与国内相关产品不配套而没有在国内销售的可能。到目前为止，投资4000多万元只得到一堆设备和大量原料。然而，该公司并没有因为从成立至今无任何盈利项目或产品而倒闭，相反其总资产已经达到3.41亿元人民币。而且已经成为一个拥有五个全资子公司、八个控股联营公司的集团公司。其合并资产负债表如表10 − 1所示。

表 10 -1 某民营企业资产负债真实状况　　　　　　　单位：千元

资产	期初	期末	负债及权益	期初	期末
流动资产：			流动负债：		
现金	23531	2482	短期贷款	38647	72408
应收账款	15120	3	应付账款	53000	91000
存货	74990	110893	预提费用	2798	10970
预付款	6721	9206	预收及应付款	89137	138221
向外借款	—	11350	应付税金	498	4131
短期投资	—	100	流动负债合计	184080	316730
应收联营款	—	20000			
应收华玉款	—	2060	长期贷款	7782	41781
流动资产合计	120362	162091			
长期外借款	—	15000	资本	945	945
长期投资	40329	61326	未分配利润	-3926	-18034
联营投资	—	35000			
固定资产净值	16957	6037			
在建工程	43268	15083			
开办费	7780	7070			
资产总计	188881	341422	负债及权益合计	188881	341422

注：表中列示项目根据该企业有关业务的实际情况列出。

首先看一看该公司的资产保值增值情况。从表 10 -1 可以看出，该公司以前年度形成资产总额 18888.1 万元，承担负债 19186.2 万元，差 298.1 万元，而原有资本金为 94.5 万元。因此，亏损是：

利润 = 资产 - 负债 - 原所有者权益

= 18888.1 - 19186.2 - 94.5

= -392.6（万元）

通过营业收入和费用的核算，同样得到亏损额为 392.6 万元，说明其资产在流失或被浪费。该公司亏损资金从何而来？我们发现该公司除 94.5 万元自有资本以外，其他资金都来自长短期负债和各项应付账款，主要包括短期贷款 3864.7 万元，应付账款 5300 万元，预收及应付款 8913.7 万元，长期贷款 778.2 万元等；而资产主要包括存货 7499 万元，现金 2353.1 万元，应收账款 1512 万元，长期投资 4032.9 万元，固定资产净值 1695.7 万元，在建工程 4326.8 万元，开办费 778 万元等。

资金结构情况：在资产组成中，存货占的比重最高，为资产总额的 39.7%。在负债构成中，应付款两项合计 14213.7 万元，占负债总额的 74%。资金平衡情况：反映长期资金来源和长期资金占用平衡情况的指标营运资本为 -6371.8 万元，说明企业长期资金来源明显不足，长期资金占用（长期投资、在建工程等）过多。偿债能力情况：反映企业短期偿还债务能力的指标之一流动比率为 0.65，不但低于通常要求的 2，而且低于 1，说明企业短期偿债能力缺乏，短期贷款归还难度较大。反映企业长期偿债能力的主要指标实现利润为负；资本金收益率为负。说明该公司偿还长期借款或应付款的能力缺乏。发展潜力：企业无利润，无法通过内部筹资来发展。同时企业资不抵债，事实上也无任何净资产可作为抵押贷款的标的物，因而亦无借款发展能力。

在这种情况下，该公司在新的一年形成资产总额 34142.2 万元，承担负债 35851.1 万元，资不抵债 1708.9 万元。在以前年度亏损 392.6 万元的情况下，新的一年又亏损了 1410.8 万元。这些亏损资金属于谁（债权人的）？亏损责任由谁承担（业主）？属于民营业主的资金在公司还有多少（－1708.9 万元）？该企业新的一年的财务状况如何（请从资金结构、资金平衡、偿债能力等方面回答）？显然该公司的亏损增加，财务状况进一步恶化。

2. 净资产与保值增值能力

净资产的增减变化是反映企业资产保值增值情况的主要指标。因为"企业总资产 = 流动负债 + 长期负债 + 所有者权益"，所以：

$$净资产 = 所有者权益 \tag{10-10}$$

因此，企业净资产的增减就是企业所有者权益的增减。净资产增加说明企业资产增值，净资产减少说明企业资产流失，净资产不变说明企业实现了保值。反映企业资产保值增值的指标是资本保值增值率，其计算公式为：

$$资本保值增值率 = \frac{期末所有者权益总额}{期初所有者权益总额} \times 100\% \tag{10-11}$$

该指标主要反映企业资本（净资产）的完整性和保全性，大于 100% 表明实现了增值，等于 100% 表示保值，小于 100% 表明企业的资产贬值、资本流失。但是在分析企业资产的保值增值能力时，应注意以下几点：

(1) 应以分利后企业的所有者权益数值作为比较与判断的标准。因为在利润分配前，在企业的所有者权益项中包含了应以现金上缴国家的所得税和要分配给出资人的利润等项，这些资金在利润分配之后，将退出企业的生产经营，不归企业所有。因此，以分利后企业所有者权益的数值变化，来判断企业法人财产的保值增值能力才是正确的。

(2) 当企业发生增减资本金来调整资本结构时，资本保值增值率公式中的分母发生较大变化，各期比值之间存在一定的不可比性，需要计算单位资本的保值增值率，即：

$$资本保值增值率 = \frac{期末所有者权益总额/期末资本金总额}{期初所有者权益总额/期初资本金总额} \times 100\% \tag{10-12}$$

例如，某企业期初所有者权益为 699 万元，资本金为 100 万元（100 万股），期末所有者权益为 824 万元，资本金增加到 130 万元（增发 30 万股），其资本的保值增值率 = (824÷130)÷(699÷100) = 90.68%。如果按照原资本保值增值率公式计算则为 824÷699 = 118%，得出该企业资产实现保值增值的错误结论。

(3) 企业资产应尽可能地反映其真实价值。常常出现企业账面资产的价值因通货膨胀、资产贬值或升值等原因而不能准确反映企业资产的真实价值，从而企业账面上的所有者权益也难以反映企业的真实资本（真实法人财产），因此在评定企业资产的保值增值能力时，如有必要，应对企业资产的价值进行评估和调整，然后再计算企业净资产的数值。

例如，考虑通货膨胀因素，可以把企业资产的保值增值指标分为两类：一类是按名义货币单位表示的资产保值增值。这种观点以货币稳定为前提，而不考虑币值变动。由此演变出名义财务资产保值增值及名义实物资产保值增值。它们所要实现的目标只是名义货币价值（货币面值）表示的资产保值增值。另一类是按不变购买力定义的资产保值增值。这种观点是要剔除通货膨胀因素的影响，以求达到事实上的保值增值。此时期末的资本应调整为按一般物价水准反映。调整方法是：将企业期末资产负债表中各非货币性项目按"应调整项目金额×换算率"调整。

[例10-2] 某企业某年1月1日拥有净资产1000万元。该年末的物价指数为115%，净资产为1500万元，调整后的净资产为1600万元。设企业为保持实际生产能力需净资产1250万元。该年度投资者未新投入资本。

按名义财务资产保值增值，其资本增值为 A_1：

$A_1 = 1500 - 1000 = 500$ （万元）

按名义实物资产保值增值，其资本增值为 A_2：

$A_2 = 1500 - 1250 = 250$ （万元）

按不变购买力财务资产保值增值，其资本增值为 A_3：

$A_3 = 1600 - 1000 \times 115\% = 450$ （万元）

按不变购买力实物资产保值增值，其资本增值为 A_4：

$A_4 = 1600 - 1250 \times 115\% = 162.5$ （万元）

由此可见，在不同资产保值增值概念下，由于保值基数不相同，所计算出的资本增值数额是不相同的。

如不考虑物价变动因素的影响，可选择名义货币单位的资产保值增值。在这种情况下：

$$资本保值增值率 = (500 \div 1000) \times 100\% = [(1500 - 1000) \div 1000] \times 100\%$$
$$= (1500 \div 1000) \times 100\% - 1$$

按前例，以名义货币单位资产保值增值计算的资本增值额 $A_1 = 500$ 万元，则保值增值率为50%（$500 \div 1000 \times 100\%$）。

如考虑物价变动的影响，选择不变购买力资产保值增值，则：

$$资本保值增值率 = (450 \div 1000 \times 115\%) \times 100\%$$
$$= [(1600 - 1000 \times 115\%) \div 1000 \times 115\%] \times 100\%$$
$$= (1600 \div 1000 \times 115\%) \times 100\% - 1$$

按前例，以不变购买力资产保值增值计算的资本增值额 $A_3 = 450$ 万元，则保值增值率为39%[$(450 \div 1000 \times 115\%) \times 100\%$]。

3. 经济增加值

经济增加值（EVA）的计算公式为：

EVA = 税后利润 + 利息 × （1 - 所得税税率） - 资本成本费用　　　　　　（10-13）

其中：

税后利润 = 营业利润 - 所得税额

资本成本费用 = 总资本 × 综合资本成本率

总资本 = 权益资本（所有者权益） + 负债资本（企业负债）

综合资本成本率 = 权益资本成本率 × 权益资本结构 + 税后负债资本成本率 × 负债资本结构

企业经济增加值的一个显著特点是将企业权益资本在具体营运时的成本费用列入考虑之中（即资金的时间价值因素），所以式（10-13）中的 EVA 能真正体现企业经营期间（每一会计期间）是否保值增值。

测算经济增加值 EVA 是一个比较科学的企业保值增值能力评价方法。这是因为：①任何亏损的企业都不可能被视为保值增值的企业，而亏损时必然满足 EVA<0。所以，当 EVA<0 时，表明企业当年的资本在运营中流失，至少权益资本的时间价值或者说存入银行的机会利息收益丧失；那么是否有税后利润企业就增值呢？在考虑资金时间价值的情况下，有税后利润也不能说明企业增值，当 EVA=0 时，企业虽有税后利润，但无经济附加值，说明企业当年事实上只是"保本"。当 EVA>0 时，企业不仅有税后利润，而且抵减资金时间价值之外还有"剩余"，并排除了潜亏的隐患。所以，只有当 EVA>0 时，企业投资才能算是增值。②不同时期 EVA 值的比较说明了企业的经营成果好坏；EVA 是绝对数，在不同的企业中，资本总额不同，比较其经济效益和经营管理水平时，可用单位资本 EVA 值或单位权益资本 EVA 值来判断。

在企业业绩评价体系中，EVA 的比重是相当重要的，因为 EVA 指标比利润等其他指标更能准确地反映企业经营成果、评价经济效益。虽然资本费用不构成企业的实际支出，在传统会计核算中按实现原则不予反映，在利润核算中也不考虑，但在现实经济生活中，资本费用确实存在。特别是在市场经济条件下，必须研究资本费用，选择最佳集资方式和途径。投资者将投入企业的资产委托企业经营，目的在于收益。企业必须提供机会成本相当或更好的收益，投资者才不会改变投资方向和数量。EVA 弥补了传统核算的缺陷，从税后利润中扣除资本费用，真正反映了生产经营盈利和新增加的经济价值，取得了全面、准确评价企业经济效益的核算效果，并为企业国有资产保值增值提供了客观衡量标准。

使用 EVA 指标进行业绩考核的最大难题是综合成本费用（即综合资本成本率）不好确定，也不好在下属各单位之间进行比较公平的分解。作为一个企业绩效考核指标或目标来讲，不能有效分解的指标就不能有效地落实，因此在实际操作中 EVA 是一个过于理论化的、不很理想的一个指标。

4. 考虑弥补权益资金成本情况下的目标利润和目标销售收入

由式（10-13）可知，要使企业具有存在价值，其最低利润目标是满足 EVA=0 的税后利润。即：

最低目标利润=资本成本费用-利息×（1-所得税税率）　　　　　　　　（10-14）

式（10-14）的税后利润是企业财务计划的基本点，满足式（10-14）的税后利润才是企业真正意义上的保本点，此时企业才能保值。如果企业财务计划不从这个最低目标利润开始，企业的所谓目标利润具有的价值是值得怀疑的。

通过传统的"量本利"分析方法可以测算企业的固定费用和产品的边际贡献以及边际贡献率，可以得出：

保值销售收入=［企业固定费用+资本成本费用-利息×（1-所得税税率）］/单位产品边际贡献率
　　　　　　　　　　　　　　　　　　　　　　　　　　　　　　　　　　（10-15）

式（10-15）才是真正意义上的保本点。式（10-14）是企业的最低利润计划目标。

企业生产经营的根本目的不是只求得保本，而是在保本的基础上追求实现一定的利润，企业在最低目标利润水平的基础上追求的更高利润值就是企业的目标利润，此时企业需要达到一定的销售水平和产品生产量，否则企业的财务目标就难以实现。企业实现目标利润的销售水平由式（10－16）来确定：

目标利润销售收入＝保值销售收入＋（目标利润－最低目标利润）／单位产品边际贡献率 　　(10－16)

式（10－16）中保值销售收入由式（10－15）来确定，最低目标利润由式（10－14）来确定，目标利润是企业在最低目标利润基础上的奋斗目标。

二、回报股东的能力分析

企业除了实现资本的保值增值之外，还应当通过发放股利的方式给股东以实际的回报，并且要促使企业价值不断上升，实现企业价值最大化，让股东获得股票增值利得。通过企业是否向股东发放股利，以及股利分配之后的资本积累情况，可以揭示企业对股东投资的实际回报能力。

1. 股利支付率

通过股票价格的表现不难发现，那些每年给股东以现金红利的企业，股票价格一直维持在比较高的位置，即使在股票市场整体下降的时候，这些股票价格的下降速度也慢于其他股票；在股票价格上升的时候，这些股票价格的上升速度快于其他企业。企业的股利支付率，可以从一个侧面揭示企业盈利的稳定性和可持续性。其计算公式为：

股利支付率＝（派发现金红利总额／净利润）×100% 　　(10－17)

企业能否向股东发放现金股利，不但是企业资金实力的反映，而且也是企业盈利质量的体现。股利支付率越高，企业盈利越稳定，企业的可持续发展能力越强，越容易获得股东的支持和信任。盈利持续很高但总是无资金发放股利的企业，其盈利肯定是有水分的。

2. 资本积累率

企业资本是由实收资本和各项积累资金构成的，各项积累资金包括法定公积金、盈余公积金和未分配利润等。企业每年未作为红利分配、留存的净利润，就是企业每年积累的资本金。积累资金是资本金的缓冲，当企业发生亏损或当期利润较少需要分利时，可动用积累资金，以保全资本金。因此，企业资本积累率是企业资本保值增值能力的重要指标，其计算公式为：

$$资本积累率＝\frac{积累资金总额}{资本金（股本）总额}$$ 　　(10－18)

我国《公司法》规定企业可按税后利润的10%提取法定公积金，用作弥补亏损，扩大公司生产经营和转作资本金。法定公积金累计额为注册资本的50%以上时，可不提取；法定公积金转为资本时，所留存的公积金不得少于25%。新《公司法》规定企业不必提取法定公积金，但经股东大会决议，可以从税后利润中提取任意公积金。一般认为，企业的这几项积累资金占资本金的3/4比较安全合理，和资本金数额相等比较理想，超过资本金时可考虑转作资本金。

3. 企业的市场价值

企业实现资本保值增值，实际上是企业所有者权益的增加，是企业净资产的增加，因此也是企业账面价值的增加。但用净资产来评定企业价值，有以下几点不足：①以净资产增减评定企业资产的价值主要是以资产负债表为依据的，资产负债表的数值只反映企业过去所形成的情况，而不能反映企业未来盈利预期。②净资产指标不能反映企业的"无形价值或资产"，如企业的管理水平、决策能力、企业的地理位置、品牌等，这些无形财富对企业的经营情况有很大影响，有时甚至起决定性作用。③企业净资产指标的计算在考虑通货膨胀、资产高估或低估等因素时，仍然需要核实和调整，因而与资产的重新评定原则、方法有很大关系。因此，在针对企业的实际投资决策中，计算企业的市场价值是一个很重要的评价企业未来价值的办法。

企业市场价值的计算，通常用对企业预期的盈利或者红利的分配情况和企业股票的市场价格来计算和确定。

方法一：通过计算股票价格来计算企业的市场价值。其公式为：

企业的市场价值 = 股票数量 × 股票价值 = 股票数量 × 股票市价① 　　　　　（10 - 19）

这种方法假设企业的价值等于股票数量与股票市价的乘积。例如，某企业的每股市价为 12 元，该企业是由 1000 万股股票组成的上市股份公司，则其市场价值应为 1.2 亿元。

方法二：以每年分红金额相等为基础计算企业的市场价值。其公式为：

企业的市场价值 = 股票数量 × 红利现值

这种方法假设企业在将来能够维持目前的经营业绩和分红水平，其股票价值等于股票每年所得红利的现值：

$$股票现值 = 红利现值 = \frac{每年平均分红额}{银行长期借款利率}$$

如企业每股分红 1 元，银行长期借款利率为 10%，则股票现值为：

1 ÷ 0.1 = 10 （元）

因此，该企业的市场价值为：1000 × 10 = 1 （亿元）。

从上面两种方法的计算可知市价 12 元的股票，如果其每股每年分红低于 1.2 元，在银行长期借款利率为 10% 的情况下，按红利计算的企业市场价值会低于按股票市价计算的企业市场价值。说明企业分红情况对企业的市场价值有很大影响。

如果企业的分红以每年一定的比例增长，但增长幅度低于银行长期借款利率，在假设企业将一直经营下去的情况下，其股票现值的计算公式为：

$$股票现值 = \frac{基期红利}{银行利率 - 年红利增长百分比}$$

如上例企业红利每年以 2% 的速度增长，则股票价值为：

1 ÷ （0.1 - 0.02） = 12.5 （元）

该企业的市场价值为 1000 × 12.5 = 1.25 （亿元）。可见，如果该公司每股分红为 1 元，并且每年以 2% 的比例增长，则其市场价值会提高为 1.25 亿元。不过，要让企业给予每年分配红利必须按一定比例递增的承诺是困难的，因为企业和股民一样对其未来的发展和分利是难以确定的。

---

① 关于股票市价的确定，国外有一种观点认为应由企业每股盈利和企业所处行业股票的市盈率来确定，即股票价格 = 企业每股盈利 × 行业市盈率。

这种方法部分地剔除了股票市价波动过大对企业价值估计的影响。不过行业股票市盈率的计算，在股市极不稳定情况下也存在一个平均市价波动过大的问题。

方法三：同时考虑股票市价和分利两个因素。其计算公式是：

股票价值 = 行业市盈率 × ｛企业每股红利 + （1/3）×行业市盈率｝[①]

行业市盈率以行业股票平均价格和平均每股盈利计算。若上例公司所在行业市盈率为5，每股分红为1元，则股票价值为：

5 × ［1 + （1/3）×5］ = 13.33 （元）

按这种方法计算的企业价值为1.33亿元。

三、回报社会能力分析

企业在回报股东、追求企业价值最大化的过程中，实际上是以创造利润、创造就业、创造税收、创造物质财富来回报社会并为社会做贡献的过程。企业不仅是物质财富的创造者，而且在当今社会承担着许多很重要的社会职能，如提供劳动就业机会与场所、提供人类活动空间、完成各项社会服务功能等。我们在评价企业发展能力和未来潜力，评价企业的经营业绩和社会贡献的时候，不能只考虑企业对出资人回报能力和创造利润的能力，还应该考虑企业的宏观社会效益和经济效益。企业创造的社会效益，是较难用价值尺度货币来衡量的。但是在企业的经济核算中，我们也能看出企业对社会所做的贡献。如通过企业上缴所得税的多少，可以判断企业对国家所做的贡献；通过企业总产值的变化可以看出企业促使社会物质财富运转的情况；通过企业新创造的价值数额可以判断企业对国民收入增长的贡献；特别是通过企业人工工资等个人收入的发放情况可以反映企业对个人生活所做的贡献；等等。下面讨论几个主要指标。

1. 总产值

企业生产总值反映企业报告年度或月份创造物质财富的价值总量。销售收入有时还不能反映企业报告期内生产经营的真实情况，主要是因为在销售收入中还存在着企业存货的增减因素。对于某些大企业来说，企业内部的自建工程，也应属企业当期的经营成果。因此企业生产总值指标是企业销售收入（营业额）、存货增减量、自行完成建筑安装工程量三项之和。即：

企业生产总值 = 产品销售收入 + 企业存货增加额 （ - 企业存货减少额） + 企业自建工程量

在存货变动较大和自行完成建筑安装工作量较多的企业，总产值指标能更准确地反映企业的业务量。企业生产总值指标也是国民经济统计中计算工业总产值的主要依据，常常用来作为国民经济年增长比较和行业发展比较的重要指标。

2. 附加价值或新创造价值

附加价值也称新创造价值或者新增价值，是企业通过生产经营活动使其采购的材料或商品转化成新的产品之后增加的价值。其计算公式为：

企业附加价值 = 企业生产总值 - 企业中间材料消耗

其中：

中间材料消耗 = 材料采购成本 + 存货增减 + 外委工程、加工

与总产值指标相比，附加价值指标剔除了来自企业外第三者创造的价值，反映真正属

---

① 该公式是美国学者 Mrs. Bill Graham 和 David Dodd 提出的经验公式。

于企业创造的那部分价值。因此，附加价值通常包含了更多的经济和社会贡献方面的信息，它不但包含了企业为自己和出资人创造的利润，而且包含了企业向国家上缴的税金，还包含了企业向员工支付的工资。工业企业新创造的附加价值合计起来，就是工业增加值，因此工业增加值指标比其他指标能更全面、综合地反映企业对经济、对社会的贡献。

3. 创造的就业机会

在创造就业机会方面，私营工业企业和三资工业企业发挥了重要作用。私营工业企业和三资工业企业每年新创造的就业机会超过了国有及国有控股工业企业每年减少的就业岗位，因此它们为社会的稳定和发展、为保障公民劳动权的实现做出了较大贡献。

4. 向国家缴纳的税金

向国家上缴税金，维持国家政权的健康运转，是企业应当承担的光荣使命。企业上缴税金包括应交增值税、应交消费税、应交所得税、其他税收等。即使企业亏损，只要企业有收入，就已经向国家缴纳了基于收入征收的增值税，也已经为国家做出了贡献。

【本章小结】

企业可以用来发展的、依靠经营活动自己积累的资金实力，除了净利润之外，还有企业通过折旧、摊销或减值准备等提留的资金。比较理想的状态是企业实现资产、收入、利润等各个方面的可持续的发展。通过加速资产周转可以挖掘企业发展潜力，通过增加负债规模可以扩大企业发展能力，通过投资和并购可以扩大企业发展能力，通过回报社会可以夯实企业发展能力。进行企业发展能力分析，就是要努力依靠企业内部和外部两种资源，充分发挥企业内部和外部两种潜力，力求实现可靠的、可持续的、健康的企业发展。

【本章习题】

名词解释

自我发展能力　可动用资金总额　可动用现金总额　可持续增长速度　可筹资规模　合理负债规模　股票发行额度　授信额度　合理负债规模　资本保值增值率　经济增加值　综合资金成本率　最低目标利润　保值销售收入　目标销售收入　资本积累率　新创造价值　中间材料消耗

简答题

（1）试述计算可动用资金总额和可动用现金总额的意义。

（2）试述可持续增长率的计算方法和应用价值。

（3）试述企业可持续发展能力的决定因素。

（4）如何理解未使用股票发行额度和未使用授信额度？

（5）简述合理负债规模的计算方法。

（6）如何计算企业综合资金成本？

（7）如何计算经济增加值 EVA？

（8）如何计算企业附加价值？

（9）如何计算资本保值增值率？

（10）如何计算保值销售收入？

（11）试述企业的社会贡献。

第十一章 现金流量分析

（1）掌握现金流量表的结构和内容。

（2）了解不同发展阶段企业现金流量的特点。

（3）掌握现金流量充足性分析指标和方法。

（4）掌握现金流量有效性分析指标和方法。

现金犹如人体中的血液，在企业中不断地运动和循环。有人将现金流量比喻为企业的温度计和晴雨表。进行现金流量分析，就是通过温度计来测量企业的经营成果，用晴雨表来反映企业的财务状况。遗憾的是，现行会计核算制度并没有以现金为核心设计。所谓的现金为王，也仅是在企业缺少现金或现金流量不充分、不太稳定的时候，才被重视和关注。为了了解现行会计核算制度的缺陷，以便恰当地发挥现金流量表的作用，有必要在讨论现金流量分析方法之前，简略介绍现金流量表的内容。

第一节 现金流量表及其优缺点

现行国际公认准则存在以下几个主要问题：一是执行以市场价值重估结果来记录企业资产和负债的政策，即在资产或负债取得时以实际收付的现金金额记账，之后编制报表时需要进行价值重估，按照重估价值计量；二是按照权责发生制和匹配原则来记录企业的收入和成本，这样在确认收入和匹配成本时，会存在较大的主观成分；三是由于资产负债表和利润表的有关科目均存在"估值""确认""匹配"等主观性较强的行为，导致通过人为调节和处理财务数据形成虚假报表或粉饰报表比较容易。结果，这样的事情就在世界各地频繁地发生了，一个本来业绩优良、财务状况很好、商誉很好的企业，一夜之间就宣布资金链断裂、血液停止流动了。这说明企业资产负债表和利润表所揭示情况，与企业实际的现金流动情况发生了严重背离。为了解决这一问题，各个国家会计制度均要求企业编制现金流量表，即将企业的各种经营业务依据是否收到现金或支付现金重新记录，然后按照现金流量表要求格式汇总生成现金流量表。编制和提供现金流量表的好处，就是想从现金和现金流量的角度，来揭示和反映企业的资金运动和经营成果。遗憾的是，现在企业编制的现金流量表，均不是会计核算和记录的结果，而是在已经形成的资产负债表和利润表基础上，进行有关数据的调整形成的结果，因此仅是"有比无好"而已。

一、现金流量表的内容

现金流量表其实比较简单，也就是把现金流入项目全部列出，再把现金流出项目全部列出，然后归类整理，用流入合计减去流出合计，得出现金净流量，再列示在报表中就是现金流量表了。按照《会计准则——现金流量表》的规定，企业在编制现金流量表时，应将现金流量划分为经营活动现金流量、投资活动现金流量和筹资活动现金流量三种类型并分别列示。下面具体介绍有关规定：

1. 经营活动现金流量

经营活动现金流量包括了除投资活动和筹资活动以外的所有交易和事项，对于工商企业而言，主要包含销售商品或提供劳务、经营性租赁、购买货物、接受劳务、制造产品、广告宣传、推销产品、支付税款等。企业现金流量的核心是经营活动的现金流量，它可以不断增加企业内部的资金积累，为企业扩大再生产、开拓新市场、偿还债务提供资金保证。只有经营活动现金流入持续、强健，企业财务状况才能改善，盈利能力才有保障。

经营活动流入的现金主要包括：①销售商品、提供劳务收到的现金，包括本期销售商品、提供劳务收到的现金，以及前期销售和前期提供劳务本期收到的现金以及本期预收的账款，但要扣除本期退回本期销售的商品和前期销售本期退回的商品支付的现金。②收到的税费返还，反映企业收到返还的各种税费，如收到的国家税务政策退回的增值税、消费税、所得税、教育费附加等各种税费的返还数。③收到的其他与经营活动有关的现金，如采购原材料时由于损失而由供应商支付的赔偿收入，销售商品时因客户违约没收其定金的现金收入等。

经营活动流出的现金主要包括：①购买商品、接受劳务支付的现金，包括本期购入商品、接受劳务支付的现金以及本期支付前期购入商品、接受劳务的未付款项和本期预付款项，退货收到的现金应从本项目内扣除。②支付给职工以及为职工支付的现金，包括本期实际支付给职工的工资、奖金、各种津贴和补贴等，以及为职工支付的其他费用。③支付的各项税费，反映企业当期实际上缴税务部门的各种税金，以及支付教育费附加、印花税、房产税、土地增值税、车船税、预交的增值税等。④支付的其他与经营活动有关的现金，如罚款支出、支付的差旅费、业务招待费的现金支出，支付的保险费等。

2. 投资活动现金流量

投资活动是指企业长期资产的购建和不包括在现金等价物范围内的投资及其处置活动。这里所指的长期资产是指固定资产、在建工程、无形资产、其他资产等持有期限在一年以上或一个营业周期以上的资产。这里之所以将"包括在现金等价物范围内的投资"排除在外，是因为已经将其视为现金。投资活动主要包括取得和收回投资、购建和处置固定资产、无形资产和其他长期资产等。

投资活动流入的现金主要包括：①收回投资所收到的现金，反映企业因对外短期、长期投资到期而收回的现金。②取得投资收益所收到的现金，包括因对外的短期、长期投资分得的利息、股利、利润等投资性的收益而获得的现金收入。③处置固定资产、无形资产和其他长期资产所收回的现金净额，即处置资产时扣除所花费的费用后的现金，以及由于自然灾害所造成的固定资产等长期资产损失而收到的保险公司的保险赔偿收入。④收到的其他与投资活动有关的现金。

投资活动流出的现金主要包括：①购建固定资产、无形资产和其他长期资产所支付的现金，包括企业购买、建造固定资产，取得无形资产和其他长期资产所支付的现金，不包括为购建固定资产而发生的借款利息资本化的部分，以及融资租入的固定资产支付的租赁费。借款利息和融资租入固定资产支付的租赁费，在筹资活动产生的现金流量中单独反映。企业以分期付款方式购建的固定资产，其首次付款支付的现金作为投资活动的现金流出，以后各期支付的现金作为筹资活动的现金流出。②投资所支付的现金，包括企业取得的除现金等价物以外的短期股票投资、长期股票投资、长期股权投资支付的现金、长期债券投资支付的现金，以及支付的佣金、手续费、宣传费等附加费，企业分配利润在筹资活动的现金流出中反映。③支付的其他与投资活动有关的现金。

3. 筹资活动现金流量

筹资活动是指导致企业资本及债务规模和构成发生变化的活动，包括吸收投资、发行股票、分配利润等。这里所指的资本，包括实收资本（股本）、资本溢价（股本溢价）。与资本有关的现金流入和流出项目包括吸收投资、发行股票、分配利润等，这里的"债务"是指企业对外举债借入的款项，如发行债券、向金融机构借款以及偿还债务等。

筹资活动流入的现金主要包括：①吸收投资所收到的现金，包括以发行股票方式筹集到的股款净额、发行债券实际收到的现金等。②取得借款所收到的现金。③收到的其他与筹资活动有关的现金，如接受现金捐赠等。

筹资活动流出的现金主要包括：①偿还债务所支付的现金，包括偿还金融企业的借款本金、偿还债券本金等。②分配股利、利润或偿付利息所支付的现金，包括企业实际支付的现金股利、利润，以及偿还借款利息、债券利息所支付的现金。③支付的其他与筹资活动有关的现金，如捐赠的现金支出等。

4. 汇率变动对现金的影响

该项目反映企业外币现金流量及境外子公司的现金流量折算为人民币时，所采用的现金流量发生日的汇率或平均汇率折算的人民币金额与"现金及现金等价物净增加额"中外币现金净增加额按期末汇率折算的人民币之间的差额。

二、现金流量表的编制方法

现行会计制度确定的记账原则是权责发生制，即只要取得收取收入的权利证明或承担支出的义务，就一定记账核算而并不需要现金收付实际发生。而现金流量表要求按照现金收付实际是否已实现来记录经营活动的收支情况，要求会计人员在按照权责发生制记录一笔业务的同时用收付实现制再重新进行记录，对绝大多数大企业来讲，缺乏实际可操作性（如果会计核算软件在进行会计分录处理时同时进行两种方法的记账，也许可以实现）。因此，一些国家（如美国）不要求企业根据实际现金收付情况汇总来编制现金流量表（通常称为直接法编制现金流量表），而是要求企业以资产负债表和利润表数据为基础，将未收取现金和未支付现金的业务活动剔除，来间接地编制和形成现金流量表。我国《企业会计准则第 31 号——现金流量准则》规定，企业应当同时采用直接法和间接法两种方法编制现金流量表，用直接法编制的现金流量表作为主表内容披露，用间接法编制的现金流量表作为附注披露。但由于会计上没有按照收付实现制来记录企业的经营业务，目前企业无论采用直接法还是间接法，均以利润表和资产负债表的数据为基础进行调整，只不过直接法的调整是从利润表中的营业收入开始，间接法的调整是从利润表中的净利润开始，先计算出经营活动产生的现金流量，然后再列出投资活动和筹资活动产生的现金流量，就形成了现金流量表。当然，这种方法编制的现金流量表，其准确性和真实性也只有企业自己知道了。

1. 直接法

一般以损益表中的营业收入为计算起点，调整与经营活动有关的流动资产和流动负债的增减变动，列示实际收到现金的营业收入和其他收入，实际付出现金的营业成本和其他费用，计算出现金流入量、流出量及现金净流量。

经营活动产生的现金流入是以销售收入为起点，现金流出是以购货支出为起点，通过调整资产负债表中与经营活动相关的项目，将权责发生制下的报表数字转换为收付实现制下的现金流入和流出。

下面具体说明对经营活动现金流量影响最大的"销售商品、提供劳务收到的现金"和"购买商品、接受劳务支付的现金"的计算方法。

销售商品、提供劳务收到的现金＝销售收入净额＋应收账款减少数（或－应收账款增加数）＋应收票据减少数（或－应收票据增加数）＋其他应收账款减少数（或－其他应收账款增加数）＋预收账款增加数（或－预收账款减少数）

购买商品、接受劳务支付的现金＝销货成本＋存货增加数（或－存货减少数）＋应付账款减少数（或－应付账款增加数）＋应付票据减少数（或－应付票据增加数）＋其他应付账款减少数（或－其他应付账款增加数）＋预付账款增加数（或－预付账款减少数）

直接法中又可以具体包括工作底稿法、T形账户法以及根据有关账户直接计算等现金流量表编制程序。工作底稿法和T形账户法都是编制调整分录，用倒推的方法计算出经营活动的现金流量，其编制依据是账户本期发生额的差额导致了经营活动现金流量的产生。因此，可以以利润表中营业收入为起算点，结合资产负债表分析有关账户的发生额，推算出本期的现金流量。

2. 间接法

在利润表中，有些收入和费用项目并没有实际发生现金流入和流出，通过对这些项目的调整，可以将利润表中的"净利润"调节为现金流量表中的"经营活动现金流量"。间接法是以本期净利润为经营现金流量编制的起算点，通过调整不涉及现金的收入、费用以及与经营无关的营业外收支等有关项目，将净利润调整为经营活动产生的现金流量。这些调整项目有四类：①实际没有支付现金的费用。②实际没有收到的现金收益。③不属于经营活动的损益。④经营性应收应付项目的增减变动。

具体地，对净利润进行调节的项目主要包括：计提的资产减值准备；固定资产折旧；无形资产摊销；长期待摊费用摊销；待摊费用；预提费用；处置固定资产、无形资产和其他长期资产的损益；固定资产报废损失；公允价值变动损益①；财务费用；投资损益；递延税款；存货；经营性应收项目；经营性应付项目。

在直接法的基础上编制间接法现金流量表，投资、筹资部分不动，只需将经营活动中权责发生制下的各项收支替换为营业利润即净利润扣减投资收益营业外收支加上财务费用，然后把经营性资产、负债的变动汇总列示即可。但要对不涉及现金收支的投资和筹资活动进行披露。"不涉及现金收支的投资和筹资活动"是指虽然不涉及当期现金收支，但影响企业财务状况或可能在未来影响企业现金流量的重大投资、筹资活动，也应在补充资料中加以说明，如债务转为资本、一年内到期的可转换公司债券和融资租入固定资产等项目。

用直接法编制的现金流量表，可以用于对企业经营活动现金流量的来源和用途进行分析，用间接法编制的现金流量表便于进行经营活动现金流量净流量的差异及产生原因的比较分析。现金流量表的具体格式如表11 - 1 所示。

表11 - 1　现金流量表

编制单位：N 公司　　　　　　　　　　年　　月　　　　　　　　　　单位：元

项目	金额	项目	金额
一、经营活动产生的现金流量：		补充资料：	
销售商品、提供劳务收到的现金	2391335454	1. 将净利润调节为经营活动现金流量：	
收到的税费返还	32048948.68	净利润	59165475.96
收到其他与经营活动有关的现金	283823562.10	加：计提的资产减值准备	- 1790481.97
现金流入小计	2707207965	固定资产折旧	102365174.30
购买商品、接受劳务支付的现金	1762954961	无形资产摊销	8207304.23
支付给职工以及为职工支付现金	429364492.60	长期待摊费用摊销	3402870.54
支付的各项税费	133578029.20	待摊费用减少（减：增加）	- 8958377.53
支付的其他与经营活动有关的现金	684584564.70	预提费用增加（减：减少）	- 1780846.51
现金流出小计	3010482047	处置长期资产的损失（减：收益）	2527292.78
经营活动产生的现金流量净额	- 303274082.60	固定资产报废损失	- 5287882.39
二、投资活动产生的现金流量：		公允价值变动损益	0
收回投资所收到的现金	231105346.90	财务费用	43270906.03
取得投资收益所收到的现金	65389448.62	投资损失（减：收益）	- 32068522.81
处置长期资产所收回的现金净额	11519541.36	递延税款贷项（减：借项）	- 476826.43
收到的其他与投资活动有关的现金	56741376.86	存货的减少（减：增加）	- 19758564.18
现金流入小计	364755713.70	经营性应收项目的减少（减：增加）	- 165854314.30
购建长期资产所支付的现金	359953499.80	经营性应付项目的增加（减：减少）	- 228306110.60

① 在新企业会计准则体系中，主要在金融工具、投资性房地产、企业合并、债务重组和非货币性交易等方面采用了公允价值计量，公允价值计量与原账面价值的差额计入当期损益。因此，在现金流量表补充资料部分采用间接法将净利润调整为经营活动现金流量时，应将公允值产生差额计入当期损益的部分作为调整项目单独列示。

项目	金额	项目	金额
投资所支付的现金	95851266.04	其他	−57931179.69
支付的其他与投资活动有关的现金	1092596.91	经营活动产生的现金流量净额	−303274082.60
现金流出小计	456897362.70	2. 不涉及现金收支的投资和筹资活动：	
投资活动产生的现金流量净额	−92141648.96	债务转为资本	23211934.20
三、筹资活动产生的现金流量：		一年内到期的可转换公司债券	
吸收投资所收到的现金	26000000	融资租入固定资产	
借款所收到的现金	538554521.10	3. 现金及现金等价物净增加情况：	
收到其他与筹资活动有关的现金	154864762.90	现金的期末余额	683908054.50
现金流入小计	719419283.90	减：现金的期初余额	860694596.70
偿还债务所支付的现金	316453487.40	加：现金等价物的期末余额	
分配利润或偿付利息所支付现金	124781624.40	减：现金等价物的期初余额	
支付其他与筹资活动有关的现金	59554982.81	现金及现金等价物净增加额	−176786542.30
现金流出小计	500790094.60		
筹资活动产生的现金流量净额	218629189.30		
四、汇率变动对现金的影响			
五、现金及现金等价物净增加额	−176786542.30		

三、现金流量表的平衡关系

主表与补充资料之间的平衡是现金流量表的一个重要特点，主要表现在经营活动现金净流量和现金及现金等价物两个平衡关系上。通过对这两个平衡的验证，可以初步确认表内数据编制正确。

1. 经营活动现金净流量的平衡

主表项目"经营活动产生的现金流量净额"＝补充资料1"将净利润调节为经营活动的现金流量"中的项目"经营活动产生的现金流量净额"。

主表项目中的"经营活动产生的现金流量净额"，是企业经营活动中的各项现金流入小计，减去企业经营活动中的各项现金流出的小计的差额。

补充资料中的"经营活动产生的现金流量净额"，是以企业当期净利润为起点，通过对资产负债项目、利润表项目的调节获得的。

2. 现金及现金等价物净增加额的平衡

主表最后一项"现金及现金等价物净增加额"＝补充资料3"现金及现金等价物净增加情况"中的项目"现金及现金等价物净增加额"。

主表项目中的"现金及现金等价物净增加额"，是主表中经营活动现金流量净额、投资活动现金流量净额、筹资活动现金流量净额与汇率变动对现金的影响等项的合计额。

补充资料中的"现金及现金等价物净增加额"，是企业现金及现金等价物的期末余额与期初余额之间的差额。如表11−2所示。

表 11 - 2 现金流量表主附表之间的关系

现金流量表

主表		补充资料	
经营活动现金流入小计		补充资料1：将净利润调节为经营活动现金流量	
经营活动现金流出小计		净利润	
		加：资产负债表和利润表要素调整	
经营活动产生的现金流量净额		经营活动产生的现金流量净额	
投资活动现金流入小计		补充资料2：不涉及现金收支的投资和筹资活动	
投资活动现金流出小计			
投资活动产生的现金流量净额			
筹资活动现金流入小计			
筹资活动现金流出小计			
筹资活动产生的现金流量净额			
		补充资料3：现金及现金等价物增减变动情况	
		现金的期末余额	
		减：现金的期初余额	
		加：现金等价物的期末余额	
汇率变动对现金的影响		减：现金等价物的期初余额	
现金及现金等价物净增加额		现金及现金等价物净增加额	

四、现金流量分析的优缺点

现行会计核算制度一般要求企业每年终了编制现金流量表，也就是说并不要求企业每月编制现金流量表。这自然是因为一方面缺乏会计核算基础，如实编制工作量太大；另一方面也反映出目前会计制度并没有重视现金流量。对于经营业务盈利很高、企业的财务状况良好、经营比较稳定的企业来讲，利润表和现金流量表所反映的信息差距并不太大，是否重视现金流量情况对企业、对投资者的关系也不是太大，但对于盈亏情况不太稳定，或者经营活动主要依靠外部资金维持，或者当企业很难计算清楚现在是否缺少资金，或者企业报表很难反映企业的真实情况的时候，现金流量分析的意义就非常重大。这时，即使不编制现金流量表，唯一能够揭示企业财务状况和偿债能力的，也就是从现金流动的角度来对企业的真实状况做出评价。

（一）现金流量分析的优点

由于企业账面净利润很高而企业实际的现金净流量为负数的情况经常出现，在这种情况下必须借助于现金流量表才能了解企业经营和财务的真实情况。如果能够得到反映企业真实现金流动情况的现金流量表，进行现金流量分析可以带来以下好处：①了解企业现金收支情况和压力。②评价该企业清偿债务、支付股利的能力和投资发展能力。③了解企业利润盈亏和现金盈亏的差距及产生原因。④评价企业盈利质量，了解与现金流量无关的投资业务、筹资业务对企业财务状况的影响。⑤进行未来现金流量预测。下面重点讨论现金流量在分析盈利质量、偿债能力和资金链监控方面所表现出的优点。

1. 验证企业盈利的质量

当企业较高的经营利润带来了较大的经营现金净流量时，说明盈利有实际现金流入的支持，企业盈利数据值得信赖。当企业的经营利润较高而经营活动现金净流量很低或为负数时，说明企业的盈利质量存在问题，应当进一步查明原因，排除报表虚假可能。当企业的净利润较低或亏损，现金净流量也很低或为负时，说明企业的盈利较差并已经带来了资金的减少。当企业的营业利润很低或为负，而经营活动现金净流量很高时，一方面要注意报表的真实性，看是否存在实际盈利而企业抽逃资金的情况，或者看企业是否存在通过资产变现、对外投资来掏空企业的情况；另一方面看是不是经营活动确实发生了较大的变化，资金占用大幅度减少，企业收回了有关资金的占用。

2. 验证企业的偿债能力

应该说，用企业资产和利润数据来评价的企业偿债能力，在企业报表真实的情况下评价结论是可靠的和可以信赖的。但由于企业之间存在大量的信用关系，加之权责发生制的会计核算原则，有可能导致企业的资产并不一定能够被企业控制，企业的净利润也并不一定代表企业资金实力真正的增加，这时就需要用现金流量表数据来进一步对资产的变化和利润的变化进行验证，以确认偿债能力评价的可靠性。因为，企业的债务绝大多数是要用现金来偿还的，如果通过现金流量表数据，证明企业的盈利和资产的增加确实带来了现金流量的增加，那么我们对企业偿债能力的评价就会可靠、踏实许多。

3. 监控企业的资金链

资产负债表和利润表只是反映经营活动和资金流动的结果，但并不能通过这两张报表对企业的资金流动状况进行监控，而企业最大的风险就是资金流动链条的断裂。因为，在现行会计制度下，很容易出现一个不断亏损的企业，只要拥有足够的现金，它还可以继续经营下去；也会出现一个业绩非常优秀的企业，即使资产负债率在50%以内，如果发生资金链断裂，也会因为那50%的负债马上要求企业偿还，而企业的资产又难在短时间内变换出50%的现金，最终导致企业停产或破产。而现金流量表数据，从现金流动的角度告诉我们企业在经过一段时期的经营之后，现金是增加还是减少，以及各个业务环节的现金流量及余额的大小，从而有利于从现金角度了解企业资金变化，掌握企业的支付风险。

（二）现金流量分析的不足

但是，单纯用现金流量表数据来进行财务状况和经营成果分析，也存在以下明显的不足。

1. 现金净流量无法准确反映企业盈亏

现金流量是现金流入和流出情况的记录，并不是企业收入、成本费用支出情况的记录，也不是企业资产、负债和权益情况的记录，单纯依靠现金流量数据，一方面不能核算清楚企业的收入和支出，另一方面也不能核算清楚企业欠他人和他人欠企业的债权债务关系，因此也无法准确地计量企业的负债和所有者权益。尽管通过现金流入减去现金流出，可以知道企业当期的现金净增加或净减少，但很难知道企业的盈亏情况，也很难知道企业的净资产到底是多少。这就是为什么一个干得非常好的企业家，在经营业务达到一定规模之后，就对企业失去了控制，就出现了各种经营管理问题。当企业的业务量很大的时候已经不太可能单纯依靠计算现金流水账来计算清楚企业盈亏和借贷情况了，很少有人能够在每天面对大量的现金收支业务的同时，计算清楚各个业务的盈亏。

2. 完全依靠现金流量情况判断偿债能力有失全面

现金流量仅是从现金角度对企业的经营成果和资金运动进行刻画，但并不能完全反映企业真实的偿债能力。一个企业的偿债能力，除了受现金影响之外，还受目前不是现金的其他资产的数量和质量的影响，受企业盈利情况的影响。另外，企业的融资能力、企业在银行的信誉等均会对企业的偿债能力产生很大影响。一些企业还存在大量的表外业务，如对其他企业的担保等也会对企业的偿债能力产生较大影响。而这些在财务报表中不反映的因素，也是现金流量数据难以反映的。因此，从现金流量角度分析企业偿债能力，应当仅是对从利润表和资产负债表角度分析偿债能力的一个补充，而并不能仅凭现金流量情况来判断企业的偿债能力。

3. 现金流动的结果受单个事件的影响较大

企业增加库存、增加应收账款、减少应付账款等均会引起经营活动现金净流量的变化，但这些项目的变化常常并不是均匀的，经常是批量进行的。这些资产负债项目变化的金额，有时候会大于企业实现利润的金额，导致企业经营活动的现金净流量和企业利润表中的盈利之间，存在较大的差异。特别是当企业的经营活动存在明显的季节性或时间周期性的时候，在不同时点计算的现金流量差距会较大。另外，企业投资活动、筹资活动或营业外活动的变化，也会对企业的现金流量带来较大的影响，并会影响现金流量指标的应用价值。从这个角度来看，用现金流量进行财务状况和经营成果的评价，并不比用资产负债表和利润表所进行的评价准确。只是从现金流量角度所进行的评价，确实反映了企业当期支付能力的变化和现金余缺的变化，反映了企业的资金状况。应该说针对某个时点、某个比较短期的未来，通过现金流量情况可以比较清楚地判断企业资金的变动状况。

第二节　现金流量结构分析

现金流量的结构与企业所处的发展阶段直接相关。对不同发展阶段企业的现金流量分析重点应当有所侧重。对于初创期的企业，应当重点分析现金流量的构成和结构，分析企业投资、筹资和经营活动现金流量的相互满足程度；对于成长期的企业，应当重点分析现金流动的充足性，了解现金流动的节奏和质量；对于成熟期的企业，应当重点分析现金流动的有效性，掌握现金盈利能力，及时给投资人以回报；对于衰退期的企业，应当重点分析现金偿债能力和自由现金流量，掌握企业的现金风险。本节在介绍企业不同发展时期现金流动特点的基础上，重点进行现金流量结构分析。

一、不同发展阶段企业的现金流量特点

处于不同阶段企业的现金流动情况存在明显的差异。对企业现金流量的评价也不能脱离企业所处的发展阶段。简单来说，企业的发展会经历初创期、成长期、成熟期和衰退期四个阶段。初创期的企业需要从外部资本市场筹措大量资金，用于厂房的建造、设备的购置和前期经营活动启动资金，一般会出现负的经营活动现金流量、负的投资活动现金流量

和正的融资活动现金流量。到了成长期，企业经营活动的现金流量有正有负，主要取决于企业的经营策略和发展重点，并且一般会出现较大的负的投资活动现金流量和正的融资活动现金流量。进入成熟期之后，经营活动就会带来正的现金流量，投资活动的现金流量开始由负转正，融资活动不再向企业提供资金，并且开始出现负的融资活动现金流量。步入衰退期之后，经营活动的现金流量将不太稳定，投资活动会带来正的现金流入，融资活动会出现大量现金流出。具体来说，企业不同发展阶段的现金流量有以下特点和变化：

1. 企业初创期现金流量特点

企业在开办之初，为了扩展市场、打开销路，前期投入较大，经营活动的现金结余常常为负数，需要从企业外部筹集资金。而银行一般不愿意在这个阶段介入，企业主要依靠所有者资金。此时，企业应尽快使自己的经营活动变成正现金流，产生现金利润。当经过一段时期的努力，企业的经营活动取得正的净现金流量之后，企业要想快速成长，就不能完全依靠自己的资金积累，需要依靠筹资活动来迅速扩大经营规模，以便使企业迅速进入成长期。否则，如果企业经营活动达不到规模经济，不能产生稳定的现金流量，又不被其他进入成长期的企业收购，就有可能被挤出市场，导致经营失败。如果企业经过一段时期的努力，不能实现经营活动现金净流入为正，就需要寻找新的投资方向和资金，来开辟新的业务和市场。

2. 企业成长期现金流量特点

当企业经营达到一定的规模，就进入了快速发展阶段，一方面企业继续进行投资活动以扩大规模，另一方面企业开始吸收外部资金，以支持企业发展。在这个阶段，由于经营活动现金净流量为正，银行也愿意给企业提供发展资金。在这个阶段，企业的经营现金流量出现了多元化发展，扩大规模、增加销售，有可能使企业的经营活动出现负的现金流量，导致企业现金储备减少。在这一过程中，在市场增长缓慢的情况下，那些不急于扩大规模而努力提高投入产出经济效益的企业可能胜出，并随着市场的不断成熟而进入成熟期。那些发展步伐超过市场步伐的企业有可能陷入不能如期偿还债务或亏损的困境。

如果市场增长超过企业预期，则企业经营规模迅速扩大，但经营活动并不一定带来正的现金流量，反而要求企业增加资金投入，以满足发展的需要。在这种情况下，那些有充足资金准备、扩大了投资活动，并保证了经营活动资金需求的企业，就有可能健康成长并进入成熟期。而那些未能跟上市场发展步伐，得不到足够发展资金的企业，就有可能丧失成长的机会。因经营活动需要大量投入和发展，而过早地迈入多元化经营的企业，如果没有银行和出资人的支持就会陷入困境。要么被其他企业收购兼并，要么经营活动因为资金不足而中断。

案例 11-1　珠海某集团资金链的断裂

珠海某集团以生产计算机软件起家。后来，该集团的主业进入保健品行业，抓住了一个好产品——脑黄金。当时的脑黄金销售情况非常好，使企业的现金存量明显增多。该集团决定用迅速积累的现金建设集团大厦。集团大厦原来只准备建十几层，但后来决定要将其建设成为标志性建筑，投资金额迅速扩充，从几亿元扩大到十几亿元。投资额加大之后，企业并没有充裕的现金来保证，结果出现了建设资金短缺问题。企业希望通过大批量销售保健品来获得足够的现金，便加大了广告投入。但广告中却出现了违规现象，其广告遭到查禁，严重影响了销售。同时，企业挪用供应商的货款，以支付建设工程款项。供应商拿不到货款，就不愿再提供原材料，产品生产和销售也因此而中断，经营活动和投资活动同时出现了巨大资金缺口。"墙倒众人推"，一些销售商和大区销售经理相勾结吞掉了企业 5 亿元的应收账款。投资活动影响了经营活动，经营活动保证不了投资活动的资金需求，该集团由此陨落。该集团经过卧薪尝胆，在十年之后通过销售脑白金产品又获得了巨大成功。但是，当初在该集团快速成长的道路上，如果量力而行，投资活动不去占用经营活动资金，该集团也许能够成为所在行业的领导企业。

3. 企业成熟期现金流量特点

市场和企业进入成熟期的一个明显标志是企业经营活动产生比较稳定的、正的现金流量。此时企业会继续扩大经营业务规模，形成稳定的销售渠道，并通过规模经济带来成本节约。此时的企业已经掌握了良好的市场营销渠道和固定的客户群体，企业完全可以依靠内部经营活动获得发展资金。在这个阶段，经营现金流量的增加使企业能够支付股利给出资人一定的利润回报，并且开始偿还借款，筹资活动会产生负的现金流量。在这个阶段，市场增长缓慢甚至开始下降，但企业的净利润和折旧额、摊销额等已经基本上能够满足企业的投资性支出。在这个阶段，经营现金流相对充足，企业倾向于向股东支付巨额股利，筹资活动现金流量为负。随着市场接近饱和，企业的销售额和利润额的增长速度开始下降。企业可能会通过提供更新换代产品来继续扩大市场规模，也有可能因为市场开始饱和而放慢增长速度。随着增长速度的快速下降，企业将进入衰退期。

案例 11-2 某集团的倒下

某集团曾经控制了四家创业公司和多家证券公司，形成了电动工具、食品、农资、汽车零配件、观光旅游、娱乐等多个产业，投资了 200 多家企业。产业投资的回报期较长，一般需要 4~5 年，而且原有资金并非产业获得的自有资金，大部分依靠股票市场融资和银行借款获得。但由于股票市场持续低迷，股票融资变得非常困难，企业开始主要依靠银行贷款来支撑产业投资，并且需要新的资金不断注入才能维持多个产业体系的正常运转。随着国家宏观经济调控、收紧银根政策的执行，贷款融资也变得非常困难，该集团的投资资金就中断了，投资一旦中断，整个产业资金链条就断了。经营了 18 年的公司，不到 7 个月就倒下了。

4. 企业衰退期现金流量特点

企业进入衰退期的标志是，销售额显著下降，企业又没有新的产品来创造新的需求，企业扩大销售规模的努力会使企业的产品价格下降、成本上升，产品老化，没有创新，价格降至最低可能也无法挽留消费者，导致企业经营活动现金净流量下降。随着盈利空间的缩小和盈利能力的下降，企业的经营活动开始由创造现金净流量转化为需要资金的支持。为了弥补资金的不足，企业有可能增加债务以取得资金。进入衰退期的企业有两种命运，要么努力转型寻求突破，以获得新的发展机会；要么现金流枯竭而在债务的压力下走向破产。

银行为了规避贷款风险，可以不考虑企业的发展阶段和现金流量特点，只寻找那些处于成长后期的或成熟的企业，经营活动能够带来大量现金流以保证有债务偿还能力就可以了。但是，作为企业的所有者和经营者，在进行企业现金流量分析的时候，要考虑企业不同发展阶段的资金需求特点，努力使企业的资金和企业的成长周期相结合、相适应，促使企业持续、健康的发展。

5. 从现金流量特点看企业所处的发展阶段

根据对企业不同发展阶段现金流量特点的讨论，可以看出企业所处的发展阶段：

（1）当经营活动现金净流量为负数，投资活动现金净流量为负数，筹资活动现金净流量为正数时，一般表示该企业处于初创阶段。在这个阶段企业需要投入大量资金，形成生产能力，开拓市场，其资金来源主要依靠权益或负债融资解决。

（2）当经营活动现金净流量为正数，投资活动现金净流量为负数，筹资活动现金净流量为正数时，可以初步判断该企业处于成长阶段。这时产品要迅速占领市场，销售快速上升，表现为经营活动出现大量资金回笼，同时为了扩大市场份额，企业需要追加投资，而仅靠经营活动产生的资金可能无法满足投资需要，需要企业从外部筹集资金来确保发展。

（3）当经营活动现金净流量为正数，投资活动现金净流量为正数，筹资活动现金净流量为负数时，表明企业开始进入成熟期。在这个阶段销售市场稳定，企业进入投资回收期，企业从外部筹集的资金也需要偿还，维持良好的企业形象非常重要。

（4）当经营活动现金净流量为负数，投资活动现金净流量为正数，筹资活动现金净流量为负数时，可以认为企业处于衰退期。这个时期的特征是市场萎缩，产品销售的市场占有率下降，经营活动现金流入小于流出，同时企业为了应付债务不得不大规模收回投资以弥补现金不足。

二、现金流量构成分析

1. 掌握企业现金流量的总体构成

通过现金流量表分析企业现金流量情况时，首先要看的是现金流量表的最后一列——"现金及现金等价物净增加额"，可以看出经过报告期的各种活动，企业取得了多少现金或失去了多少现金；其次要看"经营活动产生的现金流量净额"，看企业的经营活动是否给企业创造现金，为正表示创造现金，为负表示损失现金；再次要看"投资活动产生的现金流量净额"，为负表示企业新增了投资，为正表示企业收回了部分投资或收到了投资利润；最后要看"融资活动产生的现金流量净额"，了解企业当期融资活动给企业增加了现金还是减少了现金。从这四个数字，就可以看出企业在一个报告期现金流量的变化，揭示企业的支付能力是否改善，企业的资金来源是否增加。例如，现金及其等价物净增加额为正表示支付能力增加，经营活动产生现金流量净额为正表明这种支付能力的提高受经营业务的支持。

2. 对经营活动现金流动情况进行初步判断

经营活动是企业现金流入的主要来源，经营活动的好坏直接关系到企业现金支付能力、偿债能力的强弱。当企业"购买商品、接受劳务所支付的现金"数额很大的时候，说明企业的生产或业务规模较大；当企业"销售商品、提供劳务收到的现金"数额很大的时候，说明企业的销售规模较大，销售能力较强；当企业的"销售商品、提供劳务收到的现金"与"购买商品、接受劳务所支付的现金"数额之差扩大的时候，说明企业的市场竞争能力提高，现金回笼能力增强；当企业的"经营活动产生的现金流量净额"数额很大或大幅度提高的时候，说明企业的现金盈利能力提高。

将经营活动现金流量数据和利润表中的数据进行比较，也能够发现一些有意义的分析线索。例如，当现金流量表中"销售商品、提供劳务收到的现金"大于利润表中"营业收入"的时候，说明企业不仅收回了本年的销售收入，而且收回了以前年度的部分应收账款，表明资金实力增强；反之，当利润表中"营业收入"金额大于现金流量表中"销售商品、提供劳务收到的现金"的时候，可能表明企业当年的销售收入中还有一部分未收回现金，以应收账款的形式存在，这就需要进一步分析确认，会不会出现企业通过增加应收账款虚增收入，或者提前确认以后年度的销售收入。再如，通过现金流量表还可以了解到经营活动产生的现金流量净额主要来自哪里，其变化原因是什么。

但是，对企业销售规模、销售能力、盈利能力、赊销政策等的判断，以及对现金流量增加的原因的判断，还是需要结合利润表中收入、成本及利润项目的数据，结合资产负债表中应收账款、存货等科目的变化，才能进一步明确。比如，可以进一步分析发现，企业当期经营活动产生的现金流量，是来源于应收账款的收回，还是现金销售比例的提高，当期盈利的质量是否提高、坏账的风险是否下降等。再如，当一家企业经营活动现金流量净额为负，而企业的现金及现金等价物持续增加，资金实力增强的时候，就要看该企业是不是依靠筹资活动或变卖资产来获得现金，如果是通过融资活动取得现金，还要看这些资金是来自借款还是吸收出资人投资，如果来自借款，还要看企业是短期借款增加还是长期负债增加等。通过一连串的分析，就可以进一步知道这个企业是依靠自己造血来扩大实力还是依靠外部输血来扩大实力，同时也就可以观察到企业实力扩大的背后是否隐藏着较大的风险。

3. 对投资活动现金流动情况进行初步判断

首先从"投资活动产生的现金流量净额"看，投资活动是为企业创造资金还是需要企业投入资金。其次看企业投资活动取得了哪些资金，这些资金是来自收回投资、投资收益还是处置资产，很显然只有投资收益收回的资金是比较可靠和稳定的，收回投资和处置资产所取得的资金，基本上均是一次性的，是不可持续的，而且收回投资说明企业将资金从外部收回，处置资产说明企业开始缩小经营规模或调整产业结构。另外，现金流量表中"取得投资收益所收到的现金"要比利润表中的"投资收益"更加真实可靠一些，通过比较，可以知道利润表中的投资收益，有多少是通过现金方式取得的，有多少是通过会计核算方式取得的。

然后，通过"投资活动的现金流出小计"看投资活动花费了多少资金，这些资金是用于构建固定资产，还是进行长期投资，这两部分通常均是一次性的业务，不过前者现金流出会使企业内部经营资产增加，后者现金流出会使企业对外投资增加。从流出情况可以看出企业是扩大内部经营规模还是寻求其他外部发展途径和机会。

4. 对筹资活动现金流动情况进行初步判断

企业筹资活动的现金流量，不仅关系到企业目前现金流量的多少，而且关系到企业未来现金流量的大小，关系到企业资本结构和资金成本的变化。首先，通过"筹资活动产生的现金流量净额"的正负，可以看出筹资活动当期给企业带来了现金还是使企业减少了现金。其次，要看企业筹资活动取得的现金中，主要是吸收权益性投资所收到的现金还是借款所收到的现金。如果是吸收投资收到大量现金，这是企业资金实力增强的最理想途径，也是企业财务状况会获得明显改善的一种情况。可以进一步查看企业由此而使资产负债率下降多少，知道企业经营风险的下降幅度；使企业的营运资本增加多少，知道企业经营活动资金改善的状况。如果是借款收到现金的增加，再和偿还债务所支付的现金进行比较，一方面可以看出企业的当期负债是否增加，财务风险是否加大；另一方面可以看出企业处于还债期还是借款期。偿还债务支付的现金大于借款所收到的现金，表示企业当期还债，由此可以和企业借款合计进行比较，看企业的还债速度和未来还债还需要多长时间。

如果企业当期支付股利、分配利润支付了大量现金，一方面说明企业给予投资者现金回报，企业权益性融资将变得比较容易；另一方面要看这些资金主要来自哪里，如果当期经营活动出现大量正的现金流，并且利润分配所支付的现金小于经营活动创造的现金净流量，则这种利润分配是合理的和正常的。如果经营活动并不产生正的现金净流量，投资收益收取的现金也低于分配利润所支付的现金，则说明的利润分配资金依赖其他一次性的现金流入活动，是不太正常的。

5. 对企业经营管理变化进行初步判断

通过现金流量表附注中的信息，可以获得以下信息——"存货的减少""经营性应收项目的减少""经营性应付项目的增加"，这些项目为正，均表明企业通过经营活动收回或增加了企业的现金，提高了企业的支付能力，加快了企业资产的周转速度。反之，如果这些项目为负，则说明经营活动的资金占用增加，来源减少，经营活动需要企业提供资金，经营管理形势并不乐观。当然，要结合收入的增长情况来进行判断，一般来说在收入大幅度增长时期，经营活动的资金占用会增加，当收入从快速增长向慢速增长转变之后，经营活动的资金占用会下降。不过最理想的状态当然是，企业收入快速增长的同时，增加占用下降。这在企业所提供的商品或服务供不应求、排队等待的时候也会出现。最糟糕的情况就是收入在下降，经营资金占用在增加，企业已经处于衰退或向死亡迈进的阶段。

6. 对企业战略决策结果进行初步判断

通过现金流量表数据，可以看出以下几个重大决策事项：一是收回对外投资；二是处置企业资产；三是吸收权益资金；四是偿还银行贷款；五是增加银行负债；六是增加经营资金占用；七是固定资产投资；八是分配利润。这些决策涉及的金额以及对企业现金状况的影响程度，均可以通过现金流量表所提供的数据反映出来。这些决策的结果，一方面通过当期的数据反映出来，另一方面通过以后的数据反映出来。例如，企业增加的现金流入，是用于经营活动、投资活动，还是用于利润分配活动，企业增加的现金流出，是降低了企业负债，扩大了企业信誉，扩大了经营规模，扩大了企业实力，还是资金被无效占用，均可以通过有关科目反映出来，并对企业的未来会产生重大影响。

7. 对企业未来现金流量进行初步估计

从现金流量表对企业未来现金流量进行估计，可以从以下几个方面入手：①通过现金流量表中"固定资产折旧""无形资产摊销"等不影响现金支付的成本项目的观察，可以了解到企业通过折旧和摊销方式提留下来的可用于未来发展的资金是多少，可以初步了解企业通过投资或扩大经营活动的资金实力大小。②分析企业经营性应收项目及其占销售收入比例的变动情况。应收项目增加，说明企业未来可能会有现金流入，但还应结合企业长期的收账政策及其效果进行分析，才能确定；如果应收项目占销售收入的比例较小，而且能够长期保持，只要企业有足够的销售收入，未来就会有足够的现金流入。③分析经营性应付项目及占销售收入比例的变动情况。应付项目的增加，预示着企业未来将有大量的现金流出。同时，应付项目占销售收入比例越高，未来现金流出的压力则越大。④通过"不涉及现金流动的投资和筹资活动"的变化，可以看出企业依靠债务转做资本、融资租入固定资产等活动来扩大资金实力，提高经营规模的努力情况，可以预测未来的发展变化。⑤企业净利润的变化，是企业未来负债的一个风向标，它说明企业未来发展是否会带来盈利，在亏损的情况下结合其他科目的变化看是否需要现金投入。

第三节　现金流动的充足性分析

　　一个企业在销售量下降、利润下降，甚至亏损的情况下，只要有充沛的现金，就可以维持企业的经营。企业现金流动的充足性分析，就是对企业现金流入能否保证和满足现金流出需要的分析，更确切地说是对企业经营、投资和筹资活动所创造的现金流入能否满足企业经营、投资和筹资活动现金流出需要的能力。企业首先要保证经营活动能够正常开展，才能考虑其他资金需求。经营活动正常开展的资金，在公司成立初期和建设时期主要来自筹资活动，在企业正常运转之后就需要来自经营活动内部。一个持续健康发展的企业，经营活动需要的资金要能够依靠经营活动自己所创造的资金来满足，并且经营活动创造的资金满足经营活动资金的需求之后，还要能够满足企业投资扩张活动和股利支付活动的资金需要。企业投资活动、筹资活动、经营活动相互满足问题，已在现金流动的结构分析中介绍过。本节主要从经营活动创造的现金满足投资和筹资活动资金需求的角度，来考察企业现金流动的充足性。

一、投资满足能力分析

　　投资满足能力主要是指企业满足固定资产投资（也称资本性支出）、流动资产投资（通常是指经营活动对资金的净需求，即营运资金需求的增加额）和股利支付的能力。主要分析指标有：

　　1. 投资现金满足率

　　投资现金满足率是用来衡量经营活动创造的现金流量净额能否满足投资活动资金需要的指标，用公式表示为：

　　投资现金满足率＝经营活动产生的现金流量净额／｜投资活动产生的现金流量净额｜×100%

　　该指标在投资活动现金流量净额小于零、经营活动现金流量净额大于零，也就是在投资活动需要资金、经营活动提供资金的情况下才有意义，分母应该使用绝对值数据。如果该指标大于或等于100%，说明经营活动的现金净结余，能够满足投资活动的现金净需求；小于100%表示经营活动的现金净结余不能满足投资活动的现金净需求，需要企业筹集资金。

2. 固定资产再投资率

投资活动有内部投资活动和外部投资活动，对外投资一般是在企业有富裕的现金流量的时候才可以考虑，企业首先应当满足内部发展的资金需求，因此用购置固定资产、无形资产等长期性资产所支付的现金与经营活动产生的现金流量净额之比，可以反映经营活动所创造的现金对企业内部投资活动的满足程度。用公式表示为：

固定资产再投资率＝构建固定资产、无形资产和其他长期资产所支付的现金/经营活动产生的现金流量净额×100%

当然，该指标在经营活动创造现金、内部资产购置活动需要现金的情况下才有意义，也就是说经营活动产生的现金流量净额要大于零。该指标越小，说明满足程度越高。

3. 折旧影响系数

企业固定资产、无形资产等长期性资产的构建资金，有一部分来自企业的固定资产折旧、无形资产摊销等提留的资金，这部分资金越高，企业固定资产等投资更新活动的资金来源越稳定，用公式表示为：

折旧影响系数＝（固定资产折旧＋无形资产摊销）/经营活动产生的现金流量净额×100%

该指标也称折旧贡献率，反映经营活动产生的现金流量净额中有多大比例来自于折旧和摊销。该比值应当介于0～1，比值越大，经营现金活动产生的现金净流量越稳定；反之，比值越小，说明当期经营活动的结果对现金净流量的影响越大，经营活动现金净流量随着经营形势的变化而波动越大。如果经营活动产生的现金净流量为负数，即该指标比值为负数，则说明企业折旧、摊销以及利润所创造的资金，还不能满足企业经营规模扩大所带来的营运资金需求的增加，企业无足够的资金用于投资活动。如果经营活动产生的现金流量净额大于零，并且折旧影响系数的计算结果大于1，则说明企业经营活动规模扩张对资金的需求已经超过了企业利润所创造的资金，已经有一部分折旧、摊销等应该属于更新改造的资金被用于满足当期经营活动的资金占用。

该指标高于固定资产再投资率，说明企业当期的固定资产投资资金需求，仅依靠固定资产自身的折旧就能够满足。如果该指标低于固定资产再投资率，表示固定资产更新改造速度大于企业折旧政策所确定的折旧年限，企业仍然处于扩大再生产、不断扩大生产能力的时期。

4. 现金自给率

现金自给率亦称现金流量适当率，是指企业通过经营活动创造的现金净流量，来满足企业正常经营活动、投资活动和股东回报对资金需求的能力大小。由于资本支出、存货投资支出和支付现金股利的支出常常是不确定的、不稳定的，为了克服这种不稳定性，揭示企业正常发展情况下的资金需求和资金来源情况，通常该指标的计算使用3～5年或更长期间的累计数计算平均值，用公式表示为：

$$现金自给率 = \frac{\sum_{n=1}^{5} 经营活动现金净流量}{\sum_{n=1}^{5} （资本支出 + 存货增量 + 现金股利）} \times 100\%$$

计算现金自给率时分母中经营活动对资金的需求用的是存货增量而不是营运资金需求增量，是因为一方面企业是应当努力降低或避免赊账销售的，不应当为赊账销售垫资，另一方面企业发生赊账销售之后，应尽可能地使用信用资金，即尽可能增加应付账款的金额，使二者相互抵销，以便企业将资金用于生产活动的投资。资本支出就是构建固定资产、无形资产等长期性资产所支付的资金。现金股利就是分配利润所支付的现金。

该比率反映了企业通过经营活动创造的现金净流量，满足其固定资产、无形资产投资、存货规模扩大以及发放股利需要的能力。如果该比率大于1，则说明企业创造的经营活动现金流量能够满足资本支出、存货投资与现金股利支付的需要；如果该比率小于1，则说明经营活动现金净流量不能满足上述支出的需要，企业还需要开辟新的外部融资渠道来满足资金需要。

5. 资本性支出满足率

固定资产投资、股利支付等并不是每年同时发生，企业可以在一定时期以扩大经营规模为重，在一定时期以回报股东为重，在不同的发展阶段在资金的使用上有所侧重，因此就又产生了两个指标：一个是资本性支出满足率；另一个是股利现金保障系数。

固定资产投资满足率是固定资产再投资率的倒数，用公式表示为：

$$经营活动现金净流量对资本性支出的比率 = \frac{经营活动现金净流量}{资本性支出} \times 100\%$$

该指标揭示企业经营活动产生的现金流量净额能否满足企业资本性支出的需要，当然前提条件是经营活动首要创造资金。该指标比率越大，经营活动满足资本性支出的能力越强。该指标比率大于1，说明企业的资本性支出完全可以由企业自身创造的经营活动现金流量来满足。

6. 股利现金保障倍数

股利现金保障倍数是经营活动产生的现金净流量与企业发放的现金股利的比值，说明企业经营活动产生的净现金流量能否满足企业支付股利或分配利润对资金的需要。一般来说，企业经营活动产生的现金流量应该首先满足企业生产能力扩展、经营规模扩张、利息支付等资金需求，如有剩余才可用于发放股利。但在一些情况下，企业为了其市场价值或股市商誉，或者为了补偿股票下跌给股东带来的损失，也可以决定优先支付股利。该指标是在企业决定支付股利的情况下，看经营活动创造的现金净流量对股利发放的保障程度，用公式表示为：

股利现金保障倍数＝经营活动产生的现金流量净额/分配利润所支付的现金

该指标应当大于1，并且越高越好，大于1说明企业经营活动创造的现金能够保障股利的发放。如果该指标比值小于1，则说明企业股利的发放需要通过其他途径来筹集资金，企业股利支付能力严重不足，发放股利会给企业的发展带来负面的影响。

7. 现金再投资率

现金再投资率是支付股利之后的剩余的经营活动创造的现金，用于企业资本性支出投资和经营活动资金规模扩张的比例，用公式表示为：

现金再投资率＝（经营活动产生的现金流量净额－现金股利）/（构建固定资产等长期性投资活动支付的现金＋营运资金需求的增加额）

该指标揭示企业的新增加资产中，有多大比例来自经营活动创造的现金，说明企业依靠自我积累资金来扩大经营规模的能力，在一定程度上反映了企业资产更新改造能力的大小。该比率越高，自我积累占当期资产投资的比重越高。

二、现金偿债能力分析

由于企业的债务均需要用现金来偿还，因此从现金流量的角度对企业的偿债能力进行分析，要比从资产负债角度和利润角度对企业的偿债能力进行分析，更加准确和可靠。从现金角度分析企业的偿债能力，一般是用企业现金净流量或经营活动创造的现金净流量与企业的负债之比来反映。但由于现金净流量受一些偶然变化因素的影响较大，同时企业的负债数据也是一个时点数据，因此在用现金来进行偿债能力分析时也需要小心，注意数据本身的局限性。

1. 现金流动负债比率

现金流动负债比率是现金流量表中"现金及现金等价物期末余额"与资产负债表中"流动负债合计"的比值，用于揭示企业可立即动用的现金占流动负债的比例，说明企业一旦出现信任危机，用现金能够偿还多大比例的流动负债，用公式表示为：

现金流动负债比率 = 现金及现金等价物期末余额/流动负债合计 × 100%

现金及现金等价物期末余额应该是和资产负债表中货币资金期末余额相等的，因此可以用资产负债表中的货币资金来代替，用货币资金代替之后，该指标实际上与现金比率指标类似，测量企业用可立即支付的现金来偿还流动负债的能力。对于经营活动不太稳定、市场环境不太稳定的企业来讲，计算现金流动负债比，进行企业承受还债风险打击的压力测试，是比较有意义的。由于该指标仅考虑用剩余的货币资金来偿还流动负债的能力，因此仅是在对企业的经营形势非常悲观的情况下使用，即该指标一般在企业经营形势很不稳定、资产负债率相对较高时才有意义。

2. 经营还债期

经营还债期是指资产负债表中"有息负债总额"和现金流量表中"经营活动产生的现金流量净额"的比率，揭示依靠企业的经营活动创造的现金，偿还有息债务大概需要多长时间，用公式表示为：

经营还债期 = 有息负债总额/经营活动产生的现金流量净额 × 100%

期限越短，说明企业的偿债能力越强。该指标的倒数，即经营活动产生的现金流量净额与有息负债总额的比值，一般称为债务现金偿还保障率（简称债务保障率），用公式表示为：

债务保障率 = 现金活动产生的现金流量净额/有息负债总额 × 100%

企业的债务均需要用企业的资产来偿还，但企业的资产分布和占用在企业经营各个环节，并且有一部分资产不能直接用来还债，真正能够用来偿还债务的是通过经营活动创造的、新增加的现金资产。另外，企业经营性负债是经营活动派生的负债，其随经营活动的开展自然形成，并会不断更新，并不一定需要用企业创造的净现金来偿还。从这个角度讲，与资产和负债之比指标相比，用新增加的现金流量净额与有息负债相比，所揭示的偿债能力更加真实、可靠。

3. 债务实际偿还期

债务实际偿还期是资产负债表中"有息负债合计"与现金流量表中"偿还债务所支

付的现金"的比值，说明企业目前债务实际的偿还期限和偿还速度，用公式表示为：

债务实际偿还期 = 有息负债合计/偿还债务所支付的现金

其中：

有息负债合计 = 短期借款 + 一年内到期的长期负债 + 长期借款 + 应付债券

我们没有将长期应付款计算在有息负债合计之中的原因是：对于长期应付款，企业一般是通过支付产品、设备、劳务等方式来偿还，或者通过融资租赁分期支付租金的方式来偿还，而不是和借款一样用现金来偿债。

该指标计算得到的期限越短，一方面说明企业的偿债能力强，还款期限短；另一方面也可能是企业经营形势不太稳定，短期债务比例较高，企业资金"大进大出"的结果。

4. 现金到期债务比

并不是企业当期偿还债务所支付的现金全部来自经营活动创造的现金净流量，也并不是经营活动创造的现金净流量全部用来偿还债务，用经营活动产生的现金流量净额与当期偿还债务所支付的现金相比，可以揭示企业当期用经营活动创造的现金偿还债务的能力，用公式表示为：

现金到期负债比 = 经营活动产生的现金流量净额/偿还债务所支付的现金

该指标大于1说明企业偿还债务所需要的资金可以完全依靠经营活动所创造的现金净流量的增加来满足，该指标小于1说明企业还依靠了其他渠道所取得的资金来偿还到期债务。因此，该指标越小说明企业依靠经营活动偿还债务的能力越低，企业的偿债能力或债务偿还的质量较差。

在该指标很低或为负的情况下，进行企业偿债能力的判断，要根据企业偿还当期所使用资金的来源渠道，做出不同的判断。如果企业当期债务的偿还主要依靠新吸收的投资所带来的现金，那么说明企业的经济实力增强、偿债能力增强；如果主要依靠企业收回投资的资金，则说明企业缩减经营规模来还债，企业的经营能力和经济实力会有所下降；如果依靠借款所收到的现金来偿还，则说明企业仅是借新还旧，依靠经营活动偿还债务有一定困难。

5. 现金债务覆盖率

由于经营活动产生的现金流量净额受多种因素的影响，通常波动较大，为了从现金流量角度如实揭示企业的经营业务的还债实力，将企业经营活动的现金流入规模因素也考虑在企业偿债能力判断之中，可以直接用经营活动产生的现金流入合计，与企业的负债总额或有息负债合计之比计算企业的现金债务覆盖率，用公式表示为：

现金债务覆盖率 = 经营活动现金流入合计/负债总额

该指标反映企业现金流入规模与负债规模之间的关系，反映企业潜在的、由业务规模决定的、用现金来偿还债务的能力的大小。比值越大说明企业的偿债能力越强。

如果将该指标分母的负债总额，用有息负债合计代替，则能够更加准确和可靠地揭示企业的现金偿债能力，用公式表示为：

现金有息负债覆盖率 = 经营活动现金流入合计/有息负债合计

一般来说，现金有息负债大于1或接近于1，则表明企业拥有偿债能力。小于30%，则说明企业的偿债能力降低，应当重点关注债务偿还风险。

6. 现金偿债能力

现金偿债能力是经营活动产生的现金流量净额与流动负债合计的比值，用来揭示企业依靠经营活动创造的现金偿还企业短期负债的能力，用公式表示为：

现金偿债能力 = 经营活动产生的现金净流量/流动负债合计 × 100%

指标值越高，企业的偿债能力越强，一般认为在 30% 以上企业就拥有偿还短期债务的能力。也就是说，在 3 ~ 4 年内能够通过经营活动创造的现金净流量还清企业流动负债的企业，偿债能力是有保证的。当然，可以结合经营还债期指标的计算结果，来更加准确地判断企业的偿债能力，因为经营还债期指标还包含了对企业非流动负债规模的考虑。

由于该指标的计算公式与速动比率指标相似，均是以现金资产来偿还一年内到期债务的能力，只不过该指标比速动资产更加严格，它是用在企业保证了正常生产经营运转对资金的需求和占用之后的，已经变成企业可以用来还债的现金的资产来偿还流动负债，因此该指标也称为"超速动比率"。

还有一个指标是利息现金保障倍数，已经在偿债能力分析一章中介绍过。

第四节　现金流动的有效性分析

现金流量是否有效，可从三个角度来衡量：一是经营业务的含金量，即现金流动是否带来了现金的增加，改善了企业的财务状况；二是现金流动的速度，即使企业资产转化成为现金的速度或企业现金的周转速度；三是现金流动的获利能力，即现金流动是否带来了现金回报，使企业的经营实力增强。

一、含金量分析

经营业务的含金量可通过销售收现率、现金营运指数、收益净现率等指标反映。

1. 销售收现率

销售收现率是现金流量表中销售商品、提供劳务所取得的现金与营业收入（销售收入）的比，反映当期销售收入中，现金的回收比例，用公式表示为：

销售收现率 = 销售商品、提供劳务所收到的现金/营业收入 × 100%

该指标大于 1 说明今年的现金收入中有一部分现金来自收回上年度的销售收入，小于 1 说明今年的销售收入中有一部分并未收回现金。销售收现率越高，销售所取得的现金越多。销售收现率大于 1 表明从现金角度看企业的财务状况得到了改善。

该指标比值越大，表明主营业务收入转换为现金的能力就越强，以应收账款形式存在的销售收入就相对较少，公司的销售质量也就越高。如 A 公司的销售收现率为 150%，表明 A 公司不但本期的销售质量高，而且还收回了前期的部分应收账款，降低了坏账损失的风险。

2. 营业利润含金量

营业利润含金量是经营活动现金流量净额与营业利润的比值，反映企业经营活动所创造的利润的含金量，用公式表示为：

营业利润含金量＝经营活动现金流量净额/营业利润×100%

该指标值越大，表明企业实现的账面利润中流入现金的利润越多，企业营业利润的质量越高。只有真正收到的现金利润才是"实在"的利润而非"账面"的利润。该指标大于1，说明企业的现金利润大于营业利润，企业利润的质量较高。这个指标的计算结果受三个方面的影响：一是上期销售收入的现金收回情况，如果销售收现率大于1，说明收回时销售现金对本期的经营活动现金流量净额有贡献；二是企业的折旧等非付现成本，一般来说这部分成本在计算营业利润时扣除，但在经营活动现金净流量中并不体现；三是企业成本的核算情况。一般来说，经营现金利润率应该大于1，因为经营利润中扣除了不支付现金的成本。如果小于1，则说明企业的经营利润缺失经营现金净流入的支持，有可能是少计算成本的结果，也有可能是赊账销售、当期销售未收回现金的结果。因此，该指标大于1说明企业经营活动利润的质量较好，小于1说明经营活动利润的质量较差。

3. 净利润含金量

净利润含金量也称盈余现金保障倍数、利润净现率、收益净现率等，是经营活动现金流量净额与净利润的比值，反映当期每1元的净利润中，有多少是现金利润，用公式表示为：

盈余现金保障倍数＝经营现金净流量/净利润

分子不使用企业当期现金净流量的主要原因是，短期现金净流量除了受经营现金净流量影响之外，还受投资活动和融资活动的较大影响，而这些活动所带来的现金的增加或减少，并不是现金利润的增加或减少。当然，净利润中也包含了营业外活动所带来的收益，因此也与经营活动现金净流量的口径不一致，但它毕竟从一个侧面反映了净利润中现金利润的多少。该指标越高，企业利润中可供企业自由支配的现金越多，盈利质量就越高，企业的偿债能力和付现能力越强。如果比率小于1，说明本期净利润中存在尚未变成现金的利润。在这种情况下，即使公司盈利，也有可能发生现金短缺。

4. 投资现金收益率

投资现金收益率是现金流量表中投资收到的利润或红利与投资收益的比，反映企业投资收益中有多少是现金收入，用公式表示为：

投资现金收益率＝分配股利所收到的现金/投资收益×100%

该指标值越大，说明企业投资收益中实际收到的现金的比例越高，企业投资收益的含金量越高。

5. 新增流动资产含金量

新增流动资产含金量是当期经营活动现金流量净额与当期流动资产增加额的比值，反映企业新增流动资产中，有多少是由经营活动创造的现金带来的，用公式表示为：

新增流动资产含金量＝现金净增加额/流动资产增加额×100%

该指标大于1说明企业资产的流动性提高，财务状况得到改善，企业资金得到有效使用；小于1说明企业流动资产的增加，有一部分是企业经营环节资金占用的增加，资金的使用效果有待检验。

二、转化为现金的速度分析

资产周转率揭示的是资产转化为收入的速度，但收入并不全部是现金收入，资产转化为现金的速度可通过现金周转期、流动资产现金周转次数等指标反映。

1. 现金周转次数

现金周转次数是销售商品、提供劳务所取得的现金和企业平均现金余额的比，反映企业现金的周转快慢，用公式表示为：

现金周转次数＝销售商品、提供劳务所取得的现金/平均现金余额

其中：

平均现金余额＝（期初现金余额＋期末现金余额）/2

2. 流动资产现金周转次数

流动资产现金周转次数是销售商品、提供劳务所取得的现金和平均流动资产之比，揭示企业流动资产的周转次数，用公式表示为：

流动资产现金周转次数＝销售商品、提供劳务所取得的现金/平均流动资产

其中：

平均流动资产＝（期初流动资产＋期末流动资产）/2

该指标计算结果与分析用营业收入所计算的结果的区别，主要在于该指标能够更加准确地揭示企业存货转化为现金的速度和能力，而分子用营业收入的时候就会存在赊账销售的影响，即存货已经销售出去但并没有收回现金的影响。

三、现金盈利能力分析

利润中含有没有转化为现金的账面利润，现金盈利能力指标可以揭示企业收入或资产实际取得现金流入的能力，这些指标包括销售净现率、资产现金报酬率、资本现金收益率等。

1. 销售净现率

销售净现率是经营活动现金流量净额与营业收入的比值，表示每1元销售收入当期能够带来多少元的现金利润，反映经营业务的收现能力或造血功能，用公式表示为：

销售净现率＝经营活动现金流量净额/营业收入×100%

销售净现率越高，说明企业的销售现金收益越高，企业的创利功能越强，企业的财务状况就会改善。与销售净利率或销售利润率指标相比，该指标是从现金角度反映企业经营业务的盈利能力，是对从利润角度反映的企业盈利能力的一种补充或修正。

2. 资产现金报酬率

资产现金报酬率是企业经营活动现金流量净额与企业平均资产总额的比值，从现金净收益的角度反映企业资产的经营收现水平或资产的现金报酬率，用公式表示为：

资产现金报酬率＝经营活动现金流量净额/平均资产总额×100%

该指标与资产报酬率的区别主要在于资产报酬率是从利润角度来计算的资产收益能力，该指标是从现金角度计算的资产收益能力，应该说该指标比资产报酬率更加严格和可靠一些，它揭示企业资产的综合管理水平和造血功能。一般来说，该指标值越高，表明企业资产的利用效率越高。

3. 资本现金收益率

资本现金收益率是经营现金流量净额与平均净资产之比，反映投入企业资本的现金性的盈利能力，用公式表示为：

资本现金收益率＝经营活动现金流量净额/平均净资产

与净资产收益率相比，该指标不包含非经常性损益的影响，也不包含企业之间信用关系的影响，揭示企业当期取得的现金收益的能力。

该指标是对净资产收益率的有效补充，对那些提前确认收益，而长期未收现的公司，可以用净资产现金回收率与净资产收益率进行对比，从而发现净资产收益率中的一些水分。

4. 每股经营现金净流量

每股经营现金净流量是经营活动现金流量净额与企业在外发行的普通股股票总数的比值，说明当期每股投资取得的现金收益，反映企业发放现金股利的能力，用公式表示为：

每股经营现金净流量＝经营活动现金流量净额/普通股数

该指标揭示企业当期可以发放现金股利的最大值是多少，超过这个数值就需要动用企业以前年度留存的收益来分配红利，在以前年度未分配利润不足的情况下，超额发放红利的资金将来自借款。

第五节　自由现金流量

自由现金流量的概念近年来广受重视，但对如何计算自由现金流量却没有一致的意见，基本的做法是基于资产负债表和利润表，来计算经营活动产生的自由现金流量、投资活动之后的自由现金流量、筹资活动之后的自由现金流量，计算这些指标的目的是想确定企业在不同情况下可以支配的现金，债权人将其作为企业能否还债的判断依据，投资者将其作为企业有无现金发放股利的判断依据。

一、经营活动创造的自由现金流量

通常是从净利润开始调整，加上不支付现金的成本，减去不带来现金的收入，同时减去已经在经营环节占用的资金和不属于经营活动的营业外收支净额。用公式表示为：

经营活动创造的自由现金流量＝净利润＋当期折旧＋当期摊销－公允价值变动损益－以权益法核算的投资收益－汇率变动损益－新资营运资金需求－营业外收支净额

该指标计算结果表明企业经过一个营业期间所能够创造的、可以自由支配的现金流量，反映企业经营业务的盈利水平和盈利质量。在计算该指标时，可以考虑新增营运资金需求和不考虑新增营运资金需求两种情况，用来比较和说明经营活动资金占用对企业自由现金流量的影响。

二、投资活动之后的自由现金流量

企业在经营过程中，会处理掉一些不需要的非流动资产，购置一些非流动资产，通过不断地投资来谋求发展。企业依靠自我积累资金，从事非流动资产投资活动之后，是否还有剩余资金，可用满足投资需求之后的自由现金流量指标来揭示，用公式表示为：

满足投资需求之后的自由现金流量＝经营活动创造的自由现金流量＋处置固定资产、

无形资产和其他长期资产的损失 – 购置固定资产、无形资产和其他长期资产的支出

该指标计算结果为正，表示企业依靠自我积累的资金能够完全满足自身的投资活动，为负则表示企业需要依靠外部资金来满足其当前投资的资金需求。该指标为正，企业依靠自我积累资金来进行投资活动的好处是企业可以有效把握投资机会，并且可以从长计议，进行一些战略投资，但其弊病是由于没有筹资压力，企业的投资项目可能不过分重视投资效益分析，企业可能会将资金投入到一些盈利能力并不显著的项目之上。该指标为负，表示企业的投资需要依靠外部资金的投入才能完成，依靠外部资金的好处是出资人会对投资项目进行认真评估和考虑，不利的地方是一些长远的、短期不盈利的战略性项目可能难以获得出资人的支持。

三、融资活动之后的自由现金流量

企业在经营过程中，除从事经营活动、投资活动外，还会从事一些筹资活动，这些筹资活动均会引起可支配的自由现金流量的变化。考虑企业筹资活动之后的自由现金流量，可用下面公式计算：

筹资活动之后的自由现金流量 = 投资活动之后的自由现金流量 – 股利支付 + 新增借款 + 新增出资 – 归还旧借款 – 归还出资人投资

如果该指标计算结果为正，则表示企业还有剩余资金偿还债务或进行其他投资，如果该指标计算结果为负，则表示企业需要依靠外部筹资来维持现金流量的平衡。

四、自由现金流量

企业在创立之初，提供给经营活动使用的现金为长期性资金来源减去长期性资金占用，即为企业的营运资本，用公式表示为：

营运资本 = 所有者权益 + 非流动负债 + 递延税款 – 固定资产 – 无形资产 – 其他非流动资产

企业在开展经营活动后，需要占用资金，称为营运资金需求，营运资本满足营运资金需求后剩余的资金，就称为企业的现金支付能力，从现金流量的角度讲就是企业可以动用的自由现金流量，用公式表示为：

自由现金流量 = 营运资本 – 营运资金需求 = 所有者权益 + 非流动负债 + 递延税款 – 固定资产 – 无形资产 – 其他非流动资产 – 营运资金需求

五、自由现金流量变化的原因解释

企业经过一个经营周期，以上项目均有可能发生变化，并会产生利润或带来亏损，其中主要变化有：

（1）所有者权益变化。因素包括：①吸收股权投资（包括发行股票）。②归还出资人投资（包括股票回购）。③当期净利润（可以进一步分解为，息税前利润，减去所得税费用，减去利息支出）。④支付股利。将这些变化用公式表示为：

所有者权益增减额 = 吸收股权投资 – 归还出资人投资 + 息税前利润 – 所得税费用 – 利息支出 – 支付股利

（2）非流动负债（长期负债）的变化。包括：①取得新的非流动负债；②归还已有

流动负债。

（3）递延税款的变化。包括当期会计利润与应税利润之间的暂时性差异。当会计利润大于应税利润时，所得税费用会大于应缴纳的所得税，其差额会记入递延税款的贷方，因而增加递延税款和当期所得税费用，但所得税费用的这种增加并不导致现金流出企业，因此，在调整净利润时，应将其加回；反之，当会计利润小于应税利润时，所得税费用会小于应交所得税，其差额记入递延税款的借方，减少递延税款，这时由于会计上的所得税费用小于因缴纳所得税而流出企业的现金，其差额应在调整净利润时从中扣除。

（4）营运资金需求的变化。包括：①应收账款的变化。②存货的变化。③应付账款的变化。④其他经营性流动资产的变化。⑤其他经营性流动负债的变化。用公式表示为：

营运资金需求变化 = 应收账款变化 + 存货变化 − 应付账款变化 + 其他经营性流动资产变化 − 其他经营性流动负债变化

（5）固定资产的变化。包括：①新增固定资产投资。②处置固定资产损益。③当期折旧。用公式表示为：

固定资产变化 = 新增固定资产投资 − 处置固定资产损益 − 当期折旧

（6）无形资产的变化。包括：①无形资产摊销。②购置无形资产。③处置无形资产。用公式表示为：

无形资产变化 = 购置无形资产 − 无形资产摊销 − 处置无形资产损益

（7）其他非流动资产的变化。包括：①购置其他非流动资产。②处置其他非流动资产。

将以上因素代入自由现金流量计算公式，便得到企业自由现金流量变动的原因解释公式：

自由现金流量变化 = 吸收股权投资 − 归还投资 + 息税前利润 − 所得税费用 − 利息支出 − 支付股利 + 新增非流动负债 − 归还非流动负债 + 递延税款增加 − 新增加固定资产 + 处置固定资产损益 + 当期折旧 − 购置无形资产 + 无形资产摊销 + 处置无形资产损益 − 购买其他非流动资产 + 处置其他非流动资产损益 − 应收账款增加 − 存货增加 + 应付账款增加 − 其他经营性流动资产增加 + 其他经营性流动负债增加

利用以上公式可以回答以下问题：①净利润和自由现金流量之间的差距。②折旧政策、摊销政策和税收政策的影响。③营业资金需求变化对现金流量的影响。④投资活动变化的影响。⑤筹资活动变化的影响。⑥资产处置活动的影响。

【本章小结】

现金流量表从现金流入、流出和净剩余的角度，对企业的经营、投资和筹资活动引起的现金流量的变化进行了比较全面的描述和刻画，进而从现金角度揭示了企业资金的运动原因和运动结果。处于不同发展阶段的企业的现金流量结构差异较大，现金流量分析首先要考虑企业所处发展阶段的现金流动特点，不能机械地、"一刀切"式地用一个标准来评价企业不同发展阶段的现金流动情况。对于处于初创期的企业来说，关注其现金可维持期限、筹资可维持期限等指标非常重要；对于处于成长期的企业来说，分析其投资满足情况和现金盈利能力尤其重要；对于处于成熟期的企业来说，关注其现金偿债能力和利润含金量，掌握其持有的自由现金流量更为重要。要根据企业的经营特点和发展阶段，灵活应用现金流量分析方法和指标。

【本章习题】

名词解释

现金流量表　直接法编制现金流量表　间接法编制现金流量表　经营活动现金流量　投资活动现金流量　筹资活动现金流量　现金流量表平衡关系　投资现金满足率　固定资产再投资率　折旧影响系数　现金自给率　资本性支出满足率　股利现金保障倍数　现金再投资率　现金流动负债比　经营还债期　债务实际偿还期　现金到期债务比　现金债务覆盖率　现金偿债能力　销售收现率　营业利润含金量　净利润含金量　投资现金收益率　新增流动资产含金量　现金周转次数　流动资产现金周转次数　销售净现率　资产现金报酬率　资本现金收益率　每股经营现金净流量经营活动创造的自由现金流量　投资活动后的自由现金流量　筹资活动后的自由现金流量　自由现金流量

简答题

（1）试述现金流量表的结构。直接法现金流量表和间接法现金流量表有何差异？

（2）试述利用现金流量数据进行财务分析的优缺点。

（3）试述不同发展阶段企业现金流动的特点。

（4）如何分析企业投资活动的现金的充足性？

（5）如何从现金角度分析企业的偿债能力？

（6）经营还债期和债务实际偿还期比较会得出什么结论？

（7）什么情况下销售收现率会超过100%？

（8）分析利润含金量的指标主要有哪些？利润含金量指标能否说明利润的质量？

（9）从现金角度评价盈利能力的指标主要有哪些？并与从利润角度分析盈利能力的指标进行比较。

（10）如何计算自由现金流量？为什么自由现金流量有不同层次的定义？

第十二章　总结与展望

本书主要讨论了如何通过财务报表数据，分析企业财务状况，掌握企业经营成果，并对企业经营活动、经营决策对企业财务状况的影响进行了深入探讨，提出了一系列新的指标和方法。本章在总结本书已经讨论过的财务分析指标和方法的基础上，对财务分析方法的未来发展趋势做一展望。

第一节　财务分析指标总结

本书重点讨论了依据财务报表数据分析企业财务状况、资产结构、资金结构、偿债能力、营运能力、盈利能力、发展能力、现金流量的基本方法，并尽可能给出了有关指标的判断方法或判断原则。但需要事先强调的是，下面所给出的各个指标的判断方法或原则，仅仅是一般性的、示意性的，并不能忽视企业经营模式上的差异而直接套用。这是因为，企业常常会出现一些指标强而另外一些指标弱的情况，如实行薄利多销策略的企业，周转率指标很高而盈利能力指标较低；而实行厚利少销策略的企业，利润率指标很高但周转速度指标却较低，这些都是合理情况和正常情况，如果一定要求周转率越快越好、盈利能力指标越高越好，就会误入歧途，得出错误的分析结论。

一、报表数据直接判断方法

在本书第四章讨论了依据企业财务报表数值，对企业财务状况和经营成果的直接判断经验，并指出了判断财务指标数据异常的一些常见情况，如表 12-1、表 12-2 和表 12-3 所示。由于企业的财务报表数据是在特定环境下产生的，不考虑其他各种可能情况，仅依据单个指标的数值做出简单判断，会给人留下过于简单或武断的感觉。这种判断可以作为我们进一步深入分析的初始线索，更加准确、可靠的分析判断，还需要结合其他指标数值，考虑企业各种可能的经营情况之后综合做出。

表 12-1 资产负债表中主要科目数据的直接判断

序号	指标名称	判断方法	应当注意的问题
1	货币资金	太少会出现资金链断裂，太多又会出现资金闲置，应寻求合理水平	①虚假账面余额 ②行业水平差异
2	应收账款	越少越好，但要考虑行业惯例和付款习惯	占收入比例不超过20%，超过40%不合理
3	存货	越少越好，寻求最低合理存货规模	①行业差异较大 ②关注占收入比例上升情况
4	其他应收款	越少越好，占资产合计比例不超过10%，占年度收入比例不超过30%	①资产占比超过30%不合理 ②收入占比超过80%不合理
5	在建工程	是否有与工程进度相适应的现金储备	不能连续多年居高不下
6	短期借款	越少越好，季节性大幅度波动比较正常；要和企业的盈利水平相适应，一般其余额不超过其年度现金利润的3倍比较合理	①短期借款和货币资金占比均较高的情况 ②短期借款余额超过其年度销售收入的情况
7	应付账款	越多越好，但销售收入比较稳定且在增长	企业亏损经营
8	其他应付款	越少越好，但要考虑特殊行业的情况	销售保证金或特许经营费
9	未分配利润	越高越好	长期为负，连年亏损

表 12-2 利润表中主要科目数据的直接判断

序号	指标名称	判断方法	应当注意的问题
10	营业收入	越高越好，并且较高的营业收入或收入增长应当伴随着较高的货币资金余额	①应收账款占比过高情况 ②存货变化幅度过大情况
11	营业成本	越低越好，一般不能超过营业收入的70%	①存货、预收款变化过大情况 ②现金流量变化不匹配情况
12	销售费用	占收入的比例越低越好，一般不应超过收入的10%	结合销售利润率高低判断
13	管理费用	占收入的比例越低越好，一般不应超过收入的5%，但要注意新建企业和老龄企业、资本密集型企业和劳动密集型企业差异	①员工平均年龄较高时，该费用较高 ②劳动力密集产业该费用也比较高
14	投资收益	显然不能为负，应当越高越好，投资收益率应当大于内部资产利润率	①波动过大 ②多年持续为负
15	营业利润	越高越好，但要有经营活动现金净流量增长的配合	①争夺市场时期 ②结构调整时期

表 12 – 3　现金流量表中主要科目数据的直接判断

序号	指标名称	判断方法	注意问题
16	经营活动现金净流量	越高越好，企业处于初创期该指标为负也比较正常，但此时要关注现金可维持期限，并与行业经营周期进行比较	①注意企业不同发展阶段的变化特点②看是否与经营利润变化方向一致
17	投资活动现金净流量	企业处于初创期和成长期一般为负，处于衰退期一般为正	①初创期是否有筹资活动的资金来源支持②成长期是否有经营活动创造的现金支持
18	筹资活动现金净流量	为正且越高越好，但要看来自所有者还是债权人，来自所有者的资金比较安全	资金主要来源于负债时，其总规模不应超过经营活动现金净流量的 5 倍

二、财务状况初步判断方法

在对财务报表主要科目数值的合理性、可靠性和真实性进行初步判断之后，需要对企业的基本财务状况做一了解，以掌握企业的经营规模、负债规模和运营业绩等基本情况，初步了解企业的经营现状和可能存在的问题，为进一步深入分析建立路线图、参照系，主要分析判断思路如表 12 – 4 所示。

表 12 – 4　财务状况初步分析的指标和方法

序号	指标名称	判断方法	注意问题
1	资产总额	企业经营规模大小的表现，规模越大实力越强	通过资产负债率看资产的主要来源，是否存在"虚胖"现象
2	负债合计	越高财务状况越差，但要看主要来源于有息负债还是无息负债	①看有息负债所占的比例②看流动负债所占的比例
3	流动资产	占总资产的比例越高，企业经营业务越重要，企业的灵活性越强	看是否大于流动负债，是否有营运资本来保证
4	营业收入	反映资产营运的效果，可与企业资产金额进行比较，资产大于收入，资产决定企业未来财务状况；收入大于资产，收入决定企业未来财务状况	①关注来自应收账款增加所占的比例②关注来自存货下降所占的比例
5	营业利润	通过营业利润占收入的比例即营业利润率高低，判断收入的质量；可观察毛利率高低和经营利润率高低	①毛利率越高越好，越高财务状况越容易改善②利润应当主要来自经营业务，而不是来自资产评估和投资收益
6	现金净流量	了解收入、利润是否真正变成了现金，真正改善了财务状况	①将其与经营利润比较②将经营活动收到的现金与营业收入比较
7	货币资金	看利润增长、现金流量增长，是否变成了现金余额的增长，或者变成了负债规模的下降，或经营性资产的增加	①结合负债合计的变化，利润增长现金没有增长但负债下降②利润增长现金没有增长但经营性资产增加，均属于合理情况

序号	指标名称	判断方法	注意问题
8	其他应收款和应付款	其他应收款不应当超过应收账款，也最好不要超过其他应付款，二者均不要超过营业收入的20%	超过营业收入的40%，报表数据可能存在虚假问题

三、资产结构分析指标

投资形成企业资产，资产结构一方面反映了企业自身的投资决策和经营情况，另一方面也体现了企业的行业特点和经营的规律性。为了掌握资产结构的规律性，我们主要用货币资金占比、存货占比、应收账款占比、流动资产占比、固定资产占比、在建工程占比、长期投资占比等指标来揭示，如表12-5所示。

表12-5 不同行业资产结构的基本情况

序号	指标名称	行业分布特点	使用注意问题
1	货币资金占资产合计的比例	①酒店、商场每天有现金收入的企业一般在10%以下 ②银行在2%以下 ③制造业企业在10%～30% ④技术服务企业占40%左右	①非金融企业占比在0.5%以下一般亏损严重 ②有短期资金拆借权利的机构比例适当降低
2	应收账款占资产合计的比例	①设备制造企业一般在10%～15% ②产品生产企业一般在8%～10% ③与经济周期相关的钢铁、建材等基础产业，景气时低于5%；不景气时会上升到10%～20% ④实时付款才能获得服务的行业如高速公路、商场、公共交通等应收账款占比非常低	①配套企业应收账款占比高于龙头企业 ②竞争激烈的企业高于有垄断地位的企业 ③市场不景气时期或不景气行业的企业高于景气时期或景气行业的企业
3	存货占比	①房地产、电子器件企业在30%以上 ②机场、高速公路等运输服务企业几乎在0.2%以下 ③饮料、日用品等销售环节需要存货的企业在5%～10% ④建筑材料、生产设备提供企业在16%～20%	①同一行业企业之间因生产技术水平和经营模式的不同差异较大 ②高档服装、烟酒等厚利企业的存货占比高于薄利多销企业
4	流动资产占资产合计的比例	①运输行业最低，在10%～15% ②建材、原材料行业在25%～40% ③日用品制造企业在40%～60% ④设备制造业在40%～80% ⑤服务业等劳动密集行业和房地产等在70%～90%	①同一行业资本密集、技术水平高的企业占比低于劳动密集企业 ②单件产品价格高的企业高于单件产品价格低的企业

四、资本结构分析指标

企业资产所占用的资金的来源结构，就是企业的资本结构。和资产结构一样，企业资金来源项目之间也存在着一定的比例关系，这些关系可用资产负债率、负债经营率、产权比率、流动负债率、积累比率、长期资产适合率等指标来揭示，如表 12-6 所示。

表 12-6　资本结构分析指标

序号	分析指标	使用说明
1	资产负债率	①认为低于 50% 比较合理是不科学的，一般来说在景气时期、高盈利时期均可维持较高的资产负债率，在不景气时期和低盈利时期，一般维持较低的资产负债率②从各个行业企业的实际情况来看，盈利较高的行业的企业资产负债率反而较低，盈利较差的行业的企业资产负债率反而较高
2	产权比率	是负债合计与所有者权益合计之比，一方面揭示企业自负盈亏的能力大小，另一方面揭示负债资金偿还的保障程度
3	流动负债率	是流动负债合计与资金来源总额的比，揭示有多少资金来自短期流动负债，一般要和企业流动资产率相互呼应
4	积累比率	是所有者权益中累计留利资金所占的比例，一般认为超过 100% 比较安全，低于 60% 的企业资本金保障程度不足

五、偿债能力分析指标

能否按期偿还债务，不但涉及债权人资金的安全、企业本身的安全，还涉及企业会不会出现资金链断裂风险或破产风险。为了对资金链断裂风险和破产风险进行分析，我们设计了账面现金支付能力、实际现金支付能力、内在现金支付能力、新增现金支付能力、未来现金支付能力等指标，如表 12-7 所示。

表 12-7　偿债能力分析指标

序号	分析指标	使用说明
1	账面现金支付能力	大于 0 说明企业资金富裕，小于 0 说明经营活动或投资活动需要依靠短期借款
2	实际现金支付能力	是可立即变现的资产和需要立即偿还或者支付的资金的差额，更接近于企业对支付能力的实际感受
3	内在现金支付能力	是由企业投资、融资和经营活动决定的支付能力，在数值上等于账面现金支付能力，说明账面现金支付能力是企业各项活动的最终结果
4	新增现金支付能力	揭示依靠经营业务继续开展未来可以增加的支付能力
5	未来现金支付能力	在考虑企业未来采取的融资活动、投资活动和经营活动之后的支付能力

企业支付能力的变化是由企业投资、融资和经营活动共同决定的，是企业经营状况改善或恶化的一种反映，也是企业外部市场环境变化的一种反映。表 12-8 总结了经营形势

恶化或改善、外部信贷政策宽松或收紧情况下支付能力变化的一般过程，从中可以预测资金链风险和破产风险。

表 12 – 8 资金链和破产风险分析方法

序号	分析内容	分析方法或思路
6	经营不善导致的资金链断裂	营运资金需求的增加—利润下降—现金支付能力下降—经营困难出现亏损—营运资本下降—营业收入下降—实际支付能力下降或为负—支付困难、资金链断裂
7	实施有效管理化解资金危机	出售资产或存货取得实际现金支付能力—开展业务取得销售收入—加速流动资产周转，努力扩大销售收入—降低营运资金需求，提高现金支付能力—投入现金盘活其他未激活资产—收入增加，利润增加，现金支付能力提高
8	外部信贷紧缩条件下的资金链断裂	银行收回短期借款或提高借款利率—经营资金投入下降，收入下降—相对成本上升，利润下降或出现亏损—新增支付能力下降，外部资金拖欠增加—营运资本减少，营运资金需求增加—现金支付能力下降，资金缺口扩大
9	外部信贷扩张条件下支付能力的改善	企业从银行获得低成本贷款—经营活动资金增加，销售收入增加—相对成本下降，利润上升—营运资本增加，支付能力增强—资金状况改善，收入继续扩大—偿还银行借款，企业实际支付能力提高
10	盈利情况下的破产风险	净利润大于0，新增现金支付能力大于0，但账面现金支付能力小于0，实际现金支付能力小于0
11	亏损情况下的破产风险	净利润小于0，新增现金支付能力小于0，账面现金支付能力小于0，实际现金支付能力小于0

对偿债能力的分析，从用资产来偿还债务的角度考虑，可以用资产负债率、有息债务资本化比率、产权比率、有息负债占比、有形净值债务率、或有负债率、流动比率、速动比率、现金比率等指标来评价，如表 12 – 9 所示。

表 12 – 9 用资产偿还债务的能力分析

序号	分析指标	使用说明
12	资产负债率	一般认为在50%以内比较合理，但企业盈利能力较强、周转速度较快时，比如资产利润率超过30%、年资产周转次数超过1次时，70%的资产负债率也是合理的；但当资产利润率低于10%、年资产周转不足1次时，即使30%的资产负债率的企业，按期还债也是会有一定困难的
13	有息债务资本化比率	是有息负债占有息负债和所有者权益合计的比率，揭示付息负债占投入企业总资本的比例，一般认为不超过35%比较合理，但当不存在持股比例超过35%的大股东时，即使该指标在35%以下，企业经营失败的主要风险仍然主要在债权人身上
14	产权比率	是负债总额和所有者权益总额的比，反映相对于所有者，债权人承担的风险大小，该比率越低偿债能力越好，高于1说明债权人投入企业资金大于所有者

序号	分析指标	使用说明
15	有形净值债务率	是在产权比率计算的所有者权益中剔除无形资产之后计算的结果,因此比产权比率更加谨慎,通常在企业濒临破产时用来判断债务资金的保障程度,该值越低债务偿还保障程度越高
16	或有负债率	是或有负债占所有者权益的比率,越低越好
17	流动比率	揭示用流动资产偿还流动负债的能力,一般认为 2 比较合理,但对中国和日本企业的研究表明: ①很少有行业的流动比率平均值超过 2,平均值是 1.15 左右 ②制造业企业的流动比率为 1.1~1.3 ③服务业企业的流动比率为 0.6~0.9 ④流动比率是一个时点数,波动较大,并不是一个评价偿债能力的很好指标
18	速动比率	揭示用速动资产偿还流动负债的能力,一般认为 1 比较理想,但中国企业分行业的平均数据表明: ①电信、零售等日常经营不断收取大量现金的企业速动比率较低,一般不超过 0.7 ②制造环节或销售环节需要大量存货的企业的速动比率也不会超过 0.9 ③速动比率也是一个时点数,波动较大,并不是一个评价偿债能力的很好指标
19	现金比率	是立即变成现金的资产与流动负债的比值,反映在其他资产变成现金有困难的情况下用现金资产能够偿还的流动负债的比例

企业一般不愿意用正在使用的资产来偿还债务,而更希望用创造的利润来偿还债务。因为企业要持续经营,愿意维持已经形成的经营规模。从用利润或利润提留来偿还债务的角度考虑,可以用经营偿债能力、EBIT 债务比、EBITDA 债务比、经营还债期、营业还债期、现金还债期、现金偿债能力、利息保障倍数、利息负担率、利息现金保障倍数、到期债务本息偿还率等指标来评价,如表 12-10 所示。

表 12-10　用利润偿还债务的能力分析

序号	分析指标	使用说明
20	经营还债期	是负债总额与营业利润之比,说明用营业利润偿还债务所需要的期限,但是:可以从负债总额中扣除经营性负债,因为经营性负债是可以周转和循环的,并不需要偿还;营业利润中应当扣除不能用来还债的非现金利润
21	EBIT 债务比	是用息税前利润偿还有息负债总额的能力,揭示企业不考虑税率差异影响和利率差异影响之后的偿债能力,但是:该指标没有考虑折旧、摊销带来的资金可用来还债;赊账销售带来的利润不能用来还债;利息和所得税是不能用来还债的
22	EBITDA 债务比	是在用息税前收益和折旧摊销等提留资金来偿还有息债务的能力,它剔除了企业折旧政策、摊销年限的影响,应该说该指标比 EBIT 债务比在揭示偿债能力方面更准确一些
23	经营还债期	是可动用资金总额与有息负债之比,从 EBITDA 中剔除了利息、所得税等不能偿还债务的资金,更接近于企业实际的偿债能力

序号	分析指标	使用说明
24	营业还债期	是可动用现金总额与有息负债之比，是在可动用资金总额的基础上剔除资产价格变动、未实现投资收益的基础上来看偿债有息负债所需要的时间，该指标更接近于用企业的现金利润和现金提留来偿还债务，应该比前几个指标更加准确

企业除了偿还债务本金之外，还需要支付利息，对于一些银行来说，并不愿意从优质客户中收回贷款，而是期望优质客户继续成为其贷款客户，在这种情况下，银行更加关心的是付息能力，付息能力的评价指标如表 12 – 11 所示。相对来讲，付息能力的要求比偿还本金能力的要求要低。对于盈利能力相对较低的企业来说，偿还利息容易实现，偿还本金却比较困难，偿还全部本息则更加困难一些。

表 12 – 11　付息能力分析指标

序号	分析指标	使用说明
25	利息保障倍数	是息税前收益与利息支出之比，一般认为超过 3 倍支付利息有保证，这时收益支付完利息之后还可以支付相当于 2 倍利息的本金；当该指标超过 5 倍，在利率为 5% 的情况下该企业可以在 5 年之内用经营收益偿还全部本息
26	利息负担率	由于收益常常受多种因素影响不太稳定，通常用利息和收入之比来判断企业利息负担程度更有意义，一般认为工业企业利息和收入之比不低于 3% 比较理想，超过 5% 偿还本息就会有困难；商业企业超过 5% 就存在偿还本息困难
27	利息现金保障倍数	是用经营活动现金净流量和利息之比，看现金流入对利息偿还的保障程度
28	到期债务本息偿还率	是当期经营活动创造的现金净流量和当期已经偿还债务的本金和利息的比，揭示用经营活动创造的现金净流量偿还债务本息的比例
29	收入短期借款比	当企业的盈利很不稳定，或者企业亏损运转、报表数据存在问题时，直接用企业创造的收入来偿还债务更有实际意义，一般用短期借款和年度营业收入之比来揭示。该指标一般低于 20%，季节性波动很大的企业一般不超过 40%；超过 80% 时，该企业肯定存在严重的经营问题

六、营运能力分析指标

营运能力是用企业资产创造收入和利润的能力，一般通过现有资产的周转速度、利用他人资产的能力和资产结构的优化能力反映出来。我们用总资产周转率、存货周转次数、应收账款周转天数、营业周期等指标来揭示企业资产的周转速度，如表 12 – 12 所示。

表 12 – 12　周转速度分析指标

序号	分析指标	使用说明
1	存货周转次数、存货周转天数	①因担心缺货、涨价而有意储备属于正常的情况 ②企业资产结构调整会不可比 ③销售形势恶化周转放慢情况 ④管理水平下降或产供销体系失灵情况

序号	分析指标	使用说明
2	应收账款周转次数、应收账款周转天数	①一旦形成，企业难以控制 ②应收账款难以收回对企业的负面影响大于存货周转失灵
3	营业周期	揭示企业经营活动的内在规律，行业和企业经营模式的差异明显
4	应付账款周转天数	①经营形势恶化，被动拖欠 ②市场地位提高迫使供应商给予延期付款优惠 ③管理不善
5	现金周转期	缩短时资金趋于富裕；延长时资金趋于紧张
6	流动资产周转天数、流动资产周转次数	流动资产周转天数是一个综合性指标，由存货周转天数、应收账款周转天数、其他资产周转天数共同决定
7	固定资产周转次数、固定资产周转天数	①更容易反映同一行业不同企业之间的差异 ②可结合固定资产增长率、更新率等分析
8	固定资产结构调整	可用固定资产增长率、更新率、报废率、损失率、净值率揭示和反映
9	总资产周转次数、总资产周转天数	主要取决于流动资产周转速度和流动资产占总资产的比例

由于资产的有效使用还涉及对未使用、不需要的资产的处理，因此需要计算和判断不能直接使用的资产、投入到企业外部使用的资产、未投入使用的资产、正在使用的资产、内部经营资产等指标，可以通过资产的这种重新分类来获得优化资产结构、提高使用效率的思路，如表 12 – 13 所示。

表 12 – 13　资产结构分类分析指标

序号	分析指标	构成项目
10	不能直接使用的资产	其他应收款、固定资产清理、无形资产、商誉、研究开发费用、长期待摊费用、递延所得税资产
11	投入到企业外部使用的资产	预付款项、应收账款、应收利息、应收股利、持有至到期投资、长期股权投资
12	未投入使用的资产	在建工程、工程物资
13	正在使用的资产	货币资金、应收票据、交易性金融资产、存货、可供出售金融资产、固定资产、生产性生物资产、油田资产、投资性房地产
14	内部经营资产	货币资金、应收票据、存货、固定资产、生存性生物资产、油气资产
15	不良资产	待处理资产净损失、未结转亏损挂账、长期待摊费用、研发费用、三年以上应收账款、长期积压物资、不良长期投资、未使用和不需要固定资产
16	不良资产率	是不良资产占资产总额的比例，越低越好，一般不应当超过2%

七、盈利能力分析指标

实现利润是企业盈利能力的综合反映，利润构成、结构和来源上的差异揭示企业利润的质量、稳定性和可持续性，分析指标如表 12 – 14 所示。盈利能力分析主要是从经营业务、资产报酬、投入产出、资本收益等多个角度对企业创造利润的能力进行比较和评价。经营业务的盈利能力是收入和利润的比值，反映每取得 1 元销售收入所能创造的利润，分析指标如表 12 – 15 所示。企业资产的盈利能力是企业每投入 1 元的资产所能取得的利润，它揭示在考虑企业占用资源不同情况下的盈利水平，分析指标如表 12 – 16 所示。企业出资人投入资金的收益能力，主要是投入资本和利润的比值，揭示出资人或投资者投入资金的盈利能力，分析指标如表 12 – 17 所示。还有一类盈利能力分析指标是单位成本或单位消耗与盈利的比值，揭示企业付出的成本费用消耗创造利润的能力，如表 12 – 18 所示。

表 12 – 14 利润构成分析指标

序号	分析指标	使用说明
1	毛利润	①经营业务本身的最基本的盈利能力 ②揭示缴纳税金、弥补期间费用的能力
2	销售利润	①是将销售活动费用计入成本之后的盈利 ②揭示弥补固定费用和创造盈利的能力
3	经营利润	①揭示企业内部经营活动的盈利水平 ②可与经营活动现金净流量比较，揭示利润质量
4	营业利润	①是包含企业投资、融资、经营活动的成本费用和资产价格变动之后的盈利水平 ②强调在计算企业收入、成本、费用和资产价格变动损益之后的利润
5	利润总额	是将当期企业的非经常性收支活动的结果考虑进去之后的利润
6	净利润	缴纳所得税之后的归出资人分配的利润

表 12 – 15 经营业务的盈利能力分析指标

序号	分析指标	使用说明
7	毛利率	①最低的行业是贸易经纪，建材、纺织、服装也较低，一般不足 10% ②最高的行业是高速公路，在 70% 以上，酒店、机场、港口也比较高，通常在 50% 以上 ③电子、电器、机械设备制造一般在 15% ~30% ④软件、饮料、煤炭开采、生物制品在 30 ~45%
8	经营利润率	说明经营业务本身的盈利能力，越高越好
9	营业利润率	①反映包含投资收益的企业经营和投资活动的整体盈利能力 ②注意控股公司等销售收入较低时，该指标意义不大
10	营业净利率	①综合反映企业各个环节影响之后的盈利能力 ②可分解为收入、成本、费用、投资收益、营业外收支五个方面来查找变化原因

表 12 – 16 资产报酬率分析指标

序号	分析指标	使用说明
11	总资产报酬率	①企业占用资源的盈利能力 ②可以进行不同行业资产的盈利水平比较

续表

序号	分析指标	使用说明
12	总资产利润率	①考虑了负债成本差异的影响 ②可以进行不同企业之间的资产盈利水平的比较
13	总资产净利率	①考虑了所得税差异的影响 ②可以进行不同税率企业资产盈利水平的比较
14	内部资产收益率	①是企业内部占用资产的盈利水平 ②可以和对外投资的收益率比较
15	内部经营资产收益率	扣除了未在经营中充分利用的资产的影响，可更准确地反映企业内部资产盈利能力
16	对外投资收益率	是企业对外投资取得的盈利水平，应高于内部经营资产收益率

表 12 - 17　投资收益能力分析指标

序号	分析指标	使用说明
17	净资产收益率	①是一个由资产规模、周转速度、负债规模、盈利能力共同决定的盈利能力综合评价指标 ②受当期净利润波动的影响较大 ③受所有者权益差异的影响较大，因此其解释能力有限
18	每股收益	在账面所有者权益很低的情况下，使用每股收益指标比较资本回报率要优于净资产收益率
19	每股净资产	能够剔除当年净利润波动和净资产波动的影响，是反映企业长期投资回报率的一个很好的指标
20	市盈率	①反映用每股收益收回每股购买成本需要的时间，过短说明投资者对该公司长期不看好，过长说明近期盈利较低，未来预期较好，一般 5 ~ 15 倍较合理 ②但在大多数情况下，市盈率仅是股票价格波动和企业利润波动的一个结果，很难反映长期盈利水平
21	市净率	①是企业净资产的市场估价，过低说明其账面价值被市场低估，过高意味着存在市场高估和价格泡沫 ②与市盈率相比该指标受当期盈利波动的影响较小
22	每股股利	揭示投资者当期从企业所得到的实际投资回报率
23	股票获利率	揭示购买股票投入成本的实际投资回报率，可与银行利率等比较来评价股票投资的盈利水平高低
24	股票得利率	考虑股票价差收益和股票获得红利之后的股票投资的盈利能力，比股票获利率更全面
25	股利保障倍数	①说明发放股利的保障程度 ②其倒数是股利支付率，揭示了每股利润中有多少支付了股利
26	每股经营现金净流量	①在企业利润波动较大的时候，用该指标能够更客观地反映企业每股股票的盈利能力 ②可和每股收益指标比较来说明收益质量
27	每股股利现金保障倍数	揭示用现金保障股利发放的能力，股利要用现金支付，因此该指标比股利保障倍数更可靠一些

表 12 – 18 成本费用支出的报酬率分析指标

28	成本费用利润率	①越高越好 ②注意投资收益为负、非经常收益为负的影响
29	期间费用利润率	①越高越好 ②在控制期间费用方面比单纯考察期间费用占收入的比例更有效
30	人工成本利润率	在控制和评价人工成本方面，要比平均工资更加有效

八、发展能力分析指标

企业可以依靠利润积累发展，也可以依靠加速资产周转来挖掘发展潜力，还可以依靠收购兼并来谋求跨越式发展。为了揭示企业依靠利润积累和资金提留来获取发展的能力，我们设计了可动用资金总额、可动用现金总额两个指标，同时用短期合理负债规模、长期合理负债规模等指标来揭示企业挖掘发展潜力的能力，如表 12 – 19、表 12 – 20 所示。

表 12 – 19 自我发展和挖潜发展能力分析指标

序号	指标名称	使用说明
1	可动用资金总额	揭示企业经过一定时期经营所创造的、企业用来投资发展的资金数额；在没有外部资金来源的情况下，投资超过这一数额，就会占用正常经营活动正在使用的资金
2	可动用现金总额	是剔除资产价格变动、未收到现金投资收益、汇率变动影响之后的可动用资金总额，其值更接近于企业实际所积累的、可以用于投资发展的现金
3	可持续增长率	是依靠企业自身力量、保持企业经营业务平稳发展的增长速度，超过这一速度，就会在某些方面出现问题，如还债困难、资金紧张、利润下降或周转放慢等

表 12 – 20 依靠外部资金发展能力分析指标

序号	指标名称	使用说明
4	未使用股票发行额度	是指企业库存股票或者未公开出售的股票，将其出售之后可以筹集到发展资金
5	可增加负债规模	是指在维持一定信用评级条件下所能够增加的负债规模
6	是未使用授信额度	是指银行已经批准企业可以使用但企业未使用的负债规模
7	短期合理负债规模	是指保证企业经营活动正常进行所缺少的营运资本数额
8	长期合理负债规模	是指保证正常的非流动资产占用资金所需要增加的长期负债规模

九、现金流量分析指标

企业的账面利润并不等于现金流入，现金流量表揭示了企业报告期实际的现金收支情况，反映企业实际的现金增减情况和增减结果。企业处于不同发展阶段的现金流动特点不同，如表 12 – 21 所示。现金流量分析主要是从现金角度，对企业资金流动结构、财务状况、经营成果、偿债能力、营运能力、盈利能力、发展能力所进行的评价，以及时评价现金流动的充足性、有效性和盈利性。

表 12 - 21　企业不同发展阶段的现金流特点

序号	企业发展阶段	现金流动特点
1	初创期	经营活动现金净流量为负；投资活动现金净流量为负；筹资活动现金净流量为正
2	成长期	经营活动现金净流量为正；投资活动现金净流量为负；筹资活动现金净流量为正
3	成熟期	经营活动现金净流量为正，投资活动现金净流量为正，筹资活动现金净流量为负
4	衰退期	经营活动现金净流量为负，投资活动现金净流量为正，筹资活动现金净流量为负

　　从现金角度对财务状况进行分析，主要涉及对用现金满足投资和偿还债务的能力的评价，投资满足程度的评价指标有投资现金满足率、固定资产再投资率、折旧影响系数、现金自给率、资本性支出满足率、股利现金保障倍数、现金再投资率，如表 12 - 22 所示；偿还债务能力的评价指标有现金流动负债比、经营现金还债期、债务保障率、债务实际偿还期、现金到期债务比、现金债务覆盖率、现金偿债能力等，如表 12 - 23 所示。

表 12 - 22　资本性投资、经营性投资、支付股利资金需求的满足程度分析指标

序号	分析指标	使用说明
5	投资现金满足率	是经营活动现金净流量与投资活动现金需求的比，揭示经营活动对投资活动现金的满足程度
6	固定资产再投资率	是当期构建固定资产等长期资产资金与经营活动现金净流量的比值，揭示有多大比例的经营活动现金净流量用于投资，当然只有在投资活动现金净流量为负、经营活动现金净流量为正的情况下，计算该指标才有意义
7	折旧影响系数	是折旧、摊销合计与经营活动现金净流量之比，反映折旧、摊销提留的资金占经营活动创造的现金的比例，一般介于 0 ~ 1，比值越高说明折旧、摊销的贡献越大；比值超过 1 说明经营活动扩大已经占用了一部分折旧、摊销资金；比值小于 0 说明经营活动亏损严重，已将折旧摊销提留资金也亏损掉
8	现金自给率	是企业 3 ~ 5 年经营活动现金净流量之和与 3 ~ 5 年投资增加、存货增加和股利支付之和的比，揭示依靠企业自身经营活动创造的现金满足投资、经营扩张和股利支付等各个环节资金需求的能力，一般在初创期和成长期，该指标小于 1，在成熟期大于 1
9	资本性支出满足率	是经营活动现金净流量与资本性支出合计之比，用来揭示经营活动创造的现金对资本性支出的满足程度
10	股利现金保障倍数	是经营活动现金净流量与分配股利支付的现金额之比，揭示经营活动创造的现金对发放股利的保障程度
11	现金再投资率	是经营活动创造的现金在支付股利后的剩余部分，与资本性支出和营运资金需求增加额之和的比值，揭示对经营活动创造的现金对投资扩张和经营扩张资金需求的满足程度

表 12 - 23 现金偿债能力的分析指标

序号	分析指标	使用说明
12	现金流动负债比	是现金及现金等价物余额与流动负债之比，揭示用企业剩余现金能够偿还的流动负债比例，该指标一般用于恶劣情况下的还债压力测试
13	经营现金还债期	是有息负债合计与经营活动现金净流量之比，揭示用经营活动创造的现金偿还有息负债所需要的期限
14	债务实际偿还期	有息债务合计与当前偿还债务所支付的现金的比，说明按照当期债务的偿还速度所需要的还债时间，可和经营还债期比较，看实际还债期是快于经营还债期还是慢于经营还债期
15	现金到期债务比	是经营活动现金净流量与当期偿还债务支付的现金之比，说明当期债务是否完全能够由经营活动创造的现金偿还，大于 1 则表示有能力完全偿还，小于 1 则表示依靠部分其他资金偿还了债务
16	现金债务覆盖率	是经营活动现金流入合计和负债总额的比，揭示由经营业务规模决定的企业偿债能力的大小

从现金角度分析，经营成果的指标主要有销售净现率、营业利润含金量、净利润含金量、投资现金收益率、新增流动资产含金量等。从现金角度分析企业营运能力的指标主要有现金可维持期限、筹资可维持期限、现金营运指数、现金周转次数、流动资产现金周转次数等，如表 12 - 24 所示。

表 12 - 24 从现金角度分析企业的盈利能力（现金流动的有效性）指标

序号	分析指标	使用说明
17	销售净现率	也称为销售收入含金量，是销售商品、提供劳务收回的现金与销售收入的比，大于 1 说明当期收回的现金大于当期收入，表示收回了以前年度的赊账收入；小于 1 表示当期收回现金小于当期营业收入，存在新增赊账需要以后时期收回
18	营业利润含金量	是经营活动现金净流量与营业利润的比，说明营业利润中有多少已经转化成了现金利润
19	净利润含金量	是经营活动现金净流量与净利润的比，揭示净利润中经营创造的现金的比例
20	投资现金收益率	是分配股利所收到的现金与投资收益之比，揭示投资收益中有多大比例是现金收益
21	新增流动资产含金量	是当期现金净增加额与流动资产增加额之比，揭示流动资产增加额中有多少来自现金的增加
22	现金周转次数	是现金收入与平均现金余额的比，揭示企业现金周转的快慢
23	流动资产现金周转次数	是现金收入与平均流动资产的比，揭示企业流动资产转化为现金的速度
24	销售现金利润率	是经营活动现金净流量与营业收入之比，揭示营业收入转化为现金利润的能力
25	资产现金报酬率	是经营活动现金净流量和平均总资产的比，揭示资产创造现金利润的能力
26	资本现金收益率	是经营活动现金净流量与平均所有者权益的比，揭示净资产的现金收益率
27	每股经营现金净流量	是经营现金净流量与普通股股票数量的比，揭示普通股每股的现金收益大小

第二节 财务分析方法的局限性

财务分析方法的使用，受到以下几方面问题的限制：①报表数据的真实性、可靠性问题，基于虚假财务数据计算的分析指标和得出的分析结论，显然也是不真实的和不可靠的。②财务数据本身的局限性，由于财务数据是根据一定的会计原则计算得来，其计算结果可能反映了客观真实情况，也有可能存在一定偏差，一些非财务信息或财务报表之外的信息在财务报表数据中没有反映，有可能会影响财务分析结论的正确性。③财务数据反映的是历史数据，总会有一定的时间滞后性，特别是一些宏观经营环境、经营形势变化之后，依据历史数据所得出的分析结论会与现实情况存在一定的差距，其可用程度也受到一定程度的限制。

一、数据的可靠性

企业为了获得银行贷款，或者为了获得国家或主管部门的奖励或良好评价，或者为了上市筹集资金或向出资人申请投资，或者为了达到专业评估人员、市场分析人员的预期，通常会进行财务数据的人为调整，在学术界将这种现象称为盈余管理或者财务重述。通常的做法是企业首先进行正常的盈余管理，也就是在不做假账的情况下，想办法提前取得计算收入的凭证或提前核算收入、延后结算成本或结转成本，以期望达到数据使用者银行、投资人等所期望的财务指标目标。

企业在进行了正常的盈余管理，做出了正常努力的情况下，如果仍然达不到银行、投资者或股市预期的要求，就会产生财务造假的念头和冲动。造假之后的财务数据，应当说是超出了客观真实的范围，与客观真实存在较大差距的数据。为了防止企业财务造假，欺骗投资者，各个国家监管部门都要求企业建立内部控制制度，自身防止出现财务数据造假。对于上市企业，还要求外部独立的会计师事务所，对企业的财务报表进行审计，审计之后的财务报表应该是真实的，否则会计师事务所要承担责任。但客观现实情况是，经过审计的财务报表，也很难完全避免财务造假。这主要是因为当企业规模大到一定程度之后，审计人员很难在几个月时间内全面完成对企业的清产核资，很难确保每一笔经营业务或每一笔会计记录的真实性。经过审计人员审计的财务报表，也只能是抽查核实的结果。当企业的财务造假是与其他市场主体合作完成的时候，如果审计人员不能进行延伸审计，去核实其他会计主体数据信息的真实性，财务造假也很难被确认。

特别是在某些情况下，财务造假者还拥有正当的理由来从事造假。例如，当国有企业的实现利润直接与经营班子成员的年终奖金和全体员工的工资挂钩的时候，当一个私营企业经营者的分红直接与其当年实现的利润挂钩的时候，当一个上市企业的股票价值、借款利率及贷款规模直接与企业披露的实现利润信息挂钩的时候，不做假账带来的损失是直接的和显而易见的，做假账的风险或损失是有可能不被发觉的或者在经营形势好转之后容易被消除的。在这种预期下、在这种为了实现考核目标或银行放贷要求的动机驱使下，财务造假就变成了一个可选项，尽管这个选项有可能被发现、有可能带来惩罚。

一些企业的造假，如美国安然公司的财务造假持续多年，首席执行官和财务总监合谋造假，每年编制假报表，并期望在经营形势扭转后将假账消灭，但当造假金额大到财务总监认为实在无法维持下去的时候，他主动去自首并报案。同样，在 2008 年 12 月主动投案自首的美国 NASDAQ 股票市场前董事会主席伯纳德·麦道夫，自 1982 年开始做投资经纪业务以来，以每年 12%～20% 的高投资回报率吸引了大量投资者给其改善投资，当股票市场上涨的时候他确实能够得到足够的回报以支付投资者报酬。但当股票市场下跌的时候，他在股市上的投资自然达不到他承诺给投资者的回报水平，他只好用新加入者的投资本金向已有的投资人支付投资回报，直到发现无论支付本金还是投资回报，自己均无能为力的时候，才同意他的儿子代他去投案自首，在这个时候才发现投资的 500 亿美元本金已经亏空。许多给他投资的人在知道自己投资的本金都无法收回的时候跳楼自杀。为什么麦道夫一直铤而走险、一直造假到血本无归才善罢甘休？因为他作为股票市场的行家，全世界富人公认的最稳健、最可靠的投资经纪人，不愿意自己 39 年的艰苦努力所树立的品牌毁于一旦。

应该说，现行的要求企业每年利润递增的压力、股市上要求上市企业每年盈利增长的压力、投资者要求每年获得一个稳定的投资回报的压力，是与企业经营存在周期性波动、有好有坏的客观事实相矛盾的，这是迫使那些过去曾经诚实正直的经营者走上造假道路的最根本原因。但是，对企业的考核，无论是国有企业、私营企业还是上市企业，如果不以利润为核心，又能够以什么为核心呢？

现在来看，没有更好的办法来替代利润，特别是在现行会计制度下更是毫无办法。因此，做假账、财务数据失真是市场经济体制环境下经常会出现的情况，不可能因为出台某个制度就能够将它消除。可能最简单、最现实的办法就是查看现金余额，然后再基于现金对未到账的业绩或未支付的成本进行适当调整，并以调整之后的结果为基础进行考核。如果是一个 3 年或 5 年经营任期，则可在中间几年不做调整，在最后一年做适当调整就可以了。直接查看企业的货币资金余额，只进行企业现金的银行对账，就可以直接判断企业的经营业绩，就不需要更多地运用其他科目的财务数据来核算经营业绩。当然，这种办法也会促使经营者想办法去增加企业现金。不过只要在经营考核周期之内，就要允许经营者去调节现金，增加现金总比减少现金好，在考核期结束之后可以通过全面审计来核实其真实业绩。

二、数据本身的局限性

由于财务数据是在一定的会计核算制度下取得的，数据本身的真实性、客观性受到会计制度本身的制约和影响。当前世界大多数国家普遍执行的权责发生制、谨慎性原则、匹配原则等基本会计核算制度，一方面尽可能使企业多计成本、少计收入，另一方面导致企业的收入、利润、成本等数据与企业实际的经营现金收支并不相符，常常会出现从现金角度看的企业盈利和从会计核算角度看的企业盈利并不一致的情况，受企业外部经营环境的影响，这种不一致始终存在。无论是企业还是银行，均存在从会计角度或现金角度来评价企业经营和财务状况的问题。

在企业规模较大、企业业务往来频繁，或者企业有众多下属单位、下属单位之间有大量业务往来（称为关联交易）的情况下，财务数据的可操作空间或财务数据的人为可调节程度很大。例如，一些企业，在不能完成收入和利润目标的情况下，要求下游厂商提前采购，或预先打款采购，货物没有发出，但收入已经进账；还有一些企业，为了实现利润目标，本来应该在当月核算的成本就会拖延到下月或下下月核算；另外一些企业，在资产减值或计提坏账准备上做文章，收入多、利润高时多提，在收入少、利润低时少提或不提；一些企业还可以通过金融资产公允价值的评估来改变或影响利润高低。总之，随着会计制度的改变，财务数据的人为可操作性在大幅提高，财务数据随着市场商品价格波动而波动的幅度也在大幅提高，企业的盈利情况也会持续地大幅变动。这种基于核算办法的数据波动对企业经营业绩的影响非常大，甚至可以决定企业是盈利还是亏损。美国企业家常说，企业的盈亏我说了不算，而是由审计师事务所说了算，就是这个道理。

还有一些对企业经营和财务状况有重大影响的事项在财务报表数据中并不反映。这些事项通常要求向投资者披露但在财务报表中并没有体现，包括企业的对外担保、企业资产的抵押或质押、企业未结算的工程款、企业未解决的重大诉讼等。还有一些事项是无法通过财务数据反映出来但对企业经营和财务状况有重大影响，比如企业高级管理人员的变动、企业重大人事制度的出台、企业向有关部门或往来客户做出的一些重大承诺等。这些事项都会给企业带来较大影响。

三、历史数据与变化的环境

财务数据首先是企业对已经形成的事实进行核算所得出的历史数据，它揭示了企业未来的发展可能性，但它并不是未来经营情况的反映。未来如何发展，与企业的经营环境、经营战略、经营管理措施等直接相关。从企业历史财务数据中，我们可以了解企业、认识企业、掌握企业的优缺点，但当外部环境发生重大变化时，这些历史财务数据的重要性就会大打折扣。另外，在一些企业，特别是高科技企业，决定企业核心竞争能力的因素，通常在企业的财务报表数据中难以反映，如企业领军人物、企业的管理团队、企业的社会关系资源以及企业的客户基础等，这些信息在企业财务报表中并不直接反映，但却决定着企业未来的经营业绩。因此，在进行财务分析的时候，既要选择恰当的分析方法，正确使用掌握的财务分析技能，同时也要认识到财务数据和财务分析的局限性，将财务分析和非财务因素的分析有机结合起来。

第三节 财务分析新方法展望

传统方法存在的主要问题是：①选择什么指标合适？为什么选择这五个指标而不是选择那五个指标？对于一个同样的企业，选择不同的指标会得出不同的分析结论。曾经有一个企业在和银行的接触过程中了解了各个银行的评价指标和评价标准，为了从不同的银行取得贷款，它们给不同的银行提供不同数据的财务报表，以便达到各银行发放贷款的要求。②各个指标的权重多少合理？为什么权重是1.2而不是1.4？事实上，同样的模型，使用不同的样本数据，通过回归分析所得出的权重是不同的。由于德国企业和日本企业与英国企业和美国企业之间在经营模式和管理模式上存在很大的差异，最典型的情况是，日德企业的资产负债率平均要高出英美企业20%左右，以美英企业样本数据得出的指标权重系数，很难用于评价德国企业和日本企业。同样，用德国企业或日本企业的样本数据得出的各个指标权重系数，也很难适应中国企业的实际情况。③判断标准是什么，如为什么资产负债率30%得10分、50%得8分、70%得5分？使用行业平均值比较来判断还是使用行业良好值比较来判断？传统的财务分析方法无法很好地回答这些困惑或问题。

我们发现，无论通过分析要回答的经营管理问题有多复杂，归纳起来均可以分为以下两大类：一类是定量问题，另一类是定性问题。凡是能够通过准确计量、用计算的方式明确回答的问题，称为定量问题，凡是不能找到准确计算公式，或者说，比较复杂，决定它的因素非常多，受当前认识所限，无法找到准确计算公式来回答的问题，均可称为定性问题。定量问题的回答，只要找到准确的计算公式或计算方法就可以正确回答，我们把这种方法叫准确计算法。定性问题的回答，只要进行多因素分析，将决定这些问题的因素一一列出，然后通过层层递进、步步深入的分析判断，也能够最终找到正确或接近于正确的答案。如果因为认识的限制，未能将各种决定因素穷尽，难以得出正确的答案，导致我们采取了错误的对策，形成了失败的结果，那么，只要查找失败原因和进行经验总结，然后在分析时将这些因素考虑进去，当类似情况再次出现时，我们就不会犯同样的错误，就能够得到尽可能正确的分析判断结论。我们把这种层层递进、步步深入、因素穷尽的发现和回答问题的方法，叫因素穷尽法。

下面以偿债能力分析和经营业绩评价为例，分别说明准确计算法和因素穷尽法。当我们拥有了这些准确计算公式和因素穷尽方法的时候，将这些公式和方法交给计算机来自动完成，就可以实现财务分析的智能化。

一、准确计算法：以偿债能力分析为例

1. 问题的提出

过去我们分析企业的偿债能力，主要使用流（速）动比率、资产负债率、利息保障倍数等指标，这些指标虽然在一定程度上能够从不同侧面反映企业的偿债能力大小，但却不能告诉我们这个企业到底有没有偿债能力。这是因为，在传统的偿债能力分析方法中，资产负债率、流（速）动比率等指标，均是静态的、时点指标，用这些指标来分析判断企业的债务偿还能力只是依据当时公告的财务报表数据的一种判断，它并没有考虑这些负债所得来的资产，在分析判断这个问题的这个时点之后、在要偿还的债务到期之前的这个期间，能否周转收回，收回之后会不会增值。即使考虑资产周转速度和盈利能力两个方面的指标，如考虑资产周转天数、资产报酬率、EBITDA等指标，通常的做法也只是通过这些指标的数值的加权打分来综合判断。加权打分的核心问题是各个指标值的权重高低。而给每个指标赋予多少权重才比较科学合理，不同的人会有不同的看法，难以得到一个客观公认的结论。如果没有一个客观准确、大家一致认可的加权打分方法，也自然难以得出大家均能接受的分析结论。让我们用数据来说明这一问题的严重性。假设甲、乙两个公司的资产负债等指标值如表12-25所示。

从表12-25中可以看出，甲公司资产负债率为95%，流动比率为0.5，速动比率为0.4，乙公司资产负债率为50%，流动比率为2，速动比率为1，按照这三个指标来判断，甲公司缺乏偿债能力，乙公司拥有偿债能力，如表12-26所示。

表 12 – 25　甲、乙两公司主要财务指标　　　　　　　　　　单位：万元

项目名称	甲公司	乙公司
资产总额	100	200
负债总额	95	100
流动资产	40	100
流动负债	80	50
速动资产	30	50
年收入	120	100
营业利润	48	5

表 12 – 26　甲、乙两公司偿债能力主要指标

指标	甲公司	乙公司
资产负债率	95%	50%
流动比率	0.5	2
速动比率	3/8	1
初步结论	无偿债能力	有偿债能力

　　无论用中国银行的偿债能力评价标准还是用美国银行的评价标准，均会得出"甲公司风险较大，不能给甲公司发放贷款，乙公司风险较小，应当给乙公司发放贷款"的结论。即使有人对这一结论提出质疑，也难以完全推翻这个基本判断。因为，提出质疑的人无非是要强调甲公司的收入很高，营业利润很高。确实，甲公司流动资产一年周转 3 次，流动资产每周转一次能够创造 30% 的营业利润（即流动资产周转一次的增值率为 30%）；乙公司流动资产一年周转 1 次，周转一次的增值率为 5%。将这些因素考虑进去，确实不能低估甲公司的偿债能力。但问题是，如何将这些因素考虑进去才能得出唯一正确的结论呢？无论是政府还是银行，无论是国外银行还是国内银行，在进行偿债能力评价时均非常重视资产负债率、流动比率等指标，给予这些指标的加权打分权重常常超过周转率或盈利能力（资产报酬率、EBITDA）指标，因此难以推翻上述结论。

　　2. 寻找新的方法

　　而事实上，从发展的角度来看，恰恰甲公司拥有偿债能力，乙公司偿还债务有资金困难。不难发现，尽管甲公司的流动资产比较少，但甲公司的年收入为 120 万元，营业利润为 48 万元；乙公司年收入为 100 万元，一年周转 1 次，周转一次之后带来 5 万元的营业利润。在正常经营一年之后，甲公司的流动资产从期初的 40 万元增加到 78 万元，乙公司的流动资产从期初的 100 万元增加到 105 万元。正常、合理的假设是，甲、乙两个公司在一年之内均有一半的流动负债到期要还，那么归还一半流动负债之后，甲公司的流动资产变为 48 万元，乙公司的流动资产变为 80 万元。在这种偿债要求情况下，甲公司经过一年经营，还掉一半流动负债之后，流动资产不但没有减少，反而从期初的 40 万元增加到 48 万元，即营运资金增加了 8 万元，其资产负债率也从期初的 95% 降低到 51%（（95 – 40）／（60 + 48））。而乙公司经过一年的运转，还掉一半流动负债之后，流动资产只剩 80

万元，即从期初的 100 万元降低到 80 万元，还掉这一半流动负债之后，乙公司不但不能保证正常经营所需的 100 万元的流动资产，而且流动资产比期初减少了 20 万元，经营资金趋于紧张，如表 12-27 所示。

表 12-27　一年之后甲、乙两公司的偿债能力实际情况　　　　单位：万元

项目	甲公司	乙公司
流动资产周转次数（次）	3	1
营业利润	48	5
一年之后的流动资产	88	105
流动负债	80	50
偿还一半流动负债	40	25
偿还一半流动负债之后的流动资产	48	80
一年后的实际情况	甲公司还掉一半流动负债（40），经营业务不但没有缩减，还有所扩大（流动资产变为 48）	乙公司还掉一半债务，使流动资产从期初的 100 缩减为 80，经营业务规模缩小，资金趋紧

上述例子表明，静态来看甲公司没有偿债能力，乙公司没有还债风险，但从动态的、发展的角度来看，甲公司拥有偿债能力，乙公司却没有偿债能力。

那么，我们在评价一个企业是否拥有偿债能力时，是以它的未来为基础还是以它的现在为基础，显然我们更加重视它的未来。我们关心的问题是现在借给这个企业多少钱、未来到期能否偿还。事实上，在未来一年以内的某个时期内，企业可以用来偿还流动负债的流动资产（非流动资产变现时间在 1 年以上，无法用来偿还 1 年内要到期的流动负债），由以下公式决定：

可用来还债的流动资产＝期初流动资产×（1＋流动资产增值率）^{流动资产周转次数}

也就是说，企业能够用来偿还流动负债的资金，是由企业现在的流动资产、企业流动资产的增值能力和企业流动资产的周转速度共同决定的。流动资产增值率是指流动资产周转一次的盈利能力，是周转一次的营业利润和期初流动资产的比值。

这表明，企业可用来还债的资金是由期初的流动资产、流动资产的盈利能力、流动资产的周转速度三个因素共同决定的，它们之间不是简单的相加关系，也不是加权打分关系，而是由上式表达的一种准确计算关系。只要企业按照上式计算的到期时企业可用来还债的资金大于还债时要归还的流动负债，则无论这个企业的资产和负债之比、周转速度、盈利能力这三个方面的指标数值之间是什么样的分布或组合，企业均有能力按期偿还其债务。相反，如果债务到期时能够用来还债的流动资产小于要归还的债务金额，则无论该企业的资产负债率多么低，偿还债务也会有资金困难。

3. 准确计算法讨论

从上面例子可以看出，传统的以资产负债率等指标的行业数、经验数来评价企业的偿债能力，或者以多个指标的加权打分结果来判断一个企业是否拥有偿债能力，均有可能得出与实际情况相反的、错误的结论。根本的原因是：第一，企业资产和负债的规模不是静

止不变的，它随着企业经营活动的开展而变化；第二，企业资产负债规模、企业资产周转次数和企业资产的增值能力之间，既不是相加关系，也不是相乘关系，而是由上述公式所揭示的一种准确定量关系。有了这个准确计算公式，就能根据变化情况，随时对企业的偿债能力进行监控，并做出正确的判断。这就是准确计算法。

依据准确计算法，可以对各种可能情况做出准确判断。在表 12－28 中根据企业的盈利水平、负债率和周转速度讨论了八种可能情况，并通过准确计算对每一种可能情况得出了能否还债的准确判断，用这种计算的结果来判断就不应存在争议。

表 12－28　依靠准确计算法判断企业偿债能力　　　　单位：万元

项目	薄利多销（3 次）		厚利少销（1 次）		厚利多销（3 次）		薄利少销（1 次）	
	高负债	低负债	高负债	低负债	高负债	低负债	高负债	低负债
资产总额	100	100	100	100	100	100	100	100
负债总额	95	50	95	50	95	50	95	50
流动资产	60	60	60	60	60	60	60	60
流动负债	80	40	80	40	80	40	80	40
毛利率	5%	5%	30%	30%	30%	30%	5%	5%
一年后流动资产	60＋3＋3.2＋3.3＝69.5		60＋18＝78		60＋18＋24＋30＝132		60＋3＝63	
还一半	余 29.5	余 49.5	余 38	余 58	余 92	余 112	余 23	余 43
有无能力	无	无	无	有	有	有	无	无
还 1/4	49.5	59.5	58	68	112	122	43	53
有无能力	无	有	有	有	有	有	无	无

我们发现，凡是回答企业某个时点财务状况或与财务状况相关的问题，均可以通过寻找准确计算公式，通过准确计算的方法来回答。通过准确计算来回答的财务状况问题包括：①由企业投资、融资和经营现状决定的企业资金需求。②由企业财务状况和经营业绩决定的企业资金缺口。③加速资产周转可能带来的资金节约额和利润增加额。④由企业经营业绩决定的可动用资金总额。⑤企业能够偿还的负债规模。⑥企业增加负债的可行性。⑦在一定成本结构和产品结构条件下企业达到盈利的最低销售收入。⑧在一定资本结构、资金成本和盈利水平条件下实现盈利的最低销售收入。这些问题的准确回答，在本书的相关内容中已经给出了相应的计算公式。更多财务问题回答的准确计算公式，需要我们继续探索。

二、因素穷尽法：以经营业绩评价为例

过去我们进行企业经营业绩的评价时，常常使用销售收入、实现利润、净资产收益率、资产报酬率等指标。但是，这些指标的变化趋势并不总是一致的，当一个企业收入增长一倍，利润下降一倍甚至开始出现亏损时，我们怎么判断这个企业的经营业绩呢？换句话说，如果你是国资委，应当给这个经营者增加年薪还是降低年薪？国资委公布的制度是

降低这个经营者的年薪。可是，该公司的收入大幅度增长，应当奖励才对。像这样，使用传统的经营业绩评价方法，我们常常陷入这种两难境地，无法对企业经营者及其经营业绩做出客观正确的判断。问题的根本原因是，我们在评价企业经营业绩时，常常选择几个固定的指标，通过指标值的加权打分来进行。当这些指标出现相反方向的变化的时候，我们就难以得出客观、公正的评价结论。事实上，具体问题具体分析，是评价企业经营业绩的正确方法。如何做到具体问题具体分析？下面通过一个简单的事例来说明。

1. 问题的提出

表 12-29 是某上市公司两年公告的报表数据。从报表数据来看，该公司经营业绩很好，上一年主营业务利润率接近 40%，净资产收益率为 13.56%，本年又获得迅猛增长，利润率上升到 63%，净资产收益率上升到 34.56%。收入从上一年的 5.2 亿元增长到本年的 9 亿元，实现利润从 1.2 亿元增长到 4.2 亿元。数据公布之后，该公司股票价格成倍上涨，从 14 元/股上涨到 74 元/股，表明大家对该公司的业绩给予了充分肯定。

表 12-29 某上市公司的经营业绩

利润表主要项目	上一年	本年度
主营业务收入（万元）	52603.81	90898.87
主营业务利润（万元）	20858.01	57825.96
其他业务利润	77.11	-12.19
营业利润（万元）	11686.94	44658.45
投资收益（万元）	-43.09	-2720.52
利润总额（万元）	12567.06	42337.94

但当仔细研究该公司的财务数据时可以发现，收入增长了 3.8 亿元，成本只增长了 1300 万元，并且了解到该公司的产品销售价格并没有成倍增长，原材料价格也没有下降均是维持上年水平。在这种情况下，收入和利润的增长只能来自生产和销售数量的增加，成本应当与收入同比例增加。但报表数据并不是这样，从报表数据发现收入主要来自应收账款，应收账款当年增长了 3.2 亿元。经过调查得知，该公司的应收账款是不存在的虚假应收款。如表 12-30 所示。

表 12-30 数值增加的几个重要数据

利润表主要项目	上一年	本年度
主营业务收入（万元）	52603.81	90898.87
主营业务成本	31745.80	33072.91
主营业务利润（万元）	20858.01	57825.96
利润总额（万元）	12567.06	42337.94
资产合计	182328.70	315129.53
股东权益	84417.86	134875.43
应收账款	22453.26	54419.49

为什么大家当初的判断发生了错误？因为我们在评价一个企业的经营业绩时，很自然地用常用指标来评价。那后来为什么我们又发现这个收入来自应收账款，并去检验应收账款的真假呢？因为我们追根溯源，发现应收账款的取得，没有成本消耗的支持。

2. 因素穷尽法

评价一个企业的经营业绩，不能简单地看几个常用指标，也不能简单地看几个固定的指标，而是应当根据实际情况，通过层层递进、步步深入，分析指标随着分析问题的发展而变化，这个方法叫因素穷尽法。

因素穷尽法的基本思路是：①确定要回答的分析问题。②寻找这个问题的最主要表现（形式）指标，并从这个指标出发来确定问题存在的几种状态。③就每一种状态的决定因素做进一步的考虑。④通过层层深入找到决定这个状态的原因。⑤得出分析判断结论。

例如，当该企业收入大幅度下降时，能否根据这个指标的大幅度下降就断定这个企业的经营形势恶化呢？不能，因为该企业在收入大幅度下降的情况下利润反而有所增长。一般来说，这种情况在成本下降的速度快于收入下降的速度的时候才有可能出现，因此要看成本的变化情况再做判断。结果发现，该企业的成本确实大幅度下降。是什么原因造成了成本的下降？进一步发现该企业的固定资产大幅度下降，企业进行了资产结构的战略性调整，将收入少、消耗大的资产转让，只保留了收入多、消耗低的资产，才导致了收入、成本和利润的上述变化。这说明，该公司收入大幅度下降是正常的，是执行了一个资产结构大幅度调整之后的一个合理结果，并且这个调整带来了企业实力（利润）的增强，因此这个企业的经营战略是有成效的，经营业绩是良好的。

在上面的分析过程中，如果某一个层次的指标数值发生了与上面描述的分析思路不同的变化，则下一步分析的指标也应当发生变化。例如，该企业的成本大幅度下降，是由销售费用的大幅度下降造成的，这个时候，收入大幅度下降，利润有所上升，企业用销售收入下降的代价获得比过去更高的利润，这种状况会不会让竞争对手趁机占领企业失去的市场，会不会对未来销售和利润带来不利影响？在这个时候，我们就得不出经营战略执行良好的结论，需要进一步了解收入下降是否正常才能得出正确的结论。我们这样一步步深入下去，直到得出有根据的、准确的结论，这种方法就是因素穷尽法。

三、智能财务分析方法

将各个企业、每个分析人员的知识、经验积累起来，变成能够长期、广泛使用的预警模型和工具，并对这些分析预警模型根据实际情况变化不断完善才是科学的态度。以存货合理性评价为例，如果我们在分析时仅考虑了存货、存货周转天数、存货占收入比例、存货占流动资产比例、存货成本、最佳存货量等情况，那么我们就会忽略：①存货变化对企业现金支付能力的影响；②存货水平与市场变化的相关性；③存货与应收账款的相互影响如何考虑。不将现金支付能力、市场情况等因素考虑进去，对存货变化的合理性做出的判定是很难有实际指导价值的。同时考虑这些因素，需要借助计算机工具，使用智能化方法。

1. 智能学习记忆

智能学习记忆就是借助于计算机工具，将人们分析一个问题的思路和方法记录下来，变成可以重复使用的模板，并且这个模板可以随着使用次数的不断增多而不断完善。例如，在分析存货大幅度增长的情况下，我们的分析思路是：①看存货大幅度增长是否带来了收入的大幅度增长。②在收入同步增长的情况下，看营业利润是否大幅度增长。③在利润增长情况下看现金支付能力是否大幅度增长（利润是否转化为现金）。④如果不是，则看预付账款或应收账款是否大幅度增长（看市场是否普遍好转）。⑤在存货大幅度增长、收入同步增长、利润大幅度增长、现金支付能力下降、预付货款和应收账款没有增长的情况下，看固定资产或长期投资是否大幅度增长（利润是否转化为投资）。⑥如果不是，看负债是否大幅度减少（利润是否用来还债）。⑦如果不是负债大幅度增长，则说明存货增长是假的，增长是不合理的。

如果出现了新的情况，如在存货大幅度增长、收入同步增长、利润大幅度增长、现金支付能力下降、预付货款和应收账款没有增长、固定资产和长期投资没有增长的情况下，负债却出现了大幅度的降低，则说明存货增长带来了收入和利润的增长和负债的降低，增长是合理的。只要我们刨根问底，将各种可能情况全部考虑进去，就可以得出一个客观、正确、可以验证的评价结论。例如，在一些情况下，如果固定资产原值增30%，则得出"存货的增长源于固定资产的增加，增长可以理解"。如果固定资产无增长，但预收账款增长20%或者预付账款增长20%，则得出"存货的大幅度增长，主要目的是应对市场变化，增长是合理的"。如果预收账款增长率<0或者预付账款增长率<0，营业利润增长率大于30%，则说明"由于企业大量生产、大量销售，引起利润上升、利润率下降，导致存货出现不合理增长，但这种增长是正常情况，是可以理解的"。如果营业利润零增长，则说明"存货的大幅增长得不到有效的解释，存货数据的真实性值得关注"。

2. 智能财务分析方法

如果企业的各种经营管理问题均能够通过准确计算法或因素穷尽法得出正确或接近正确的分析结论，并对错误的判断我们通过智能学习记忆法均能够进行修正，那么分析判断的失误、经营管理的失误将会越来越少。随着我们发现的准确计算方法越来越多，随着我们正确解决和回答的各种经营管理实际情况越来越多，我们的企业管理水平就会快速提升。按照这个思路发展下去，只要我们能够把分析判断事物的思考判断方法记录下来，把解决各种经营管理问题的科学、正确的方法固定下来，就可以将这种方法固化到软件之中，变成智能化工具直接应用到企业的经营管理之中，让计算来自动进行分析判断和过程监控，我们的企业管理水平就会大大提高，这种借助于计算软件来分析财务报表数据的方法就是智能财务分析方法。

【本章小结】

本章对本书讨论过的主要指标进行了总结性介绍和说明，并对财务分析技术的未来发展趋势进行了探讨。可以发现，在计算机信息技术的帮助下，财务分析问题均可以归结为定性问题和定量问题。对于定量问题，通过找到能够揭示事物内在规律和数量关系的分析指标，就能够准确地回答；对于定性问题，通过因素穷尽法也能够尽可能准确地解答，从而使财务分析工作不断由依靠经验向依靠科学转化。

【本章习题】

名词解释

准确计算法　因素穷尽法　智能分析方法　可用来还债的流动资产

简答题

（1）什么是准确计算法？什么是因素穷尽法？

（2）如何通过计算来评价企业的偿债能力？

（3）如何通过因素穷尽法分析经营成果的质量？

附表　A、B公司的财务报表

A公司资产负债表

单位：元

资产	本年度12月31日	上年度12月31日	负债及股东权益	本年度12月31日	上年度12月31日
流动资产：			流动负债：		
货币资金	154212794.9	56972827.6	短期借款	109620000	0
交易性金融资产	3832410	0	应付账款	69795229.16	16559819.01
应收账款	85271389.41	67589104.44	预收货款	969953.47	0
预付货款	—	—	应付职工薪酬	22129232.21	15252993.67
其他应收款	10218793.45	32492300.32	应付股利	395773.08	61503133.08
存货	533904764.4	246795185.8	应交税费	97332565.13	67075570.7
流动资产合计	813704648.4	403829417.2	其他应付款	130153772.3	39161877.3
			其他流动负债	115682186.2	40106127.34
			流动负债合计	546078711.5	239659521.1
非流动资产：			非流动负债：		
债权投资	53055664.37	230000	非流动负债合计	0	0
固定资产	233842152.9	109985760.9	负债合计	546078711.5	239659521.1
在建工程	18910752.86	34683997.82	股东权益：		
无形资产	3668604.66	1077377.87	股本	187473150	138869000
			资本公积金	122159486.2	122159486.2
			盈余公积	145682631.9	49118506.46
			未分配利润	103711044.5	0
			股东权益合计	559026312.5	310146992.7
非流动资产合计	309477173.7	145977096.6	少数股东权益	18076798.08	
资产总计	1123181822	549806513.8	负债及权益合计	1123181822	549806513.8

A公司利润表

单位：元

项　目	本年度	上年度
一、主营业务收入	2202882540.99	1212791249.86
减：营业成本	1833424168.35	1094980611.63
税金及附加	56186393.54	19307977.27

项　　目	本年度	上年度
销售费用	50135832.75	25201459.75
管理费用	30826637.95	10718821.20
财务费用	640921.21	—
资产减值损失	11386797.32	−11334958.76
加：公允价值变动损益	3116803.35	800757.72
投资收益	560269.64	—
其中：对联营企业和合营企业投资收益		
二、主营业务利润	220285373.21	73918338.77
加：营业外收入	19557892.89	27562409.05
减：营业外支出	1828685.67	696690.93
三、利润总额	238574850.07	100784056.89
减：所得税费用	16714684.97	14630000.00
加：年初未分配利润	—	32202174.59
上年利润调整或盈余公积转入	380089.04	—
四、净利润	238954939.11	13286321.48
五、每股收益		
（一）基本每股收益		
（二）稀释每股收益		

B 公司资产负债表

单位：元

资　产	本年度 12月31日	上年度 12月31日	负债及股东权益	本年度 12月31日	上年度 12月31日
流动资产：			流动负债：		
货币资金	6112919267	181922999.48	短期借款	0	3000000.00
交易性金融资产	171537102.24	0	应付账款	18864335.15	22899854.00
应收账款	71188347.10	22764583.56	预收货款	12466607.37	4968226.91
预付货款	36606201.94	51738382.97	应付职工薪酬	13643418.64	12525300.21
其他应收款	27396388.96	14975671.43	应付税费	11311628.15	12809662.70
存货	60861902.53	45163317.90	其他应付款	73570042.20	92292558.27
流动资产合计	428719135.44	316564955.34	其他流动负债	0	3419128.52
			流动负债合计	129856031.51	151914731.57
非流动资产：			非流动负债：		
长期股权投资	67746091.09	8280950.98	长期应付款	15077693.41	15787922.41
固定资产：			非流动负债合计	15077693.41	15787922.41
固定资产原价	107283110.83	70434727.51	负债合计	144933724.9	17302653.98
减：累计折旧	20301620.67	14298149.34	股东权益：		

资　产	本年度 12月31日	上年度 12月31日	负债及股东权益	本年度 12月31日	上年度 12月31日
固定资产净值	86981490.16	56136578.17	股本	77170000.00	57870000.00
在建工程	77923589.74	3445403.89	资本公积金	359560836.92	173610000.00
固定资产合计	164905079.90	59581982.06	未分配利润	99365329.59	4648781.40
无形资产及其他：			股东权益合计	536096166.51	236128781.40
无形资产	16839585.00	17183250.00			
长期待摊费用	2820000.00	2220297.00			
非流动资产合计	252310755.99	87266480.04			
资产总计	681029891.43	403831435.38	负债及权益合计	681029891.43	403831435.38

B公司利润表

单位：元

项　目	本年度	上一年度
一、主营业务收入	422753896.91	235811367.57
减：营业成本	227949017.28	101207996.34
销售费用	20948579.37	6629509.49
管理费用	26183194.38	28116240.59
财务费用	-10471611.50	-2468460.37
营业税金	51004183.71	43710629.48
二、主营业务利润	107139903.67	58615452.04
加：其他业务利润	3116803.35	800757.72
三、营业利润	110256707.02	59416209.76
加：投资收益	3245755.41	4120403.53
营业外收入	712579.24	—
减：营业外支出	2783808.51	1228663.46
四、利润总额	111431233.16	62307949.83
加：以前年度利润调整	—	565880.00
减：所得税	16714684.97	14630000.00
五、可分配利润	94716548.19	48243829.83